复旦卓越·普通高等教育21世纪规划教材·汽车类

汽车机械基础

主　编　谢颂京　黄象珊
副主编　吴　双　张志刚
　　　　冯雪丽　刘　凯

復旦大學出版社

内容简介

本书是为适应高职高专汽车机械基础课程的教学需要及汽车制造与装配技术(汽车运用技术)领域的职业需求而编写的,主要包括机械系统拆装、汽车零件识图与测绘、零件的制作、汽车传动机构、液压系统调试等内容。

本书可作为高职高专、中职院校汽车检测与维修、汽车制造与装配技术(汽车运用技术)、汽车电子技术、二手车鉴定与评估等专业的教材,也可作为汽车、机电类从业人员岗位培训、职业资格考核鉴定和汽车专业技术人员的参考用书。

Preface

前　言

本书是为适应高职高专汽车机械基础课程的教学需要及汽车制造与装配技术(汽车运用技术)领域的职业需求而编写的,主要包括机械系统拆装(汽修常用工具的使用和选用、常见零部件及拆装、汽车常用材料)、汽车零件识图与测绘(国家标准、零件表达方法、公差与配合、零件图)、零件的制作、汽车传动机构(连杆机构、凸轮、带传动、链传动、齿轮)、液压系统调试(液压传动原理、液压元件、汽车上的液压系统)等内容。

本书适应性广、通用性强,既紧密结合高职高专汽车专业的教学需要和岗位需求,又将汽车维修职业技能鉴定考核所需的基础知识融入到本教材。以"实用、够用、好用"为度,结构紧凑、内容精练、重点突出、图文并茂、编排合理,体现了高职工学结合、注重应用的特点,为汽车专业课程的学习奠定坚实基础。

本书主要面向汽车检测与维修、汽车制造与装配技术(汽车运用技术)、汽车电子技术、二手车鉴定与评估等专业的在校高职高专、中职学生,也可作为汽车、机电类从业人员岗位培训、汽车维修职业技能鉴定考核和汽车专业技术人员的参考用书。

本书由浙江经济职业技术学院谢颂京、黄象珊主编,浙江经贸职业学院吴双、浙江农业商贸职业技术学院张志刚、杭州科技职业技术学院冯雪丽、渤海船舶职业学院刘凯任副主编。全书共5个项目,其中,黄象珊编写项目1;吴双编写项目2;冯雪丽编写项目3;张志刚、刘凯编写项目4;谢颂京编写项目5。

本书在编写过程中,参阅了大量的书籍和资料,在此对原作者一并表示感谢!限于水平和时间,书中难免有不妥之处,敬请广大读者批评指正。

编　者

2012年5月

Contents

目 录

项 目 1

机械系统拆装

学习目标

知识目标

1. 正确掌握各种维修工具的使用方法,并能说出每种维修工具的用途;
2. 掌握螺纹联结件、轴和轴承部件的结构;
3. 熟悉减速器的基本结构,了解常用减速器的用途及特点;
4. 掌握工具选用、保管和使用注意事项知识;
5. 熟悉金属材料的性能和牌号。

能力目标

1. 具有正确、规范、熟练使用汽车修理和维护中常用的工具的能力;
2. 具有选用、保管工具的能力,并遵守文明安全操作规程;
3. 正确识别机械零部件的能力;
4. 具有正确拆装能力和零件结构分析能力;
5. 掌握金属材料的力学性能和工艺性能;
6. 掌握碳素钢、合金钢、铸铁的分类、性能和应用。

任务1　汽修常用工具的使用与选用

【任务导入】

中国汽车保有量不断增长,已经全面进入汽车时代。在汽车售后服务中,始终离不开汽修工具的使用。

【任务分析】

汽车维修中最基本的工作是拆卸和装配,在拆装过程中使用最频繁的是各种各样的工具,工具使用的正确与否,直接关系到维修工作的效率;如果工具使用不当,损坏各部件和工具,影响了工作效率,甚至造成人身伤亡事故。所以,作为一名汽修人员,应识别各种常用工具、了解工具的用途,并熟练掌握工具的使用方法。

【相关知识】

一、扳手

扳手是利用杠杆原理，拧转螺栓、螺钉、螺母和其他螺纹紧持螺栓或螺母的开口或套孔固件的手工工具。扳手通常在柄部的一端或两端制有夹柄部、施加外力柄部。使用时，沿螺纹旋转方向在柄部施加外力，就能拧转螺栓或螺母。

扳手采用工具钢、合金钢或可锻铸铁制成，一般分为通用扳手、专用扳手和特殊扳手3大类。汽车修理常用的有开口扳手、梅花扳手、套筒扳手、活动扳手、扭力扳手、内六角扳手和棘轮扳手等，应根据螺栓、螺钉、螺母的形状、规格及工作条件，选用规格相适应的扳手进行操作。

活动扳手为通用扳手，开口扳手、套筒扳手、梅花扳手和内六角扳手等为专用扳手，棘轮扳手、扭力扳手是根据特殊要求而制成的特殊扳手。每种类型的扳手都有其特殊的用途。

1. 通用扳手

通用扳手即活动扳手，由扳手体、固定钳口、活动钳口及蜗杆等组成，如图1-1所示，活动扳手的长度有150，200，250，300，375，450，600 mm等几种。活动扳手的特点是：

(1) 开口尺寸可在一定的范围内调节，开口尺寸范围内的螺钉、螺母一般都可以使用。

(2) 在遇到不规则的螺母或螺栓时，能灵活机动地发挥作用，使用广泛。

(3) 可以拧紧力矩较大的螺栓、螺母。

(4) 只能在开口紧固后才能使用。

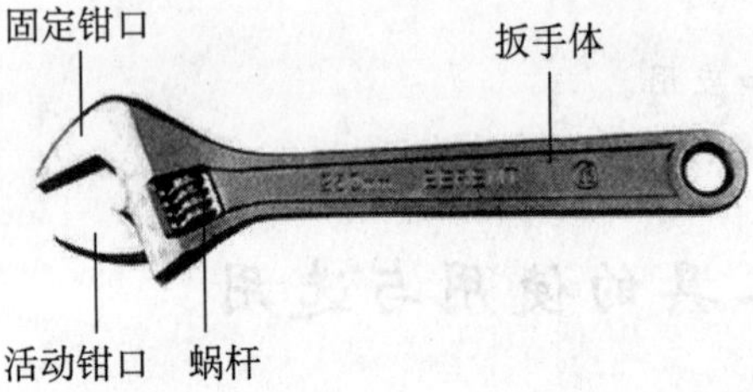

图1-1 活动扳手

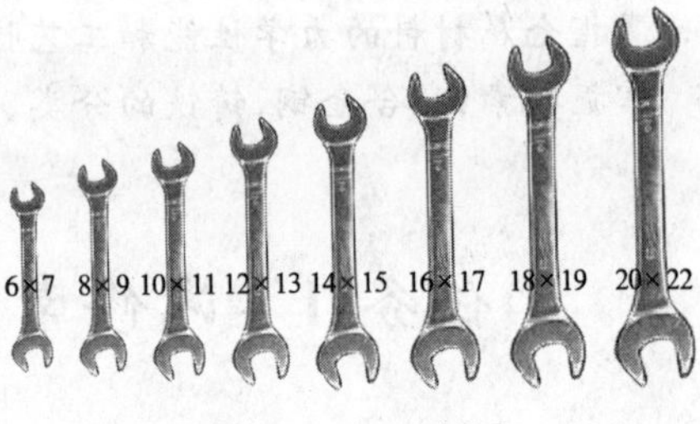

图1-2 开口扳手

2. 专用扳手

(1) 开口扳手　如图1-2所示，开口扳手又称呆扳手，是最常见的一种扳手，按结构形状分为双头和单头两种。它的一端或两端带有固定尺寸的开口，开口尺寸与螺钉头、螺母的尺寸相适应，并根据标准尺寸做成一套，有5件套、6件套、7件套、8件套、10件套。其作用是紧固或拆卸一般标准尺寸规格的螺母和螺栓。使用时，可直接插入，十分方便，但不可用于拧紧力矩较大的螺栓或螺母。扳手头部的开口方向与柄部错开一个角度，常见的有15°，45°，90°等，便于在受空间限制的部位扳动。

(2) 梅花扳手　梅花扳手俗称眼睛扳手，具有带六角孔或十二角孔的工作端，能将螺栓或螺母的头部套住，工作时不易滑脱。有些螺栓和螺母受周围条件的限制时，梅花扳手更为适用，是装配和修理工作中常用的工具，适用于折装5～27 mm范围的螺栓或螺母，尤其是拆装位于稍凹处的六角螺母或螺栓特别方便，如图 1－3 所示。梅花扳手分为公制扳手和英制扳手两种，规格有 5 件套、6 件套、8 件套、12 件套。

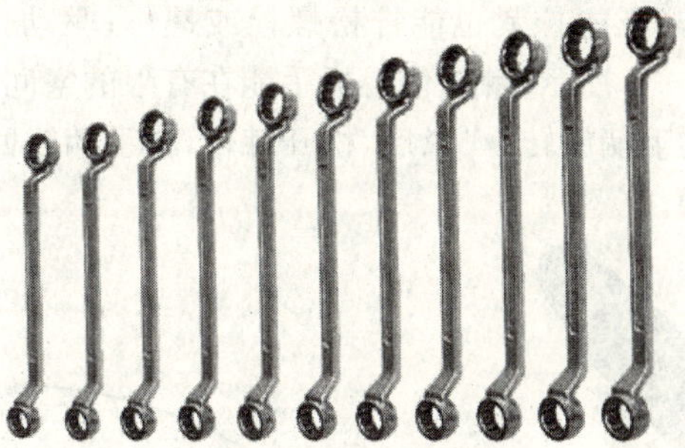

图 1－3　梅花扳手

(3) 两用扳手　两用扳手是开口扳手与梅花扳手的合成形式，一端是梅花端，而另一端是开口端，故而兼有两者的优点。一把两用扳手只能拧转一种尺寸的螺栓或螺母，各端的使用方法与开口扳手、梅花扳手相似，如图 1－4 所示。

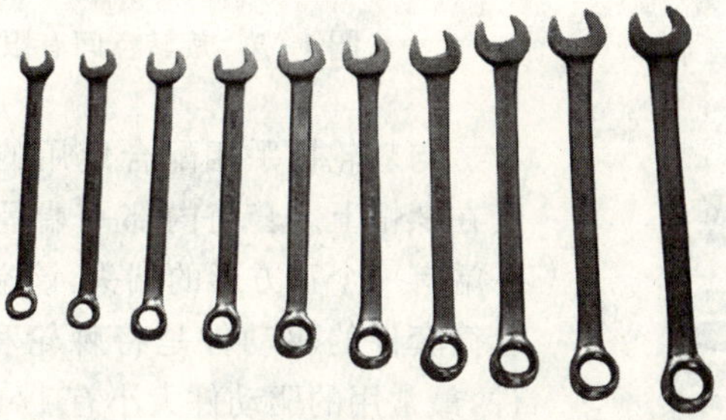

图 1－4　呆梅两用扳手

(4) 内六角扳手　内六角扳手用于旋紧内六角螺钉，如皮带轮上的无头螺钉，以及一些自动变速器调节装置上的内六角螺钉，如图1－5 所示。内六角扳手规格以六角形对边尺寸 S 表示，有 3～27 mm 等 13 种。汽车维修作业中，用成套内六角扳手，可以拆装 M4～M30 的内六角螺栓。

图 1－5　内六角扳手

内六角扳手的优点是：

① 简单且轻巧。

② 内六角螺钉与扳手之间有 6 个接触面，受力充分且不容易损坏。

③ 可以用来拧深孔中螺钉。

④ 扳手的直径和长度决定了它的扭转力。

⑤ 可以用来拧非常小的螺钉。

⑥ 容易制造，成本低廉。

⑦ 扳手的两端都可以使用。

3. 特殊扳手

(1) 棘轮扳手　棘轮扳手应配合套筒使用，一般用于螺栓或螺母处在狭窄的地方时的拧紧或拆卸，即不变更扳手角度就能折卸或装配螺栓或螺母。如图 1-6 所示，在棘轮扳手的上方，有一个转向杆，棘轮既能拧紧也能拧松螺栓或螺母；驱动件位于底部，用来与套筒匹配。棘轮机构的工作如图 1-7 所示，棘轮使得扳手能在有限的空间里拧紧螺栓。例如，若只有 90°的旋转空间可用，那么在手柄旋转 90°以后，松开棘轮，将手柄转回去，然后再旋转 90°。

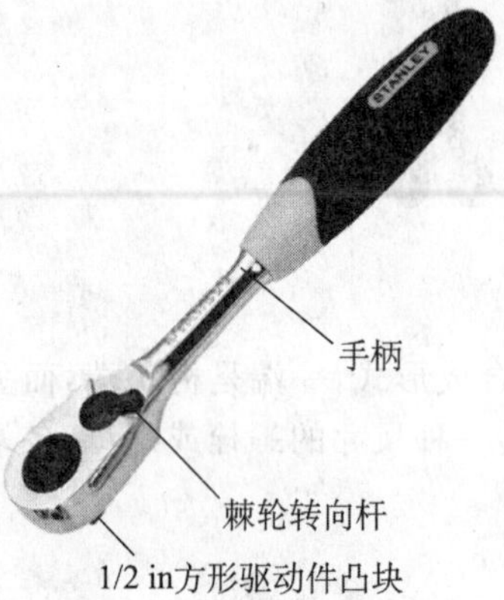

图 1-6　棘轮扳手

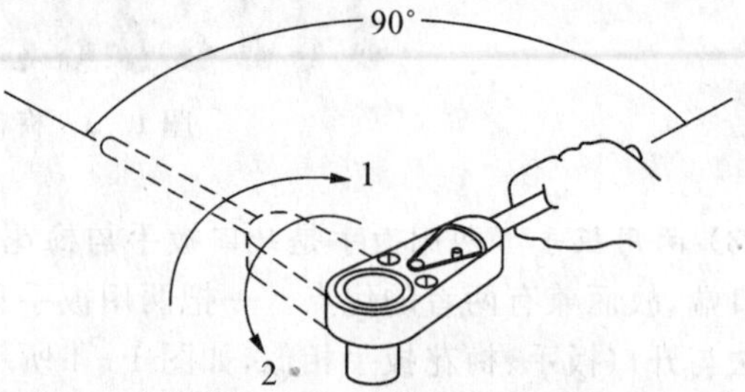

1—拧紧　2—松开棘轮，转回手柄

图 1-7　旋转空间有限时可使用棘轮扳手

与棘轮扳手相配合使用的套筒，呈短管状，使用时，套在螺帽上。套筒内部一端呈六角形状来套螺栓头，另一端有一个正方形的端头，该端头用来与拆卸手柄配合。套筒套件的驱动件是将棘轮和套筒联结起来的方形部件，最常用的驱动件大小有 1/4,3/8 和 1/2 in。在一些大负荷应用中，也可使用 3/4 和 1 in 的套筒驱动件。

例如，120 件公英制组套工具由 1/4, 3/8, 1/2 in 公、英制全系列套筒组成。其中，有英制六角套筒、公制六角套筒、公制六角长套筒、公制凸筋两用扳手、旋具头接头、接杆、套筒手柄、快速脱落棘轮扳手、花型套筒、火花塞套筒、花型中孔旋具套筒、六角旋具套筒、一字旋具套筒、十字旋具套筒、米字旋具套筒、公制气动六角套筒、万向接头、花型中孔旋具头等，如图 1-8 所示。

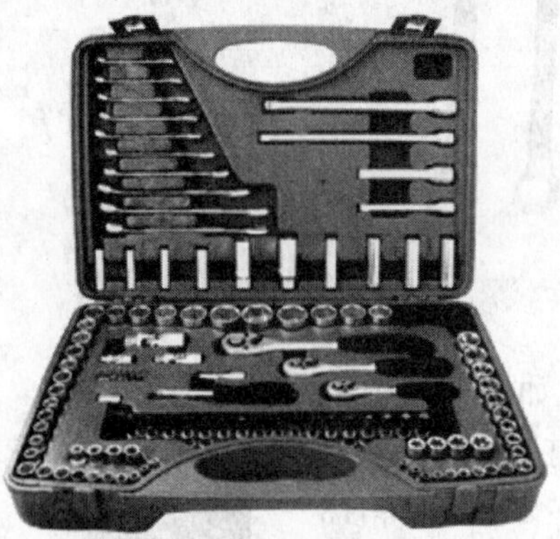

图 1-8　120 件公英制组合工具

(2) 扭力扳手　扭力扳手也叫扭矩扳手，用以配合套筒拧紧螺栓或螺母，在汽车修理中是不可缺少的，如气缸盖螺栓、曲轴轴承螺栓等的紧固都须使用扭力扳手，是一种可读出所施扭矩大小的专用工具。扭力扳手分为表针式、指针式和声响式 3 种，如图 1-9 所示。表针式和指针式扭力扳手是把所施力矩用读数显示出来；声响式扭力扳手根据扭矩需要预先设置力矩，当所施力矩超过设置力矩时，会自动发出响声，如继续施力则自动打滑。扭力扳手的规格是以最大可测扭矩来划分的，常用的有 294 和 490 N·m 两种，在汽车维修中常用的扭矩扳手一般为 294 N·m 的规格。

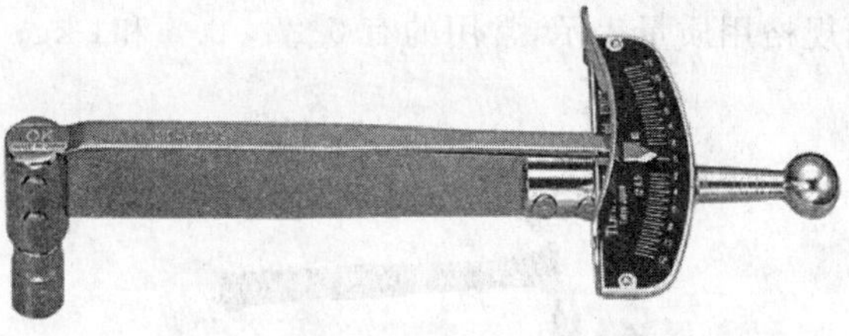

(a) 指针式扭力扳手

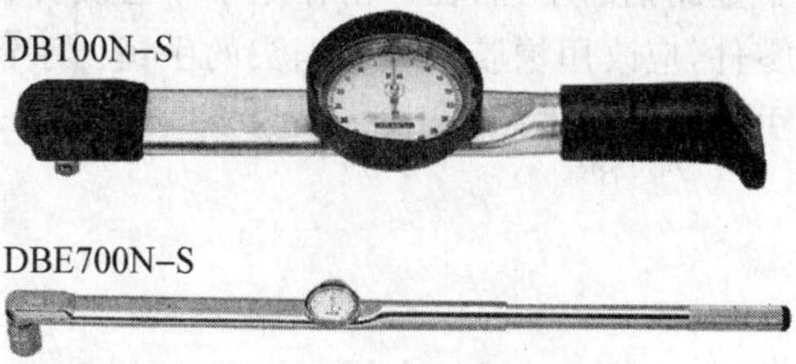

(b) 表针式扭力扳手

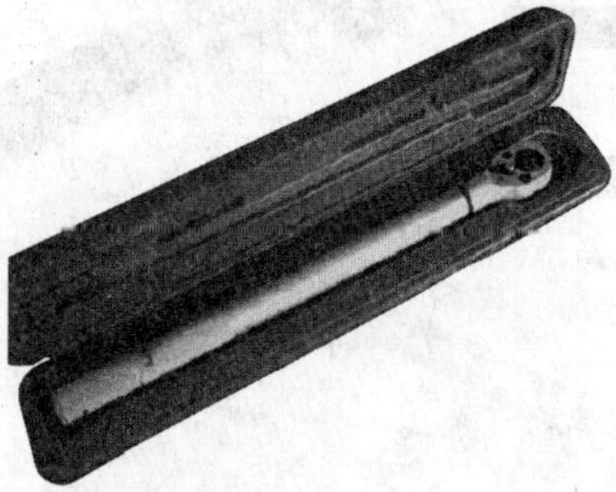

(c) 声响式扭力扳手

图 1-9 扭力扳手

扭力扳手除用来控制螺纹件旋紧力矩外，还可以用来测量旋转件的起动转矩，以检查配合、装配情况。

二、螺丝刀

螺丝刀(又称起子)，是用来拧紧或旋松头部带沟槽螺钉的专用工具，一般分为普通螺丝刀、组合型螺丝刀、电动螺丝刀、钟表螺丝刀、小金刚螺丝刀。

普通螺丝刀分木柄螺丝刀、穿心螺丝刀、夹柄螺丝刀、十字螺丝刀和偏心螺丝刀。螺丝刀的规格(杆部长)有 50, 65, 75, 100, 125, 150, 200, 250, 300, 和 350 mm 等几种。

螺丝刀有一字形和十字形两种，如图 1-10 所示。一字螺丝刀用于旋紧或松开头部开一字槽的螺钉，由木柄、刀体和刃口组成，一般工作部分用碳素工具钢制成，并经淬火处理。十字形起子用于旋紧或松开头部带十字沟槽的螺钉，材料和规格与一字形螺丝刀相同。

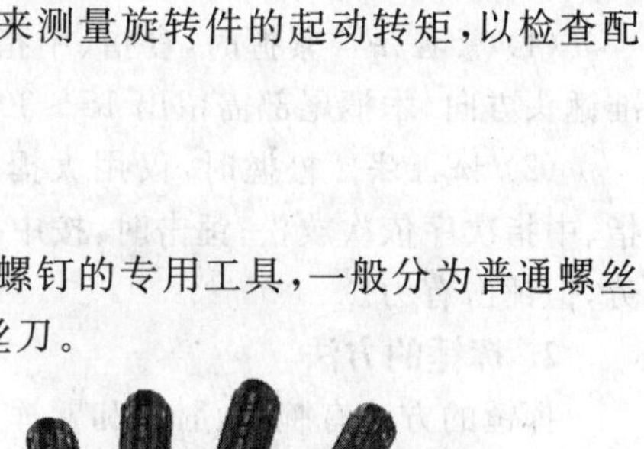

图 1-10 一字和十字螺丝刀

三、手锤

如图 1-11 所示，在汽车维修中要用到各种各样的手锤，正确使用与工作相匹配的手锤相当重要。例如，橡皮头软手锤用于那些容易损坏的零部件；使用头部有空腔、空腔内充满了金属铝的手锤,在冲击作用下不会反弹;使用较硬的手锤有可能损坏齿轮、曲轴、凸轮轴等零件,应改用橡胶头或者铜头的手锤。手锤的规格用质量表示,常用的有 0.25, 0.5 和1 kg;手柄用硬杂木制成,长一般为 320～350 mm。

图 1-11　手锤

1. 手锤的握法

手锤的握法有紧握和松握两种。

(1) 紧握法　紧握时,食指、中指、无名指和小指紧握锤柄,大拇指贴在食指上,虎口对准锤头方向,木柄尾部需留出 15～30 mm。挥锤和锤击过程中,手指握紧不变。

(2) 松握法　松握时,仅用大拇指和食指握紧锤柄,其他 3 指在挥锤中,按小指、无名指、中指次序依次放松;锤击时,按中指、无名指、小指逐渐握紧锤柄。此方法手指、手腕易疲劳,但锤击有力。

2. 挥锤的方法

挥锤的方法有腕挥、肘挥和臂挥 3 种。

(1) 腕挥　挥锤时,仅用手腕运动进行锤击。该方法锤击力小,一般采用紧握法握锤,在錾削开始和结尾以及錾油槽等錾削量较少时使用。

(2) 肘挥　挥锤时,手腕与肘部一起挥动作锤击运动。锤击力较腕挥大,采用松握法,在錾削中经常使用。

(3) 臂挥　挥锤时,腕、肘和臂联合动作,锤头要挥过耳背,锤击力最大。适用于需要大锤击力的錾削工作。

四、钳子

钳子是一种用于夹持、固定加工工件,或者扭转、弯曲、剪断金属丝线的手工工具。在汽修中,常用的有钢丝钳、鲤鱼钳、卡簧钳、尖嘴钳和大力钳等,如图 1-12 所示。

1. 钢丝钳

钢丝钳是一种夹钳和剪切工具,由钳头和钳柄组成,钳头包括钳口、齿口、刀口和铡口。

钢丝钳的各部位的作用是:

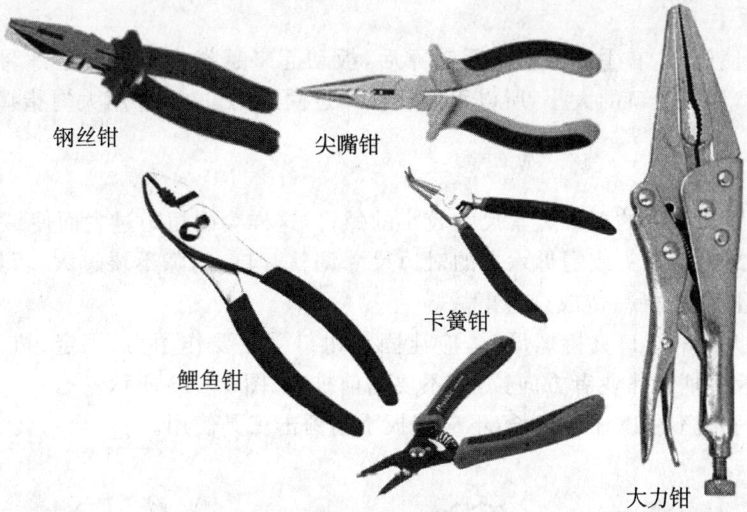

图 1-12 钳子

(1) 齿口可用来紧固或拧松螺母。

(2) 刀口可用来剖切软电线的橡皮或塑料绝缘层,也可用来剪切电线、铁丝。

(3) 铡口可以用来切断电线、钢丝等较硬的金属线。

(4) 钳子的绝缘塑料管耐压 500 V 以上,可以带电剪切电线。

电工常用的钢丝钳有 150,175,200 及 250 mm 等多种规格。

2. 尖嘴钳

尖嘴钳由尖头、刀口和钳柄组成,用来在狭小的工作环境夹捏细小工件,拨开口销等。尖嘴钳有铁柄和绝缘柄两种,绝缘柄常用于有电场合,其规格有 130,160,180 和 200 mm 等 4 种。

3. 鲤鱼钳

鲤鱼钳用于夹持扁形或圆柱形金属零件,钳口的开口宽度有两档调节位置,可以夹持尺寸较大的零件,刃口可用于切断金属丝。规格有 125,150,165,200,250 mm 等 5 种。

4. 卡簧钳

卡簧钳有孔用卡簧钳和轴用卡簧钳两种,是用来拆装卡簧的专用工具。常态时,钳口打开的是孔用卡簧钳;钳口闭合的是轴用卡簧钳。

5. 大力钳

大力钳用来拆除难夹持的直径不大的圆形工件。常用的大力钳有一般的大力钳、尖嘴带刃大力钳、焊接用大力钳、铁皮大力钳、C 型大力钳、链条式大力钳、弧齿加硬大力钳、直齿加硬大力钳、尖嘴加硬大力钳。

【任务实施】

汽车发动机拆装、汽车底盘拆装、整车拆装等都要用到各种拆装工具,正确的使用方法和规范的操作姿势尤为重要,为后续的专业课程实训打下坚实基础,体现岗位能力培养的目标。

1. 活动扳手

活动扳手使用时，右手握手柄。手越靠后，扳动起来越省力。扳动小螺母时，因需要不断地转动蜗轮，调节扳口的大小，所以手应握在靠近固定钳口处，并用大拇指调制蜗杆，以适应螺母的大小。

使用时应注意：

(1) 不可用大尺寸的扳手旋紧尺寸较小的螺钉，这样会因扭矩过大而使螺钉折断。

(2) 应按螺钉六方头或螺母六方的对边尺寸调整开口，间隙不要过大，否则会损坏螺钉头或螺母，并且容易滑脱，造成伤害事故。

(3) 活动扳手的扳口夹持螺母时，应让固定钳口受主要作用力，固定钳口在上，活动钳口在下，要将扳手柄向作业者方向拉紧，不要向前推，如图 1－13 所示。

(4) 扳手手柄不可以任意接长，不应将扳手当锤击工具使用。

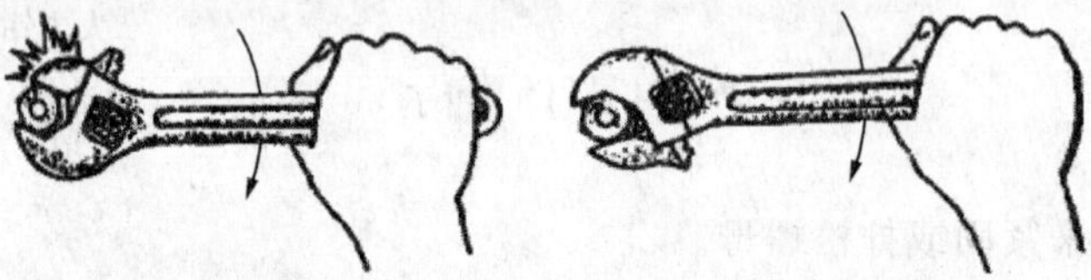

(a) 错误　　(b) 正确

图 1－13　活动板手使用方法

2. 开口扳手

(1) 开口扳手的选择　选择方法如下：

① 使用适合尺寸的扳手，即螺栓、螺母要与扳手的开口完全匹配。

② 在扳手上标有使用的尺寸，若扳手上尺寸的单位是毫米，该扳手就为公制型号扳手；若尺寸为英寸，该扳手就为英制扳手。

(2) 开口扳手的使用方法　使用方法如下：

① 扳动扳手的方向应朝里，而不应该往外推，这样操作更省力；若必须向外推扳手时，应将手掌张开操作。

② 开口扳手放置的位置和夹住螺帽头部要合适，与扳手的开口完全匹配，否则会引起扳手打滑。

③ 开口扳手开口端有 15°倾斜的角度，有了此角度便可以在很挤的空间内翻转扳手使其继续放在螺栓或螺母头部。例如，如果车上的其他零部件碍事，使某个螺栓的旋转空间只有 25°。那么，在将螺栓旋转 25°以后，可以翻转扳手，然后再将扳手置于螺栓上，再次旋转 25°，如图 1－14 所示。

④ 使用开口扳手对螺栓或螺母作最后拧紧时，加在扳手上的力应根据螺栓拧紧力矩要求而定，不能太大，否则会导致螺纹滑丝。

(3) 开口扳手使用注意事项　使用时应注意：

① 为了防止打滑，在使用开口扳手之前，要判断螺帽尺寸，以决定采用哪种型号的公制或英制扳手。

② 为了安全，要朝自己的方向拧动扳手。

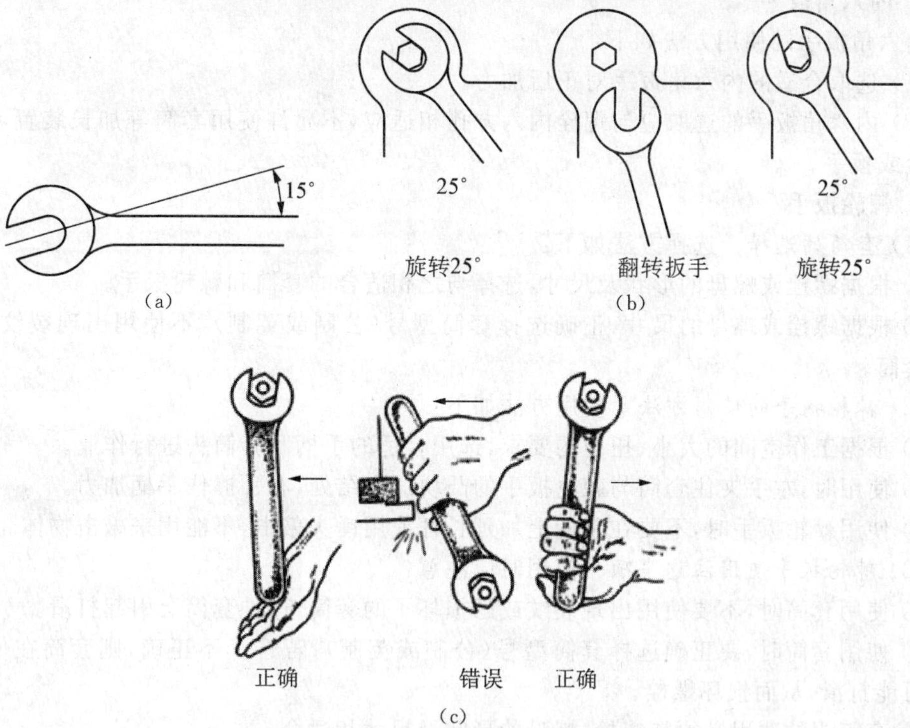

图 1-14　开口扳手使用方法

③ 避免用加长的管子套在扳手上，以延伸扳手的长度进而增大扭矩，这样会导致工具损坏。

④ 使用开口扳手放置的位置不能太高或只夹住螺帽头部的一小部分，否则会打滑。

3. 梅花扳手

(1) 梅花扳手的使用方法　使用方法如下：

① 使用梅花扳手之前，要判断螺帽尺寸，以决定采用哪种型号的公制扳手或英制扳手。

② 使用时，可将螺栓、螺母的头部棱边套住进行扳动；为了安全，要朝自己的方向扳动扳手。

③ 如果是用于狭窄地方的操作，扳动 30°后，可更换位置。

④ 使用时，避免用加长的管子套在扳手上，以延伸扳手的长度进而增大扭矩，导致损坏工具。

(2) 梅花扳手使用注意事项　使用时应注意：

① 不要使用带有裂纹和已严重磨损的梅花扳手。

② 六边形的梅花扳手比十二边形梅花扳手更具有防滑性。

③ 为了防止打滑，在使用梅花扳手之前，要判断螺帽尺寸，以决定采用哪种型号的公制或英制扳手。

④ 为了安全，要朝自己的方向拧动扳手。

⑤ 避免用加长的管子套在扳手上，以延伸扳手的长度进而增大扭矩，这样会导致工具损坏。

4. 内六角扳手

内六角扳手的使用方法如下：

(1) 选取合适的内六角扳手对正后加力。

(2) 内六角扳手的选取应与螺栓内六方孔相适应，不允许使用套筒等加长装置，以免损坏螺栓或扳手。

5. 棘轮扳手

(1) 套筒的选择　选择方法如下：

① 根据螺栓或螺母的形状及尺寸，选择与之相适合的套筒和棘轮扳手。

② 根据螺栓或螺母的尺寸，正确选择套筒型号(公制或英制)，不使用出现裂纹或已损坏的套筒。

(2) 棘轮扳手的使用方法　使用方法如下：

① 根据工作空间的大小、扭力的要求，选用合适的手柄和套筒头进行作业。

② 使用时，左手夹住套筒与棘轮扳手的凸块的联结处，右手握住手柄加力。

③ 使用棘轮扳手时，不要在手柄上加延长杆或用锤头敲击，不能用来敲击物体。

(3) 棘轮扳手使用注意事项　使用时应注意：

① 使用套筒时，不要使用出现裂纹或已损坏了的套筒，这种套筒会引起打滑。

② 使用套筒时，要正确选择套筒型号(公制或英制)；若选择不正确，则套筒在使用时，极有可能打滑，从而损坏螺栓。

③ 套筒头的选用必须与螺栓、螺母的形状及尺寸相适合。

④ 不要用棘轮扳手来对螺栓或螺母进行最后拧紧，这样会导致棘轮扳手的棘轮机构损坏。

⑤ 当在一个零件上有很多需紧固的螺栓时，拧紧次序是从中间往周边。

⑥ 拧紧圆圈排列螺栓时，应用交叉的次序，这样可防止零件扭曲变形。

6. 扭力扳手

(1) 扭力扳手的使用方法　使用方法如下：

① 根据测量部位的要求选取适中量程，所测扭力值不可小于扭力器在使用中量程的20%。太大的量程不宜用于小扭力部位的加固，小量程的扭力器更不可以超量程使用。

② 在使用扭力扳手时，先将受力棘爪联结好辅助配件(如套筒)，确保联结已经没问题。如果用声响式扭力扳手，在加固扭力之前，要设定好需要加固的力值，并锁好紧锁装置，然后调整好方向转换钮到加力的方向。

③ 测量时，手要把握住把手的有效范围，沿垂直于扳手手柄方向慢慢地加力，直至听到到达已设定的量值后发出的声音。

④ 扳动扭力扳手时，应将扳手朝着自已的方向拧动，而且用力要均匀。

⑤ 如果是指针式或表针式扭力扳手，直接读取指针所指示的数据，即为测量数据值。

(2) 扭力扳手使用注意事项　使用时应注意：

① 扭力扳手是精密机械仪器，操作时应小心谨慎，不可突然施加作用力而导致内部机构失灵。

② 不能把扭力扳手当铁锤使用，应轻拿轻放，不可乱丢。

③ 不能超量程工作，当达到设定值和听到喀喳声后，应停止加力。

④ 不可用异物堵塞、黏结、固定扭矩调节套筒或把手。

⑤ 在使用时,应根据需要调整扭矩,调整扭矩值后应得到确认后方可操作。

⑥ 在使用扭力扳手前,应确认扭矩值和扭力单位是否正确。

7. 螺丝刀

(1) 螺丝刀的选择　选择方法如下:

① 应根据旋紧或松开的螺钉头部的槽宽和槽形选用适当的螺丝刀,不能用较小的螺丝刀旋拧较大的螺丝钉。例如,刃口端太薄易折断,太厚则不能完全嵌入槽内,易使刀口或螺栓槽口损坏。

② 十字螺丝刀用于旋紧或松开头部带十字槽的螺丝钉,弯头螺丝刀用于空间受到限制的螺丝钉头。

(2) 螺丝刀的使用方法　使用方法如下:

① 使用前,应先擦净螺丝刀柄和口端的油污,以免工作时滑脱而发生意外,使用后也要擦拭干净。

② 使用螺丝刀时,要求螺丝刀刃口端应平齐,并与螺钉槽的宽度一致。让螺丝刀刃口与螺钉槽完全吻合,螺丝刀中心线与螺钉中心线同心后,拧转螺丝刀,即可将螺钉拧紧或旋松。

③ 以右手握持螺丝刀,手心抵住柄端,让螺丝刀口端与螺栓或螺钉槽口处于垂直吻合状态。当开始拧松或最后拧紧时,应用力将螺丝刀压紧后再用手腕力扭转螺丝刀;当螺栓松动后,即可使手心轻压螺丝刀柄,用拇指、中指和食指快速转动螺丝刀。

④ 不要用螺丝刀旋紧或松开握在手中工件上的螺丝钉,应将工件夹固在夹具内,以防伤人。

⑤ 不可用锤击螺丝刀手把柄端部的方法撬开缝隙或剔除金属毛刺及其他的物体。

(3) 螺丝刀使用注意事项　使用时应注意:

① 选择螺丝刀时,头部太厚,则不能落入螺钉槽;如果头部太薄,使用时头部容易扭曲。

② 螺丝刀刀刃必须平行,如果成锥形,当转动螺丝刀时,极易滑出螺钉槽口。

③ 不可一手紧握螺丝刀,一手紧握工件,因螺丝易打滑,容易把手凿伤。

8. 手锤

手锤的使用方法如下:

(1) 使用前,应先检查锤柄是否安装牢固,如有松动应重新安装,以防在使用时锤头脱出而发生事故;并应清洁锤头工作面上的油污,以免敲击时发生滑脱而发生意外。

(2) 使用时,应将手上和锤柄上的汗水和油污擦干净,以免锤子从手中滑脱。

(3) 手要握住锤柄后端,握柄时手的用力要松紧适当。锤击时,根据锤击力的大小,采用相应的挥锤的方法。眼要注视工件,锤头工作面和工件锤击面应平行,这样才能保证锤面平整地打在工件上。

9. 钳子

(1) 钳子的使用方法　使用方法如下:

① 使用钳子是用右手操作。将钳口朝内侧,便于控制钳切部位,用小指伸在两钳柄中间抵住钳柄、张开钳头,这样分开钳柄灵活。

② 钳子的强度有限,不能够操作一般手的力量所达不到的工作。

③ 钳柄只能用手握,不能用其他方法加力(如用锤子打、用台虎钳夹等)。

(2) 钳子使用的注意事项　使用时应注意:

① 普通钳子不能剪切钢琴丝,除非专门有此功能。

② 不要把钳子放在过热的地方,否则会引起退火而损坏工具。

③ 用正确的角度进行剪切,不能敲击钳子的手柄与钳头,或用钳刃卷曲钢丝。

④ 不要用轻型的钳子当作锤子使用,或者敲击钳柄。如果这样滥用,钳子会开裂、折断,钳刃会崩口。

⑤ 不要用轻型的钳子卷曲硬钢丝,如果用尖嘴钳头部弯曲太粗的钢丝,钳子会损坏。应该用坚固的工具。

⑥ 不要延长手柄的长度以获得更大的剪切力,而应使用规格更大的钳子或者断线钳。

⑦ 钳子不能使用在螺母和螺钉上,使用扳手效果会更好,而且不易损坏扣件。

⑧ 经常给钳子上润滑油,在铰链上加点润滑油既可延长使用寿命,又可确保使用省力。

⑨ 剪切电线时,应该配戴护目镜保护眼睛。

⑩ 手柄上的胶套是为增加使用舒适度,除非是特定的绝缘手柄,否则这些胶套不能防电,也不能用于带电作业。

【拓展知识】

1. 千斤顶

千斤顶是一种用刚性顶举件作为工作装置,通过顶部托座或底部托爪在行程内顶升重物的轻小起重设备。按结构特征,可分为齿条千斤顶、螺旋千斤顶和液压千斤顶3种。在汽车修理和维护中,当更换汽车轮胎时,常用液压千斤顶顶起车辆。利用液压原理,用手上、下摇动手柄就能轻松顶起车辆,然后把备胎换上。其规格有3, 5, 8 t等数种,如图1-15所示。

图1-15 千斤顶

(1) 液压式千斤顶的使用方法　使用方法如下:

① 起顶汽车前,应把千斤顶顶面擦拭干净,拧紧液压开关;起顶时,应把千斤顶放置在被顶部位的下部,并与被顶部位之间相互垂直,以防千斤顶滑出而造成事故。

② 用三角形垫木,将汽车着地车轮前后塞住,防止汽车在起顶过程中发生滑溜事故。

③ 旋转顶面螺杆,改变千斤顶顶面与被顶部位的原始距离,使起顶高度符合汽车需要的顶置高度。

④ 用手上、下压动千斤顶手柄,被顶汽车逐渐升到一定高度,在车架下放下搁车凳,禁止用

砖头等易碎物支垫汽车。落车时，应先检查车下是否有障碍物，并确保操作人员的安全。

⑤ 徐徐拧松液压开关，使汽车缓慢平稳地下降，并架稳在安全支架上。

(2) 千斤顶使用注意事项　使用时应注意：

① 汽车在起顶或下降过程中，禁止在汽车下面进行作业。

② 应徐徐拧松液压开关，使汽车缓慢下降，汽车下降速度不能过决，否则易发生事故。

③ 在松软路面上使用千斤顶起顶汽车时，应在千斤顶底座下加垫一块有较大面积，且能承受压力的材料(如木板等)，防止千斤顶由于汽车重压而下沉。

④ 千斤顶把汽车顶起后，当液压开关处于拧紧状态时，若发生自动下降故障，则应立即查找原因，及时排除故障后方可继续使用。

⑤ 若发现千斤顶缺油，应及时补充规定油液，不能用其他油液或水代替。

⑥ 千斤顶不能用火烘热，以防皮碗、皮圈损坏。

⑦ 千斤顶必须垂直放置，以免因油液渗漏而失效。

2. 手电钻

手电钻就是以交流电源或直流电池为动力的钻孔工具，有手提式和手枪式两种，如图 1－16所示。手电钻是由工人直接握持操作的钻孔工具，转速高，使用方便。

使用手电钻必须注意用电安全，工作前要认真检查接地线是否正常，工作时应戴绝缘手套和穿胶鞋(或脚踏绝缘板上)。操作时用力要均衡，电钻速度突然下降时，应减轻压力。如果电钻突然停止转动，要立即切断电源，检查原因。手电钻不可以用来钻水泥和砖墙，否则，极易造成电机过载，烧毁电机。

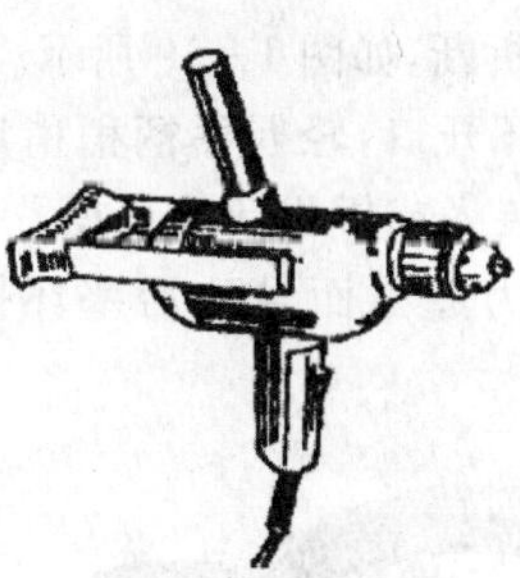

(a) 手提钻

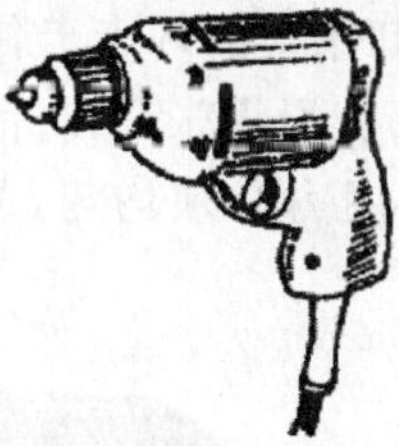

(b) 手枪钻

图 1－16　手电钻

图 1－17　发动机吊架

3. 发动机吊架

发动机吊架用来举升汽车维修车间中较重的物体，如图 1－17 所示。发动机吊架安放在一系列轮子上，可在汽车或所要举起的重物下面滑行。摇动手柄产生液压，液压用来使液压缸升高。当液压缸由于高压而升高时，便举升上部的伸缩式吊杆。发动机吊架的一个常见用途是吊出汽车中的发动机，以便维修和进行发动机大修。一定要确保吊架有足够的能力吊起所要举升的部件。

4. 机油格扳手

汽车维修保养时，需要用机油格扳手装卸机油格。机油格扳手有链条机油格扳手、钳式机油格扳手、三爪机油格扳手、碗式机油格扳手等几种，如图 2－18 所示。

(a) 链条机油格扳手

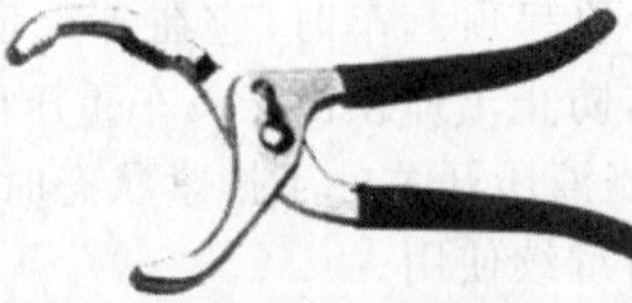

(b) 钳式机油格扳手

(c) 三爪机油格扳手

(d) 碗式机油格扳手

图 1－18　各式机油格扳手

5. 活塞环装卸钳

活塞环装卸钳用于装卸发动机活塞环，避免活塞环受力不均匀而拆断，如图 1－19 所示。

(1) 使用活塞环拆装钳时，将活塞环装卸钳上的环卡卡住活塞环开口，轻握手柄稍稍均匀地用力，并使手把慢慢收缩，环卡将活塞环就慢慢张开，将活塞环装入或拆出活塞环槽。

(2) 使用活塞环拆装钳拆装活塞环时，用力必须均匀，避免用力过猛而导致活塞环折断，同时也能避免伤手事故。

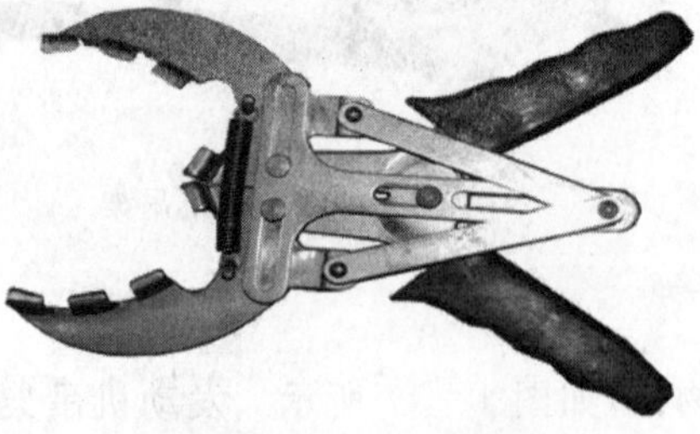

图 1－19　活塞环装卸钳

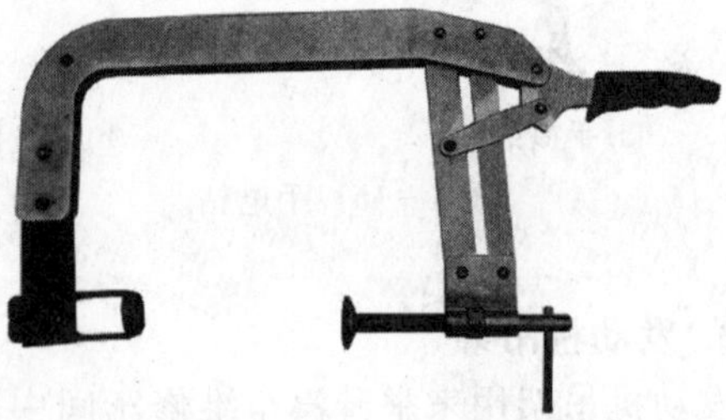

图 1－20　气门弹簧拆装架

6. 气门弹簧拆装架

如图 1－20 所示，气门弹簧拆装架是一种专门用于装卸顶置式气门弹簧的工具。使用时，将拆装架托架抵住气门，压环对正气门弹簧座，然后压下手柄，使得气门弹簧压缩，这时可取下气门弹簧锁销或锁片，慢慢松抬手柄，即可取出气门弹簧座、气门弹簧和气门等。安装时的使用方法和拆卸时的使用方法类似，只是在气门弹簧压缩后，才可将气门弹簧锁销或锁片装上。

7. 三爪拉马

三爪拉马主要由操纵手柄、螺杆与拉臂等组成，如图 1－21 所示，可用来拆卸带轮、齿轮之类的零件。它有 3 根互为 120°拉臂的拉拔器和对称两根拉臂的拉拔器等结构形式。

三爪拉马拆卸轴承之类的零件，以用两根与螺杆在同一平面内的拉臂拉拔器为宜。在拆卸轴承时，应把中间螺杆顶在轴上，两侧的拉臂尖应钩在轴承内圈平面上，不能外撇；然后旋转操纵手柄，即可卸下轴承。

图 1－21 三爪拉马

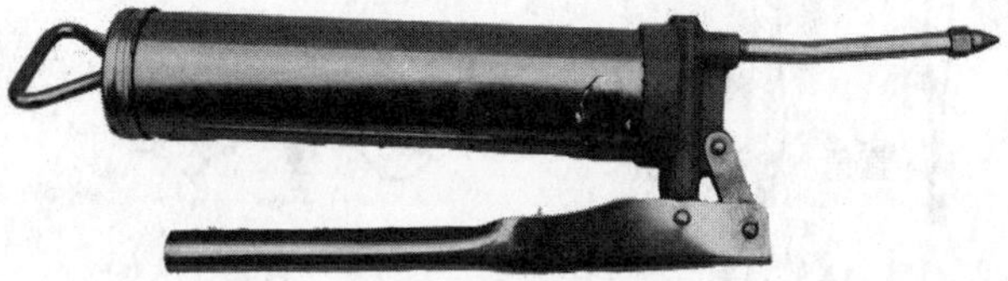

图 1－22 黄油枪

8. 黄油枪

如图 1－22 所示，黄油枪是专门用于各润滑点加注润滑脂的工具，由油嘴、压油阀、柱塞、进油孔、杆头、杠杆、弹簧、活塞杆等组成。

使用时应注意：

(1) 拉出拉杆使柱塞后移，拧下油脂枪压力缸筒前盖填装润滑脂。

(2) 把干净润滑脂小团小团地徐徐装入贮油筒内，且使润滑脂团之间尽量相互贴紧，以便排除缸筒内的空气。

(3) 装回前盖，推回拉杆，柱塞在弹簧作用下前移，拧紧端盖即可使用。

(4) 对油嘴加注润滑脂时，应使滑脂枪接头对正被润滑的滑脂嘴(滑油嘴)，直进直出，不得歪斜，以免影响润滑脂加注并减少润滑脂的浪费。

(5) 若不进油，应立即停止注油，并查明堵塞原因，排除后再进行注油。

【复习思考】

一、判断题

1. 由于工作空间限制，不能使用成套套筒扳手，不能选用梅花扳手，但能选用开口扳手。(　　)

2. 棘轮手柄适合在狭窄空间中使用。(　　)

3. 十二边形的套筒内表面比六边形的套筒内表面防滑性好。(　　)

4. 棘轮扳手可以用来对螺栓进行最后拧紧。(　　)

5. 尖嘴钳可以用在密封的空间里操作或夹紧小零件。（　　）
6. 可以使用比螺钉的槽尺寸大的螺丝刀。（　　）
7. 使用千斤顶时，车辆必须停放在平整的地面上，车辆中的所有行李须取出。（　　）
8. 使用铜头的锤子有可能损坏齿轮、曲轴、凸轮轴等零件，要改用橡胶锤。（　　）

二、选择题

1. 下列示范工具使用的图片中，正确的是（　　）。

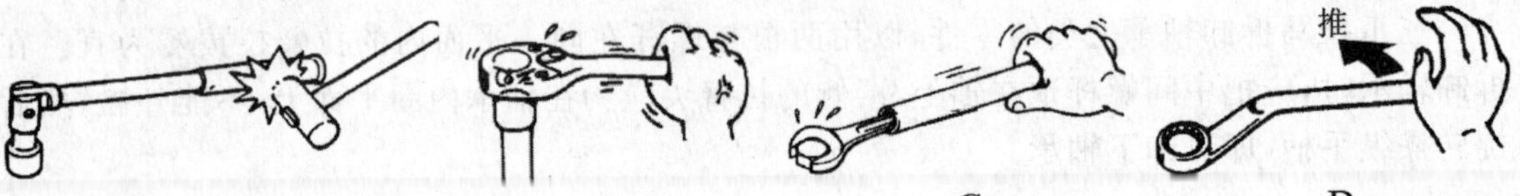

A.　　B.　　C.　　D.

2. 下列示范工具使用的图片中，（　　）操作是正确的。

A.　　B.　　C.　　D.

3. 在拧紧螺栓的作业中，首选的工具是（　　）。
A. 开口扳手　　B. 梅花扳手　　C. 套筒扳手　　D. 活动扳手
4. （　　）适用于拆装位置狭小，比较隐蔽的螺母或螺栓。
A. 套筒扳手　　B. 梅花扳手
C. 开口扳手　　D. 活动扳手
5. 下图中，正确使用套筒扳手的是（　　）。

A.　　B.　　C.　　D.

三、根据图示，正确识别下列常用汽修工具并填入表格中：

图例	名称	用途
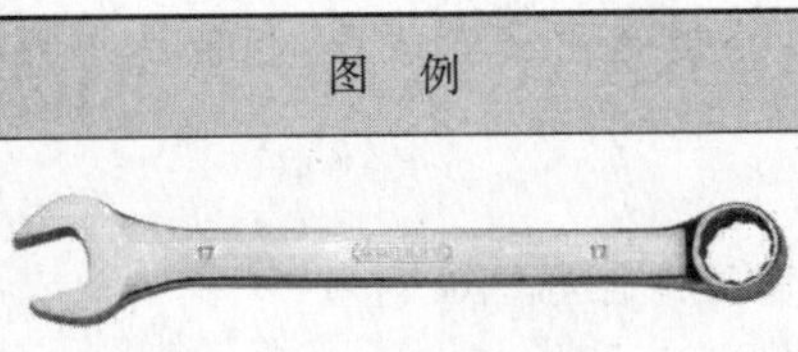		

（续表）

图　例	名　称	用　途
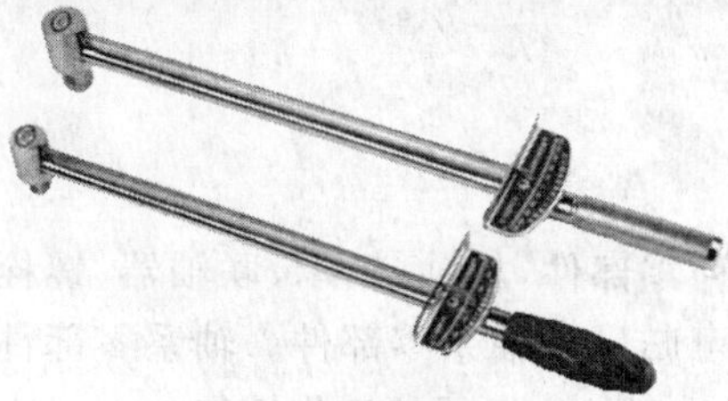		
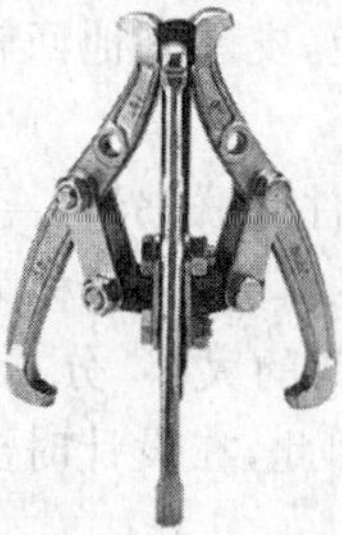		
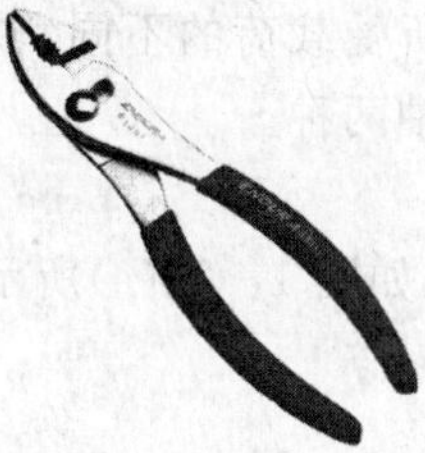		

四、根据你使用工具过程，回答下列问题：

1. 使用扳手时，如果扳手和工件配合不好，将会带来什么后果？
2. 列举引起套筒在螺栓上产生打滑的原因。
3. 使用棘轮扳手来对螺栓进行最后拧紧，行吗？为什么？
4. 使用锋口太薄的螺丝刀将会怎样？

任务2　机械零部件认识与拆装

【任务导入】

任何一台机器都是由若干个零件组成的，而且都具有螺纹联结件和轴系零件等。通过对二级减速器的拆装，了解螺纹联结件和轴系零件的工作原理、特点和应用。

【任务分析】

在组成机器或部件的零件中，标准件是零件的结构、尺寸、标记和画法已经标准化的零件，如螺栓、双头螺柱、螺钉、螺母、垫圈、键、销、轴承等。常用件是零件的部分结构和参数实行了标准化的零件，如齿轮、弹簧等。标准件和常用件在工程中应用十分广泛，一般由专门工厂成批生产。

【相关知识】

一、轴

机器工作时，靠其内部的各种传动机构和各种零部件，如轴、轴承、联轴器、螺栓及弹簧等配合来传递动力和运动的，其中的零部件基本可归属为轴系零部件。轴系零部件是机械的重要组成部分，其设计、使用是否合理将直接影响到整台机器的工作性能。

轴是机械中的重要零件，其功用主要是承受转矩与弯矩，支承其他回转件，如齿轮、带轮等，并传递运动和动力。

轴一般由轴头、轴身、轴颈 3 部分组成。轴上与传动零件或联轴器、离合器相配的部分，称为轴头；与轴承相配的部分，称为轴颈；联结轴头和轴颈的其余部分，称为轴身。

轴的结构形状和尺寸受到很多因素的影响，如轴上载荷的大小、分布及性质，轴上零件的数目、类型、布置及固定方式，轴的加工和装配方法等。因此，在设计时要根据具体的工作情况，综合考虑各种影响因素，经济合理地确定轴的结构。

轴一般根据其承受的载荷和结构形状来分类。根据所受载荷的不同，轴可分为心轴、传动轴和转轴 3 种；按照结构形状不同，轴可分为直轴和曲轴两种。

1. 心轴

只承受弯矩作用的轴称为心轴。心轴可以是转动的，如图 1－23(a)所示火车的轮轴；也可以是固定的，如图 1－23(b)所示自行车的前轮轴。

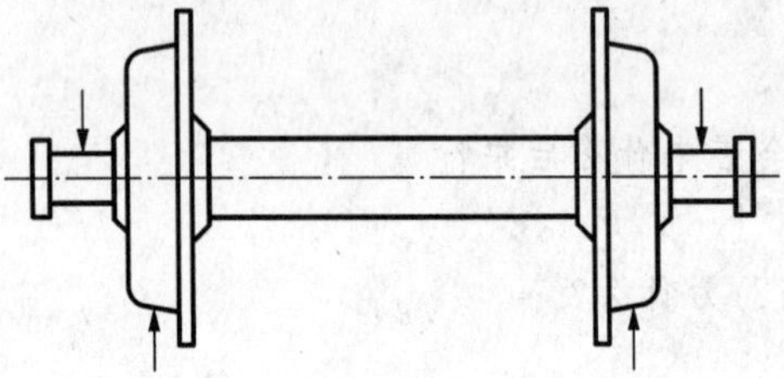
(a)

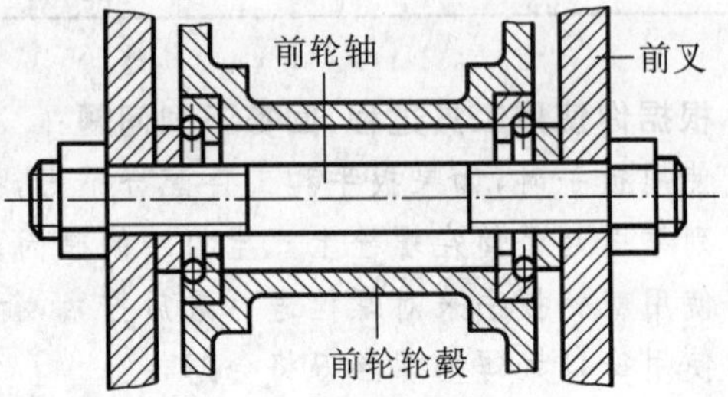

(b)

图 1－23　心轴

2. 传动轴

只传递转矩的轴称为传动轴，如图 1－24 所示为联结汽车变速器与后桥的传动轴。

3. 转轴

既承受弯矩又传递转矩的轴称为转轴。转轴是机器中最常见的轴，如齿轮减速箱的轴均是转轴。

4. 直轴和曲轴

直轴如图 1－25 所示。其中，图 1－25(a)为光轴；图 1－25(b)为阶梯轴，广泛应用于汽车变速器等各种机械设备中；图 1－25(c)为空心轴。

曲轴如图1-26所示。其中，图1-26(a)为曲轴，多用于往复式机械中，如汽车发动机等；图1-26(b)为挠性轴，可以转动且灵活地传递到所需要的任何位置。

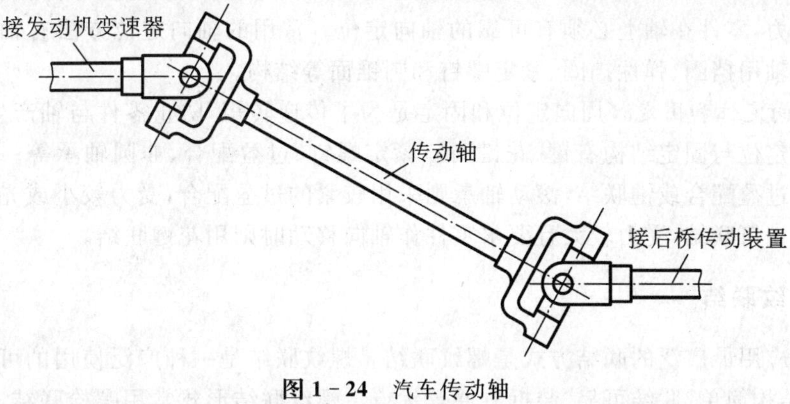

图1-24 汽车传动轴

(a) 光轴

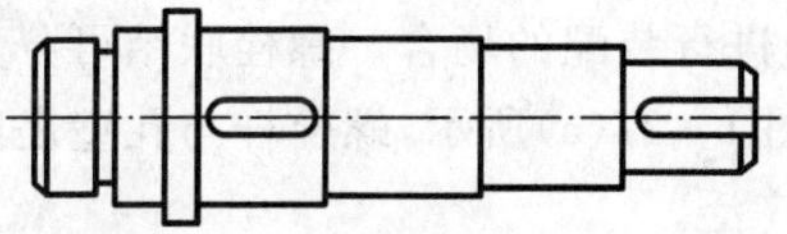

(b) 阶梯轴

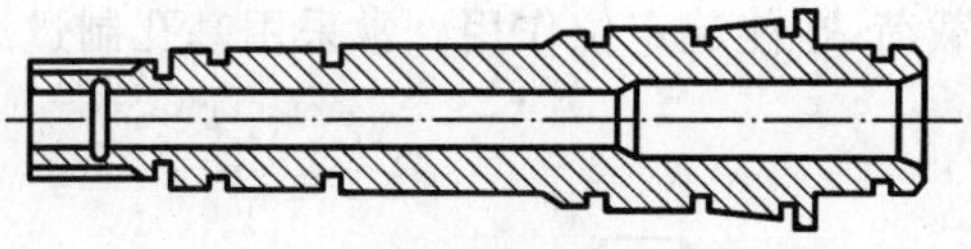

(c) 空心轴

图1-25 直轴

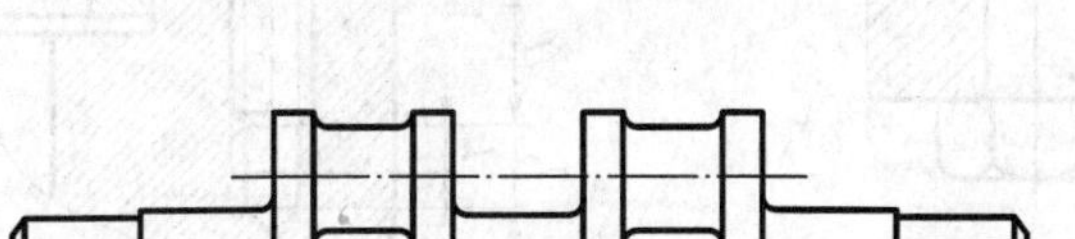

(a) 曲轴

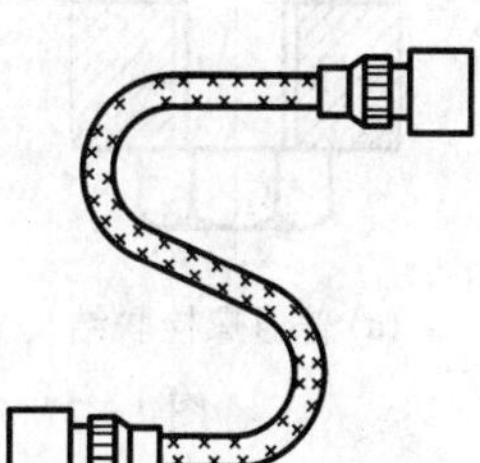

(b) 挠性轴

图1-26 曲轴

5. 轴上零件的定位和固定

定位是针对装配而言的，是为了保证轴上零件准确的安装位置；固定是针对工作而言的，是为了使轴上零件在运转中保持原位不动。两者既相互区别，又相互联系。轴的定位和固定分为轴向和周向两个不同的方向。

(1) 轴向定位和固定　为了保证轴上零件有正确的工作位置，防止零件作轴向移动，并能承受轴向力，零件在轴上必须有可靠的轴向定位。常用的轴向定位方法有轴肩、轴环、轴套、圆螺母、轴用挡圈、弹性挡圈、紧定螺钉和圆锥面等结构。

(2) 周向定位和固定　周向定位和固定是为了传递转矩，防止零件与轴产生相对转动。常见的周向定位与固定结构有键、花键、销、紧定螺钉、过盈配合、非圆轴承等。一般齿轮与轴通常采用过盈配合或键联结，滚动轴承则采用较紧的过盈配合，受力较小或光轴上的零件可用螺钉或销钉联结，受力较大且要求零件作轴向移动时则用花键联结。

二、螺纹联结

工程上应用最广泛的联结方式是螺纹联结。螺纹联结是一种广泛使用的可拆卸的固定联结，具有结构简单、联结可靠、装拆方便等优点。螺纹联结形式常用螺栓联结、双头螺柱联结和螺钉联结 3 种形式。

1. 螺栓联结

螺栓联结是将螺栓穿过被联结件的孔，然后拧紧螺母，将被联结件联结起来。螺栓联结无需在被联结件上切制螺纹孔，所以结构简单、装拆方便、应用广泛。主要适用于被联结件不太厚，并能从被联结件两边进行装配的场合。螺栓联结可分为以下两种类型。

(1) 普通螺栓联结　如图 1-27(a)所示，螺栓杆与孔壁之间留有间隙，杆与孔的加工精度要求低，拆装方便，应用最广泛。

(2) 铰制孔用螺栓联结　如图 1-27(b)所示，螺栓杆与孔之间没有间隙，杆与孔的加工精度要求高，能承受横向载荷，也能起定位作用。常采用基孔制过渡配合。

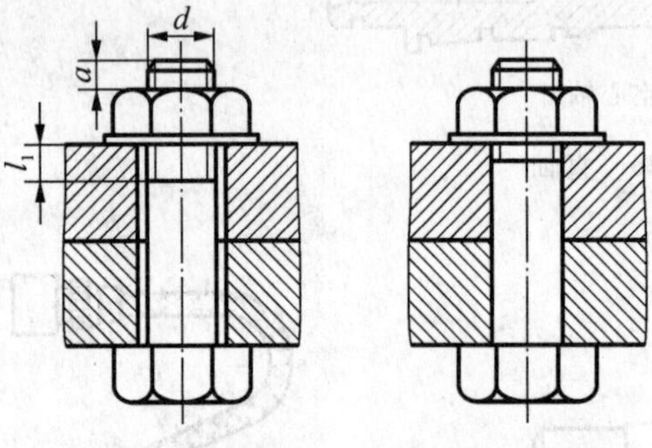

(a) 普通螺栓联结　(b) 铰制孔用螺栓联结

图 1-27　螺栓联结

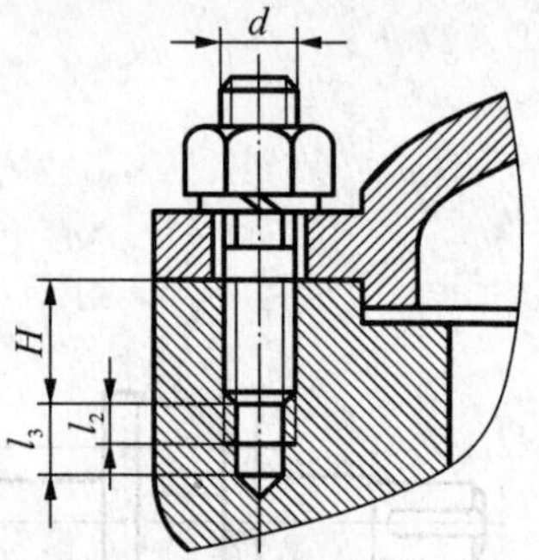

图 1-28　双头螺柱联结

2. 双头螺柱联结

双头螺柱的两头都制有螺纹，联结时，将双头螺柱的一端旋人被联结件之一的螺纹孔中，另一端穿过另一被联结件的通孔，然后拧紧螺母，将被联结件联结起来，如图 1-28 所示。拆卸时，只需拧下螺母而不必从螺纹孔中拧出螺柱即可将被联结件分开。这种联结适用于被联结件之一太厚，不宜制成通孔且需经常装拆的场合。

3. 螺钉联结

螺钉联结是将螺钉穿过一被联结件的通孔，然后旋入另一被联结件的螺纹孔中，如图1-29所示。螺钉联结不用螺母，有光整的外露表面，比双头螺柱联结简单、紧凑。这种联结适用于被联结件之一太厚，且不经常装拆、受力不大的场合。

紧定螺钉联结是将紧定螺钉旋入被联结件之一的螺纹孔中，并以其末端顶住另一被联结件的表面或顶入相应的凹坑中，以固定两个零件的相互位置，如图1-30所示。这种联结多用于轴与轴上零件的联结，并可传递不大的载荷。

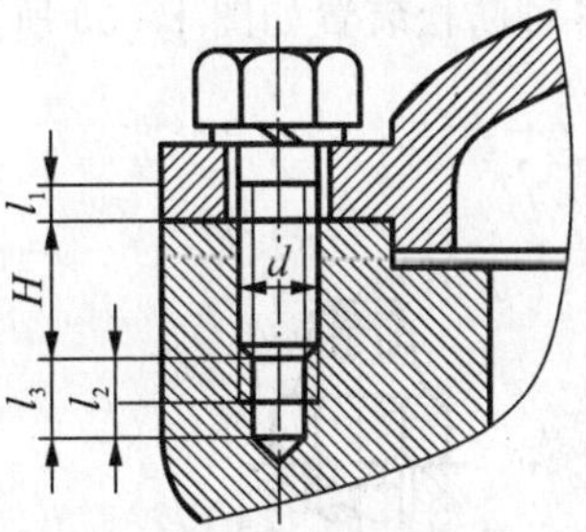

图1-29 螺钉联结

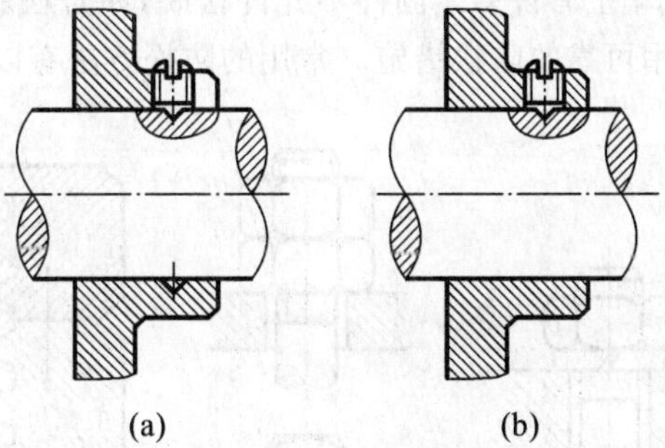

图1-30 紧定螺钉联结

三、螺纹联结的预紧与防松

1. 螺纹联结的预紧

螺栓联结在装配时要拧紧螺母，使螺栓联结受到预紧力的作用。螺栓联结的预紧增强了联结的可靠性，防止联结在工作载荷作用下松动。对有气密性要求的管路、压力容器等联结，预紧可使被联结件的接合面在工作载荷的作用下仍具有足够的紧密性，避免泄漏。对承受横向载荷的螺栓联结，预紧力在被联结件的接合面间产生所需的正压力，使接合面间产生的总摩擦力足以平衡外载荷。由此可知，预紧的目的是防止工作时联结出现缝隙和滑移，以保证联结的紧密性和可靠性。

通常螺栓联结的预紧靠操作者的经验来控制，重要螺栓联结的直径不宜小于M12，且在装配时应严格控制预紧力。有两种控制预紧力的方法：一是采用定力矩扳手，二是采用测力矩扳手，如图1-31和1-32所示。

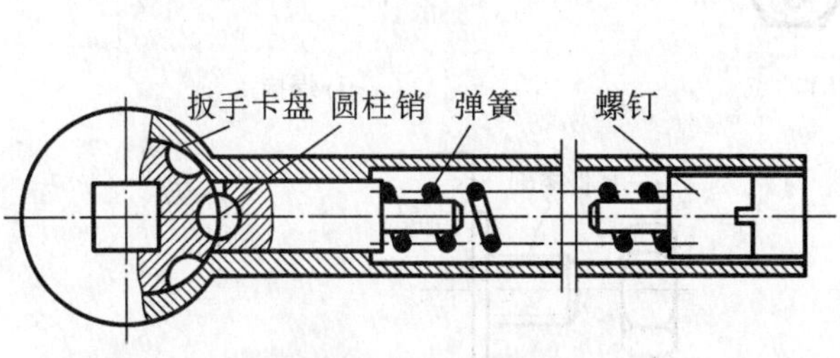

图1-31 定力矩扳手

图1-32 测力矩扳手

汽车发动机缸盖的螺栓属于有紧密性要求的螺栓，其他如曲轴主轴承盖螺栓，进、排气管螺栓，连杆螺栓等都要求控制预紧力。不同发动机的拧紧力矩在设计时，根据总拉力及螺栓强度等因素计算出了规定的数值。例如，某款轿车发动机气缸盖拧紧时需要 3 次完成，第一次拧紧力矩为 40 N·m，第二次拧紧力矩为 60 N·m，第三次拧紧力矩为 75 N·m，在操作时可选用测力矩扳手严格按照要求拧紧。

2. 螺纹联结的防松

螺纹联结的防松就是防止螺旋副的相对转动，或增大相对转动的难度。螺纹联结一般采用三角形螺纹，具有自锁性。在静载荷的作用下，当工作温度变化不大时，这种自锁性可以防止螺母松脱；但如果联结是在冲击、振动、变载荷作用下或工作温度变化很大时，螺纹联结则可能松动。汽车上有许多紧固件不允许松脱，如若松脱往往会造成严重事故。因此设计螺纹联结时，应采用可靠的防松措施。常用的防松方法有以下 3 种，各种防松装置如图 1-33 所示。

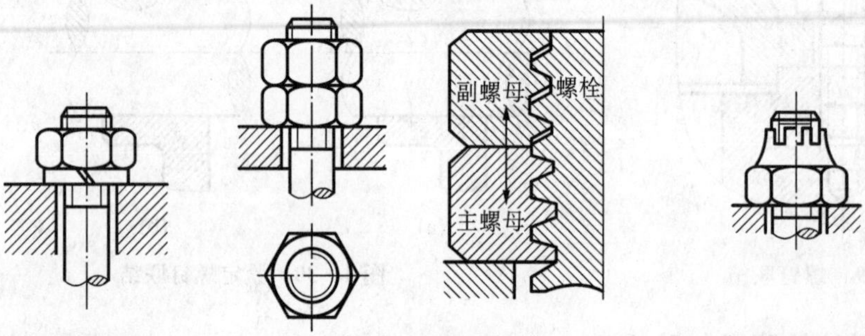

(a) 弹簧垫圈　(b) 对顶螺母　(c) 弹性锁紧螺母

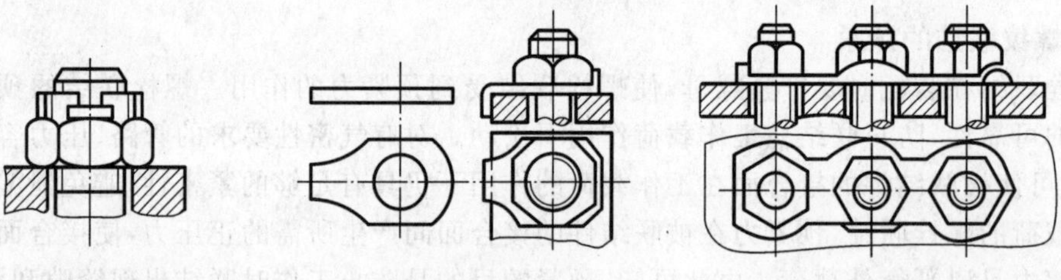

(d) 开口销与槽形螺母　(e) 单耳止推垫圈　(f) 三联止推垫圈

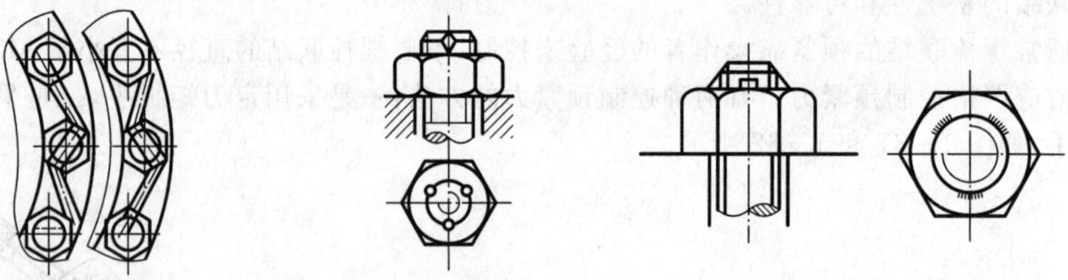

(g) 串联金属丝　(h) 冲点　(i) 焊接

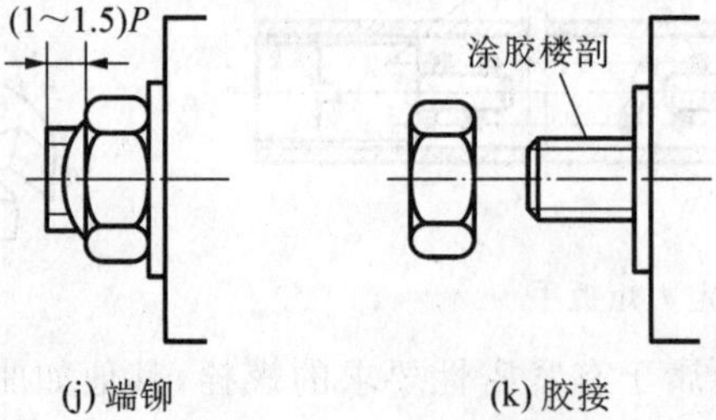

(j) 端铆　(k) 胶接

图 1-33　螺纹防松装置

(1) 摩擦力防松　采用各种结构措施增大螺纹联结件之间的摩擦,使螺旋副中的摩擦力不随联结的外载荷波动而变化。

图1-33(a)所示是利用弹簧垫圈的弹性力增大摩擦力防松。弹簧垫圈的材料为高强度锰钢,装配后被压平,其反弹力使螺纹间保持压紧力和摩擦力,且垫圈切口处的尖角也能阻止螺母转动松脱,如发动机缸盖螺母。图1-33(b)所示是利用两螺母对顶拧紧,螺栓旋合段承受拉力而螺母受压,从而使螺纹间始终保持相当大的正压力和摩擦力。图1-33(c)所示是利用弹性锁紧螺母增大摩擦力防松,螺母的上部做成有槽的弹性结构,装配前这一部分的内螺纹尺寸略小于螺栓的外螺纹尺寸。装配时利用弹性,使螺母稍有扩张,螺纹之间得到紧密的配合,保持表面摩擦力。

(2) 机械防松　机械防松利用附件加零件的形状或改变螺纹联结形状,使被联结件不能相对运动。

图1-33(d)所示是采用六角槽螺母配开口销防松。图1-33(e)所示是采用单耳止推垫圈防松(一边弯起贴在螺母侧边上,另一边弯下贴在被联结件的侧边)。图1-33(f)所示是采用三联止推垫圈防松。图1-33(g)所示是采用串联钢丝防松。图1-33(h)所示是采用六角螺母端面冲点防松。

(3) 利用附加材料防松　图1-33(i)所示是将螺母焊在螺杆上。还可采用图1-33(j)所示的端铆,或图1-33(k)所示的黏合剂涂在旋合螺纹表面,待黏合剂硬化后固联零件,可起密封作用,此法适合不拆卸防松用。

3. 螺纹联结的装配

螺纹联结装配时,尽量使用专用工具(专用的套筒扳手、开口扳手、梅花扳手、扭力扳手等)进行,不要使用活动扳手等容易使螺母受到损坏的工具。使用双头螺柱时,要保证双头螺柱与机体螺纹的配合有足够的坚固性。装入机体时,必须用油润滑,以免拧入时产生咬住,又可使今后拆卸时较为方便。

使用螺钉螺母装配时,与螺钉螺母相接触的表面要经过加工(锪平)。拧紧成组的螺母时,要按一定顺序进行,并做到分次逐步拧紧(一般2～3次拧紧)。一般长方形布置的成组螺母,应从中间开始逐渐向两边对称地扩展,以防止零件变形;同样,对圆形或方形布置的成组螺母,也应对称地拧紧,如图1-34、图1-35所示。

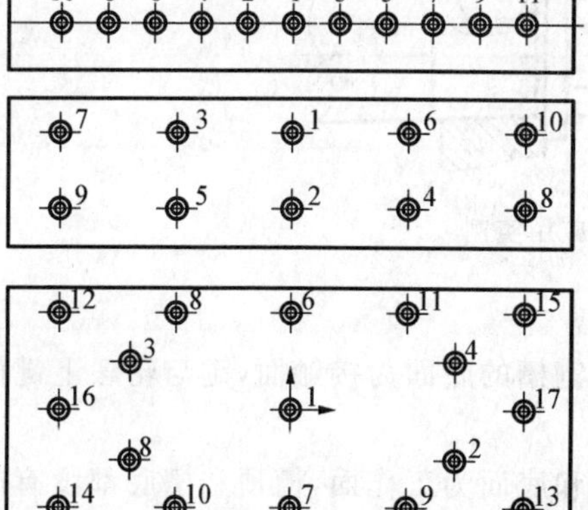

图1-34　拧紧长方形布置成组螺母的顺序

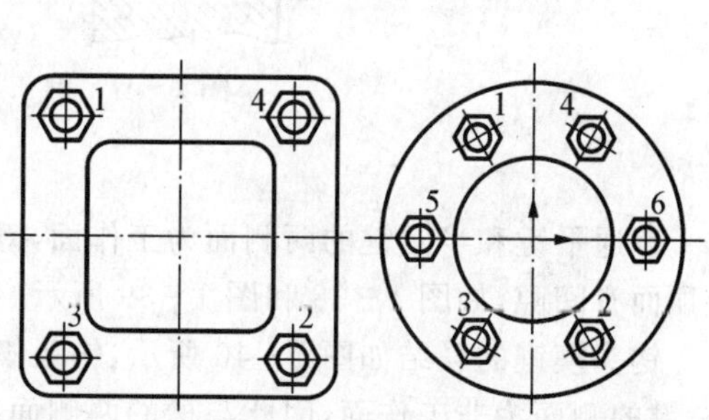

图1-35　拧紧方形、圆形布置成组螺母的顺序

4. 提高螺栓联结强度的措施

(1) 避免附加弯曲应力　要尽量避免制造和装配误差，以及结构的不合理而使螺栓产生附加弯曲应力。螺母或螺栓头部支承面偏斜或未加工时，将引起附加弯曲应力。为此，在结构上可采用斜垫圈或球面垫圈。在铸件或锻件等未加工面上安装螺栓时，通常采用凸台或沉头座等结构，经局部加工后可获得平整的支承面，以减小附加弯曲的影响。

(2) 减小应力集中　螺纹的牙根和收尾、螺栓头部到螺杆的过渡处、螺杆的截面变化处，都是产生应力集中的部位。因此，在这些地方采用较大的圆角半径以及使螺纹收尾部分平缓过渡，都能减小应力集中以提高螺栓的疲劳强度。

(3) 改进工艺措施　采用辗压方法加工螺栓时，冷镦头部因冷作硬化而使螺纹表面层留有残余压应力。螺栓经过氮化等表面硬化处理，能提高其强度。

四、键联结

键用于轴和轴上零件(如齿轮、带轮等)之间的周向联结。图 1-36 所示为键的类型，较常用键为普通平键。图 1-37 所示为键在汽车中的应用实例。

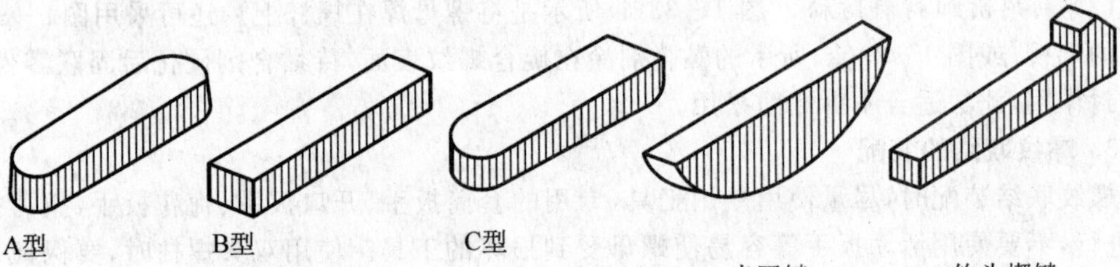

图 1-36　常用的几种键

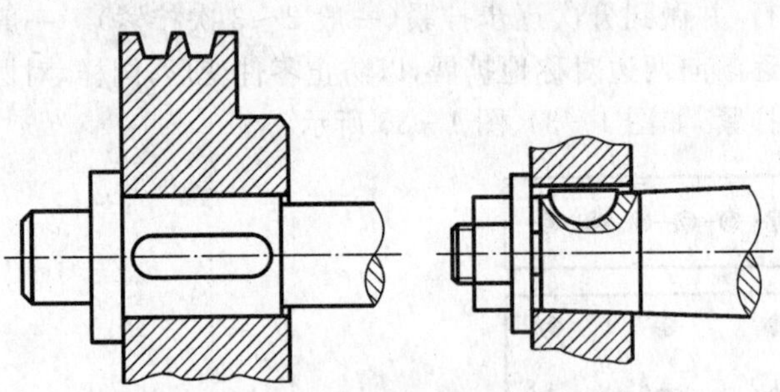

图 1-37　键在汽车中的应用实例

普通平键和半圆键的两侧面为工作面，键与轴上键槽的底面为接触面，键与轮毂上键槽的顶面有间隙，如图 1-38 和图 1-39 所示。

钩头楔键的联结如图 1-40 所示，钩头楔键顶面和底面为工作面，槽顶和槽底都没有间隙，键的侧面为非工作面，因此与槽的两侧面应留有间隙。

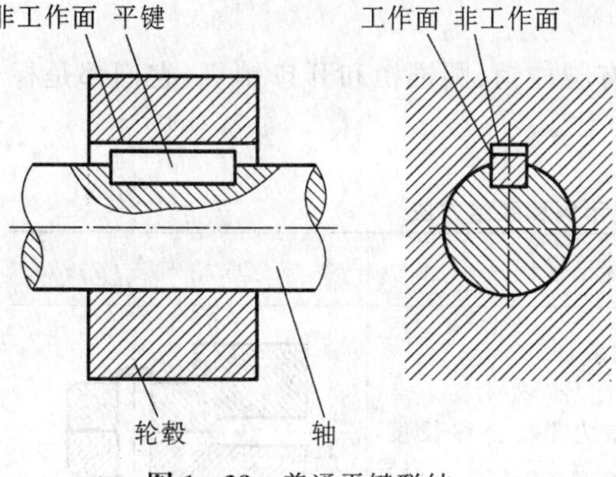

图1-38 普通平键联结

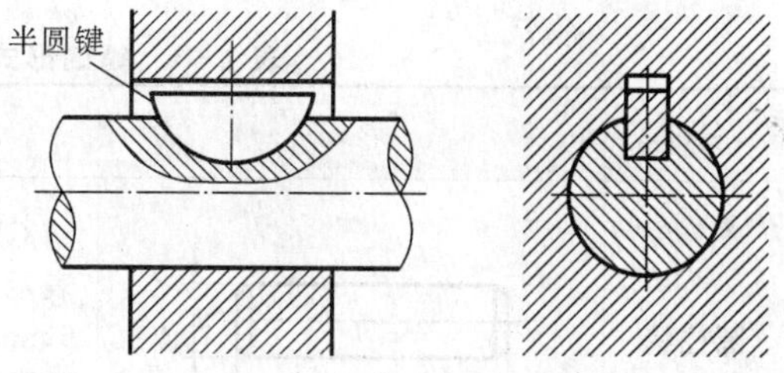

图1-39 半圆键联结

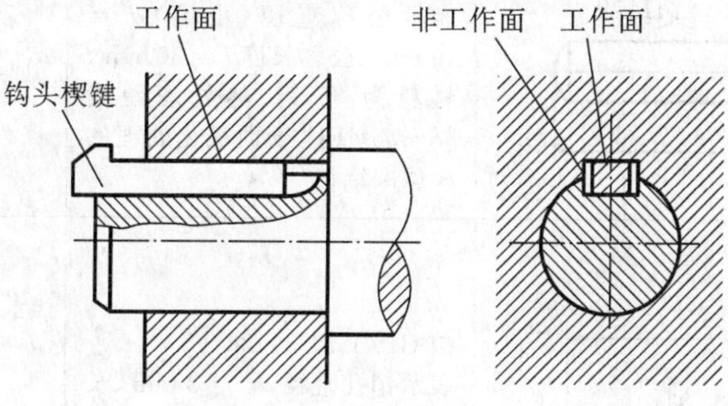

图1-40 钩头楔键联结

花键联结又称为多槽键联结，轴和键制成整体。花键按齿形，可分为矩形花键和渐开线花键。矩形花键应用较广，具结构和尺寸已标准化。花键轴称为外花键，花键孔称为内花键，如图1-41所示。花键联结应用在传递转矩大、要求同轴度和导向性好的场合。

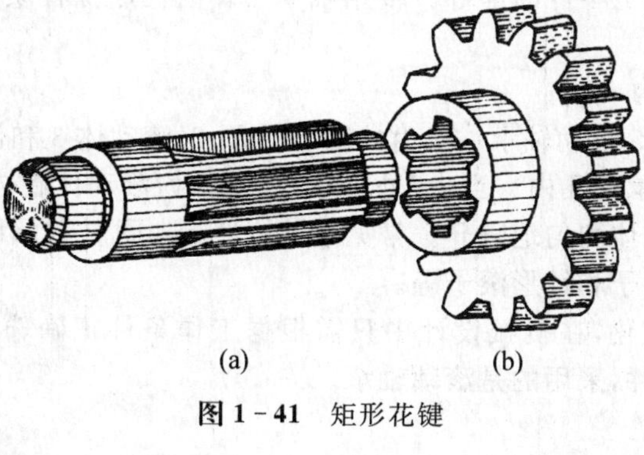

图1-41 矩形花键

五、销联结

销联结用于零件之间的联结或定位，常见的有圆柱销、圆锥销和开口销等，它们都是标准件，表 1 - 1 所示为销的形式、标记示例和联结方法。

表 1 - 1 销的形式、标记示例和联结方法

名称	形式	标记示例	联结画法
圆柱销	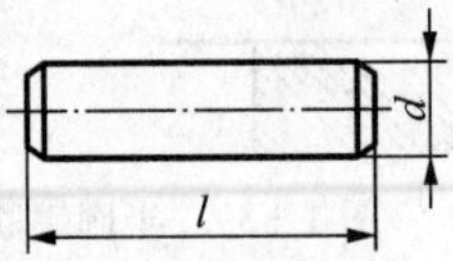	销 GB/T 119.16h8×50 表示公称直径(外径) d = 6 mm、公差为 h8、公称长度 l = 50 mm、材料为钢、不经淬火、不经表面处理的圆柱销	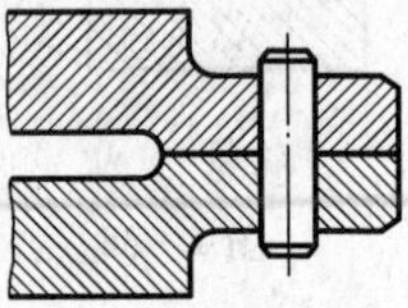
圆锥销	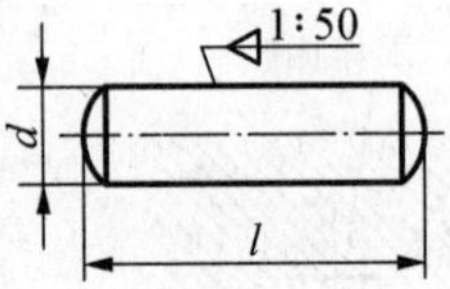	销 GB/T 117 10×80 表示公称直径(小端) d = 10 mm、公称长度 l = 80 mm、材料为 35 钢、热处理硬度 28～38HRC、表面氧化处理的 A 型圆锥销	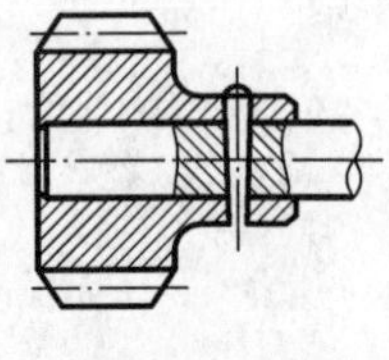
开口销	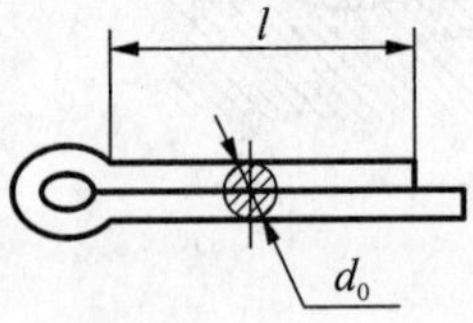	销 GB/T 91 3×20 表示销孔直径 d_0 = 3 mm、长度 l = 20 mm、材料为低碳钢、不经表面处理的开口销	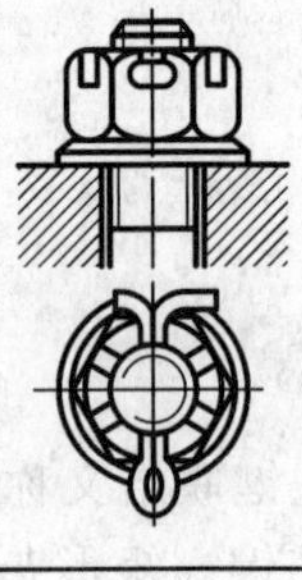

六、滚动轴承

轴承是支承轴和轴上零件的部件。根据轴承工作时的摩擦性质，轴承可分为滚动轴承和滑动轴承。

1. 滚动轴承的结构

如图 1 - 42(a)所示，滚动轴承一般由外圈 1、内圈 2、滚动体 3 和保持架 4 组成。内圈装在轴颈上，外圈装在轴承座孔内。当内、外圈相对转动时，滚动体在内、外圈的滚道中滚动，保持架的作用是将滚动体均匀地隔开。常见滚动体形状如图 1 - 42(b)所示，主要有球、圆柱滚子、圆锥滚子、鼓形滚子和针形滚子等。

滚动轴承已经标准化，在机械设计中只需根据工作条件正确选用。汽车变速器、分动器、轮轴等作为支承部件，采用的是滚动轴承。

2. 滚动轴承的类型

(1) 滚动轴承的特性、类型、代号　滚动轴承按其承载方向的不同，可分为向心轴承(承

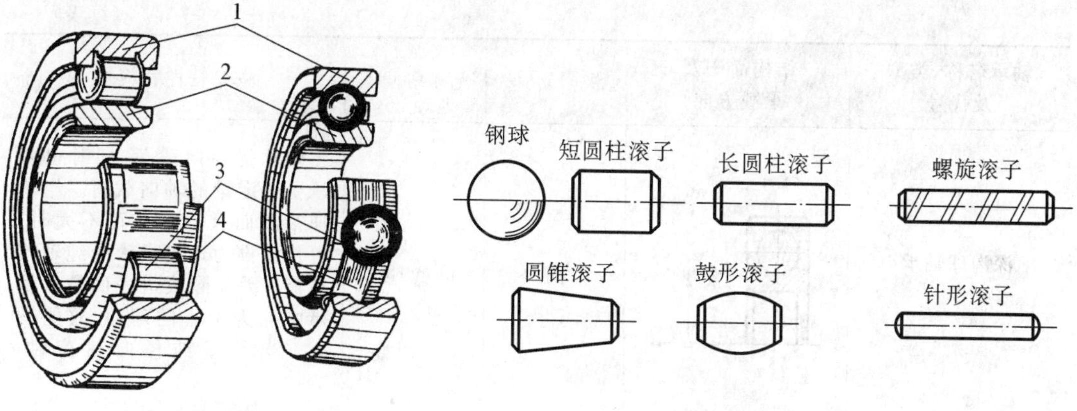

(a) 基本结构　　(b) 常用滚动体

图 1-42　滚动轴承的基本结构及常用滚动体

受径向载荷)、推力轴承(承受轴向载荷)、向心推力轴承(同时承受径向和轴向载荷)3 大类。各种滚动轴承承受载荷的形式、基本类型、特性,见表 1-2。

表 1-2　常用滚动轴承的类型、特性

轴承名称、类型及代号	结构简图及承载方向	极限转速	允许角偏差	主要特性和应用
调心球轴承 1	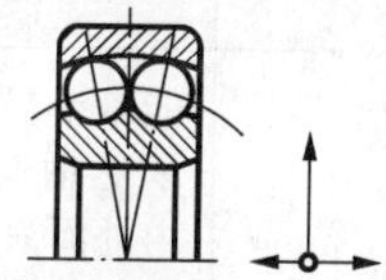	中	2°～3°	主要承受径向载荷,同时也能承受少量的轴向载荷。因为外圈滚道表面是以轴承中点为中心的球面,故能调心
调心滚子轴承 2	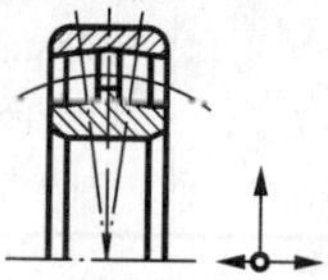	低	0.5°～2°	能承受很大的径向载荷和少量的轴向载荷。承载能力大,具有调心性能
圆锥滚子轴承 3	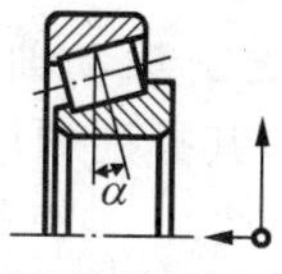 	中	2′	能同时承受较大的径向、轴向联合载荷。因是线接触、承载能力大于"7"类轴承,内外圈可分离,装拆方便,成对使用
推力球轴承 5	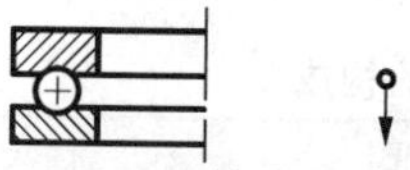 (a) 单向 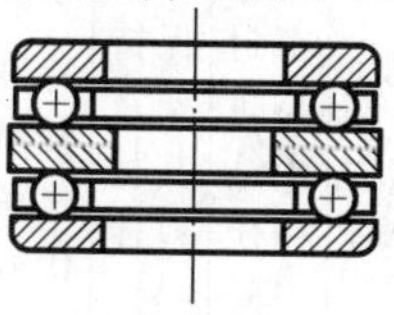 (b) 双向	低	不允许	α=90°,只能承受轴向载荷,而且载荷作用线必须与轴线相重合,不允许有角偏差。有两种类型:单向——承受单向推力,双向——承受双向推力。 高速时,因滚动体离心力大,球与保持架摩擦发热严重,寿命较低,可用于轴向载荷大、转速不高之处

（续表）

轴承名称、类型及代号	结构简图及承载方向	极限转速	允许角偏差	主要特性和应用
深沟球轴承 6	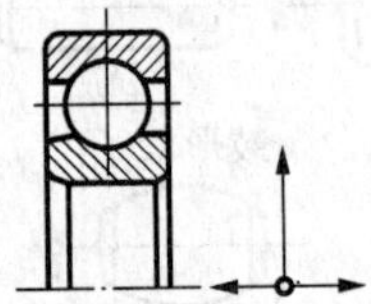	高	8′～16′	主要承受径向载荷，同时也可承受一定量的轴向载荷。当转速很高而且轴向载荷不大时，可代替推力球轴承承受纯轴向载荷。因外圈滚道表面是以轴承中点为中心的球面，故能调心。当承受纯径向载荷时，$\alpha=0°$
角接触球轴承 7	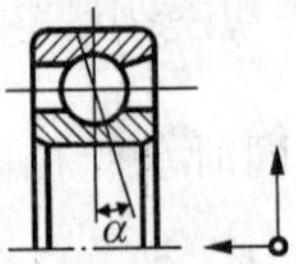 	较高	8′～16′	能同时承受较大的径向、轴向联合载荷。公称接触角较大，轴向承载能力也较大。公称接触角 α 有 15°，25°，30°等 3 种。通常成对使用，可以分装于两个支点或同装于一个支点
推力圆柱滚子轴承 8	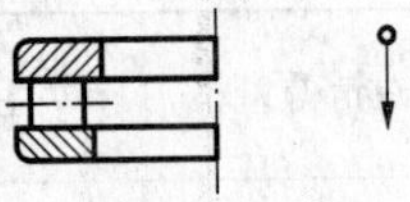	低	不允许	能承受很大的单向轴向载荷
圆柱滚子轴承 N	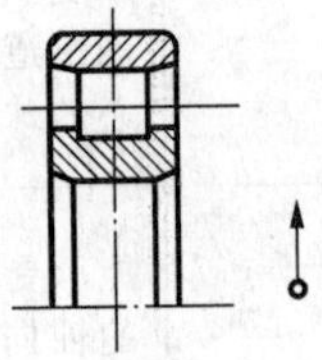	较高	2′～4′	能承受较大的径向载荷，不能承受轴向载荷。因是线接触，内外圈只允许有极小的偏转。除如图所示外圈无挡边（N）结构外，还有内圈无挡边（NU）、外圈单挡边（NF）和内圈单挡边（NJ）等结构形式

为了便于生产、设计和使用，国标规定了滚动轴承代号。滚动轴承代号由基本代号、前置代号和后置代号组成。代号通常刻在轴承外圈端面上，其排列顺序及代号所表示的内容见表1-3。

表1-3　滚动轴承代号的构成

<table>
<tr><th>前置代号</th><th colspan="5">基本代号</th><th colspan="8">后置代号</th></tr>
<tr><td rowspan="3">轴承分部件代号</td><td>五</td><td>四</td><td>三</td><td>二</td><td>一</td><td rowspan="3">内部结构代号</td><td rowspan="3">密封与防尘结构代号</td><td rowspan="3">保持架及其材料代号</td><td rowspan="3">特殊轴承材料代号</td><td rowspan="3">公差等级代号</td><td rowspan="3">游隙代号</td><td rowspan="3">多轴承配置代号</td><td rowspan="3">其他代号</td></tr>
<tr><td rowspan="2">类型代号</td><td colspan="2">尺寸系列代号</td><td colspan="2" rowspan="2">内径代号</td></tr>
<tr><td>宽（高）度系列代号</td><td>直径系列代号</td></tr>
</table>

注：基本代号下面的一～五表示代号自右向左的位置序数。

(2) 基本代号 基本代号用来表示轴承的基本类型、尺寸系列和内径。一般用5位数字表示。

① 内径代号。右起第一、二位数字表示轴承内径,表示方法见表1-4。

表1-4 常用轴承内径代号

内径代号	00	01	02	03	04～99
轴承内径/mm	10	12	15	17	数字×5

② 直径系列。表示同一内径、不同外径的系列,用右起第三位数字表示。直径系列代号见表1-5。各系列之间的尺寸对比,如图1-43所示。

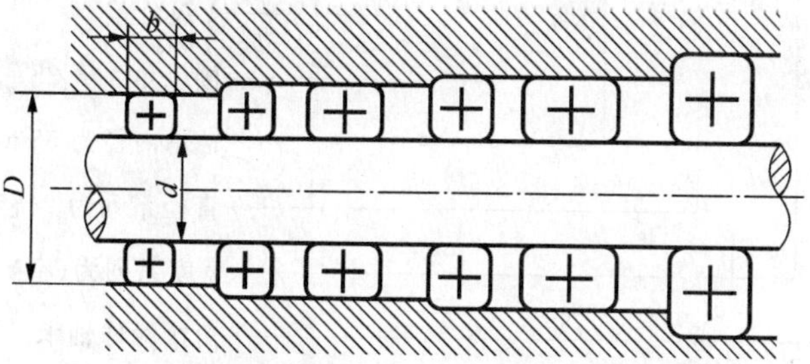

图1-43 不同尺寸系列的轴承比较

③ 宽(高)度系列。表示内、外径相同,宽(高)度不同的系列,用右起第四位数字表示。宽(高)度系列代号见表1-5。当宽(高)度系列代号为0时可省略,但对调心轴承和圆锥滚子轴承,其宽度系列代号为0时也应标出。

表1-5 尺寸系列代号

<table>
<tr><td colspan="2" rowspan="4">直径系列代号</td><td colspan="3">向心轴承</td><td colspan="2">推力轴承</td></tr>
<tr><td colspan="3">宽度系列代号</td><td colspan="2">高度系列代号</td></tr>
<tr><td>(0)</td><td>1</td><td>2</td><td>1</td><td>2</td></tr>
<tr><td>窄</td><td>正常</td><td>宽</td><td colspan="2">正常</td></tr>
<tr><td colspan="2"></td><td colspan="5">尺寸系列代号</td></tr>
<tr><td>0
1</td><td>特轻</td><td>(0)0
(0)1</td><td>10
11</td><td>20
21</td><td>10
11</td><td>—</td></tr>
<tr><td>2</td><td>轻</td><td>(0)2</td><td>12</td><td>22</td><td>12</td><td>22</td></tr>
<tr><td>3</td><td>中</td><td>(0)3</td><td>13</td><td>23</td><td>13</td><td>23</td></tr>
<tr><td>4</td><td>重</td><td>(0)4</td><td>—</td><td>24</td><td>14</td><td>24</td></tr>
</table>

例如，6307，7211AC/P4 代号的含义：

6 (0) 3 07

- 07——轴承内径为 35 mm
- 3——直径系列为 3(中) 系列
- (0)——宽度系列为 0(窄) 系列，不标出
- 6——深沟球轴承

7 (0) 2 11 AC / P4

- P4——4 级公差
- AC——接触角 $\alpha = 25°$
- 11——轴承内径为 55 mm
- 2——直径系列为 2(轻) 系列
- (0)——宽度系列为(窄) 系列，不标出
- 7——角接触球轴承

3. 滚动轴承的选用

选用滚动轴承时，应根据轴承的具体工作条件，合理地选择轴承的类型和型号。

(1) *载荷的大小、方向和性质*　当工作载荷小而平稳时，常选用球轴承；当工作载荷大或有冲击时，应选用滚子轴承；承受径向载荷时，选用向心轴承；承受轴向载荷时，选用推力轴承；同时承受径向载荷和轴向载荷时，应选用角接触球轴承或圆锥滚子轴承。

(2) *轴承的转速*　滚动轴承在一定的载荷和润滑条件下允许的最高转速，称为极限转速。球轴承的极限转速比滚子轴承的极限转速高，高速或旋转精度要求较高时，应选用球轴承；低速时，应选用滚子轴承。

(3) *对轴承的特殊要求*　当轴弯曲变形较大或两轴承孔的同轴度较差时，应选用调心轴承；为便于安装、拆卸和调整轴承游隙，可选用内、外圈可分离的轴承；当径向空间受到限制时，应选用轻系列、特轻系列或滚针轴承；当轴向尺寸受到限制时，应选用窄系列轴承。

(4) *经济性*　一般普通结构的轴承比特殊结构的轴承便宜，球轴承比滚子轴承便宜。即精度越低，价格也越低。选择轴承类型时，应在满足工作需要的前提下，尽量选择价格低廉的轴承。

【任务实施】

减速器主要由封闭齿轮或蜗杆蜗轮、轴、轴承、箱体及其附件所组成。其结构紧凑、传动效率高、使用维护方便，在现代机械中应用广泛。减速器在原动机和工作机或执行机构之间起匹配转速和传递扭矩的作用，同时还有改变运动方向、实现不同转速等多种

用途。

1. 二级减速器拆装工具准备

(1) 拆装设备:二级圆柱齿轮减速器。

(2) 拆装测量工具:活动扳手、呆扳手、套筒扳手、手锤、铜棒、游标卡尺、千分尺、钢直尺、内外卡钳、轴承拆卸器等。

(3) 分装零件的工具盘、工具盒若干只。

2. 打开箱盖前观察

(1) 观察减速器外部形状、有哪些箱体附件;判断输入轴和输出轴,并用手来回转动输入轴、输出轴,体会轴向窜动。

(2) 打开观察孔盖,转动高速轴,观察齿轮的啮合情况。

(3) 观察螺栓凸台位置,扳手空间是否合理;观察轴承座加强筋的位置及结构,吊耳和吊钩的型式,观察箱体与轴承盖接合面的凸台结构。

(4) 观察定位销的位置,分析定位销的作用;观察箱体与箱盖的联结方式及螺栓的大小;观察起盖螺钉,并分析作用。

3. 二级减速器拆卸

(1) 用扳手拆下观察孔盖板,观察观察孔盖板的位置和大小。

(2) 取出定位销,再用扳手旋下箱盖上的联结螺栓,借助启盖螺钉将箱盖与箱体分离。

(3) 打开箱盖后,将箱盖翻转180°后平稳放置一旁,以免损坏接合面;将拆下的定位销、螺栓、螺钉、垫片、螺母等放入零件盘中,以免丢失。

(4) 观察箱体内轴及轴系零件的结构、各零部件之间的相互位置,分析传动零件的传递过程。

(5) 卸下轴承盖,将轴和轴上零件一起从箱体内取出,按合理顺序拆卸轴上零件。

(6) 观察滚动轴承的类型、润滑方式和密封装置。

(7) 了解、识别、观察孔盖板、油塞、油标指示器、吊钩和吊环、定位销、挡油板和刮油板等附件。

(8) 零件拆卸后进行标号,分开放置。

4. 二级减速器零部件的测量

(1) 测量减速器箱座上下凸缘的宽度和厚度、箱壁的厚度。

(2) 测量齿轮端面与箱体内壁的距离、大齿轮的顶圆与箱体内壁之间的距离、轴承内端面到箱体内壁之间的距离。

(3) 测量各种螺栓直径:地脚螺栓、轴承旁联结螺栓、上下箱体凸缘联结螺栓、轴承端盖螺钉和定位销等。

(4) 测量各种螺钉直径:启盖螺钉、观察孔螺钉和吊环螺钉等。

(5) 测量输出轴和输入轴的各段直径和长度、轴承端盖外径等。

(6) 测量齿轮的齿顶圆直径、齿根圆直径、齿宽、齿数等齿轮参数。

5. 二级减速器拆装注意事项

(1) 减速器拆卸前,要仔细观察零、部件的结构及位置,考虑好拆装顺序再动手,不可盲目拆卸,以免损坏机器零件或影响精度。

(2) 拆卸后的零件按类统一放在工具盘或工具盒中,防止丢失和混乱。

(3) 将所有零件进行编号、登记,并标注零件名称。

(4) 安全文明操作,仔细拆装,爱护工、量具及设备,避免损坏。

(5) 拆装完成后,整理实训场地、清点工具、设备归还原地,方可离开。

【拓展知识】

一、滚动摩擦与滑动摩擦

摩擦是一种极其复杂的物理和力学现象。按照接触物体之间的运动情况不同,摩擦可分为滑动摩擦和滚动摩擦。

1. 滑动摩擦

当两物体接触面间具有相对滑动或相对滑动趋势时,在两物体接触处的切线方向,便会产生一定的阻力阻碍其滑动,这种现象称为滑动摩擦,此切向的阻力称为滑动摩擦力。滑动摩擦根据其运动形式不同,又可分为静滑动摩擦和动滑动摩擦。

(1) *静滑动摩擦* 实验表明,最大静摩擦力的方向与相对滑动趋势的方向相反,大小与两物体间的正压力成正比,即

$$F_{\max} = \mu N。$$

上式称为最大静滑动摩擦力定律,或称为库仑定律。式中,μ 是比例系数,称为静滑动摩擦系数,简称静摩擦系数。它是一个无量纲的量,与接触物体的材料和表面情况有关,而与接触面积大小无关。

(2) *动滑动摩擦* 当两接触物体,其接触面之间有相对滑动时,沿接触面相互产生的切向阻力称为动滑动摩擦力,简称动摩擦力。

实验表明,动摩擦力的方向与接触物体间相对速度的方向相反,大小与接触物体的正压力成正比,即

$$F' = \mu' N。$$

式中,μ'是动滑动摩擦系数,简称动摩擦系数。它也是一个无量纲的量,除与接触物体的材料和表面情况有关外,还与接触物体间相对滑动速度大小有关。一般情况下,动滑动摩擦系数随相对滑动速度的增大而略有减小。

通常情况下,动摩擦系数略小于静摩擦系数。

2. 滚动摩擦

当两物体接触面间具有相对滚动或相对滚动趋势时,彼此便会产生一定的阻力阻碍其滚动,这种现象称为滚动摩擦。

二、滑动轴承

滑动轴承根据所受载荷的方向,可分为向心滑动轴承(受力方向与轴线垂直)和推力滑动轴承(受力方向与轴线平行)。汽车曲轴、连杆销轴采用的是滑动轴承。

1. 向心滑动轴承

(1) 整体式向心滑动轴承　图1-44所示为整体式向心滑动轴承，由轴承座和环状轴承组成。这种轴承结构简单、成本低廉，但装拆时必须作轴向移动，而且轴承磨损后间隙无法调整，故多用于间歇、低速、轻载的机械。

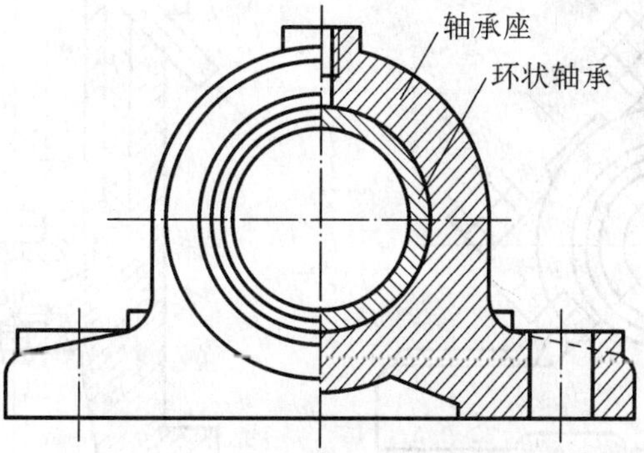

图1-44　整体式向心滑动轴承

(2) 剖分式向心滑动轴承　图1-45所示为剖分式向心滑动轴承，由螺栓1、轴承盖2、轴承座3、剖分的上下轴瓦4和5等组成。轴承盖和轴承座的剖分面做成定位止口，以便对中，防止错动。

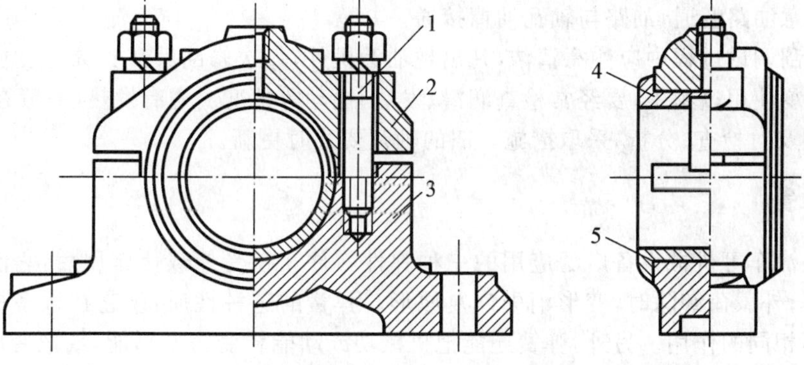

图1-45　剖分式向心滑动轴承

剖分式向心滑动轴承装拆简单，轴瓦磨损后，轴承孔与轴颈之间的间隙可适当调整，如发动机中连杆和曲轴所用的轴承。

当载荷方向倾斜时，可将中分面相应倾斜，使剖分面垂直或接近垂直于载荷，但受力方向线与垂线之间角度不宜超过45°，如图1-46所示。

2. 推力滑动轴承

图1-47所示为推力滑动轴承，由轴承座、衬套、径向轴瓦、推力轴瓦和销钉组成，主要用来承受轴向载荷。推力轴瓦底部做成球面，是为了使轴瓦工作表面受力均匀，销钉用来防止轴瓦随轴转动。

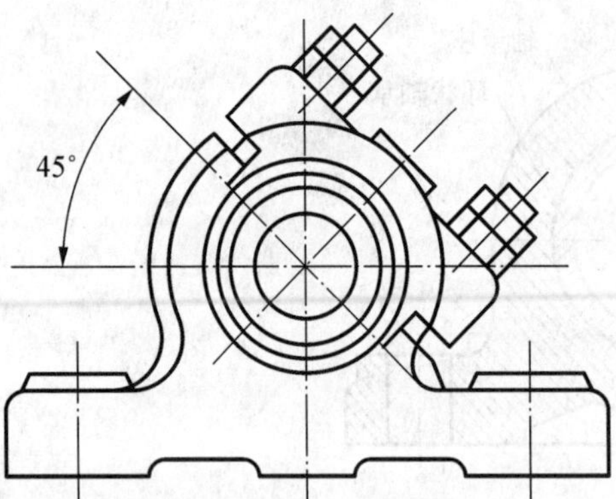

图 1-46　斜开式向心滑动轴承

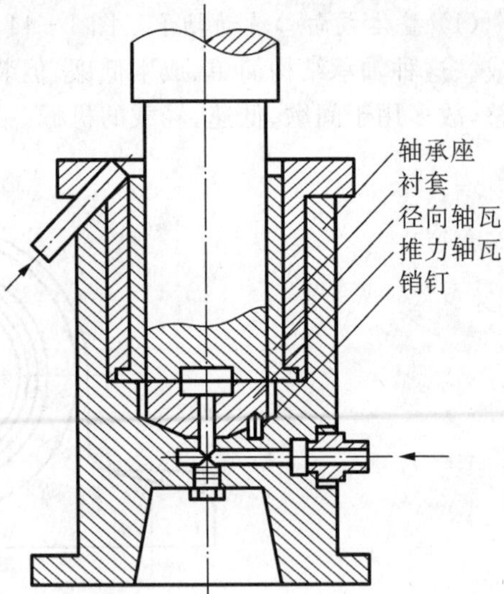

图 1-47　推力滑动轴承

3. 滑动轴承的维护和安装

(1) 安装时,要保证轴颈在轴承孔内转动灵活、准确、平稳。

(2) 轴瓦与轴承座孔要修刮贴实,轴瓦剖分面要留有 0.05～1 mm 的间隙,以便磨损后可以进行调整。整体式轴瓦压入时要防止偏斜,并用紧钉螺钉固定。

(3) 注意油路畅通,油路与轴瓦油槽接通。

(4) 修刮调试过程中应注意清洁,凡出现油污机件,每次修刮后都要清洗涂油。

(5) 轴承使用过程中,要经常检查润滑、发热、振动等情况。遇有发热(一般在 60℃以下为正常),应及时检查、分析,采取措施。旧的轴瓦要及时更新。

三、弹簧

弹簧是汽车等机械设备广泛应用的一种弹性零件。在受外载荷作用后,它能产生较大的弹性变形;外载荷卸除时,变形消失恢复原形。弹簧的这种性质,使它在很多机构和机器中起着各不相同的作用。另外,弹簧还能把机械功或动能转变为变形能,或把变形能转变为动能或机械功,所以弹簧又是转换能量的零件。

弹簧在机械中作为弹性元件,主要功用有:

(1) 控制机构的运动或零件的位置,如凸轮机构、离合器、阀门以及各种调速器中的弹簧。

(2) 缓冲及吸振,如汽车上的钢板弹簧,如图 1-48所示,以及各种缓冲器及弹性联轴器中的弹簧。

(3) 储存能量作为动力源,如钟表、仪器中使用的弹簧发条。

(4) 测量载荷的大小,如弹簧秤中的弹簧。

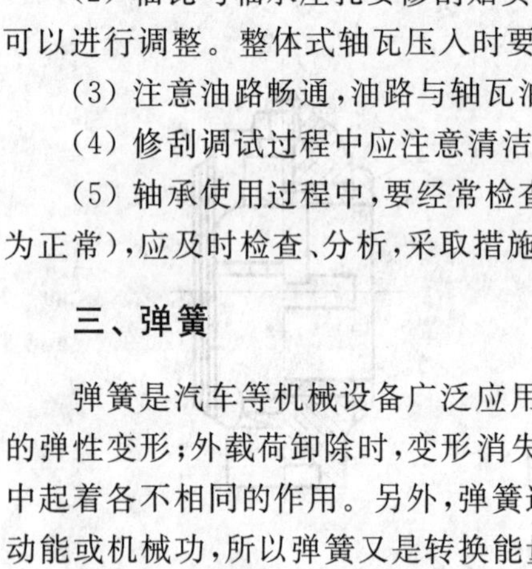

图 1-48　弹簧的应用

弹簧的种类很多,从外形分,有螺旋弹簧、板弹簧、环形弹簧、碟形弹簧和平面涡卷弹簧等;按螺旋弹簧的形状,可分为圆柱形螺旋弹簧和圆锥形螺旋弹簧等。从其受载荷的性质分,有压缩弹簧、拉伸弹簧、扭转弹簧、弯曲弹簧等。弹簧分类见表1-6。

表1-6 弹簧的主要类型和特点

类型		承载形式	简图	特点及应用
螺旋弹簧	圆柱体	压缩	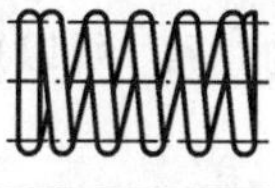	刚度稳定,结构简单,制造方便。应用范围最广,适用于各种机械
		拉伸	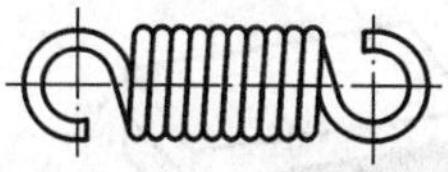	
		扭转	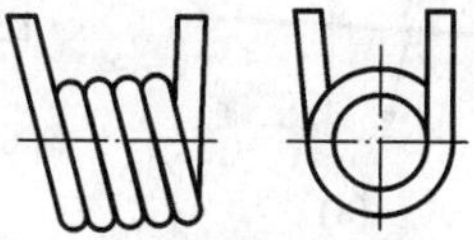	主要用于各种装置中的压紧和储能
	圆锥形	压缩	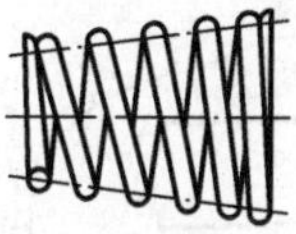	稳定性好,结构紧凑,刚度随载荷而变化,多用于需承受较大载荷和减振的场合
碟形弹簧		压缩	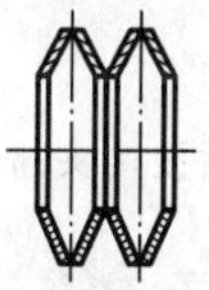	刚度大,缓冲吸振能力强,适用于载荷很大而弹簧轴向尺寸受限制的地方。具有变刚度的特性
环形弹簧		压缩	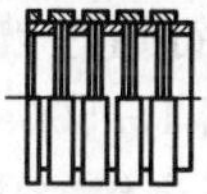	能吸收较多能量,有很高的缓冲和吸振能力,用于重型设备的缓冲装置
平面涡卷弹簧		扭转	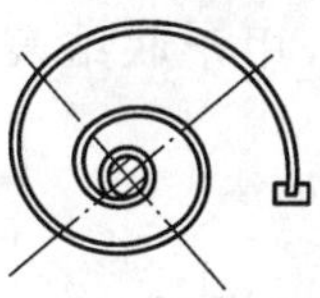	变形角大,能储存的能量大,轴向尺寸很小,多用作仪器、钟表中的储能弹簧
板弹簧		弯曲	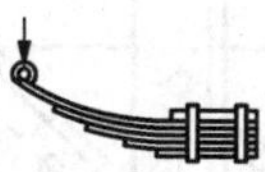	缓冲和减振性能好,多板弹簧减振能力强,主要用于汽车、拖拉机、火车车辆的悬挂装置

四、黏接、铆接和过盈联结

1. 黏接

黏接是用胶黏剂把两个工件联结在一起,并使结合处获得所需联结强度的联结方法。

合成高分子胶黏剂的出现，促进了黏接技术的迅速发展，黏接在汽车制造中得到广泛的应用。

黏接是多种因素综合作用的结果，是靠胶黏剂和工件结合面之间的机械作用、吸附作用和扩散作用等实现联结。黏接强度受到胶黏剂和工件材料，以及黏接工艺的影响。

常用的胶黏剂有酚醛乙烯、聚氨酯、环氧树脂等。黏接接头的设计如图 1－49 所示，应尽量使胶层受剪，如图 1－49(a)所示，避免出现扯离或剥离的现象；为避免接头边缘的剥离，可采用加固件，如图 1－49(b)所示；卷边，如图 1－49(c)所示；或做成凹座，如图 1－49(d)所示。由于胶黏剂的强度一般低于金属零件的强度，所以应使接头具有足够的黏接面积。

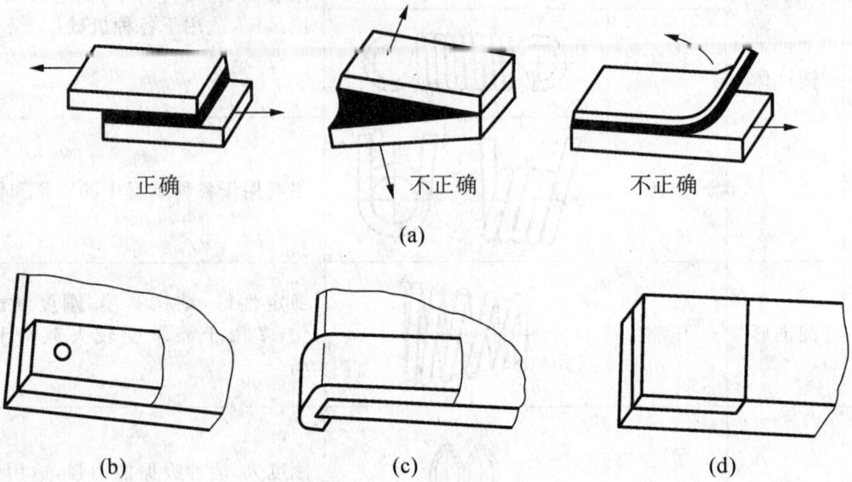

图 1－49 黏接接头的设计

2. 铆接

铆钉联结是利用具有钉杆和预制头的铆钉通过被联结件的预制孔，然后利用铆枪施压再制出另一端的铆头构成的不可拆联结，如图 1－50(a)所示。铆钉已标准化，一般都采用钢制实心铆钉。铆钉头有多种形式，其中以半圆头铆钉应用最广，其他钉头形式只用于特殊情况。例如，沉头铆钉，如图 1－50(b)所示，用于联结表面光滑的场合；平截头铆钉，如图 1－50(c)所示，用于要求耐腐蚀的场合。

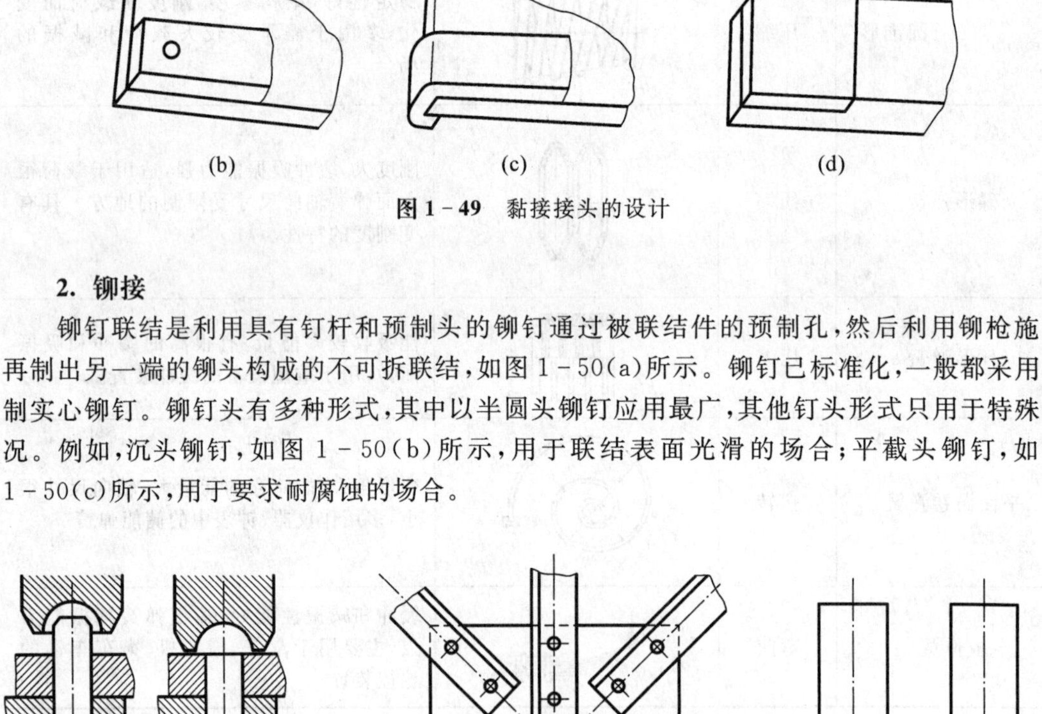

图 1－50 铆钉联结及铆钉头

铆钉和被铆件一起形成铆缝。根据工作要求,铆缝可分为3种:强固铆缝、强密铆缝以及紧密铆缝等。

铆钉联结具有工艺简单、耐冲击和牢固可靠等优点。但结构一般较为笨重,被联结件上由于有钉孔而受到较大的削弱;铆接时噪声很大,影响工人健康。近年来,由于焊接、黏接以及高强度螺栓摩擦焊的发展,铆钉联结的应用已逐渐减少。

3. 过盈联结

过盈联结是利用包容件(如轮毂)与被包容件(如轴)间存在过盈量而实现的联结。过盈联结后,由于材料的弹性,因配合面之间的变形产生压力,工作时靠此压力产生的摩擦力来传递力。其承载能力主要取决于过盈量的大小。

过盈联结结构简单、同轴性好,对轴的削弱小,耐冲击性能好,对配合面的加工精度要求高。滚动轴承内圈与轴、蜗轮齿圈与轮芯均为过盈联结的实例。

五、联轴器

联轴器主要用于联结两轴,使它们一起转动,同时传递运动和转矩。联轴器只有在机器停车后,用拆卸方法才能使两轴分离。

联轴器所联结的两根轴属于不同的机械或部件,由于存在制造、安装误差,往往造成轴向、径向相对位置的偏移,如图1-51所示。联轴器对上述偏移量应具有一定的适应能力,否则就会在轴、轴承和联轴器中引起附加载荷,影响机器的正常工作。

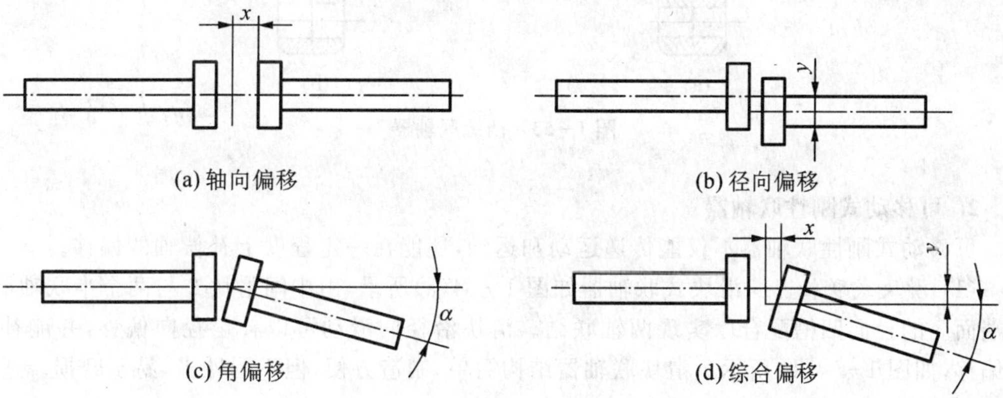

图1-51 两轴的偏移

联轴器可分为刚性和弹性联轴器两大类。刚性联轴器又可分为固定式和可移式联轴器两类。

1. 固定式刚性联轴器

固定式刚性联轴器只能传递运动和转矩,不能补偿轴的偏移。

(1) 套筒联轴器　如图1-52(a)所示,套筒联轴器由套筒和键或销组成。套筒用平键联结时,可传递较大的转矩,但要采用紧定螺钉等作轴向固定;套筒和轴采用圆锥销联结时,只能传递较小的转矩,如图1-52(b)所示。

(2) 凸缘联轴器　凸缘联轴器由两个带凸缘的半联轴器组成。两个半联轴器分别用键

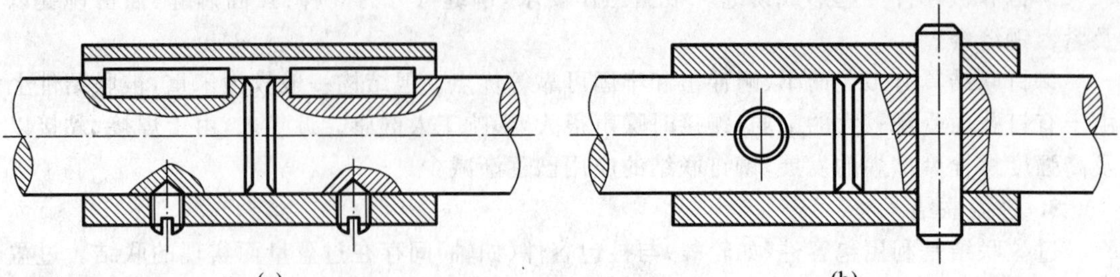

图 1-52　套筒联轴器

与两轴联结，并用螺栓将两个半联轴器联为一体，如图 1-53 所示。凸缘联轴器的结构简单、刚性好、对中精确，能传递较大的转矩，但要求被联结的两轴安装准确，且不能缓冲减振。通常用于载荷平稳、速度较低、两轴能很好对中的场合。

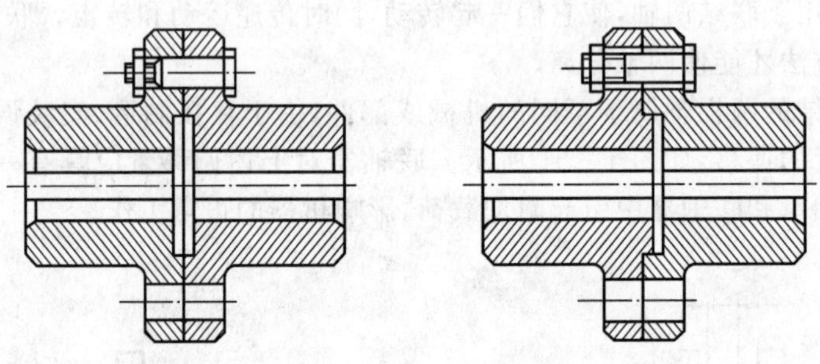

图 1-53　凸缘联轴器

2. 可移动式刚性联轴器

可移动式刚性联轴器不仅能传递运动和运动，还能在一定程度上补偿轴的偏移。

(1) 滑块式联轴器　滑块式联轴器如图 1-54(a)所示，由中间滑块 2 与两个半联轴器 1 和端面 3 的径向凹槽配合以实现两轴联结。滑块沿径向滑动可以补偿径向偏移，并能补偿角偏移，如图 1-54(b)所示。滑块联轴器结构简单，制造方便，但不耐冲击，易于磨损。适用于低速、轴的刚度较大但无剧烈冲击的场合。

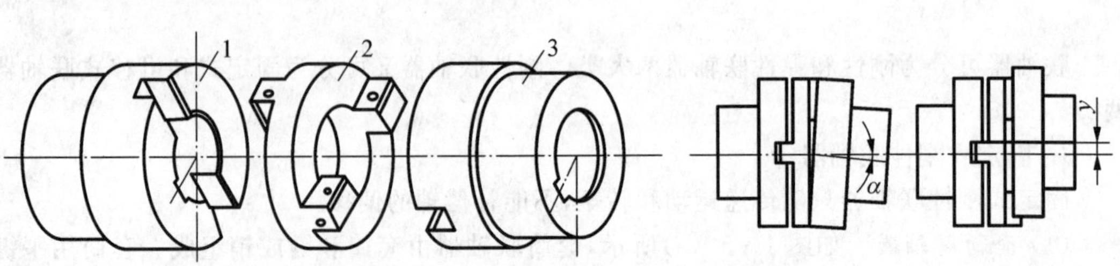

图 1-54　滑块联轴器

(2) 齿式联轴器　齿式联轴器如图 1-55(a)所示，由两个有内齿的外壳 3 和两个有外齿的轴套 4 组成。外壳与套筒之间设有密封圈 1，两个带外齿的轴套通过键与轴联结，两个带内齿的外壳在其凸缘处用螺栓 2 联结成一体。内、外齿径向有间歇，可补偿两轴径向偏移；外齿顶部制成椭球形，球心在轴线上，可补偿两轴间的角偏移，如图 1-55(b)所示。

齿式联轴器能传递较大的转矩，又有较大的补偿偏移的能力，如图 1-56 所示。常用于起动频繁，经常正、反转的重型机械中。

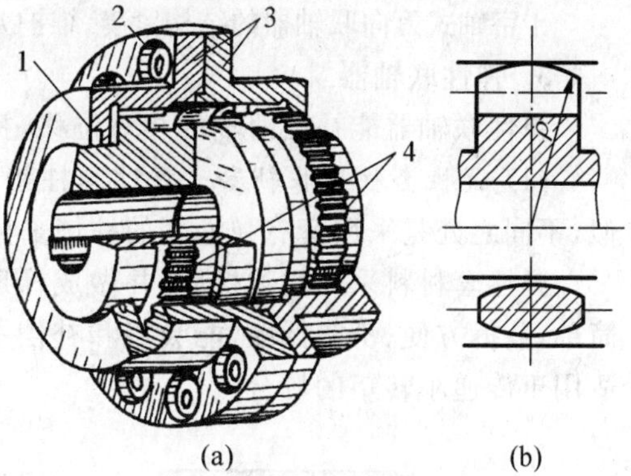

图 1-55　齿式联轴器

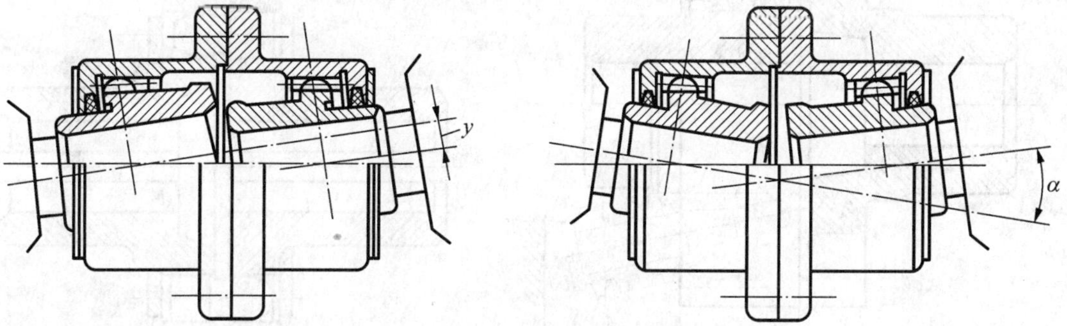

图 1-56　齿式联轴器可补偿相对位移

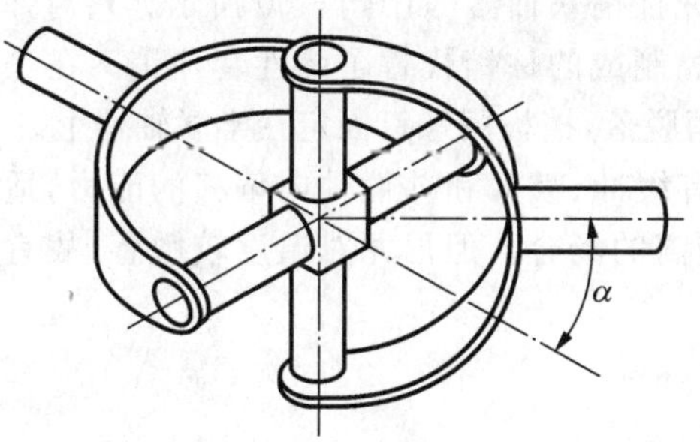

图 1-57　汽车传动轴万向联轴器

(3) 十字轴式万向联轴器　图 1-57 所示为联结汽车传动轴的万向联轴器，由两个叉形接头和一个十字轴组成，十字轴分别与固定在两根轴上的叉形接头用铰链联结。当一轴的位置固定后，另一轴可以偏斜 α 角，角偏移可达 40°～45°。十字轴式万向联轴器通常成对使用，如图 1-58 所示，中间轴两端的叉面必须位于同一平面内，并使主、从动轴与中间轴的夹角 α_1 和 α_2 相等，这样就能保证从动轴的角速度与主动轴同步。

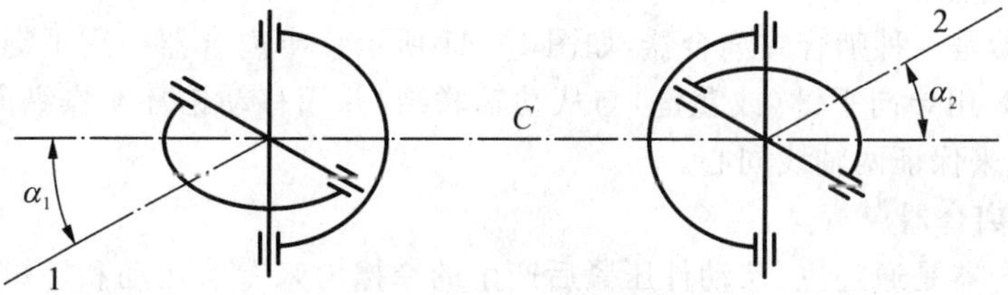

图 1-58　双万向联轴器示意图

十字轴式万向联轴器的结构紧凑、维护方便，传递转矩较大，适用于汽车、拖拉机等机械传动。

3. 弹性联轴器

弹性联轴器能补偿两轴的相对位移，并具有吸收振动和缓和冲击的能力。

(1) 弹性套柱销联轴器　弹性套柱销联轴器如图 1－59 所示，其结构与凸缘联轴器相似，不同之处是采用套有弹性套的柱销来传递转矩。

弹性套材料采用耐油橡胶，并做成梯形截面以提高变形能力。弹性套柱销联轴器结构简单、装拆方便、价格低廉，能吸振和补偿一定的轴向偏移。但弹性套易损坏，故寿命较短，适用于传递小转矩的场合。

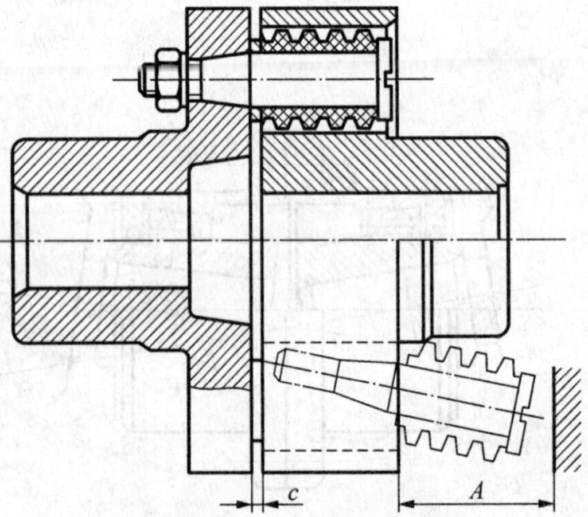

图 1－59　弹性套柱销联轴器

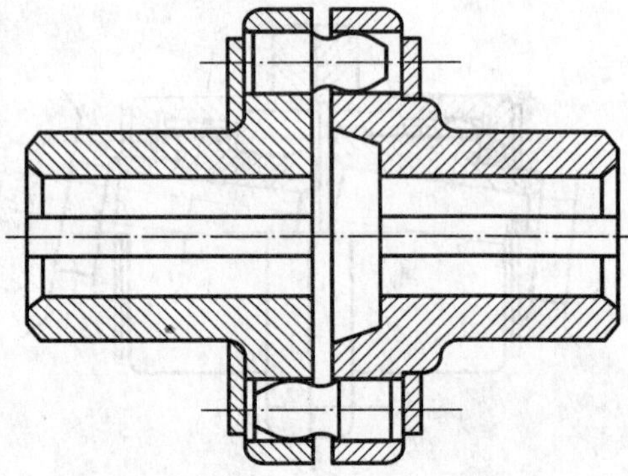

图 1－60　弹性柱销联轴器

(2) 弹性柱销联轴器　弹性柱销联轴器也称尼龙柱销联轴器，如图 1－60 所示。它与弹性套柱销联轴器相类似，所不同的是用非金属(尼龙)制成的柱销代替了弹性套柱销。在工作时，通过柱销传递转矩，在两边装有挡板，以防柱销脱落，挡板用螺钉固定在半联轴器上。

弹性柱销联轴器耐久性好，制造、维修方便，具有缓冲、吸振和补偿轴向偏移的能力，适用于轴向窜动量大、经常正反转、起动频繁和转速较高的场合。但尼龙对温度较敏感，故宜在－20℃～70℃的温度环境中工作。

六、离合器

离合器在机械空载起动后，能随时根据需要将主、从动轴接合或分离，以完成传动系统的换向、变速、停止等工作。

1. 牙嵌离合器

牙嵌离合器是一种啮合式离合器，如图 1－61 所示。半离合器 1 用平键与主动轴联结，另一半离合器 3 用导向平键(或花键)与从动轴联结，并用移动销环 4 操纵离合器分离和接合，对中环 2 用来保证两轴线同心。

2. 摩擦式离合器

摩擦式离合器是通过主、从动件压紧后产生的摩擦力来专递运动和转矩的，因此能在不停车或两轴有较大转速差的情况下进行平稳结合。过载时，将发生打滑以保护其他零件。

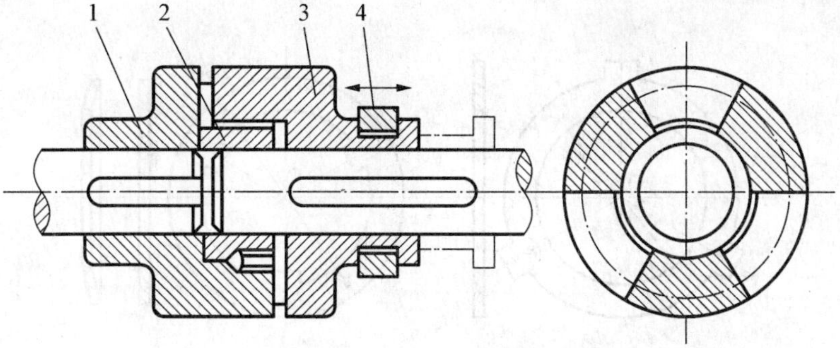

图 1-61 牙嵌式离合器

适用于高转速、低转矩的情况。

(1) 单片摩擦式离合器　图 1-62 所示为单片摩擦式离合器简图，圆盘 1 紧固在主动轴上，圆盘 2 可以在从动轴上滑动，移动销环 3 可使两圆盘接合或分离。在轴向压力 $\vec{F}_a$ 作用下，两圆盘工作表面产生摩擦力，从而传递转矩。单片摩擦离合器多用于传递转矩较小的轻型机械。

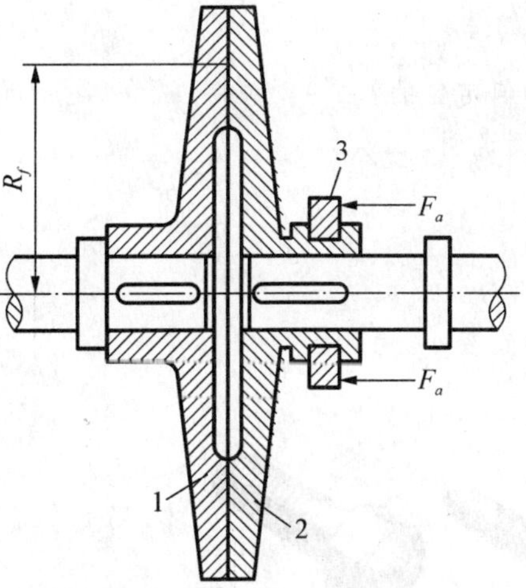

图 1-62 单片摩擦式离合器

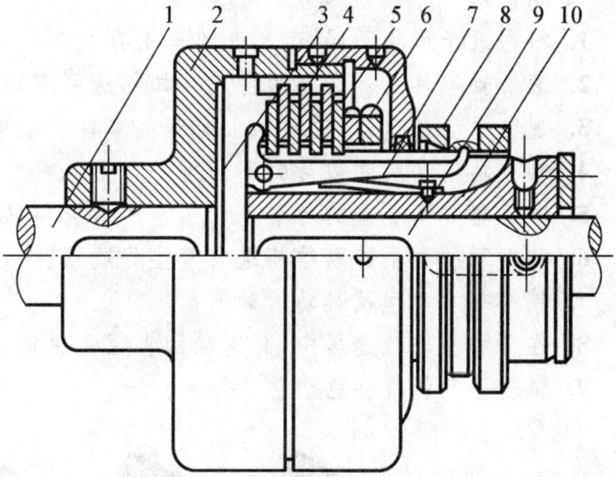

1—主动轴　2—外壳　3—压板　4—外摩擦片组　5—内摩擦片组
6—螺母　7—曲臂压杆　8—销环　9—从动轴　10—内套筒

图 1-63 多片摩擦式离合器

(2) 多片摩擦式离合器　图 1-63 所示为多片摩擦式离合器，它有两组摩擦片，其中外摩擦片组 4 利用外圆上的花键和内套筒 10 相联(内套筒 10 与从动轴 9 相固联)。当移动销环 8 作轴向移动时，将拨动曲臂压杆 7，使压板 3 压紧或松开内、外摩擦片组，从而使离合器接合或分离。螺母 6 用来调整摩擦片间的压力。

外摩擦片和内摩擦片的结构形状，分别如图 1-64(a，b)所示。多片离合器操纵方便，接合平稳、分离迅速，所传递的最大转矩可以调整，有过载保护作用。但结构较复杂，外廓尺寸大，成本高。常用于频繁起动、制动或经常改变速度大小和方向的机械中，如汽车、拖拉

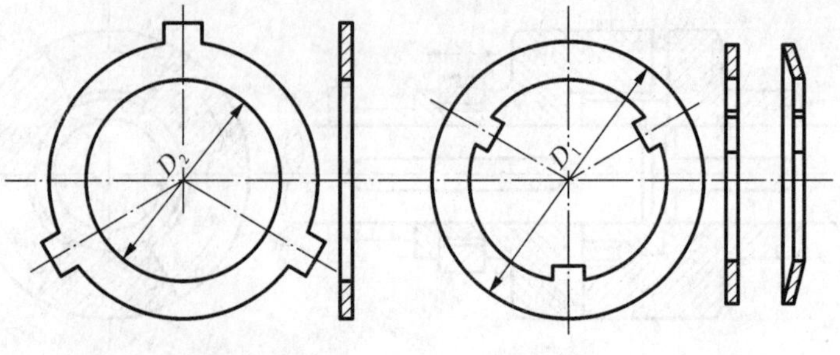

图 1-64　外摩擦片和内摩擦片

机、机床等。

摩擦式离合器应满足的要求为：工作可靠，接合、分离迅速而平稳，操作灵活，调节和维修方便，外廓尺寸小，质量轻，耐磨性和散热性好。

【复习思考】

一、简答题

1. 根据滚子形状不同，汽车变速器上存在哪几类轴承？

2. 滚动轴承具有什么样的特点？如何选用滚动轴承？

3. 观察手动变速器，说明轴上有哪些零件？它们是如何定位的？

4. 轴按功用和所受载荷的不同可分为哪几种？请举例说明。

5. 联轴器和离合器的功用是什么？两者有何区别？

6. 花键联结和平键联结相比有哪些优缺点？

7. 销的基本类型及其功用如何？

8. 在多级齿轮减速器中，高速轴的直径总比低速轴的直径小，为什么？

9. 说出下列标准件的名称：

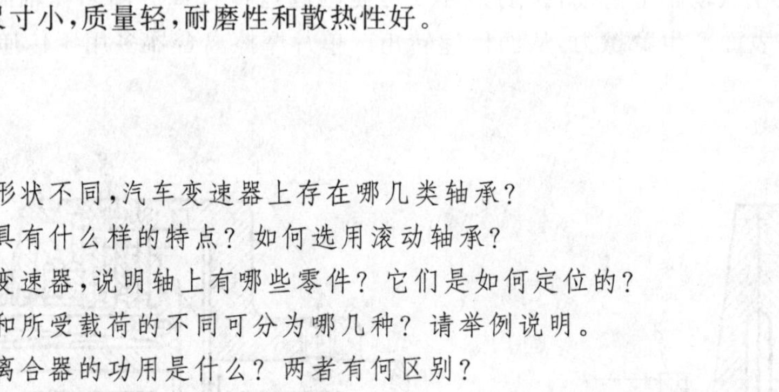

二、填空题

1. 角接触球轴承 7208B 较 7208C 轴向承载能力________，这是因为__________。

2. 轴承 6308，其代号表示的意义为____。

3. 列举出两种固定式联轴器________和________。
4. 轴按所受载荷的性质分类，自行车前轴是________。
5. 若键的标记为键 B20×70GB1096—79，则该键为______，b=______，L=______。
6. 轴的作用是________________________________。按轴的承载情况不同，可以分为____、____、____。
7. 在螺栓联结中，当有一个被联结件较厚，而且需要经常拆卸时，宜选用________联结。
8. 主要承受径向载荷的滚动轴承叫__________________。
9. 销联结在机械中主要定位，联结成销零件，有时还可作为安全装置的________零件。
10. 圆柱销一般靠过盈固定在________，用以固定和联结。
11. 过盈联结的配合面多为________，也有圆锥面或其他形式。
12. 零件上螺栓分布如下图所示，请标明螺栓松开和拧紧顺序。

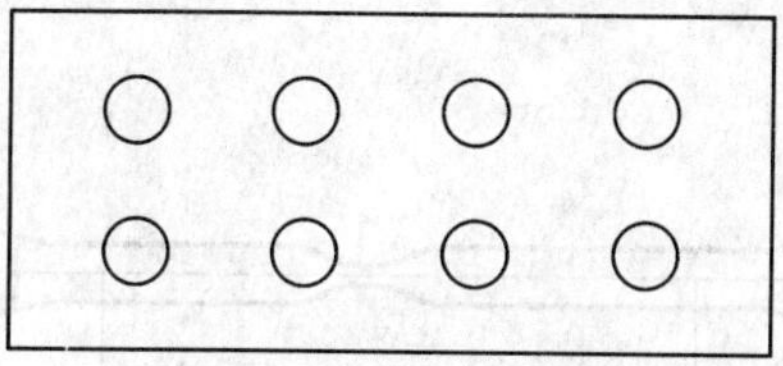

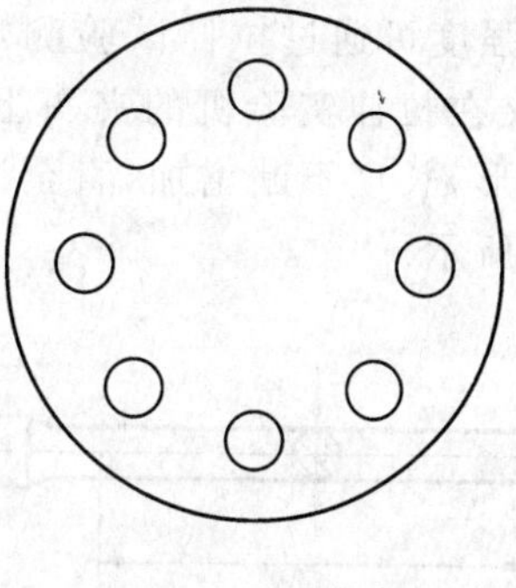

任务3　汽车常用材料

【任务导入】

在实际生产中，用来制造汽车零件和工具的固体材料分为金属材料、非金属材料和复合材料3大类。其中，金属材料是最重要的工程材料，应用最广泛，占整个汽车所用材料的80%左右。

【任务分析】

金属材料的性能包括使用性能和工艺性能。使用性能是指金属材料在使用时，为了保证零件、工程构件或工具等的正常工作，材料所应具备的性能，包括机械性能（如强度、塑性、硬度等）、物理性能（如密度、熔点、导热性、导电性等）、化学性能（如耐腐蚀性、抗氧化性等）等。工艺性能是指金属材料在制成各种零件、构件和工具的过程中，材料适应各种冷、热加工的性能，主要包括铸造性能、锻造性能、焊接性能、切削加工性能、热处理性能等。其中，机械性能最基本和重要的，它是产品设计和材料选用的主要依据，故我们需要掌握金属材料的性能、牌号和特点。

【相关知识】

一、金属材料的机械性能

任何机器工作的时候都会受到外力(载荷)的作用,如汽车发动机曲轴会受到拉力、压力,甚至交变外力和冲击力的作用。在这些外力作用下,金属材料所表现出的一系列特性和抵抗破坏的能力,称为金属材料的机械性能,它分为强度、塑性、冲击韧性、疲劳强度等。

1. 强度

金属材料在外力作用下,所表现出的抵抗永久变形和断裂的能力称为强度。根据载荷的不同,强度可分为抗拉强度、抗压强度、抗扭强度、抗剪强度和抗弯强度等。其大小用材料在破坏前所承受的最大应力来衡量,常用的指标有屈服强度和抗拉强度。

抗拉强度可通过拉伸试验测定。将一截面为圆形的低碳钢拉伸试样,如图 1-65 所示,装夹在拉伸实验机的夹头上,缓慢加载,随着外力(负荷)的不断增加,试样会产生拉伸变形,长度不断增加,直至试样拉断。低碳钢拉伸试验测得的应力-应变曲线,如图 1-66 所示。

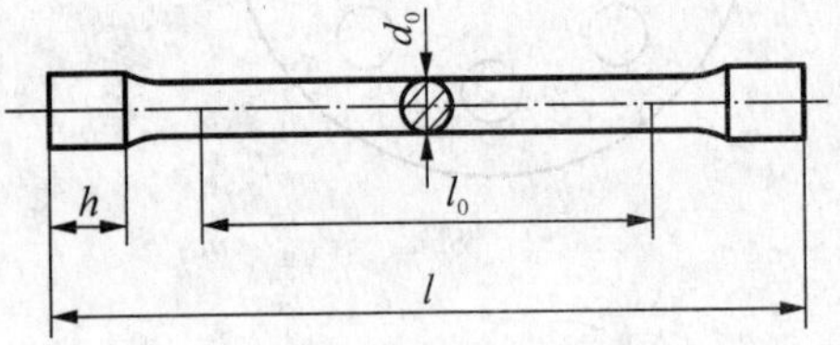

(a) 拉伸前

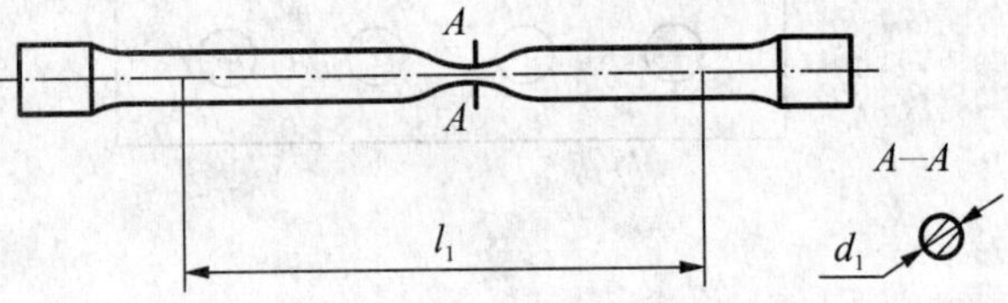

(b) 拉断后

图 1-65 圆形拉伸试样

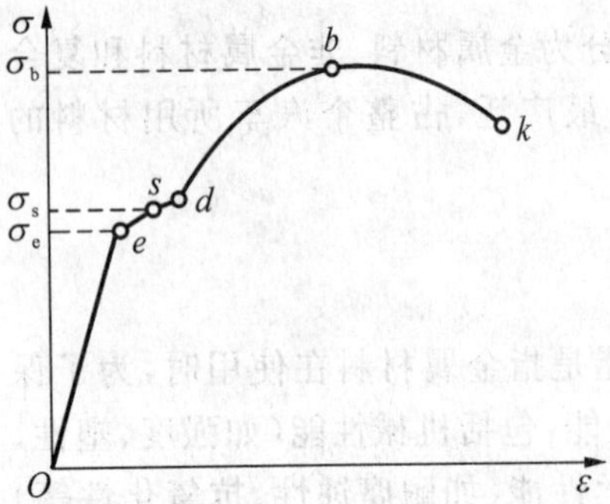

图 1-66 低碳钢的应力-应变曲线

(1) 应力-应变曲线分析 其中:

应力,表示式为

$$\sigma = \frac{P}{d_0} \quad (\text{MPa})。$$

式中,P 为所加载荷;d_0 为试样原始截面积。

应变,表示式为

$$\varepsilon = \frac{\Delta l}{l_0} = \frac{l_1 - l_0}{l_0} \times 100\%。$$

式中,l_0 为试样的原始标距长度(mm);l_1 为试样变形后的标距长度(mm);Δl 为伸长量。

从图 1-66 可以看出,曲线明显地表现出以下几个变形阶段。

① Oe 弹性变形阶段。试样的变形量与外加载荷成正比,载荷卸掉后,试样恢复到原来

的尺寸。

② *es* 屈服阶段。此时不仅有弹性变形,还发生了塑性变形。即卸掉载荷后,一部分形变恢复,还有一部分形变不能恢复。形变不能恢复的变形,称为塑性变形。*s* 点为屈服点。

sd 明显塑性变形阶段。该阶段载荷不再增加,试样却继续变形。

db 强化阶段。为使试样继续变形,载荷必须不断增加。随着塑性变形增大,材料变形抗力也逐渐增加。

bk 缩颈阶段。为载荷达到最大值时,试样的直径发生局部收缩,称为缩颈。此时,变形所需的载荷逐渐降低。

k 点时,试样发生断裂。

(2) 金属材料的强度指标　通过分析应力-应变曲线,金属材料的强度指标根据其变形特点可分为:

① 弹性极限 σ_e。表示金属材料保持弹性变形,不产生永久变形的最大应力。

② 屈服极限(屈服强度)σ_s。金属材料产生屈服现象时的最小应力,即材料开始发生明显塑性变形的最小应力。

很多金属材料(如大多数合金钢、有色金属)的拉伸曲线不出现明显的塑性变形阶段,脆性材料(如普通铸铁、镁合金等)甚至断裂之前也不发生塑性变形,因此,工程上一般规定以试样产生 0.2%微量塑性变形时的应力作为该材料的屈服极限(也称屈服点),并以符号 $\sigma_{0.2}$ 表示。

③ 强度极限(抗拉强度)σ_b。金属材料断裂前能够承受的最大应力。

屈服极限、强度极限是机械零件和构件设计以及选材的主要依据。

2. 刚度和弹性

弹性模量 E 是指金属材料在弹性状态下的应力与应变的比值,即

$$E = \frac{\sigma}{\varepsilon}。$$

在应力-应变曲线上,弹性模量就是试样在弹性变形阶段应力-应变线段的斜率,即引起单位弹性变形所需的应力。因此,它表示金属材料抵抗弹性变形的能力。工程上,将材料抵抗弹性变形的能力称为刚度。

低碳钢的应力-应变曲线中的弹性变形阶段可测出材料的弹性模量 E,并依次确定该材料的刚度和弹性。

绝大多数的机械零件都是在弹性状态下工作的。工作过程中,一般不允许有过量的弹性变形,更不允许有明显的塑性变形,故对刚度都有一定的要求。零件的刚度除了与零件横断面大小、形状有关外,还主要取决于材料的性能,即材料的弹性模量 E。E 越大表明材料抵抗弹性变形能力越大,即刚度越大,通常通过 E 值的大小反映材料的刚度。弹性模量 E 值主要取决于各种金属材料的本性,而热处理、微量合金及塑性变形等对它的影响很小,它是一个对组织不敏感的力学性能指标。在材料一定的情况下,E 值一定。要想提高零件的刚度,可以在允许条件下采取增加构件截面积等方法。

3. 塑性

塑性是指金属材料在外力作用下,产生永久变形而不断裂的能力,也是工程材料的主要

力学性能指标之一。为防止零件工作时脆断，要求材料有一定的塑性。许多零件或毛坯是通过塑性变形成型的，也要求材料有较高的塑性，其大小用材料在断裂前的最大变形量来衡量。常用的指标有断后伸长率 δ 和断面收缩率 ψ，可通过上述拉伸实验来测量。

（1）断后伸长率 δ　是试样被拉断后，试样标距的伸长量与原始标距的百分比，即

$$\delta = \frac{l_1 - l_0}{l_0} \times 100\%。$$

式中，l_1 为试样拉断后的标距长度(mm)；l_0 为试样原始标距长度(mm)。

（2）断面收缩率 ψ　是试样被拉断后，其断面横截面积的最大收缩量与试样原始横截面积的百分比，即

$$\psi = \frac{S_0 - S_1}{S_0} \times 100\%。$$

式中，S_0 为试样原始的横截面积(mm^2)；S_1 为试样拉断后断面的最小横截面积(mm^2)。

金属材料的 δ，ψ 越高，塑性越好。材料塑性的好坏，对零件的加工和使用具有十分重要的意义。例如，塑性好的材料(低碳钢、黄铜)，容易变形，适于压力加工、焊接生产，且工艺过程简单，质量容易控制。此外，重要的受力零件也要求具有一定塑性。在设计、选用零件时，要求材料达到一定的断后伸长率或断面收缩率值，以防止超载时发生断裂。

4. 冲击韧性

冲击载荷是一种突然作用的载荷，通常以高速作用在零件上，比静载荷作用的破坏性大得多。材料抵抗冲击载荷作用而不被破坏的能力，称为冲击韧性(简称韧性)。材料韧性的好坏，可通过冲击韧度来衡量。许多零件和工具在工作过程中，往往受到冲击载荷的作用，如汽车的曲轴、冲床的冲头、锻锤的锤杆、飞机的起落架等。

金属材料的冲击韧度是通过摆锤式一次冲击试验来测量的，其试验原理如图 1-67 所示。

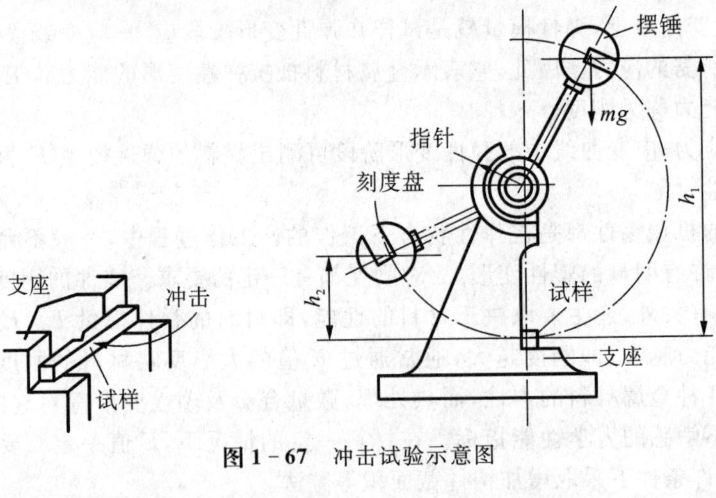

图 1-67　冲击试验示意图

试验时，首先将带有槽口(缺口)的标准试样放在试验机的支座上；然后将重力为 mg 的摆锤举至一定高度 h_1，使其具有一定的势能 mgh_1；再使摆锤由此高度自由落下，将试样冲

断；冲断试样后摆锤继续向前升高到 h_2 的高度，此时摆锤剩余能量为 mgh_2。摆锤对冲断试样所失去的能量，即冲击负荷使试样冲断所做的功，称为冲击功，则

$$A_k = mg(h_1 - h_2)。$$

材料在单位截面上所受的冲击功，称为冲击韧度 α_k，即

$$\alpha_k = \frac{A_k}{S_0},$$

式中 S_0 为试样缺口处原始截面面积(cm^2)。α_k 值越大，表示材料的韧性越好，材料抵抗一次冲击而不破坏的能力越强。

5. 疲劳强度

有些汽车零件(如齿轮、连杆、弹簧等)，在工作时，通常会受到一种大小、方向随时间发生周期性变化的负荷作用，这种负荷称为交变负荷。零件在交变负荷作用下，发生断裂时的应力远低于该材料的强度极限，甚至低于屈服极限，这种现象称为金属的疲劳。由此引起的断裂，称为疲劳断裂。由于疲劳断裂通常突然发生在零件的使用过程中，故易造成严重的事故。据统计，损坏的机械零件中，有80%以上是由于金属的疲劳造成的。

疲劳破坏是工程上零件破坏的重要原因之一。通过试验得到如图1-68所示的疲劳曲线，零件所受的交变应力 σ 越大，断裂前负荷的循环周次 N 就越少；反之，则越多。当交变应力低于某一值 σ_s 时，应力的循环周次 N 可达无限多次而不断裂。材料在无数次重复的交变负荷作用下不破坏的最大应力，称为疲劳强度，用 σ_{-1} 来表示。

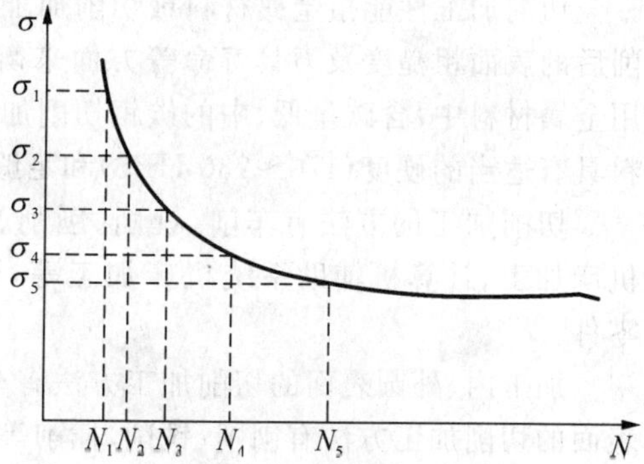

图1-68 疲劳曲线

疲劳强度是在疲劳试验机上测得的。试验时，由于不可能进行无数次的交变负荷作用，因此，一般规定钢材在经受 10^7 次、有色金属在经受 10^8 次的交变负荷作用下，不产生断裂的最大应力值作为疲劳强度。

影响金属疲劳强度的主要因素是材料的化学成分、显微组织、使用温度、表面质量、残余应力等。降低零件表面粗糙度，采取各种强化处理，尽量避免形成各种表面缺陷，如表面热处理等，都能提高零件的疲劳极限。

二、金属材料的工艺性能

机械零件在制造过程中对其材料进行加工，如铸造、焊接、切削等，为了使工艺简单、产品质量好、成本低，必须考虑金属材料的工艺性能。金属材料的工艺性能指材料被加工成零件的难易程度，包括铸造性能、焊接性能、切削加工性能、锻压性能及热处理性能等。工艺性能实际上是材料的力学性能、物理性能和化学性能的综合表现。

1. 铸造性能

铸造是将熔化了的金属液注入已经制好的铸型型腔，经冷却凝固后获得所需铸件(毛坯或零件)的一种热加工工艺方法。

金属的铸造性能是指能否将金属材料用铸造方法制成优良铸件的性能。它取决于金属的流动性、收缩性和偏析等。生产中，常根据金属的铸造性能，调整铸造工艺，以获得合格的铸件。

铸造能生产其他工艺方法难以获得的箱体、壳体等形状复杂、大小不等的零件的毛坯。铸造生产所采用的材料是铸造性能较好的铸铁、有色金属及铸钢。其中，灰铸铁和青铜的铸造性能较好。铸造性能还指经铸造生产后所获得的铸件(毛坯或零件)的质量好坏。

2. 焊接性能

焊接是通过加热(加压或不加压)使两块分离的金属结合成整体的一种热加工工艺方法。可分为熔化焊、压力焊、钎焊 3 种，以熔化焊使用最广泛，其中又以电弧焊和气焊应用最普遍。其特点是可以小拼大，简化结构等。

所谓焊接性能是指经焊接时被焊材料的可焊性、焊缝接头质量的好坏，以及焊后变形等。它可以通过焊接试验来评定，其主要标准是产生裂缝的可能性和裂纹的多少，以及有无气孔产生。焊接后，金属产生裂纹的可能性与金属本身的化学成分和性能有关。对低碳钢和低合金钢，焊接性能主要与金属材料的化学成分有关(其中碳的影响最大)。例如，低碳钢具有良好的焊接性能，高碳钢、铸铁的焊接性能较差。

3. 切削加工性能

切削加工性能指金属材料被切削加工成零件的难易程度。切削加工性能一般由工件切削后的表面粗糙度及刀具寿命等方面来衡量，与金属材料的化学成分及组织结构有关。常用金属材料中，含碳量低、中的碳钢切削加工性好，高碳钢切削加工性差。一般认为，金属材料具有适当的硬度(170～230 HBS)和足够的脆性时较易切削。

切削加工的方法有车削、铣削、刨削、磨削、镗削、插削、拉削、齿轮加工、电加工、数控机床加工、计算机辅助系统机床加工等，可用来将金属材料加工成各种不同几何形状的零件。

加工内、外圆表面的切削加工方法有车削、镗削等，磨削用于精加工。加工平面、沟槽等表面的切削加工方法有刨削、铣削、插削等，磨削用于精加工。拉削常用于加工异形孔。

4. 锻压性能

锻造是采用塑性较好的金属材料，通过加热、塑性变形获得所需毛坯或零件的一种热加工工艺方法，其特点是零件机械性能好。常以生产零件毛坯为主，精密锻造也可以直接制成零件。

金属的锻压性能指经锻造生产后所获得的锻件(毛坯或零件)的质量好坏。若金属在锻压时塑性好、变形抗力小，则说明该金属锻压性能好，它取决于金属的化学成分、组织结构及变形条件。常用金属中，低碳钢、中碳钢及部分有色金属和合金锻压性能良好，脆性材料，如铸铁不能锻造。有些金属在加热状态下可以锻造，但在常温下不能锻造。

5. 热处理性能

热处理是将金属材料加热到固态下的不同温度保温一段时间，以不同的速度冷却获得所需晶体结构及相应性能的一种工艺方法。热处理的方法有普通热处理(淬火、回火、退火、正火)、表面热处理(只改变金属表层的性能)、表面化学热处理(既改变表层化学成分，也改变表层性能)等。

金属的热处理性能是指金属材料经热处理后所能获得不同力学性能的可能性。有色金属一般不易进行热处理。通常碳钢、合金钢可以用热处理来改变其内部组织结构，甚至改变金属表面一定厚度材料的化学成分，以达到改善材料力学性能的目的。中碳钢、高碳钢及中碳合金钢、高碳合金钢具有较好的热处理工艺性。

【任务实施】

观察活塞、活塞环、活塞销、连杆、轴瓦，对各零件进行表面颜色的观察和质量的比较，对零件所用的材料有一定的了解。

工业上，通常将金属材料分为两大类：黑色金属和有色金属。黑色金属是指钢铁材料，有色金属是指除钢铁材料以外的其他所有金属材料，如铜、铝、镁、钛、锡及其合金。

1. 金属及合金的构造与结晶

(1) 金属的晶体结构　固态物质按其内部微粒（原子、离子或分子）排列的特征，可分为晶体和非晶体两类。晶体内部的原子是按一定的几何规律作周期性排列的，如盐、冰、所有固态金属及其合金都属于晶体物质；非晶体内部的原子是杂乱无序、无规律地堆积在一起，如普通玻璃、松香、沥青、塑料等。晶体有一定的熔点，其性能随组织结构的改变而改变；非晶体没有一定的熔点，其性能在各个方向上是相同的。

① 金属的晶格类型。固态金属的晶体中，其原子是按一定规律在空间紧密堆积在一起的，如图1-69(a)所示。金属晶体中，原子或离子按一定规则排列而成的空间几何图形，称为晶格，如图1-69(b)所示。绝大多数金属的晶体结构都属于以下3种晶格类型：

(a) 晶体中原子的排列模型

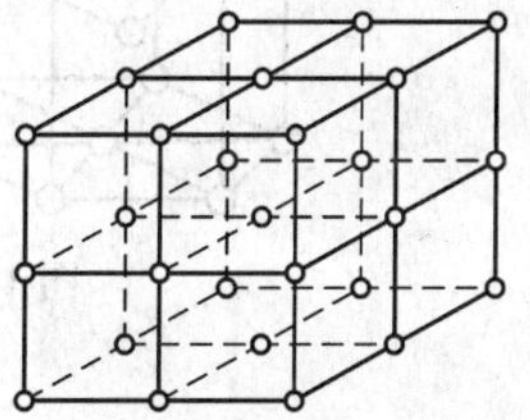

(b) 金属的晶格

图1-69　简单立方晶体中原子排列示意图

a. 体心立方晶格。如图1-70所示，其晶胞是一个正六面体，除晶胞的8个角上各有一个原子外，中心还有一个原子。体心立方晶格的一个晶胞拥有两个原子，属于体心立方晶格的金属有 α-Fe, Cr, W, V, Mo 等。

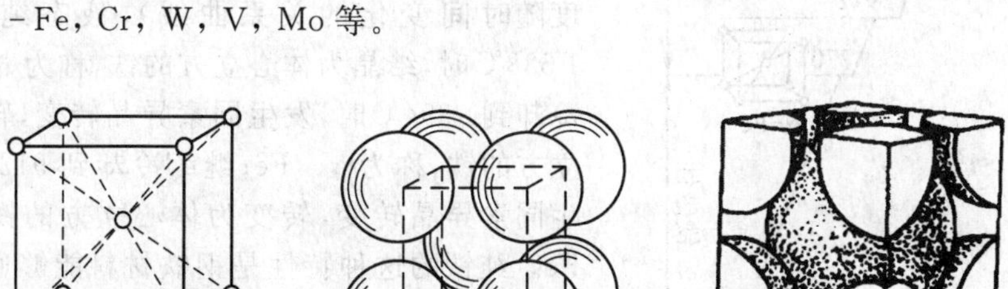

图1-70　体心立方晶格

b. 面心立方晶格。如图 1－71 所示，其晶格也是一个正六面体，除在晶胞的 8 个角上各有一个原子外，在每个面的中心还有一个原子。面心立方晶格的一个晶胞拥有 4 个原子，属于面心立方晶格的金属有 γ－Fe，Al，Cu，Au，Ag，Ni 等。

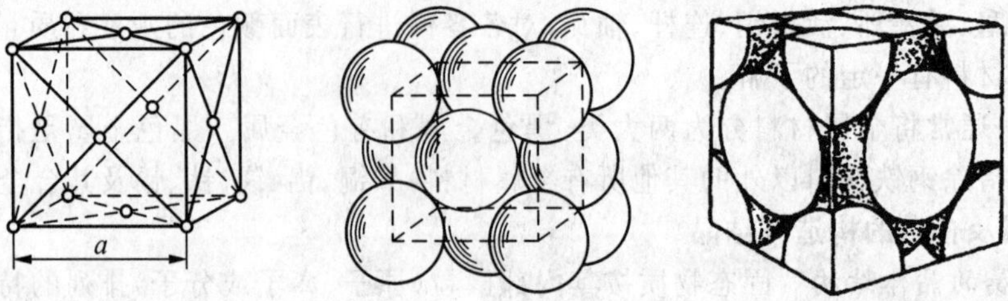

图 1－71　面心立方晶格

c. 密排六方晶格。如图 1－72 所示，其晶胞是一个正六棱体，在正六棱体的每个角上及上、下六方形底面中心各有一个原子，晶胞的中间还有 3 个原子。属于密排六方晶格的金属有 Mg，Zn，Be，Ti 等。

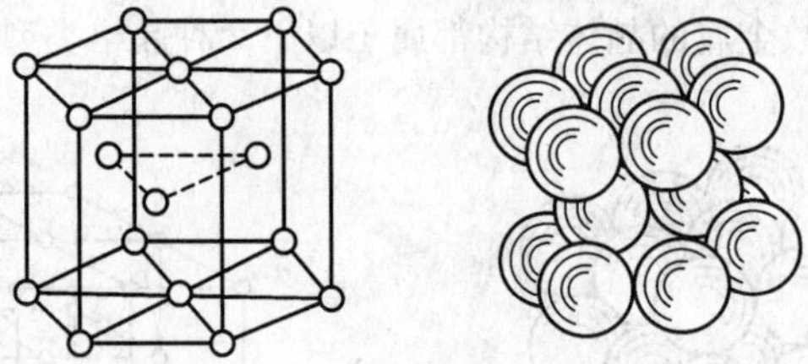

图 1－72　密排六方晶格

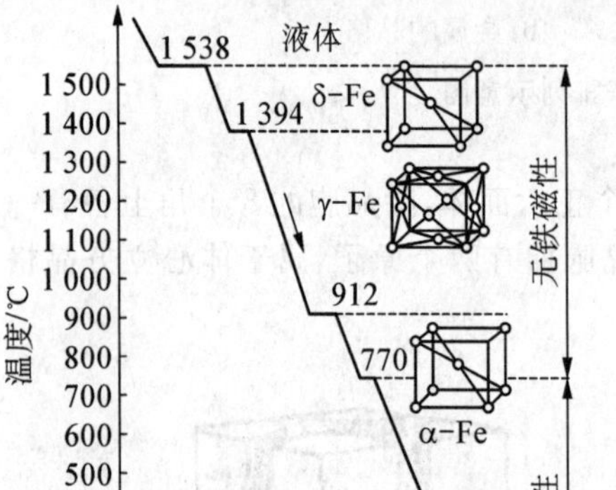

图 1－73　纯铁的冷却曲线图

大多数金属在结晶后晶格类型是不变的，但有少数金属(如铁、锡、钛、锰等)结晶后，在不同的温度时，具有不同的晶格结构。这种金属在固态下，晶格结构随温度发生变化的现象，称为金属的同素异晶转变。

图 1－73 所示为纯铁的冷却曲线(冷却时，温度随时间变化的关系曲线)，液态纯铁缓冷到 1 538℃时，结晶为体心立方的铁，称为 δ－Fe；继续冷却到1 394℃时，发生同素异晶转变，转变为面心立方的铁，称为 γ－Fe；继续冷却到 912℃时，又发生同素异晶转变，转变为体心立方的铁，称为 α－Fe。纯铁的这种特性是钢铁材料能够通过热处理改变其组织结构和性能的根本原因之一。

② 金属材料的晶体缺陷。实际应用的金属材料，其晶粒内原子的排列也只是大体上一致，其中不一致的原子排列称为晶体缺陷。按几何特征，晶

体缺陷可分为以下3种。

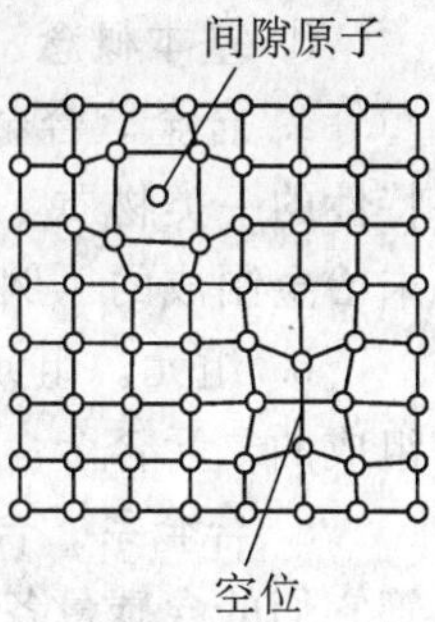

图1-74 点缺陷

a. 点缺陷。是指在晶格节点处无原子存在，而在晶格节点间有原子。前者称晶格空位，后者称间隙原子，如图1-74所示。这两种点缺陷均能引起晶格歪扭畸变，从而引起金属材料性能发生变化，如硬度、强度提高，电阻率增大等。

b. 线缺陷。是指晶粒内部呈线状分布的缺陷，表现为各种形式的位错，主要有刃型位错和螺型位错两种形式，如图1-75所示。线缺陷周围会引起晶格歪扭畸变，从而极大地影响着材料的力学性能，如强度、塑性、耐疲劳、耐腐蚀特性等变化明显。

c. 面缺陷。是指晶粒内部的晶面由许多"碎晶块"组成，主要指晶界、亚晶界，如图1-76所示。晶界处原子处于畸变状态，表现出与晶粒内部不一样的特性。即常温下强度、硬度较高，高温下则较低；晶界容易被腐蚀，熔点较低等。

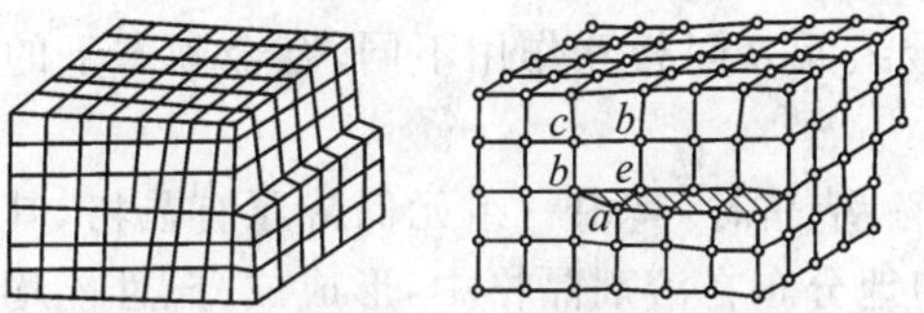

(a) 刃型位错　(b) 螺型位错

图1-75 线缺陷

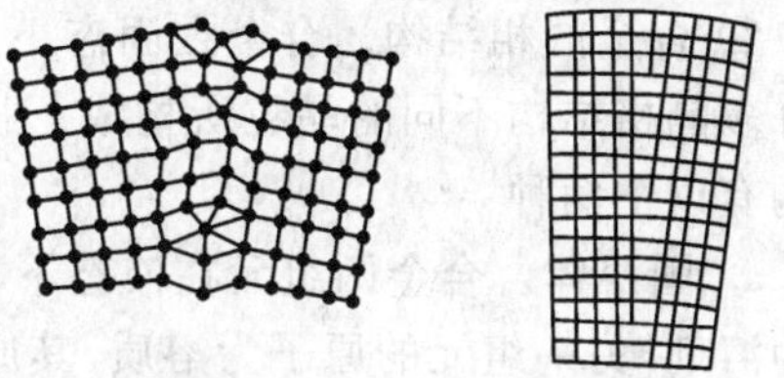
(a) 晶界　(b) 亚晶界

图1-76 面缺陷

(2) 金属的结晶　金属制品一般都要经过熔化、浇铸的工序。金属由液态转变为固态(晶体)的过程，称为结晶。

金属结晶后，晶粒的大小对金属的力学性能和化学性能都有很大的影响。晶粒越细小，不但其强度、硬度高，而且塑性、韧性也越好。因此，生产中，为改善金属的机械性能，都希望得到细晶粒组织。

在生产中，常用细化晶粒的方法有以下4种：

① 增加冷却速度。

② 变质处理。在液态金属中加入某些难熔物质，使其在金属液中形成大量分散的人工晶核，从而细化晶粒。例如，在铸铁中加入硅铁、硅钙，在铝合金液中加入微量的钛和硼，都能大大地细化晶粒。

③ 附加振动。在金属结晶时，对金属液附加机械振动、电磁振动等，使液态金属发生相对运动，将结晶初期形成的晶粒打碎，增加晶核数量，以达到细化晶粒的目的。

④ 降低浇注速度。在慢速浇注时，液态金属不是在静止状态下进行结晶，而结晶前沿已形成的晶粒，可能被流动的金属液冲击碎化而形成晶核，增加了形核率，从而达到晶粒细化的目的。

(3) 合金的基本相结构　在机械工业中，由于纯金属本身的力学性能有限，且冶炼困难、价格昂贵，故很少直接加工成机械零部件。在实际生产中，是将它们熔炼成合金，以改善其力学性能，满足使用要求。

① 基本概念。

a. 合金。合金是指将两种或两种以上金属或金属与非金属熔合在一起，获得具有金属特性的一类物质。绝大多数的合金是通过熔化、精炼而成的，只有少数合金是固态下通过粉末冶金制成的。例如，钢是铁和碳组成的合金，黄铜是铜和锌组成的合金等。

b. 组元。组元是组成合金最基本的、能独立存在的物质。例如，普通黄铜是由铜和锌组成的二元合金。

c. 合金系。合金系是指组元一定而成分比例不同的一系列合金。例如，各种碳素钢，尽管它们的含碳量各不相同，却都是铁碳合金二元系中的合金。

d. 相。相是指合金中成分相同、结构相同，并与其他部分有明显界面分开的均匀组成部分。例如，纯铁在室温下的平衡组织是由许多外形不同的晶粒组成，各晶粒之间虽有界面分开，但都是 α－Fe 的体心立方晶格，是一种单相组织。而在铁中加入碳制成铁碳合金后，出现了一种新相 Fe_3C，其成分结构与 α－Fe 完全不同。因此，铁碳合金在室温下的平衡组织是一种双相组织。

② 合金的相结构。合金在固态下，由于组元之间相互作用的不同，其组织结构一般是由许多晶格结构不同的晶粒所构成。根据合金组元之间相互作用不同，合金固态下的基本结构有以下两种：

a. 固溶体。合金两组元在液态下相互溶解、结晶时，其中一组元保持原有晶格，其晶格作为溶剂，另一组元的原子为溶质，其原子均匀地分布在溶剂晶格中，形成成分、性能均匀的固态合金，称为固溶体。其中，能保持晶格结构的组元，称为溶剂；晶格结构消失的组元，称为溶质。

如图 1－77 所示，固溶体分为间隙固溶体和置换固溶体。间隙固溶体中，溶质原子存在于溶剂晶格的间隙中；置换固溶体中，溶质原子存在于溶剂晶格结点上。

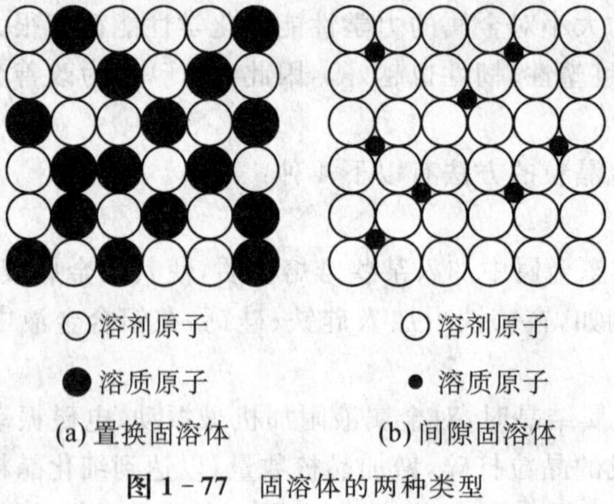

图 1－77　固溶体的两种类型

形成固溶体时，随着溶质原子的溶入，将使溶剂晶格产生畸变，从而使其强度、硬度升高，这种现象称为固溶强化。这也就是合金比纯金属强度、硬度高的主要原因，它是提高金属力学性能的重要途径之一。

b. 金属化合物。合金组元之间按一定比例相互作用而生成的一种新的具有金属特性的固态物质，称为金属化合物。例如，Fe_3C 是由铁和碳组成的金属化合物。金属化合物的晶格结构与其组元的晶格完全不同，具有硬而脆的性能特点。在合金中出现金属化合物时，能提高其强度、硬度和耐磨性，但会降低塑性和韧性。

c. 机械混合物。由两种或两种以上的固溶体和金属化合物所构成的混合物称为机械混合物。合金的性能取决于机械混合物中各组成物的性能及其形状、大小和分布状况。

(4) 合金的结晶　合金的结晶过程遵循纯金属结晶的基本规律，但由于合金成分中包含有两个以上组元，其结晶过程和组织与纯金属相比较有以下区别：

① 合金结晶不在恒温下进行，而是在一定温度范围内进行。

② 合金在结晶过程中，在不同温度范围内存在着不同数量的相，且各相成分也会发生变化。

③ 同一合金系，因成分不同，其组织也不同。即使是同一成分的合金，其组织也会随温度不同而发生变化。

2. 铁碳合金基本组织

在铁碳合金中，碳既能与铁形成金属化合物，又能溶入铁中形成固溶体。铁碳合金基本相为固溶体和金属化合物。

(1) 铁素体(F)　它是碳溶于 $\alpha-Fe$ 中形成的间隙固溶体，用 F 表示。由于体心立方晶格的间隙小，因此，溶碳能力很小，在 727℃时，其溶碳量最大可达 0.021 8%，在室温时降至 0.008%。铁素体的性能与纯铁相似，具有良好的塑性、韧性，但强度、硬度较低。一般铁素体硬度约为 80HBS，伸长率为 30%～50%。

(2) 奥氏体(A)　它是碳溶于 $\gamma-Fe$ 中形成的间隙固溶体，用 A 表示。由于面心立方的间隙比体心立方大，因此，溶碳能力比铁素体大，在 1 148℃时，其溶碳量最大可达 2.11%。随着温度的降低，溶碳能力逐渐减少，在 727℃时，其溶碳量最高可达 0.77%。奥氏体具有良好的塑性、韧性，但强度、硬度较低。一般硬度为 170～220HBS，伸长率为 40%～50%。

(3) 渗碳体(Fe_3C)　它是由碳和铁形成的一种金属化合物，其分子式为 Fe_3C，含碳量为 6.69%，具有硬而脆的性能特点，即硬度很高，达到 800 HB 以上，脆性很大，轻度和塑性很差。渗碳体在铁碳合金中的形态可呈片状、网状、粒状、板条状，是铁碳合金的强化相。它的数量和形态对铁碳合金的力学性能影响很大。通常 Fe_3C 越细小，分布越均匀，铁碳合金力学性能越高。渗碳体属于亚稳定化合物，在一定条件下一部分或全部会分解为铁和石墨。

(4) 珠光体(P)　它是铁素体和渗碳体的机械混合物，用符号 P 表示，平均含碳量为 0.77%。显微组织呈层片状相间排列的铁素体和渗碳体，其强度、硬度高于铁素体，塑性、韧性低于铁素体。它的力学性能受铁素体和渗碳体层片的形状与大小影响，层片越细薄，其力学性能越高。

(5) 莱氏体(L)　分为高温莱氏体和低温莱氏体两种：

① 高温莱氏体是由奥氏体和渗碳体组成的共晶体，用符号 Ld 表示。

② 低温莱氏体是由珠光体和渗碳体组成的共晶体，用符号 L′d 表示。

莱氏体的平均溶碳量为 4.3%，由于溶碳量高，其力学性能与渗碳体相似。

3. 铁碳合金相图

铁碳合金相图是在极其缓慢的冷却条件下，不同成分的铁碳合金，在不同温度下具有的状态和组织的图形。从铁碳合金相图中，可以了解铁碳合金成分、组织和性能之间的关系，它是研究钢和铸铁加工及其热处理的重要理论基础。

(1) 铁碳合金相图分析　铁碳合金相图如图 1－78 所示，图中横坐标表示成分(碳的质量分数 ω_c)，纵坐标表示温度。由左向右 ω_c 从 0 增加到 6.69%，横坐标左端($\omega_c=0$)，即纯铁；右端($\omega_c=6.69\%$)，即渗碳体。因此，铁碳合金相图又称 Fe－Fe_3C 相图。其中，δ－Fe 只在高温下存在，在此不进行研究。

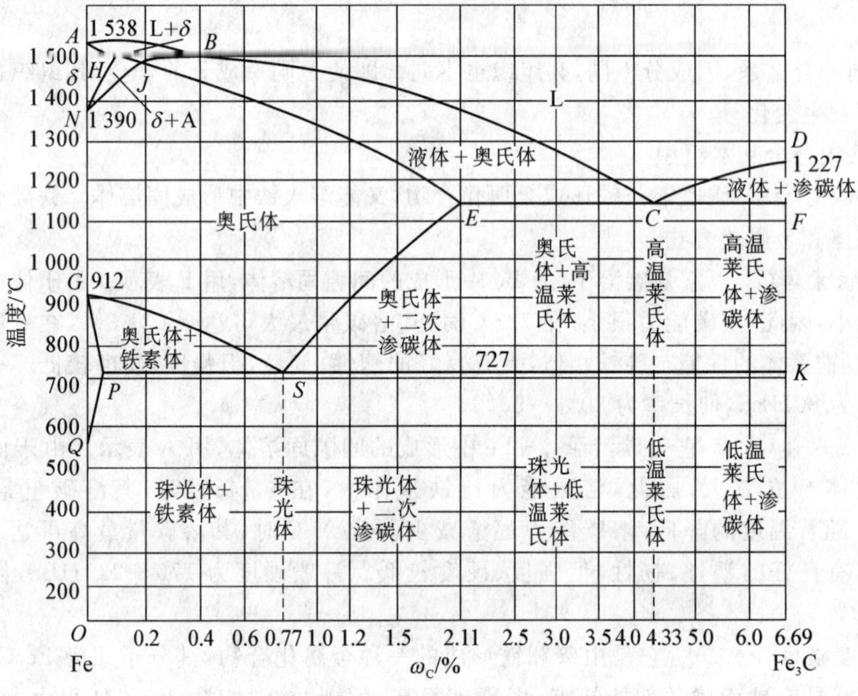

图 1－78　铁碳合金相图

① 铁碳合金相图中的主要特性点含义，见表 1－7。

表 1－7　铁碳合金的主要特性点含义

特性点	温度/℃	ω_c/%	含　义
A	1 538	0	纯铁的熔点
C	1 148	4.3	共晶点。发生共晶转变($L_c \xrightleftharpoons{1\,148℃} A+Fe_3C$)
D	1 227	6.69	渗碳体的熔点
E	1 148	2.11	碳在 γ－Fe 中的最大溶解度，也是钢与铁的分界点

（续表）

特性点	温度/℃	ω_c/%	含　义
G	912	0	纯铁的同素异晶转变点($\alpha-Fe \xrightleftharpoons{912℃} \gamma-Fe$)
P	727	0.021 8	碳在 α-Fe 中最大溶解度
S	727	0.77	共析点。发生共析转变($As \rightleftharpoons F+Fe_3C$)

注：Lc 表示处在共晶点的莱氏体，As 表示处在共析点的奥氏体。

② 铁碳合金相图中的主要特性线。铁碳合金相图的特性线是指不同成分的铁碳合金具有相同物理意义的相变点的联结线，见表 1-8。

表 1-8 铁碳合金的主要特性线

特性线	含　义
ACD	液相线，合金温度在此线以上时处于液相，温度在此线以下时处于固相。$\omega_c<4.3\%$的合金冷却到 AC 线开始结晶出奥氏体，$\omega_c>4.3\%$的合金冷却到 CD 线开始结晶出渗碳体
$AECF$	固相线，合金在此温度结晶终了。合金温度在此线以下时，处于固相
ECF	共晶线(1 148℃)，$\omega_c=4.3\%$的液态合金在此线上发生共晶转变：$L_c \longrightarrow A+Fe_3C$；$\omega_c=2.11\%\sim6.69\%$的合金，在此线时也要发生共晶转变产生高温莱氏体
AE	$\omega_c<2.11\%$合金完成结晶，全部转变成奥氏体
PSK	共析线(727℃)，常称 A_1 线，奥氏体在此线发生共析转变：$As \longrightarrow F+Fe_3C$
ES	碳在奥氏体中的溶解度曲线，常称 A_{cm} 线
GS	奥氏体转变为铁素体的开始线，常称 A_3 线

注：表中各特性线的含义，均是指合金在缓慢冷却过程中的相变。若是加热过程，则相反。

③ 铁碳合金状态图中的特性区域。由铁碳合金状态图中的特性线，将铁碳合金状态图分为 3 个单相区和 5 个双相区。

a. 3 个单相区：液相区 L(ACD 线以上)、奥氏体区 A($AESGA$)、铁素体区 F($GPQG$)。

b. 5 个双相区：(L+A)区($ACEA$)、(L+Fe_3C)区($DCFD$)、(A+Fe_3C)区($ECFKSE$)、(A+F)区($GSPG$)、(F+Fe_3C)区(PSK 线以下)。

④ 铁碳合金的分类。铁碳合金相图中，不同成分的铁碳合金，具有不同的显微组织和性能。通常，根据图上 P 点和 E 点，将合金分为工业纯铁、钢和铸铁；根据 S 点，将钢分为亚共析钢、共析钢和过共析钢；根据 C 点，将铸铁分为亚共晶白口铸铁、共晶白口铸铁和过共晶白口铸铁。

(2) 铁碳合金相图的应用　铁碳合金相图表明了在平衡状态下铁碳合金的成分、温度与组织和性能之间的关系，因而对于选择材料，以及铸造、锻造、焊接和热处理等生产实践具有重要的指导意义。

① 在选材方面的应用。在设计和生产上，通常根据机器零件或工程构件的使用性能要

求来选择钢的成分。要求强度、硬度低，而塑性、韧性好的材料，可选用低碳成分（$\omega_c \leqslant 0.25\%$）的钢；要求综合性能好的材料，可选用中碳成分（$\omega_c = 0.30\% \sim 0.55\%$）的钢；要求高弹性及一定韧性的材料，可选用高碳成分（$\omega_c = 0.60\% \sim 0.80\%$）的钢。

② 在铸造方面的应用。由铁碳合金相图可知，含碳量越接近共晶成分，其熔点越低，结晶温度范围也越小，其铸造性能越好。因此，在铸造生产中，接近共晶成分的铁碳合金得到广泛应用。

③ 在锻造方面的应用。由铁碳合金相图可知，含碳量 $\omega_c > 2.11\%$ 的铁碳合金（白口铁），无论在高温区，还是在室温都存在硬而脆的莱氏体组织，因此，不能进行压力加工（锻、轧等），只能作为铸造或炼钢的原料。而含碳量 $\omega_c < 2.11\%$ 的铁碳合金，在高温下都能获得单一的奥氏体组织，具有良好的塑性，因此，钢都能锻造，根据相图能选择最佳的锻造温度。

④ 在热处理方面的应用。由铁碳合金相图可知，同一成分的钢在不同温度下具有不同的组织，而且在不同温度下，碳在 α－Fe 和 γ－Fe 中的溶解度是不同的，这是通过热处理可改变钢的性能的根本原因。

通过铁碳合金相图，还可以确定各种热处理操作（退火、正火和淬火等）。

4. 碳素钢

碳素钢是指含碳量小于 2.11％的铁碳合金，是工业上用量最多的金属材料。碳钢中除了含有铁和碳元素之外，还含有少量的杂质元素，如 Si，Mn，S，P 等元素，它们对钢的性能都有一定的影响。碳素钢的冶炼简便、价格低廉，在一般情况下均能满足使用要求。

(1) 碳素钢的分类　碳素钢的分类主要有以下 3 种方法：

① 按含碳量分类。低碳钢：$\omega_c \leqslant 0.25\%$；中碳钢：$0.25\% < \omega_c < 0.6\%$；高碳钢：$\omega_c \geqslant 0.60\%$。

② 按质量分类。主要根据有害杂质硫、磷在钢中的含量多少进行分类。普通碳素钢：$\omega_S \leqslant 0.05\%$，$\omega_P \leqslant 0.045\%$；优质碳素钢：$\omega_s$，$\omega_p \leqslant 0.035\%$；高级优质碳素钢：$\omega_s \leqslant 0.02\%$，$\omega_p \leqslant 0.03\%$。

③ 按用途分类。碳素结构钢：主要适用于工程构件、桥梁、建筑构件和机器零部件等，一般为中低碳钢；碳素工具钢：主要适用于制作各种刃具、量具、模具，一般为高碳钢。

(2) 碳素钢的牌号、性能　具体说明、表示如下：

① 碳素结构钢。碳素结构钢碳含量较低，而硫、磷等有害杂质的含量较高，故强度不高。但塑性、韧性较好，焊接性能好，价格低廉，大多数不进行专门的热处理即可使用。碳素结构钢牌号表示方法由代表屈服点的字母“Q”、屈服点值（单位 MPa）、质量等级符号（A，B，C，D）及脱氧方法符号（F 为沸腾钢，B 为半镇静钢，Z 为镇静钢）按顺序排列组成，其中 A 级的硫、磷等杂质的含量最高。例如 Q235－AF，表示屈服点为 235 MPa 的 A 级沸腾钢。碳素结构钢的规定牌号有 Q195，Q215，Q235，Q255，Q275 等 5 类。

② 优质碳素结构钢。优质碳素结构钢含碳量为 0.05％～0.9％，有害杂质含量很少，通常经过热处理后可提高机械性能。优质碳素结构钢的牌号用两位数字表示，这两位数字表示该钢的平均含碳量的万分数。例如，45 表示含碳量 0.45％的优质碳素结构钢，20 表示含碳量 0.20％的优质碳素结构钢。

③ 碳素工具钢。碳素工具钢用于制造刃具、量具、模具等，在使用时应经淬火加低温回火，使其具有高的硬度和耐磨性。碳素工具钢的牌号以汉字“碳”的汉语拼音字母开头“T”

及后面的阿拉伯数字表示，其数字表示钢中平均含碳量的千分数。例如，T8 表示平均含碳量为 0.80%的碳素工具钢。若为高级优质碳素工具钢，则在阿拉伯数字后面标以字母 A，如 T12A 表示平均含碳量为 1.2%的高级优质碳素工具钢。牌号数字越大，含碳量越高，钢在热处理后的硬度和耐磨性越好，但韧性越差。

5. 合金钢

为了改善钢的性能，炼钢时有目的地加入一些合金元素所形成的钢称为合金钢。合金钢通过热处理能获得优良的力学性能及一些特殊的物理、化学性能。合金钢的冶炼、加工困难，价格较贵，应合理选用。

合金钢的种类繁多，按用途，可分为合金结构钢、合金工具钢、特殊性能钢 3 大类；按其合金元素总含量，可分为低合金钢（合金元素总含量<5.0%）、中合金钢（合金元素总含量 5.0%～10.0%）、高合金钢（合金元素总含量>10.0%）。

(1) 合金结构钢　合金结构钢是在碳素结构钢的基础上加入一种或几种合金元素的钢，用来制造各种重要工程构件和各种重要机械零件，主要包括低合金高强度结构钢、合金渗碳钢、合金调质钢、合金弹簧钢、滚动轴承钢及其他结构钢等。

除了低合金高强度结构钢和滚动轴承钢外，其他合金结构钢的编号采用“数字＋化学元素＋数字”的表示方法。前面的数字表示钢的平均含碳量，以万分之几表示。例如，平均含碳量为 0.25%，用 25 表示。合金元素直接用化学元素符号（或汉字）表示，后面的数字表示该合金元素的平均含量的百分之几。当合金元素的含量小于 1.5%时，编号中只标明合金元素的符号，其后的数字一般不标出；如果平均含量为 1.5%～2.49%，2.5%～3.49%，3.5%～4.49%，…则相应地以 2，3，4，…表示；如果为高级优质钢，则在编号后面加“高”或“A”字。例如，40Cr 表示碳含量为 0.4%，Cr 含量<1.5%；60Si2Mn 表示碳含量为0.60%，Si 含量约为 2%，Mn 含量<1.5%。

低合金高强度结构钢的牌号由代表屈服点的汉语拼音字母 Q、屈服点数值、质量等级符号(A，B，C，D，E)3 个部分按顺序排列组成，如 Q390A 为屈服点 390 MPa 的 A 级低合金高强度结构钢。

滚动轴承钢含碳量为 0.95%～1.10%，属过共析钢，添加元素以铬为主，含铬量为 0.5%～1.65%，其牌号用“GCr＋数字”表示。其中，“G”为“滚”字的汉语拼音字首，数字为铬含量，其他合金元素的表示与合金结构钢相同。例如，GCr15 表示 C 含量为 0.95%～1.10%，Cr 含量为 1.5%的滚动轴承钢。

(2) 合金工具钢　合金工具钢按用途可分为合金刃具钢、合金量具钢和合金模具钢 3 类。合金工具钢牌号中，平均含碳量≥1.0%时，不标出数字；平均含碳量<1.0%时，标出数字。例如，9SiCr 表示平均含碳量为 0.9%，Si，Cr 含量<1.5%的合金工具钢。

(3) 特殊性能钢　特殊性能钢是指具有特殊物理、化学或力学性能的合金钢。在工业中使用较多的有不锈钢、耐磨钢和耐热钢。

6. 铸铁

铸铁是指含碳量大于 2.11%，并含有较多硅及锰、磷、硫等杂质元素的铁碳合金。与钢相比，铸铁的强度、塑性等力学性能较差，但它具有良好的铸造性能、切削加工性能、耐磨性及减振性，且价格低廉。根据碳在铸铁中存在形式和形态不同，铸铁主要分为以下几种。

(1) 白口铸铁　白口铸铁是指铸铁中的碳几乎全部以渗碳体的形式存在，其性能特点是硬而脆，切削加工非常困难，一般不用于制造零件。

(2) 灰铸铁　灰铸铁是指铸铁中碳全部或大部分以片状石墨形态存在，其断口呈暗灰色，故称灰铸铁。灰口铸铁力学性能较高，切削加工性能好，生产工艺简单，价格低廉，而且具有良好的减振性、减磨性和耐磨性，因此应用最广泛。

灰铸铁的牌号由“灰铁”两字的汉语拼音字首“HT”与一组数字表示，数字表示最小抗拉强度(MPa)。例如，HT150 表示最小抗拉强度为 150 MPa 的灰铸铁。

(3) 球墨铸铁　球墨铸铁是指铸铁中的碳全部或大部分以球状石墨形式存在。灰铸铁中的石墨是片状的，如果在铁水浇注之前加入球化剂，进行球化处理，则可使石墨呈球状，即球墨铸铁。球墨铸铁的牌号由“球铁”两字的汉语拼音字首“QT”加两组数字表示，两组数字分别表示最低抗拉强度(MPa)和最小伸长率，如 QT400-18 表示最低抗拉强度为 400 MPa 和最小伸长率为 18%的球墨铸铁。

(4) 可锻铸铁　可锻铸铁是指铸铁中的碳全部或大部分以团絮状石墨形式存在。可锻铸铁是将白口铸铁件在高温下经长时间的石墨化退火后得到的，又称马铁。因团絮状石墨对基体割裂作用小，不像片状石墨有尖端会引起应力集中，韧性比灰铸铁好。因其具有一定的塑性变形的能力，故得名可锻铸铁，实际上可锻铸铁并不能锻造。

可锻铸铁分为黑心可锻铸铁(又称铁素体可锻铸铁)和白口可锻铸铁(又称珠光体可锻铸铁)两种。黑心可锻铸铁和白口可锻铸铁牌号，分别用“可铁黑”和“可铁珠”3 个字汉语拼音字首“KTH”和“KTZ”与两组数字表示。其两组数字分别表示抗拉强度和伸长率的最小值。例如，KTH350-10 表示抗拉强度不低于 350 MPa，延伸率不低于 10%的铁素体可锻铸铁。

(5) 蠕墨铸铁　蠕墨铸铁是具有形似蠕虫状石墨的铸铁。在灰铸铁浇注时，向铁液中加入蠕化剂(镁钛合金、稀土镁合金等)即可获得。蠕墨铸铁的性能介于灰铸铁和球墨铸铁之间，强度接近于球墨铸铁，具有一定的韧性、较高的耐磨性，同时又具有灰铸铁所具有的良好性能，是一种新型铸铁。

蠕墨铸铁的牌号用“蠕铁”两汉字拼音字首“RuT”与一组数字表示，数字代表最低抗拉强度，如 RuT380 表示最低抗拉强度为 380 MPa 的蠕墨铸铁。

7. 钢的热处理

(1) 钢的热处理及种类　钢的热处理是将钢在固态下，采用适当的方式进行加热、保温和冷却，使其内部组织发生改变，从而得到所需性能的一种工艺方法。根据加热和冷却方式的不同，热处理分为普通热处理和表面热处理。其中，普通热处理包括退火、正火、淬火、回火；表面热处理包括表面淬火(感应加热、火焰加热)、化学热处理(渗碳、渗氮、碳氮共渗)。

虽然热处理种类很多，但各种热处理工艺都是由加热、保温和冷却 3 个阶段组成。

热处理工艺中，加热和冷却不是极其缓慢的，因此，实际发生组织转变的温度与铁碳合金状态图具有一定的偏差。即加热时，实际转变温度比铁碳合金状态图的临界点偏高；冷却时，实际转变温度比铁碳合金状态图的临界点偏低。如图 1-79 所示，Ac_1，Ac_3，Ac_{cm} 为加热时的实际转变温度；Ar_1，Ar_3，Ar_{cm} 为冷却时的实际转变温度。

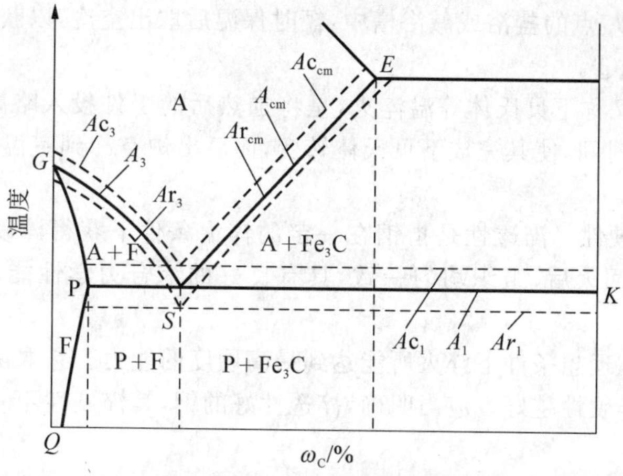

图1-79 加热和冷却时铁碳合金相图上各相变点的位置

（2）钢的退火与正火　退火是将工件加热到一定温度，保温一定时间后再随炉缓慢冷却的一种热处理工艺。根据工艺和目的的不同，可分为完全退火、球化退火、去应力退火、等温退火等。

① 完全退火。将钢加热到 Ac_3 以上 30～50℃，保温一定时间后随炉冷却到600℃以下，再取出工件放置空气中冷却到室温。完全退火后的组织为珠光体和铁素体。

② 球化退火。将钢加热到 Ac_1 以上 20～30℃，长时间保温后缓冷到600℃，再取出工件放置空气中冷却到室温。球化退火后的组织为球状珠光体。

③ 去应力退火　将钢加热到 Ac_1 以下某一温度(一般为 500～650℃)，保温后随炉冷却到室温，也称低温退火或人工时效处理。

正火是将钢加热到 Ac_3(亚共析钢)或 Ac_{cm}(过共析钢)以上 30～50℃，保温一定时间后出炉，并在空气中冷却的一种热处理工艺。正火由于冷却速度比退火快，故得到的珠光体组织更细，强度、硬度有所提高。正火后材料的硬度、强度、韧性都高于退火，且操作简便，生产周期短，故比较经济。因此，生产中常用正火来代替退火，如为改善切削加工性能，低、中碳钢都选用正火，只有高碳钢选用退火。

（3）钢的淬火与回火　淬火是将钢加热到 Ac_3 或 Ac_1 以上 30～50℃温度，保温一定时间，然后进行快速冷却的一种热处理工艺。淬火的关键是正确确定淬火温度和冷却方式。

① 淬火方法。常用的淬火方法主要有以下 4 种：

a. 单介质淬火法是指将工件加热到淬火温度，放入一种淬火介质中连续冷却到室温的淬火，如图 1-80 所示的曲线①。

b. 双介质淬火法是将加热的工件先投入一种具有较强冷却能力的介质中冷却，再立即转入冷却能力较弱的介质中进行淬火，如图 1-80 所示的曲线②。

c. 分级淬火法又称马氏体分级淬火，是将加热的

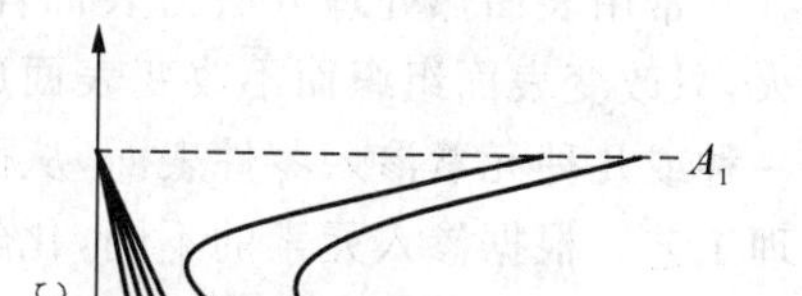

图1-80 常用淬火方法示意图

工件先淬入稍高于 M_s 点的盐浴或碱浴槽中，短时保温后取出空冷，以获得马氏体的方法，如图 1-80 所示的曲线③。

d. 等温淬火法又称下贝氏体等温淬火，是将加热后的工件投入略高于 M_s 点的盐浴或碱浴槽中，保温足够时间，使其完成下贝氏体转变，而后出炉空冷到室温，如图 1-80 所示的曲线④。

② 淬透性和淬硬性。淬透性是指钢在一定的淬火条件下获得淬硬层深度的能力。淬透性好的钢，经淬火回火后，组织均匀一致，具有良好的综合力学性能，有利于钢材潜力的发挥。

淬硬性是指钢在理想条件下淬火所能达到最高硬度的能力。它取决于马氏体中碳的百分含量，含量越高，淬硬性越好。应当明确，淬透性好的钢，其淬硬性不一定高。两者概念不同，不可混为一谈。

③ 回火。淬火后得到的马氏体，除低碳钢以外都太脆，而且一般方法淬火后工件的内应力也很大，不能直接使用，必须辅以回火工艺改善性能。

将淬火钢重新加热到 Ac_1 以下某一温度，保温后以一定的冷速冷至室温的工艺称为回火。

回火通常是热处理最后一道工序。淬火后必须立即回火，其间隔时间最长也不宜超过一小时。回火的目的是消除或减少淬火应力，降低脆性，防止零件变形开裂；获得稳定组织，从而稳定零件尺寸；调整力学性能，满足零件的性能要求。常用回火方法有以下 3 种：

a. 低温回火，回火温度为 150～250℃。回火组织为回火马氏体，基本保持马氏体的高硬度、高耐磨性，同时韧性提高，内应力明显降低。

b. 中温回火，回火温度为 350～500℃。回火组织为回火托氏体，具有高的弹性极限和屈服强度，一定的韧性，且内应力基本消除，硬度约 35～50 HRC。

c. 高温回火，回火温度为 500～650℃。淬火加高温回火的复合热处理又称为调质处理。回火组织为回火索氏体，具有良好的综合力学性能，硬度约为 25～40 HRC。

(4) 钢的表面热处理　汽车上许多零件(如传动齿轮、活塞销、花键轴等)，是在各种交变、冲击载荷及摩擦力作用下工作的。因此，要求零件表面具有高的硬度和耐磨性，心部具有足够强的韧性。这就很难用一般的热处理方法满足其性能要求，生产中的解决办法是选用综合性能良好的材料(中碳钢或中碳合金钢)，并对其进行表面热处理。

常用表面热处理方法为表面淬火和化学热处理两类。表面淬火仅对零件表层进行淬火，只改变表面组织而不改变表面成分；化学处理是将钢件放入化学介质中加热，使介质中一种或几种元素渗入零件表面，从而改变钢件表层的化学成分、组织和性能的一种表面热处理工艺。根据渗入元素的不同，化学热处理可分为渗碳、渗氮、渗硼、碳氮共渗等，其中前两种最常用。

【拓展知识】

一、有色金属

一般有色金属材料是指铝、铜、镁、锌、钛等金属及其合金。与黑色金属材料(如钢铁)相比，有色金属产量低、价格高，但具有许多特殊的物理、化学和力学性能，因而成为现代工业中不可缺少的材料。

有色金属材料种类繁多，在工业中应用比较广的是铝、铜及其合金。

1. 铝及铝合金

(1) 工业纯铝 铝是目前工业中用量最大的有色金属。铝的密度小，仅为 2.7 g/cm^3，大约是钢或铁的 1/3，熔点为 660℃。铝的导电、导热性好，仅次于金、银和铜，且价格较低、资源丰富。铝在空气中有良好的抗蚀性，由于铝与氧亲和力强，在大气中铝极易在表面生成一层致密的 Al_2O_3 膜，阻止了铝的进一步氧化。铝强度低(σ_b=80～100 MPa)、硬度小(25～30HBS)、塑性好(δ=35%～40%)，具有良好的加工性能和焊接性能。影响纯铝性能的主要因素是其所含的杂质，随着 Si, Cu, Zn 等杂质含量的增加，纯铝的性能将下降。

工业纯铝分铸造纯铝和变形铝两种。铸造纯铝牌号由“Z”和铝的化学元素符号及表示铝纯度百分含量的数字组成。例如，ZA199.5 表示 Al 含量 99.5%的铸造纯铝。变形铝采用 4 位字符牌号命名，即用“lxxx”表示。牌号的最后两位数字表示铝百分含量中小数点后面的两位数字，牌号第二位的字母表示原始纯铝的改型情况，如果字母为 A，则表示原始纯铝，若为其他字母，则表示为原始纯铝的改型，如 1A30 表示铝含量 99.30%的原始纯铝。

(2) 铝合金 纯铝的强度很低，无法作为承受载荷的结构材料使用。因此，通常在铝中加入一定量的其他元素以制成具有较高强度的铝合金。

铝合金可根据其成分和工艺特点，分为铸造铝合金和变形铝合金两大类。铸造铝合金包括铝镁、铝锌、铝硅、铝铜等合金，具有良好的铸造性能，可以铸成各种形状复杂的零件。铸造铝合金塑性低，不宜进行压力加工，应用最广的是硅铝合金。铸造铝合金的代号用“铸铝”的汉语拼音字首“ZL”与一组数字表示，其中第一位数字为合金的类别(1 为 Al-Si 系，2 为 Al-Cu 系，3 为 Al-Mg 系，4 为 Al-Zn 系)，后两位数字为合金顺序号，顺序号不同，其化学成分也不同。牌号后面加“A”表示优质。

变形铝合金具有较高的强度和良好的塑性，可通过压力加工制作各种半成品，可以焊接，主要用于各类型材和结构件。变形铝合金又可分为防锈铝合金、硬铝合金、超硬铝合金和锻造铝合金。

2. 铜及铜合金

(1) 纯铜 纯铜又称为紫铜，密度为 8.96 g/cm^3，熔点为 1 083℃。它具有良好的导电性、导热性及抗大气腐蚀性，是抗磁性金属。纯铜强度低(σ_b=230～240 MPa)、硬度小(40～50 HBS)、塑性好(δ=45%～70%)，可进行冷变形强化，但塑性下降显著。纯铜的焊接性能良好。

纯铜中的杂质主要有 Pb, Bi, O, S, P 等，它们对纯铜的性能影响极大，如 Pb, Bi 可引起铜的热脆性，而 O, S 却能导致铜的冷脆性。因此，在纯铜中必须控制杂质含量。

工业纯铜的代号有 T1, T2, T3, T4 4 个牌号，T 为铜的汉语拼音字首，其后的数字越大，纯度越低。

(2) 黄铜 黄铜是以锌作为主要合金元素的铜合金，通常把铜锌二元合金称为普通黄铜，用黄字汉语拼音字首“H”表示，其后附以数字表示平均含铜量。例如，H70 表示平均含铜量为 70%的普通黄铜。在普通黄铜基上加入其他元素的铜合金称为特殊黄铜，仍以“H”表示，后跟其他添加元素的化学符号和平均成分。

二、非金属材料

工业中除大量使用金属材料外，其他的非金属材料，如有机高分子材料、无机非金属材料和复合材料也得到越来越广泛的应用。

1. 塑料

塑料是应用最广的有机高分子材料，也是最主要的工程结构材料之一。

塑料的主要成分是合成树脂，此外还包括填料或增强材料、增塑剂、固化剂、润滑剂、稳定剂、着色剂及阻燃剂等。合成树脂是各种单体通过聚合反应合成的高聚物，在一定的温度、压力下可软化并塑造成形。它决定了塑料的基本属性，并起到黏结剂的作用。其他添加剂是为了弥补或改进塑料的某些性能。例如，填料（木粉、碎布和纤维等）主要起增强和改善性能作用，其用量可达 20%～50%。

塑料的密度一般只有 1.0～2.0 g/cm^3，大约为钢的 1/6、铝的 1/2，这对减轻车辆、飞机、船舶等运输工具的重量意义重大。绝大多数塑料具有良好的电绝缘性和较小的介电损耗，因此，它是理想的电绝缘材料。大部分塑料摩擦系数低，有自润滑能力，可在湿摩擦和干摩擦条件下有效工作。大部分塑料都可以直接采用注塑或挤压成形工艺，无须切削加工，可提高生产率、降低成本。塑料的不足之处是强度、硬度较低，耐热性差，易老化等。

2. 橡胶

橡胶与塑料的不同之处是橡胶在室温下处于高弹态。工业橡胶的主要成分是生胶，具有很高的弹性。但生胶分子链间相互作用力很弱，强度低，易产生永久变形。此外，生胶的稳定性差，如会发黏、变硬、溶于某些溶剂等。因此，工业橡胶中还必须加入各种配合剂。

橡胶的性能有两个显著特点：一是高弹性能，即受外力作用而发生的变形是可逆弹性变形，外力去除后，只需要千分之一秒便可恢复到原来的状态；二是强度，即经硫化处理和炭黑增强后，其抗拉强度达 25～35 MPa，并具有良好的耐磨性。

3. 陶瓷

陶瓷是各种无机非金属材料的通称，是现代工业中很有发展前途的一类材料。传统陶瓷（亦称普通陶瓷）是以天然的硅酸盐矿物质（高岭土、长石和石英等）为原料配制成的，质地坚硬，有良好的抗氧化性、耐蚀性和绝缘性，能耐一定高温。它成本低、生产工艺简单，广泛应用于日用、电气、化工、建筑等部门，如装饰瓷、餐具、绝缘子、耐蚀容器、管道、设备等。

新型陶瓷（亦称特种陶瓷）是以化工原料（氧化物、氮化物、碳化物等）经配料、成型、烧结而成，可分为氧化物陶瓷、氮化物陶瓷、碳化物陶瓷。它们的用途非常广，如氧化铝陶瓷广泛用于制造高速切削工具、量规、高温炉零件、空压机泵零件、内燃机火花塞等；氮化硼陶瓷可用来制作金属切削刀具，适用于高硬度金属材料（调质、淬火钢）的精加工、高强度钢和耐热钢的精加工、有色金属的低粗糙度加工等；碳化硅陶瓷可用来制造工作温度高达 1 500℃的零件，如火箭喷嘴、热电偶套管、高温电炉零件及各种泵的密封圈等。

金属陶瓷是把金属的热稳定性和韧性与陶瓷的硬度、耐火度、耐蚀性综合起来而形成的，并具有高强度、高韧性、高耐蚀及高的高温强度的新型材料。

4. 玻璃

玻璃是一种非晶态固体，它是以石英砂、纯碱、长石、石灰石等为主要原料，并加入某些金属氧化物等辅料，在 1 550～1 600℃高温下熔融后经拉制或压制而成的。经过特殊工艺处理，还可制成具有各种不同特殊性能的特殊玻璃。

(1) 玻璃的性能　玻璃的力学性能随种类不同差异很大，其共性为硬度高(仅次于陶瓷)、抗压强度高、抗拉变强度低、塑性小、韧性很差，是典型的脆性材料。

玻璃有良好的化学稳定性，对酸、碱的腐蚀具有较强的抵抗能力，但氢氟酸对玻璃具有较强的腐蚀作用。普通玻璃的耐热性较差，经过热处理后，可提高其耐热性。固体玻璃具有良好的绝缘性能，可用于制造各种绝缘器材和电学仪器，但液态玻璃却具有良好的导电性。玻璃最突出的特点是具有良好的光学性质，即透明性和折光性。除此之外，特种玻璃还有吸热、防辐射、防爆等特殊性能，广泛用于制作透光、透视、隔音、隔热等器件及装饰物。在汽车上，主要用于作挡风玻璃和车身玻璃等。

(2) 常用玻璃　玻璃的种类繁多，按其化学组成的不同，可分为钠玻璃、钾玻璃、铅玻璃、铝镁玻璃、硼硅玻璃和石英玻璃等；按用途的不同，还可分为建筑玻璃、工业玻璃、光学玻璃、化学玻璃及玻璃纤维等。最常用的有以下几种：

① 平板玻璃。平板玻璃又称镜片玻璃，在日常生活中随处可见。主要用于建筑物的门窗上，或进一步处理形成具有特殊性能的其他玻璃，如磨砂玻璃、夹层玻璃、磨光玻璃等。

② 浮法玻璃。浮法玻璃是经锡槽浮抛成形的高质量平板玻璃。主要特点是表面平整、无波纹，光学性质比一般平板玻璃优良，多用于橱窗的制作及高级建筑的门窗等。

③ 钢化玻璃。钢化玻璃是普通玻璃经过高温淬火处理(钢化处理)的特种玻璃。钢化玻璃除具有平板玻璃同样的硬度和透明度以外，还具有很高的温度急变抵抗性、耐冲击性和强度高(为平板玻璃的4～6倍)等特点。钢化玻璃在受到冲击破碎后，碎片小而无棱角，不会造成人体伤害。但这种玻璃在破碎前会产生很多裂纹，由于光线的漫射作用，玻璃会变得模糊不清，所以，钢化玻璃仅作为汽车后窗玻璃和侧窗玻璃。

④ 夹层玻璃。夹层玻璃是将两片或两片以上的平板透明玻璃或钢化玻璃，用聚乙烯醇缩丁醛塑料衬片黏合在一起而成。这种玻璃强度高，即使被击碎后，由于中间有塑料衬片的黏合作用，仅产生辐射状的裂纹而玻璃不致脱落伤人，并且不产生折光现象，透明度仍然良好。各国规定，汽车前挡风玻璃必须使用夹层玻璃。

5. 复合材料

由两种或两种以上物理、化学性质不同的物质，经人工合成的材料称为复合材料。它不仅具有各组成材料的优点，而且还可获得单一材料不具备的优越的综合性能。

日常所见的人工复合材料很多，如钢筋混凝土就是用钢筋与石子、沙子、水泥等制成的复合材料，汽车轮胎是由人造纤维与橡胶复合而成的材料。

复合材料的分类方法很多，按其结构特点可分为以下3类。

(1) 纤维增强复合材料　玻璃纤维增强复合材料是以玻璃纤维及制品为增强剂，以树脂为黏结剂而制成的，俗称玻璃钢。以尼龙、聚烯烃类、聚苯乙烯类等热塑性树脂为黏结剂制成的热塑性玻璃钢，具有较高的力学、耐热和抗老化性能，工艺性能也好。此类复合材料达到或超过了某些金属的强度，可用来制造轴承、齿轮、仪表盘、壳体、叶片等零件。

碳纤维增强复合材料是以碳纤维或其织物为增强剂，以树脂、金属、陶瓷等为黏结剂而制成的。目前有碳纤维树脂、碳纤维碳、碳纤维金属、碳纤维陶瓷复合材料等，其中以碳纤维树脂复合材料应用最为广泛。

(2) 层合复合材料　层合复合材料是由两层或两层以上的不同性质的材料结合而成，

达到增强的目的。层合复合材料比单一塑料提高承载能力 20 倍，导热系数提高 50 倍，热膨胀系数降低 75%，从而改善了尺寸稳定性。常用作无油润滑轴承，还可制作机床导轨、衬套、垫片等。

(3) 颗粒复合材料　颗粒复合材料是由一种或多种颗粒均匀分布在基体材料内而制成的，颗粒起增强作用。常见的颗粒复合材料有以下两类：

① 颗粒与树脂复合，如塑料中加颗粒状填料，橡胶用炭黑增强等。

② 陶瓷粒与金属复合，典型的有金属基陶瓷颗粒复合材料等。

【复习思考】

一、简答题

1. 什么是拉伸试验？

2. 对照拉伸试验应力-应变曲线图，简述对低碳钢进行拉伸试验的 5 个阶段。

3. 什么是弹性变形？什么是塑性变形？

4. 什么是强度？什么是塑性？衡量这两种性能的指标有哪些？各用什么符号表示？

5. 什么是冲击韧性？简述冲击试验的原理。

6. 如何提高金属的疲劳强度？

7. 什么是材料的工艺性能？常指哪些项目？

8. 随含碳量的增加，碳钢的机械性能有何变化？说明以下牌号的意义：Q235，45，HT150，40Cr 和 60 Si2Mn。

二、判断题

1. 金属材料在外力作用下所表现出来的特性，称为工艺性能。(　　)

2. 可锻铸铁加热到高温可进行锻造加工。(　　)

3. 球墨铸铁中的球状石墨是通过球化退火得到的。(　　)

4. 灰口铸铁可通过表面淬火提高其表面的硬度和耐磨度。(　　)

5. 铸铁不能进行热处理。(　　)

6. 球墨铸铁的塑性明显优于灰口铸铁。(　　)

7. 影响铸铁组织和性能的因素是化学成分和冷却速度。(　　)

8. 球墨铸铁与灰口铸铁相比，具有高的强度和良好的塑性与韧性。(　　)

9. 脱氧不完全的钢叫镇静钢，其特点是成材率高、力学性能好。(　　)

10. 合金工具钢的主要用途是：制作刃具、量具和模具。(　　)

11. 一般工具钢都是高碳钢。(　　)

12. 65Mn 是合金结构钢，其含碳量为 0.65%，合金元素为锰。(　　)

项 目 2

汽车零件识图与测绘

学习目标

知识目标

1. 能识读汽车机械零件图；
2. 能识读汽车机械部件装配图；
3. 能绘制简单的汽车零件图；
4. 能区别机械零件配合关系；
5. 能描述机械零件尺寸和形状误差；
6. 能描述机械零件配合误差。

能力目标

1. 具有正确、规范、熟练使用零件的识图与测绘中常用量具的能力；
2. 知道各种常用量具的具体用途；
3. 具有选用、保管量具的能力，并遵守文明安全操作规程。

任务1 常用量具的使用与选用

【任务导入】

在汽车机械制造中，产品测量的目的是为了保证产品的质量，在保证零件具有互换性的基础上，有效地缩短汽车总成的加工和装配时间，提高生产效率。

【任务分析】

在汽车机械制造中，为了能使汽车产品零件符合规定标准的技术要求，保证零件装配时的互换性，要求工艺技术人员、生产工人正确选择、使用各种量具，对产品零件进行正确的测量。所以，在零件的识图与测绘中，应识别各种常用量具、了解常用量具的用途，并熟练掌握常用量具的使用方法。

【相关知识】

一、游标卡尺

游标卡尺是一种比较精密的量具，结构简单、使用方便，测量精度较高，因而是生产中常用的量具,可以直接测量出工件的外径、内径、宽度、长度和深度等。游标卡尺的构造如图2-1所示,由主尺和副尺(游标)组成,主尺和固定卡脚制成一体,副尺和活动卡脚制成一体,并依靠弹簧压力沿主尺滑动。测量时,将工件放在两卡脚中间,通过副尺刻度与主尺刻度相对位置,便可读出工件尺寸。

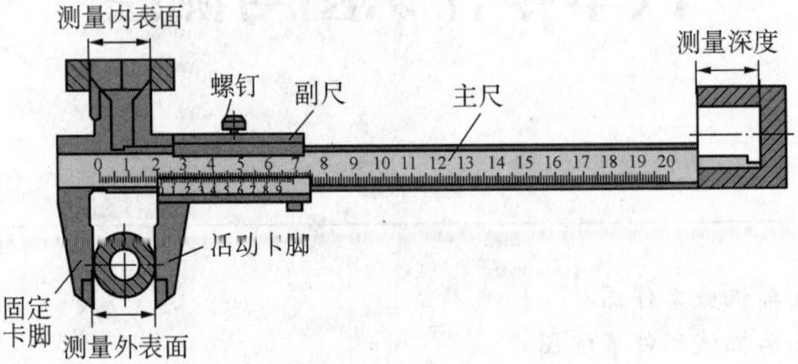

图 2-1　游标卡尺

按测量范围,游标卡尺可分为 0～125, 0～150, 0～200, 0～300, 0～500 mm 等几种规格;按照测量精度的不同,可分为 1/10(0.1 mm),1/20(0.05 mm)和 1/50(0.02 mm)3 种,这个数值就是游标卡尺所能量的最小尺寸。目前,常用的游标卡尺精度大都是 1/50(0.02 mm),其刻度原理与读数示例如图 2-2 所示。

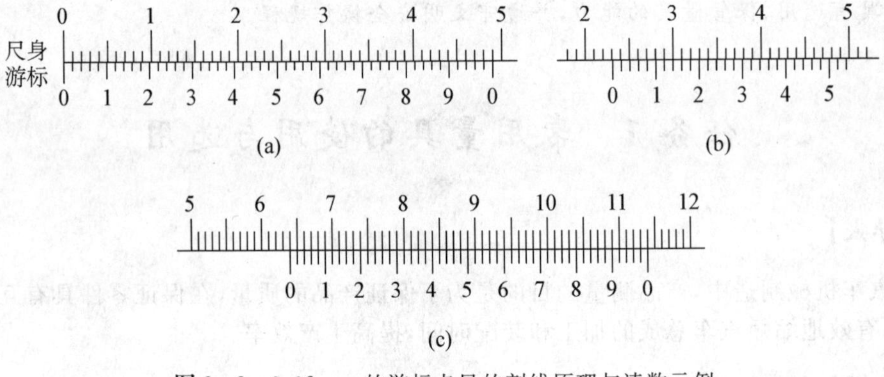

图 2-2　0.02 mm 的游标卡尺的刻线原理与读数示例

1. 原理

主尺上的刻度以 mm 为单位,每 10 格分别标以 1, 2, 3, …等,以表示 10, 20, 30,… mm。当主尺与游标卡尺的量爪贴合时,游标上的零线对准尺身的零线,游标上 50 格长度刚好与主尺上 49 格长度相等,主尺每一小格为 1 mm,则游标每一小格长度为(49/50)mm=0.98 mm,主尺、游标每一小格之差为(1-0.98)mm=0.02 mm。数值 0.02 mm 即称为该游标卡尺的精度值。

2. 读数方法

读数可分以下 3 步进行。

(1) 读整数　读出游标零线以左主尺上的最近整毫米数。

(2) 读小数　在游标上与主尺刻度线对齐的刻线格数乘以 0.02,读出小数。

(3) 求和　把两次读数相加,即为所测量的尺寸。

在图 2-2 中,(b)图和(c)图的测量值分别为 23.24 mm 和 64.18 mm。

二、千分尺

千分尺是比游标卡尺更为精确的测量量具,其测量精度为 0.01 mm 常用来测量加工精度要求较高的工件尺寸。按测量范围千分尺有 0～25,25～50,50～75,75～100,100～125 mm 等多种规格。因为千分尺的调节范围在 25 mm 以内,所以从零开始,每增加 25 mm 为一种规格。

图 2-3 所示为 0～25 mm 外径千分尺的结构。尺架左端为固定砧座,右端的测微螺杆与微分筒相连,用手转动微分筒时,测微螺杆与微分筒一起向左或向右移动。微分筒与测微螺杆是紧固成一体的。千分尺刻线原理与读数示例,如图 2-4 所示。

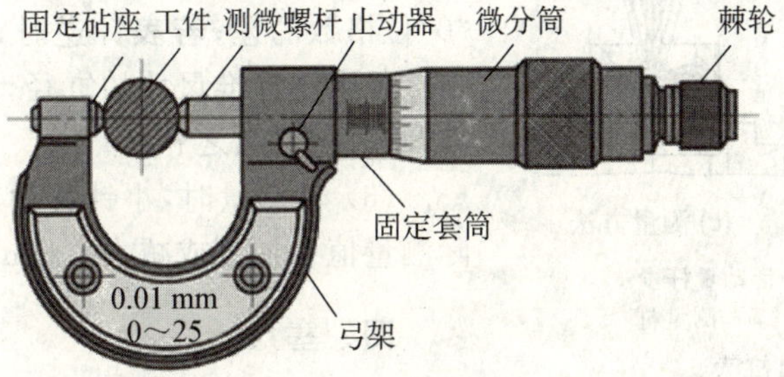

图 2-3 外径千分尺

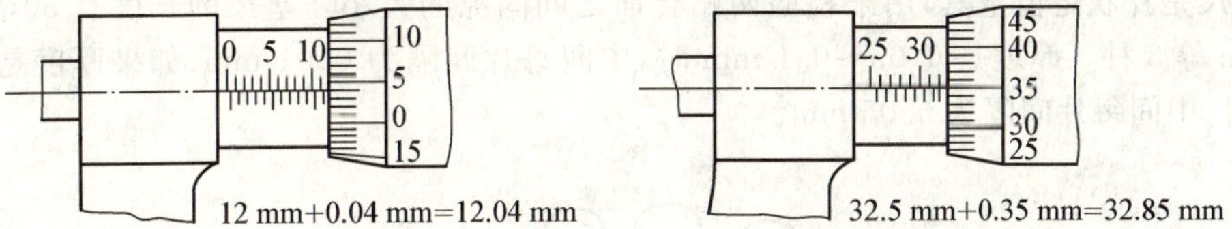

图 2-4 千分尺的刻线原理与读数示例

1. 原理

千分尺的刻度线由固定套筒和微分筒两部分组成,固定套筒在轴线方向上刻有一条中线,中线的上下方各有一排刻度线,刻度线每小格间距均为 1 mm,上下两排刻线相互错开 0.5 mm;在微分筒左端圆周上刻有 50 等分的刻度线。因测微螺杆的螺距为 0.5 mm,即测微螺杆每转一周,同时轴向移动 0.5 mm,故微分筒上每一小格的读数值为(0.5/50)mm=0.01 mm。

2. 读数方法

读数可分以下 3 步进行。

(1) 读出固定套筒上露出刻线的毫米数和 0.5 mm 数。

(2) 读出微分套筒上小于 0.5 mm 的小数值。

(3) 将上述两部分相加,即为总尺寸。

三、量缸表

量缸表是一种比较性的间接测量量具,也称内径百分表。在汽车修理中,可用来测量发动机气缸的圆度、圆柱度,以便掌握其磨损情况。量缸表的上部是一个百分表,下部是量杆装置,为了测量直径不同的气缸备有各种不同长短的量杆,并在各量杆上都标有测量的范围,以便于选用,如图 2-5 所示。量缸表读数方法如下。

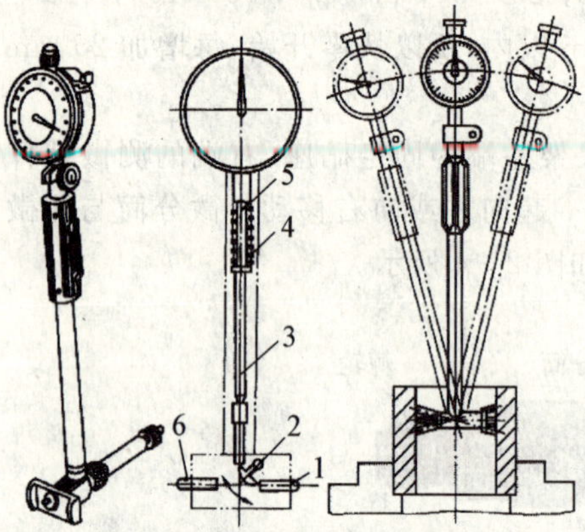

(a) 外形　(b) 工作原理　(c) 测量方法

1, 6—摆块　2—活动量杆
3—表杆　4—弹簧　5—测量杆

图 2-5　量缸表

(1) 百分表表盘刻度为 100,指针在圆表盘上转动一格为 0.01 mm,转动一圈为 1 mm;小指针移动一格为 1 mm。

(2) 测量时,当表针顺时针方向离开"0"位,表示缸径小于尺寸的缸径,它是标准缸径与表针离开"0"位格数的差;若表针逆时针方向离开"0"位,表示缸径大于标准尺寸的缸径,它是标准缸径与表针离开"0"位格数之和。

(3) 若测量时,小针移动超过 1 mm,则应在实际测量值中加上或减去 1 mm。

四、塞尺

塞尺是由一些不同厚度的薄钢片组成的测量工具。在每一片钢片上都刻有厚度的尺寸数字,在一端像扇骨那样钉在一起,如图 2-6 所示。塞尺是片状定值量具,用来检验两贴合面之间间隙的大小。塞尺的长度有 50, 100 和 200 mm 等 3 种。厚度是 0.03～0.1 mm 时,中间每片间隔为 0.01 mm;如果厚度是 0.1～1 mm时,中间每片间隔为 0.05 mm。

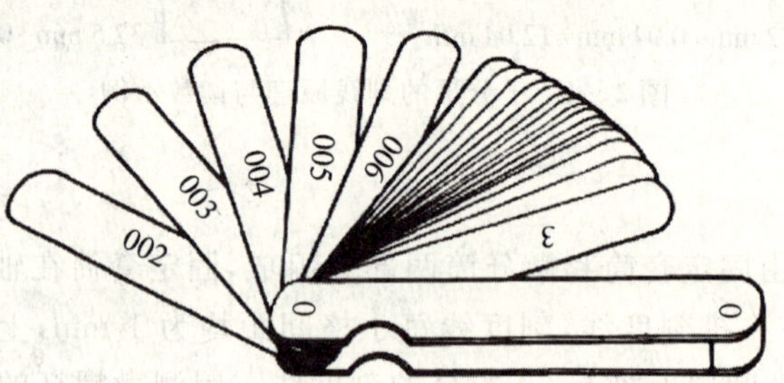

图 2-6　塞尺

五、刀口直尺

刀口直尺是一种用于检查工件平面度和直线度的量具,如图 2-7 所示。其规格有

75 mm/0 级,125 mm/0 级,175 mm/0 级,225 mm/0 级,300 mm/0 级,500 mm/0 级。

图 2-7 刀口直尺

六、杠杆百分表

杠杆百分表又称为杠杆表或靠表,是利用杠杆-齿轮传动机构或者杠杆-螺旋传动机构,将尺寸变化为指针角位移,并指示出长度尺寸数值的计量器具,如图 2-8 所示。用于测量工件几何形状误差和相互位置正确性,并可用比较法测量长度。

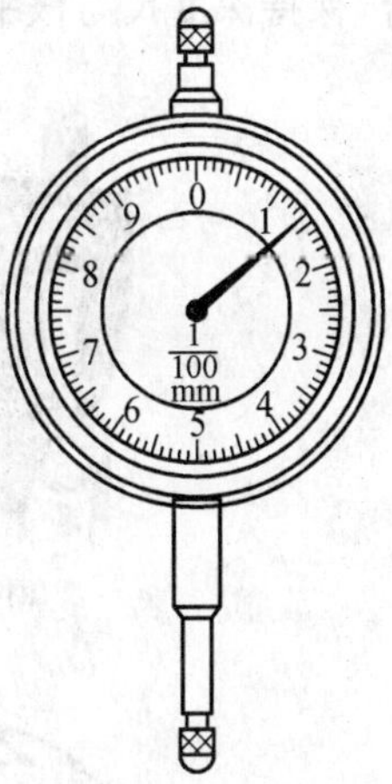

图 2-8 杠杆百分表

杠杆百分表目前有正面式、侧面式和端面式几种类型,其分度值为 0.01 mm,表盘是对称刻度的。杠杆百分表读数方法如下:

(1) 读数时,眼睛要垂直于表针,防止偏视造成读数误差。

(2) 测量时,观察指针转过的刻度数目,乘以分度值得出测量尺寸。

七、钢直尺

如图 2-9 所示,钢直尺是最简单的长度量具,它的长度有 150, 300, 500 和 1 000 mm 等 4 种规格。钢直尺用于测量零件的长度,由于钢直尺的刻线间距为 1 mm,而刻线本身的宽度就有 0.1~0.2 mm,所以测量结果不太准确,读数误差也比较大,只能读出毫米数,比1 mm小的数值,只能估计而得。

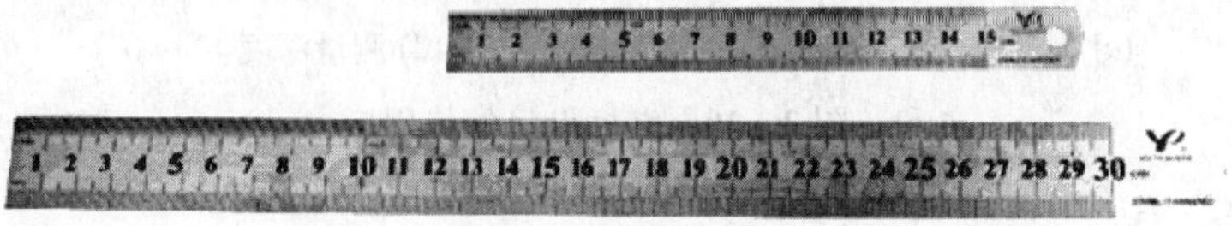

图 2-9 钢直尺

【任务实施】

一、游标卡尺测量活塞销外径、气门弹簧长度等

1. 游标卡尺的使用方法

首先,并拢游标卡尺的卡脚,检查主尺与副尺的零刻度线是否对齐,检查固定卡脚与活动卡脚面是否贴合。如有透光不均,说明卡脚量面已有磨损,不能测量出精确的尺寸。

如图 2-10(a, b)所示,当测量工件的外部尺寸时,先把工件放入两个张开的卡脚内,首先选择卡脚适当的位置,必须使工件贴靠在固定卡脚上;然后用右手拇指轻轻地把活动卡脚推过去，当两卡脚的量面已和工件均匀地贴靠并保持垂直状态时，即可由卡尺上读出工件的尺寸。当使用游标卡尺测量较大工件的外径时，左手拿着一个卡脚，右手拿住主尺，用左手固定卡脚贴靠工件表面，右手推动游标，使活动卡脚也靠紧工件，便可从主尺和副尺上读出尺寸。

如图 2－10(c)所示，测量工件的内径时，先用拇指轻轻地拉开副尺，并使卡脚与被测工件保持正确的接触，上下晃动，由指示的最大尺寸读取读数。此外，用游标卡尺还可测量汽车零部件的深度和宽度。

如图 2－10(d)所示，用游标卡尺深度尺测量工件孔深时，需使卡尺断面与工件顶端贴合，保持深度尺与该平面垂直。

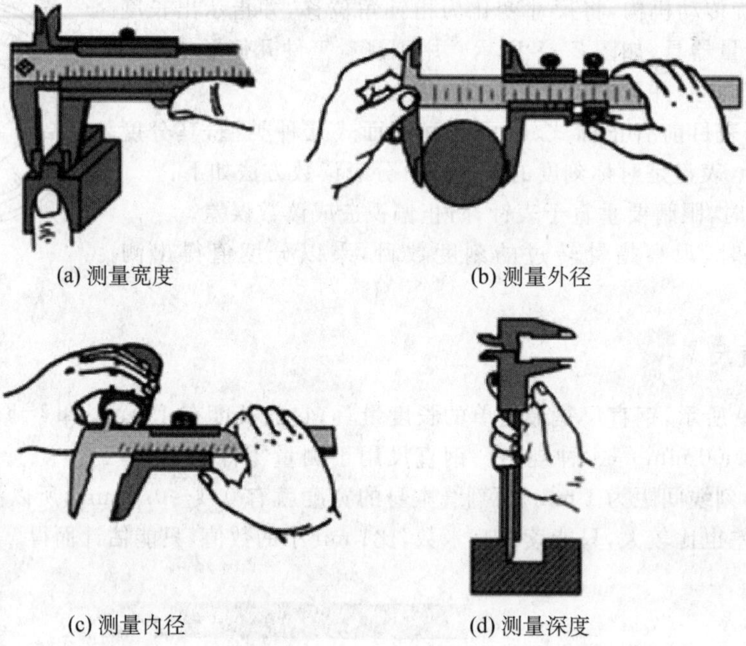

(a) 测量宽度　　(b) 测量外径

(c) 测量内径　　(d) 测量深度

图 2－10　游标卡尺的使用

2. 游标卡尺使用注意事项

(1) 使用前先擦净量爪，然后将两量爪闭合，检查尺身、游标零线是否重合。若不重合，则在测量后应根据原始误差修正读数。

(2) 测量时，卡脚测量面必须与工件的表面平行或垂直，游标卡尺必须放正，不得歪斜，否则测量不准确。

(3) 测量中，应使量爪缓慢接近工件，在与工件轻微接触后即可读数。不得用力卡紧工件，以免量爪变形或磨损，影响测量的精度。

(4) 读数时，视线要与刻度线垂直，不能斜视，以减小读数误差。

(5) 游标卡尺只能用于测量加工过的光滑表面。表面粗糙的工件和正在运动的工件都不宜用它测量，以免量爪过快磨损。

(6) 游标卡尺使用完后，应擦拭干净。若长期不用，应将它擦上防护油，两量爪合拢，放入盒内盖好，并放回工具箱。

二、千分尺测量曲轴

1. 千分尺的使用方法

（1）擦拭曲轴的各道轴颈。

（2）千分尺校对零位。

（3）放正千分尺。

（4）先转动微分筒，后改用棘轮。

（5）转速均匀。

（6）在一个轴颈的同一截面上，测量两个互为垂直方向的直径，由此可得圆度误差；在该轴颈的另一截面上，用通用的方法测出圆度误差，如图 2－11 所示。由两个截面的数据可以得出该截面的圆柱度误差。

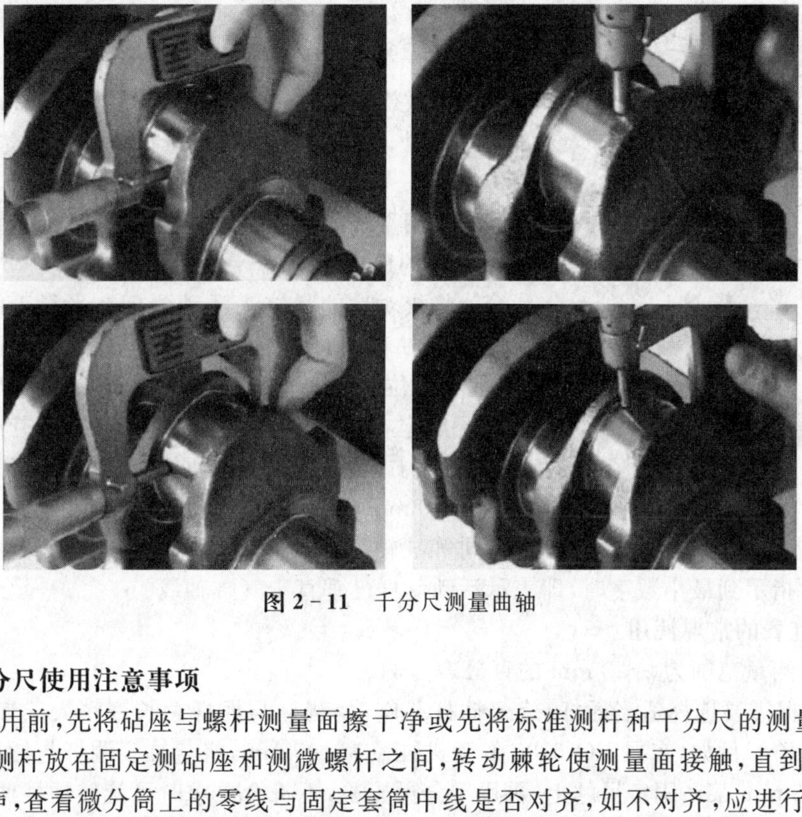

图 2－11　千分尺测量曲轴

2. 千分尺使用注意事项

（1）使用前，先将砧座与螺杆测量面擦干净或先将标准测杆和千分尺的测量端面擦干净，将标准测杆放在固定测砧座和测微螺杆之间，转动棘轮使测量面接触，直到发出“嘎嘎嘎”3 声响声，查看微分筒上的零线与固定套筒中线是否对齐，如不对齐，应进行校正；或记住此数值，并在测量时根据原始误差修正读数。

（2）使用前，还应注意其灵敏性。在转动棘轮时，棘轮应能带动微分筒灵活地转动，在全程内不许有卡滞或微分筒与固定套筒互相摩擦现象，用手把微分筒固定，或用制动环把活动测杆紧固住后，棘轮应能发出清脆的嘎嘎响声。

（3）测量时，千分尺必须放正，不得偏斜，否则会造成测量误差。

（4）在比较大的范围内调节千分尺时，应该转动微分筒而不应该旋转棘轮，这样不仅能提高测量速度，而且能防止棘轮作不必要的磨损；当测微螺杆将要接触被测轴颈时，必须改用棘轮（此时严禁使用微分筒，以防用力过度导致测量不准）。当棘轮发出“嘎嘎”打滑声时，表示压力合适，停止拧动，即可读数。

（5）旋转微分筒或棘轮时，不得快速旋转，以防测量面与被测面发生猛撞而撞坏测微螺杆。

（6）读数时，要防止多读或少读 0.5 mm。

（7）严禁在毛坯工件上、正在运动着的工件或过热的工件上进行测量，以免损害千分尺的测量精度。

三、量缸表测量缸径

1. 量缸表的使用方法

（1）按被测气缸的标准尺寸，选择合适的接杆，装上后，暂不拧紧固定螺母。

（2）把外径千分尺调到被测气缸的标准尺寸，将装好的量缸表放入千分尺。

（3）稍微旋动接杆，量缸表指针便转动约 2 mm，使指针对准刻度零处，扭紧接杆的固定螺母。为使测量正确，重复校零一次。

（4）使用量缸表，一手拿住隔热套，另一只托住管子下部靠近本体的地方。

（5）将校对后的量缸表活动测杆在平行于曲轴轴线方向和垂直与曲轴轴线方向等两方位，沿气缸轴线方向上、中、下取 3 个位置，共测 6 个数值。如图 2-12 所示，上面一个位置一般定在活塞在上止点时，位于第一道活塞环气缸壁处，约距气缸上端 15 mm；下面一个位置一般取在气缸套下端以上 10 mm 左右处，该部位磨损最小。

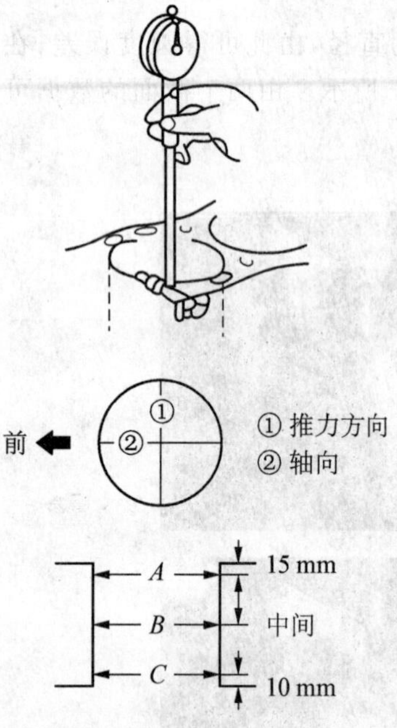

图 2-12　量缸表的使用

（6）测量时，使量缸表的活动测杆同气缸轴线保持垂直，才能测量准确。当前、后摆动量缸表表针指示到最小数字时，即表示活动测杆已垂直于气缸轴线。

2. 量缸表的常规使用

以比较测量范围为 0～3 mm 的百分表为例。

（1）根据需要选择适当插杆，旋入插杆孔座，使测杆与插杆总长度稍大于气缸直径，再用千分尺校验。例如，东风 EQ 6100 发动机缸径为 100 mm，将量缸表测杆与插杆总长度调到 102～103 mm 某一固定尺寸上，再用千分尺校验，不符合要求时可旋转插杆调整，调整完毕应锁紧插杆，最后将表盘的“0”位对准指针；也可将千分尺调到公称尺寸 100 mm，将量缸表测杆和插杆卡入千分尺内，表针应转动 2～3 转。

（2）将量缸表测杆伸入气缸内测量，当柄杆偏左或偏右时，表的读数都偏大，那么在表的读数最小时的读数即为准确读数，并记录数据。测量时，动作不能太猛，要让测杆慢慢接触缸套。被测表面应擦干净，百分表应避免与水、油污和灰尘接触。对于刚拆卸的发动机，应使其冷却到常温后再进行测量。

(3) 发动机的每一个缸应测量，即在平行于曲轴方向和垂直于曲轴方向的两个方向，沿气缸轴线方向上、中、下 3 个位置测量。上面一个位置一般是在活塞上止点时，相应于第一道活塞环所在气缸壁处，按气缸正常磨损是最大磨损处；中间位置定在中部，这对于磨料磨损较突出的气缸是最大磨损处；下部位置一般是定在气缸筒最下端以上 10 mm 左右，这里磨损一般较小。测量后，取最大磨损处横截面上两个直径的最大值与最小值差的一半定为气缸圆度误差。在纵截面中，取最大值与最小值之差的 1/2 为圆柱度误差。对于多缸发动机，应分别取圆度误差和圆柱度误差的最大值数据。

3. 量缸表使用注意事项

测量时，必须使量缸表与气缸的轴线保持垂直，应前后摆动量缸表，指针指示到最小数字时，即表示量杆与气缸轴线垂直，此读数为标准读数。当大指针顺时针方向离开"0"位，表示气缸直径小于标准尺寸的缸径；若逆时针方向离开"0"位，表示气缸直径大于标准尺寸的缸径。

四、塞尺测量气门间隙

1. 塞尺的使用方法

(1) 将被测气门完全关闭。

(2) 将塞尺放在气门杆尾端与气门挺柱之间的间隙，如图 2－13 所示。

(3) 来回拉动塞尺，以感到有轻微阻力，这时，塞尺的厚度就是气门间隙的值。

图 2－13　塞尺测量气门间隙

2. 塞尺使用注意事项

(1) 根据结合面的间隙情况选用塞尺片数，但片数愈少愈好。

(2) 测量时不能用力太大，以免塞尺遭受弯曲和折断。

(3) 不能测量温度较高的工件。

五、刀口直尺检测气缸盖下平面平面度

1. 刀口直尺使用方法

如图 2－14 所示，检测如下。

(1) 将气缸体平放在工作台上。

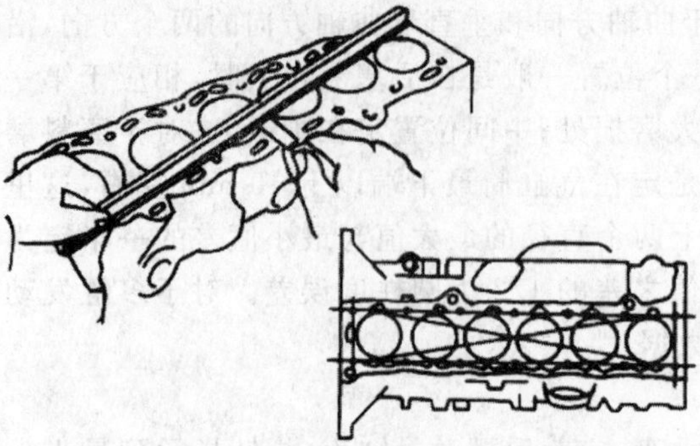

图 2-14　刀口直尺检测气缸盖平面度

(2) 一手握住刀口直尺将直面靠稳在清洁后的气缸盖上,另一手握塞尺用食指将测试片压在缸盖上,沿着直尺垂直方向检测。

(3) 测量横向(缸与缸之间左右方向)、纵向(前后方向上左右之间的中部)、对角线(前左至后右、前右至后左两个方向)的平面度。

(4) 塞尺的最大读数就是结合面的平面度误差。

2. 刀口直尺使用注意事项

(1) 选用的刀口直尺,要使其长度大于或等于被检验平面的长度。

(2) 在同一平面上改变不同检查位置时,刀口直尺不可以在工件表面上拖动,以免磨损,影响角尺本身的精度。

(3) 被检验表面不能太粗糙。如果被检验表面太粗糙,不仅会磨损刀口直尺的测量刃,而且不容易准确判定光隙的大小。

六、杠杆百分表检验曲轴弯曲度

1. 使用前检查

(1) 检查相互作用。轻轻移动测杆,表针应有较大位移,指针与表盘应无摩擦,测杆、指针无卡阻或跳动。

(2) 检查测头,应为光洁圆弧面。

(3) 检查稳定性。轻轻拨动几次测头,松开后指针均应回到原位。

(4) 沿测杆安装轴的轴线方向拨动测杆,测杆无明显晃动,则指针位移应不大于 0.5 个分度。

2. 杠杆百分表使用方法

如图 2-15 所示,检测如下。

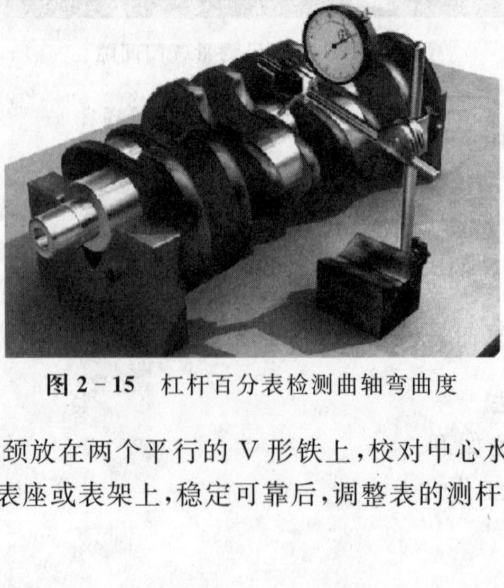

图 2-15　杠杆百分表检测曲轴弯曲度

(1) 曲轴两端的主轴颈放在两个平行的 V 形铁上,校对中心水平。

(2) 将百分表固定在表座或表架上,稳定可靠后,调整表的测杆轴线使垂直于轴颈被测尺寸线。

（3）转动曲轴，记录数据。

3. 杠杆百分表使用注意事项

（1）测量前调零位时，先使测头与基准面接触，压下测头到量程的中间位置，转动刻度盘使0线与指针对齐；然后反复测量同一位置2～3次后，检查指针是否仍与0线对齐，如不齐则重调。

（2）测量时，用手轻轻抬起测杆，不可把被测件强行推入测头下，显著凹凸的工件不用杠杆表测量。

（3）不要使杠杆表突然撞击到工件上，也不可强烈震动、敲打杠杆表。

（4）测量时，注意表的测量范围，不要使测头位移超出量程。

（5）不使测杆作过多无效的运动，否则会加快零件磨损，使表失去应有精度。

【拓展知识】

螺纹规

螺纹规又称螺纹通止规、螺纹量规，通常用来检验判定螺纹的尺寸是否正确，如图2-16所示。

图2-16　螺纹规

【复习思考】

简述题

1. 如何对游标卡尺进行读数？

2. 简述千分尺的使用方法和注意事项。

3. 简述塞尺的使用方法。

任务2　机械制图基本技能训练

在汽车技术高速发展的今天，高职学生所涉及的基础知识越来越多，从事汽车技术必须掌握机械制图的相关知识。机械制图作为现代工程技术的通用“语言”，是从事工程技术工作必备的技能之一。机械图样是体现工程技术人员的设计意图，也是加工、检验、安装、调试的依据。

所谓机械图样，是对准确表达物件的形状、大小和技术要求的图形的总称。工程技术人员必须掌握绘图的基本理论和方法。高职高专的学生，应能熟练地绘制和阅读机械图样，以适应汽车行业当前和将来生产实际的需要。

本任务是学习汽车发动机构造与检修、汽车底盘构造与检修等后修课程的重要基础，主要研究机械图样形成的基本理论，学习机械图样的绘制和基本阅读方法，以及相关国家技术标准知识，进而掌握绘制和阅读机械图样的技能。

任务 2.1　绘制平面图形并标注尺寸

【任务导入】

按 2∶1 的比例绘制图 2-17，并标注尺寸，要求图线清晰，符合国家标准机械制图的有关规定。

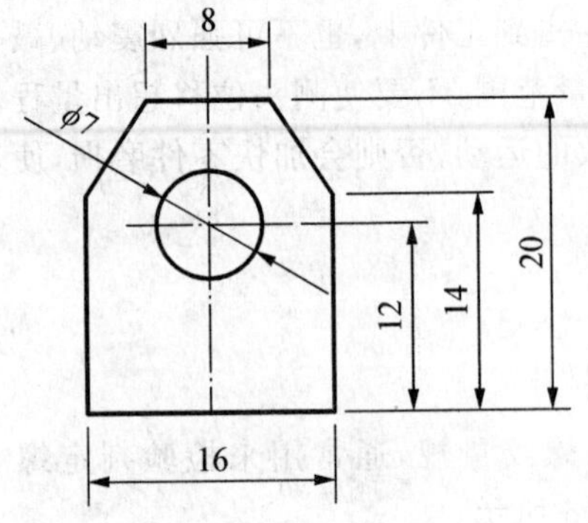

图 2-17　按比例绘图

【任务分析】

物体的形状千差万别，如果都按照原物体的大小绘制图形，有时很难实现，所以需要按一定的比例来绘图。在用 2∶1 的比例绘制图形时，所绘制的图形为实际图形的两倍。

机械图样绘制正确还不能加工出合格产品，同样形状的物体有大有小，所以还必须标注必要的尺寸，才能把物体完整地表示出来。在图中，有粗实线、细点画线等图线，正是这些图线构成了机械图样。

【相关知识】

图样是现代工业生产中最重要的技术文件，是工程界便于生产、管理以及进行技术交流的共同语言。为了正确绘制和阅读工程图样，必须熟悉和掌握有关国家标准和规定。国家标准《技术制图》和《机械制图》是重要的技术基础标准，它对图样的内容、格式和表达方法等都作了统一规定，是绘图和阅读工程图样的依据，必须严格遵守。

国家标准(简称国标)的代号是"GB"。例如，GB/T14689-1993，其中 GB/T 表示推荐性国标，14689 为发布顺序号，1993 为发布年号。

1. 线型及应用

GB/T17 450-1998 规定了 15 种基本线型。机械图样中主要采用以下 9 种图线，其名称、线型、宽度和一般应用见表 2-1。

表 2－1　机械制图的线型及其应用(GB/T4457.4－2002)

图线名称	线　型	图线宽度	一般应用
粗实线	d	d	(1) 可见轮廓线 (2) 可见棱边线
细实线		$d/2$	(1) 尺寸线及尺寸界线 (2) 剖面线 (3) 过渡线
细虚线		$d/2$	(1) 不可见轮廓线 (2) 不可见棱边线
细点画线		$d/2$	(1) 轴线 (2) 对称中心线 (3) 剖切线
波浪线		$d/2$	(1) 断裂处的边界线 (2) 视图与剖视图的分界线
双折线		$d/2$	(1) 断裂处的边界线 (2) 视图与剖视图的分界线
细双点画线		$d/2$	(1)相邻辅助零件的轮廓线 (2) 可动零件的极限位置的轮廓线 (3) 成形前的轮廓线 (4) 轨迹线
粗点画线		d	限定范围的表示线
粗虚线		d	允许表面处理的表示线

常用的图线宽度为 0.25，0.35，0.5，0.7，1 mm。机械图样中，采用粗、细两种线宽，其比例为 2∶1。

2. 图线的画法

(1) 同一图样中，同类图线的宽度应基本一致。

(2) 虚线、点画线及双点画线的线段长度和间隔应基本相同。

(3) 细虚线、细点画线与其他图线相交时，都应以画相交，且应超出其他图线 2～5 mm。当细虚线处于粗实线的延长线上时，细虚线与粗实线之间应有空隙。

(4) 绘制圆的对称中心线时，圆心应为线段与线段的相交处。点画线和双点画线的首末两端应是线段，而不是短画。

(5) 在较小的图形上绘制点画线、双点画线有困难时，可用细实线代替。

3. 尺寸标注的基本规定

(1) 机件的真实大小应以图样上所注的尺寸数值为依据，与图形的大小以及绘图的准确度无关。

(2) 图样中的尺寸，以毫米为单位时，不需标注计量单位的代号或名称，如果用其他单位，则必须注明相应的计量单位。

(3) 图样中所标注的尺寸，为该图样所示机件的最后完工尺寸，否则应另加说明。

(4) 机件的每一尺寸只标注一次，并应标注在反映该结构最清晰的图上。

4. 尺寸标注的要素

一个完整的尺寸一般应包括尺寸界线、尺寸线(含箭头)、尺寸数字 3 个要素，如图 2 - 18 所示。

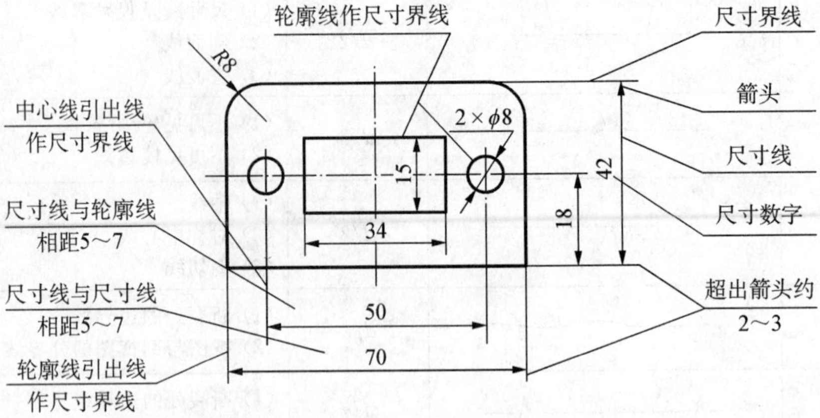

图 2 - 18 尺寸的组成

(1) *尺寸界线* 尺寸界线用细实线绘制，并应由图形的轮廓、轴线或对称中心线引出，也可以利用轮廓线、轴线或对称中心线作为尺寸界线。尺寸界线一般应与尺寸线垂直，并超出尺寸线的终端 2～3 mm。

(2) *尺寸线* 尺寸线用细实线绘制，不能用其他图线代替，一般也不能与其他图线重合或画在其延长线上。标注线性尺寸时，尺寸线必须与所注的线段平行；当有几条互相平行的尺寸线时，大尺寸要注在小尺寸的外面，如图 2 - 18 中的 70 与 50，42 与 18。在圆或圆弧上标注直径或半径尺寸时，尺寸线应通过圆心或延长线通过圆心。

尺寸线的终端有两种形式，如图 2 - 19 所示。箭头适用于各种类型的图样，图中 d 为粗实线的宽度。斜线用 45°细实线绘制，图中 h 为字体高度。圆的直径、圆弧半径指向圆弧的一端，以及角度的尺寸线终端应画成箭头。

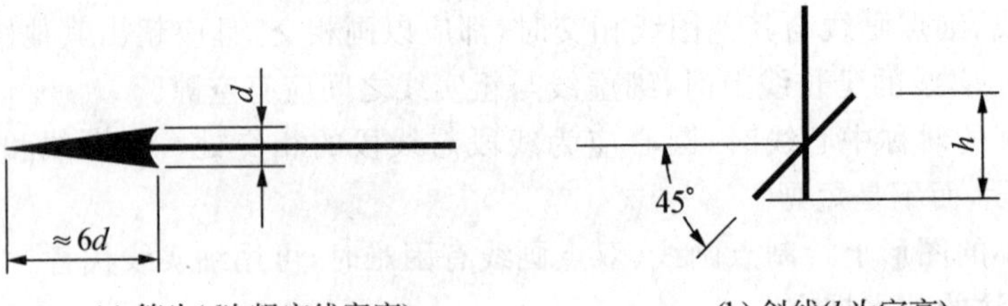

(a) 箭头(d为粗实线宽度)　　(b) 斜线(h为字高)

图 2 - 19 尺寸终端形式

(3) *尺寸数字* 水平线性尺寸的数字一般应注写在尺寸线的上方，也允许注写在尺寸线的中断处，数字由左向右书写，字头朝上；尺寸线为竖直位置时，数字应注写在尺寸线左侧或尺寸线中断处，由下向上书写，字头朝左。

5. 常见尺寸的注法

（1）线性尺寸　尺寸线必须与所标注的线段平行。尺寸界线一般应与尺寸线垂直，并超出尺寸线 2～3 mm。当有几条互相平行的尺寸线时，大尺寸应注在小尺寸外面，以免尺寸线与尺寸界线相交（见图 2－18）。

（2）圆、圆弧及球面尺寸　圆须注出直径，且在尺寸数字前加注符号“ϕ”；圆弧须注出半径，且在尺寸数字前加注符号“R”，如图 2－20 所示。

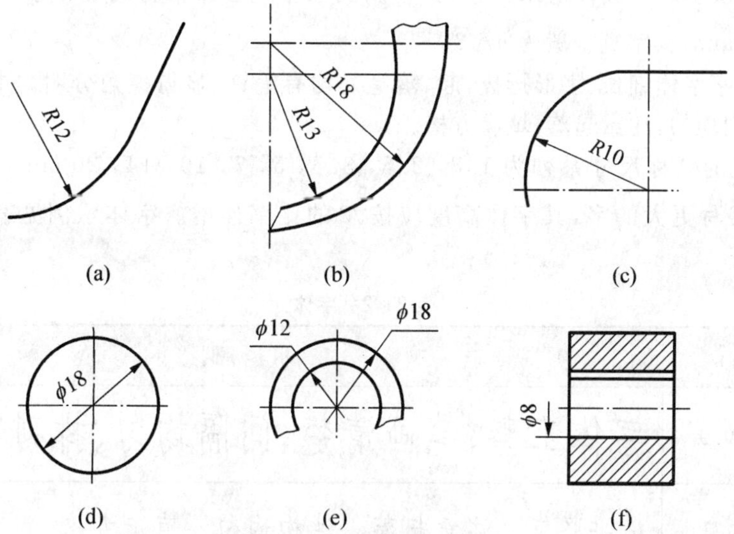

图 2－20　圆及圆弧的标注

（3）小尺寸　当标注的尺寸较小，没有足够的位置画箭头或写尺寸数字时，箭头可画在外面，或用小圆点代替两个箭头；尺寸数字也可写在外面或引出标注，如图 2－21 所示。

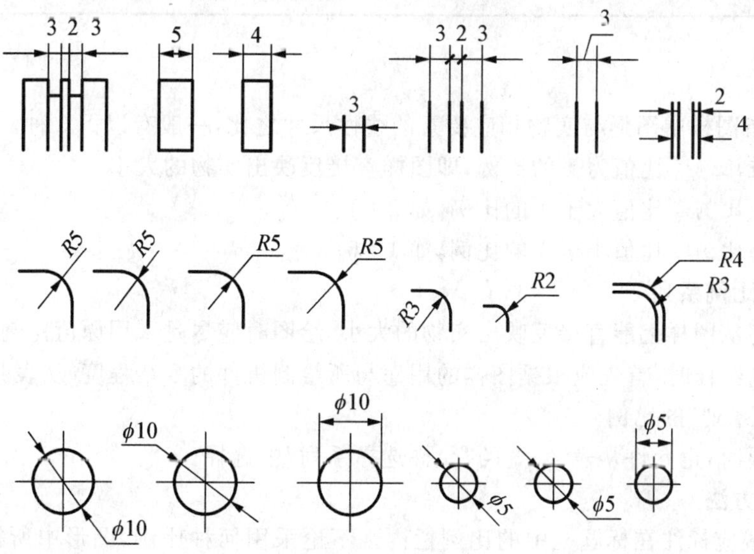

图 2－21　小尺寸标注

(4) 角度尺寸　标注角度尺寸时，尺寸界线应沿径向引出。尺寸线是以角度顶点为圆心的圆弧。角度的数字一律写成水平方向，一般填写在尺寸线的中断处，必要时可以写在尺寸线的上方或外面，也可引出标注。

6. 字体(GB/T14691－1993)

图样中除图形外，还需用汉字、字母、数字等标注尺寸，以及说明机件的设计、制造、装配时的各项要求。书写时，必须做到“字体工整、笔画清楚、间隔均匀、排列整齐”。

图样上的汉字应写成长仿宋体字，并采用国家正式公布推行的简化字。汉字的高度 h 不应小于 3.5 mm，其字宽一般为 $h/\sqrt{2}$。

长仿宋体字字体细长、字形挺拔，起、落笔处均有笔锋，显得棱角分明。书写的要领是：横平竖直，排列均匀，注意起落，填满方格。

字体高度的公称尺寸系列为 1.8，2.5，3.5，5，7，10，14，20 mm，代表字体的号数。如需要书写更大的字，其字体高度应按$\sqrt{2}$的比率递增。字体示例见表 2－2。

表 2－2　字体

字体		示　　例
长仿宋体汉字	10 号	字体工整、笔画清楚、间隔均匀、排列整齐
	7 号	横平竖直　注意起落　结构均匀　填满方格
	5 号	技术制图石油化工机械电子汽车航空船舶土木建筑矿山井坑港口纺织焊接设备工艺
	3.5 号	螺纹齿轮端子接线飞行指导驾驶舱位挖填施工引水通风闸阀坝棉麻化纤

7. 比例

比例是指图样中图形与实物相应要素的线性尺寸之比，一般有以下 3 种。

(1) 原值比例　比值为 1 的比例，即图样直接反映出实物的大小。

(2) 放大比例　比值大于 1 的比例，如 2∶1。

(3) 缩小比例　比值小于 1 的比例，如 1∶5。

8. 绘图比例系列

(1) 为了从图样上能直接反映出实物的大小，绘图时应尽是采用原值比例。

(2) 绘制图样时，首先应根据图样的用途与所绘制机件的复杂程度，从表 2－3 中适当选取“优先选择系列”的比例。

(3) 必要时，也允许从表 2－3 的“允许选择系列”中选择。

9. 标注方法

比例一般应标注在标题栏中的比例栏内。不论采用何种比例，图形中所标注的尺寸数值必须是实物的实际大小，与图形的比例无关，如图 2－22 所示。

表 2-3 比例系列

种类	优先选择系列	允许选择系列
原值比例	1∶1	—
放大比例	5∶1　2∶1 5×10^n∶1　2×10^n∶1　1×10^n∶1	4∶1　2.5∶1 4×10^n∶1　2.5×10^n∶1
缩小比例	1∶2　1∶5　1∶10 1∶2×10^n　1∶5×10^n　1∶1×10^n	1∶1.5　1∶2.5　1∶3 1∶1.5×10^n　1∶2.5×10^n　1∶3×10^n 1∶4　1∶6 1∶4×10^n　1∶6×10^n

注：n 为正整数。

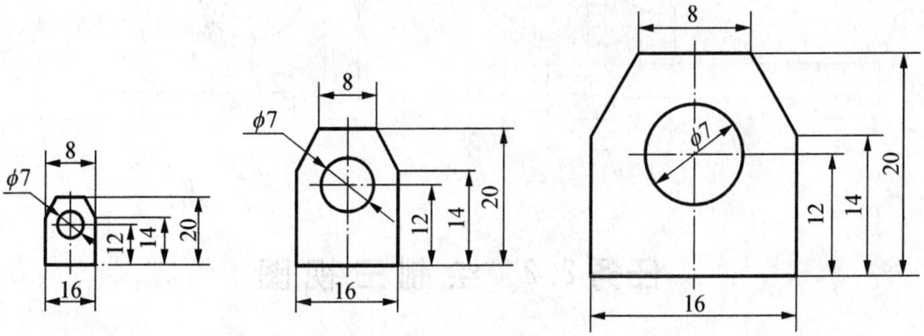

(a) 1:2　(b) 1:1　(c) 2:1

图 2-22　图形比例与尺寸数值

【任务实施】

绘图步骤(见图 2-22)：

(1) 绘制中心线及底边长和高，尺寸为标注尺寸的两倍，并标注尺寸。

(2) 绘制两条斜线及上边长，尺寸为标注尺寸的两倍，并标注尺寸。

(3) 绘制圆，尺寸为标注尺寸的两倍，并标注尺寸。

【拓展知识】

在图 2-23 所示的图形中，有粗实线、细点画线等图线，正是这些图线构成了机械图样。平面图形画法如下：

准备 H，HB，B，2B 型铅笔各一支，将 H 和 HB 铅笔削成尖的，将 B 铅笔削成扁形状的。准备三角板一付，橡皮一块，圆规一把。

机械图样的绘制分为两大步骤，第一步是用 H 铅笔绘制底稿；第二步是描深，描深时，一般情况是用 HB 铅笔描深细实线，用 B 铅笔描深粗实线，用 2B 型铅笔描深粗实线圆。

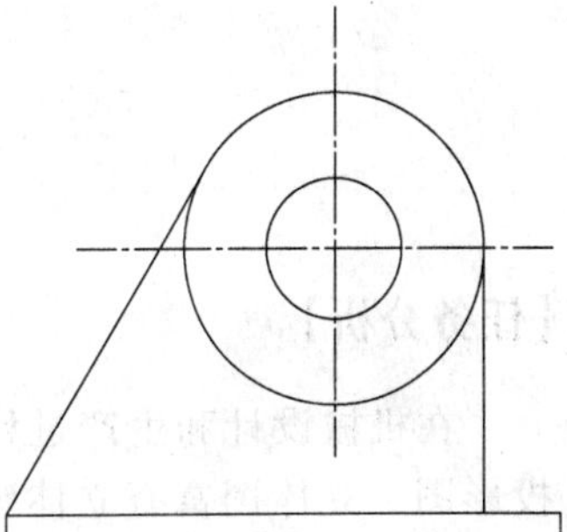

图 2-23　平面图形

(1) 绘制点画线及作图基准线。

(2) 绘制外部可见轮廓线。

(3) 按规定描深图线。

【复习思考】

在下列图中标注尺寸(数值按1∶1比例从图中量取,取整数)。

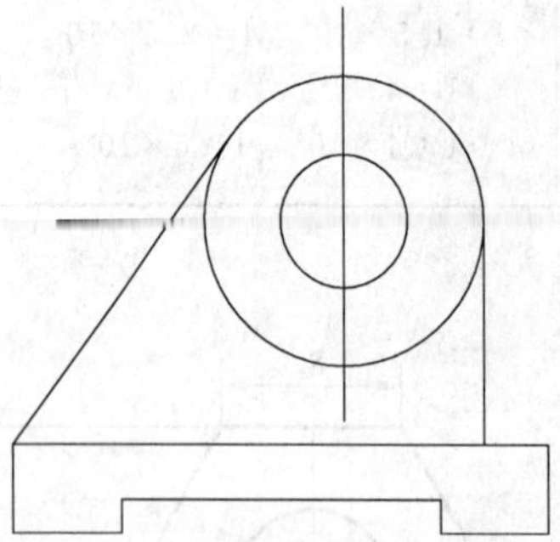

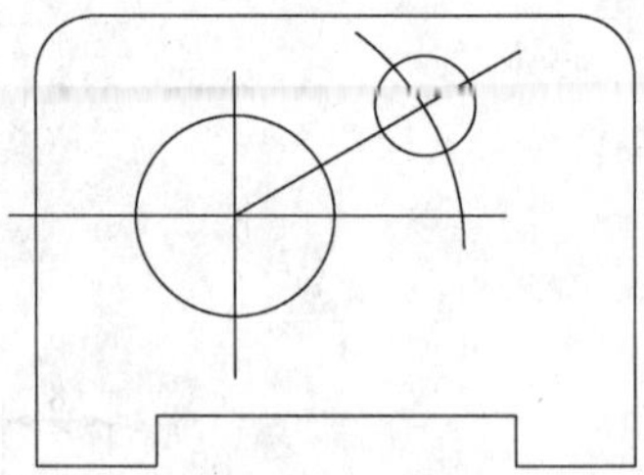

任务2.2 绘制三视图

【任务导入】

绘制如图2-24所示立体的三视图。

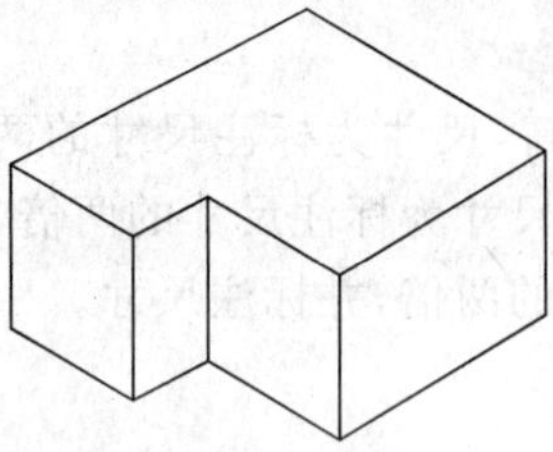

图2-24 立体

【任务分析】

在机械设计和生产过程中,需要用图样来表达机器和零件,常用的图样有立体图、正投影图。立体图富有立体感,给人以直观的印象,但是它在表达物体时,某些结构发生了变形,不能完全准确地表达机件的真实形状。所以在绘制机械图样时,常采用正投影图来表达。

绘制三视图时,首先要根据物体的形状,选择合适的投影角度,以使得物体的结构通过三视图表达出来。

【相关知识】

1. 投影原理

在日常生活中，人们可以看到，当太阳或灯光照射物体时，墙壁上或地面上会出现物体的影子。投影法与这种自然现象类似。如图 2－25 所示，平面 H 是得到投影的面，称为投影面，点 S 称为投射中心。如在点 S、平面 H 之间有一空间点 A，则该点在投影面 H 上的投影为点 S，A 连线的延长线与投影面 H 的交点 a，Sa 称为投射线。同理，点 B 在投影面 H 上的投影 b，为投射中心 S 和空间点 B 的连线与投影面 H 的交点；点 C 在投影面 H 上的投影 c，为投射中心 S 和空间点 C 的连线与投影面 H 的交点。

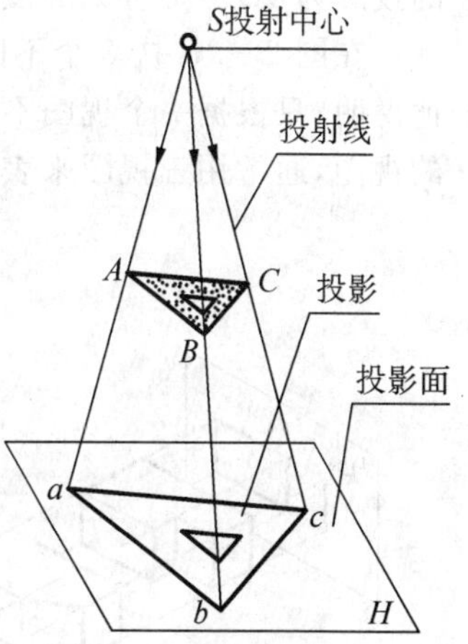

图 2－25 投影法

投影法就是投射线通过物体，向选定的面投射，并在该面上得到图形的方法。投射中心就是所有投射线的起点。投影(投影图)就是根据投影法所得到的图形。投射线就是发自投射中心，且通过被表示物体上各点的直线。

2. 平行投影法

若将图 2－25 中的投射中心 S 移至无限远处，则投射线相互平行，如图 2－26 所示。这种投射线相互平行的投影法，称为平行投影法。平行投影法又分为斜投影法和正投影法。

(1) 斜投影法　投射线与投影面倾斜的平行投影法。根据斜投影法所得到的图形，称为斜投影，如图 2－26(a)所示。

(2) 正投影法　投射线与投影面垂直的平行投影法。根据正投影法所得到的图形，称为正投影，如图 2－26(b)所示。

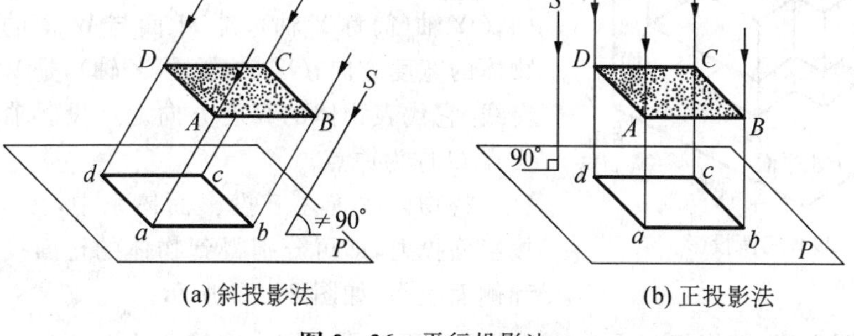

(a) 斜投影法　　(b) 正投影法

图 2－26 平行投影法

正投影法的投射线相互平行且垂直于投影面，如空间平面图形平行于投影面，其投影将反映该平面图形的真实形状和大小，且与平面图形距投影面的距离无关。因此，绘制机械图样主要采用正投影法，以下简称为投影。应当注意的是，对物体进行投射时，要将物体放在观察者与投影面之间，即始终要保持“人→物体→投影面”这种相对位置关系。

3. 三视图概念

用正投影法所得到的物体的投影图称为视图。规定：沿投射方向观察物体，可见的棱线的投影为实线，不可见的棱线的投影为虚线，实线与虚线重合时，画实线。

在图 2－27 中，3 个不同形状的物体，在同一个投影面上的视图相同。因此，如果不加其他说明，只根据一个视图不能确定物体的形状。要反映物体的完整形状，必须增加不同方向的视图，通常用三视图来表示。

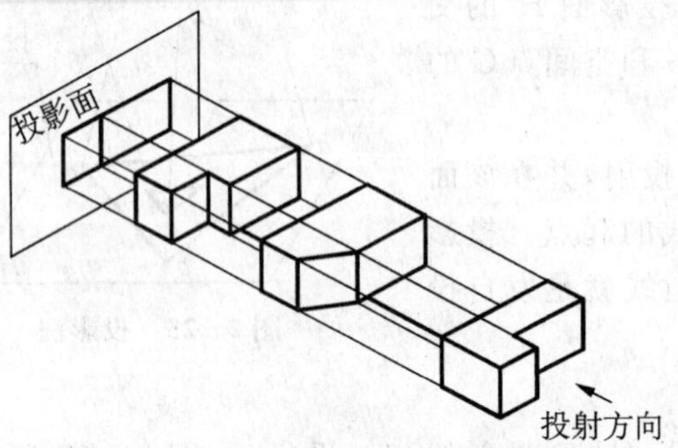

图 2－27 一个视图不能确定物体形状

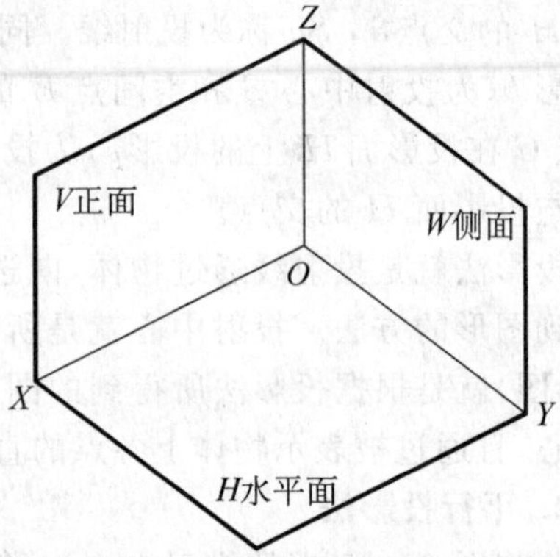

图 2－28 三投影面体系

三投影面体系是由 3 个相互垂直的投影面组成，如图 2－28 所示。3 个投影面分别为：正立投影面，简称正面，用 V 表示；水平投影面，简称水平面，用 H 表示；侧立投影面，简称侧面，用 W 表示。相互垂直的投影面之间的交线，称为投影轴。它们分别是：OX 轴（简称 X 轴），是 V 面与 H 面的交线，它代表物体的长度方向；OY 轴（简称 Y 轴），是 H 面与 W 面的交线，它代表物体的宽度方向；OZ 轴（简称 Z 轴），是 V 面与 W 面的交线，它代表物体的高度方向。三投影轴相互垂直，其交点 O 称为原点。

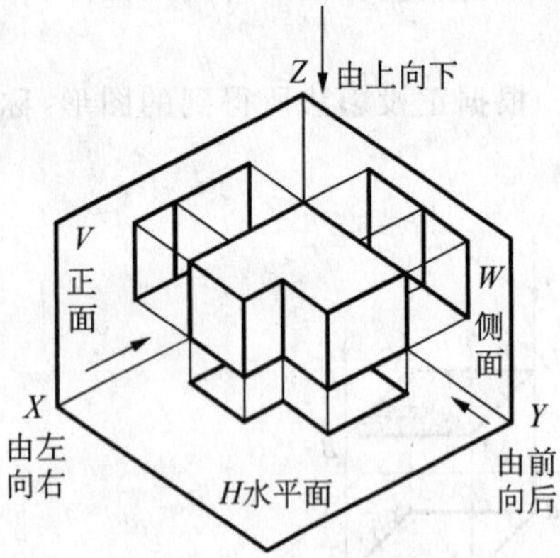

图 2－29 三面投影

将物体放置在三投影面体系中，按正投影法向各投影面投射，即可分别得到物体的正面投影、水平投影和侧面投影，如图 2－29 所示。

为了画图方便，需将相互垂直的 3 个投影面摊平在同一个平面上。规定：正立投影面不动，将水平投影面绕 OX 轴向下旋转 90°，将侧立投影面绕 OZ 轴向右旋转 90°，使三投影面共面（即图纸平面），如图 2－30 所示。应注意，水平投影面和侧立投影面旋转时，OY 轴被分为两处，分别用 OY_H（在 H 面上）和 OY_W（在 W 面上）表示。

物体在 V 面上的投影，也就是由前向后投射所得的视图，称为主视图；物体在 H 面上

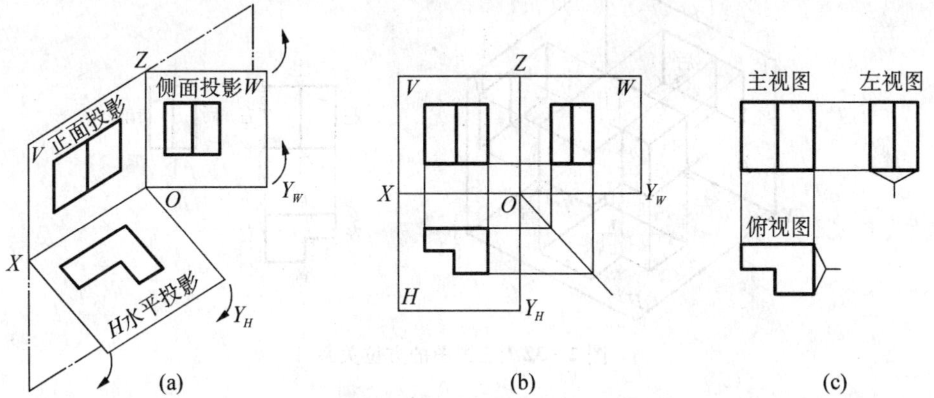

图 2-30　三视图的形成

的投影，也就是由上向下投射所得的视图，称为俯视图；物体在 W 面上的投影，也就是由左向右投射所得的视图，称为左视图。不用画出投影面的范围，因为它的大小与视图无关。

4. 三视图的投影规律

(1) 三视图间的位置关系　以主视图为准，俯视图在其正下方，左视图在其正右方，如图 2-30(c)所示。

(2) 三视图间的投影关系　从三视图的形成过程中可以看出，物体有长、宽、高 3 个方向尺度，但每个视图只能反映其中的两个，如图 2-31 所示。

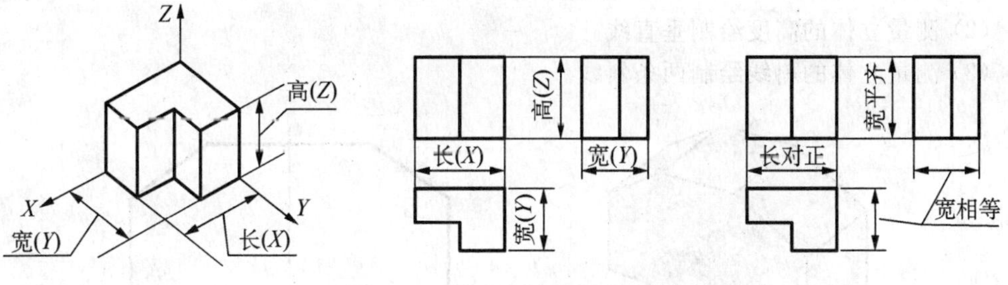

图 2-31　三视图的投影关系

主视图反映物体的长度(X 方向)和高度(Z 方向)，俯视图反映物体的长度(X 方向)和宽度(Y 方向)，左视图反映物体的宽度(Y 方向)和高度(Z 方向)。

由此可知，主视图与俯视图，长对正(等长)；主视图与左视图，高平齐(等高)；俯视图与左视图，宽相等(等宽)。在实际作图中，无论是整个物体还是物体的局部，其三面投影都必须符合"长对正、高平齐、宽相等"的"三等"规律。作图时，为了实现俯视图与左视图宽相等，可利用 45°辅助线来求得其对应关系。

(3) 视图与物体的方位关系　如图 2-32 所示，主视图反映物体的上、下和左、右，俯视图反映物体的左、右和前、后，左视图反映物体的上、下和前、后。

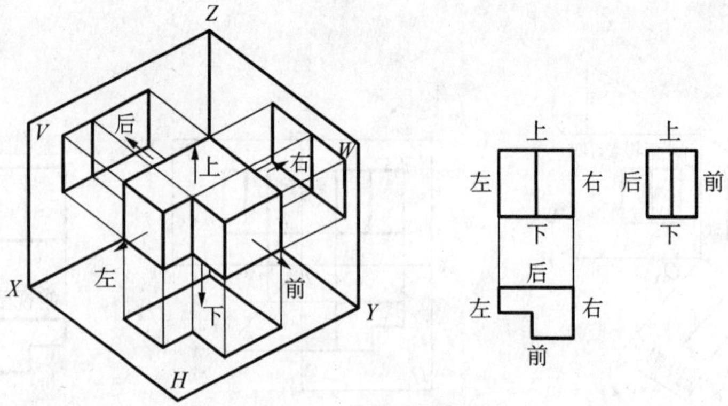

图 2-32　三视图的方位关系

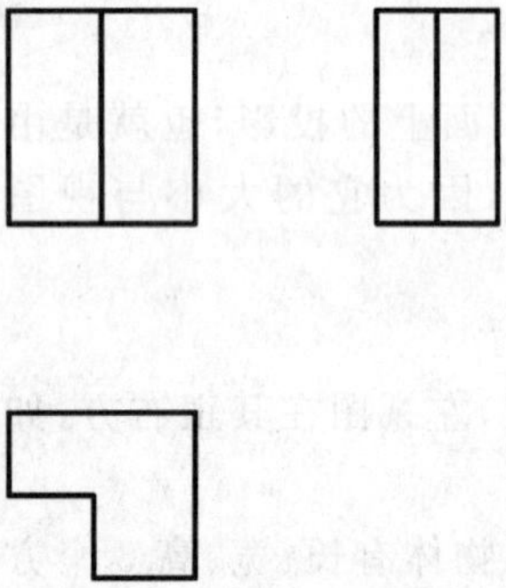

图 2-33　物体的三视图

【任务实施】

绘制图 2-24 立体的三视图，如图 2-33 所示。

(1) 按照投影规律绘制物体的三视图。

(2) 检查、擦去多余图线，按规定描深。

【拓展知识】

在汽车设计和生产过程中，需要绘制大量的图样，应简洁、准确地表示出物体的真实形状。例如，绘制图 2-34 立体的正投影图，如图 2-35 所示，步骤如下：

(1) 测量立体的长度绘制平行线。

(2) 测量立体的高度绘制垂直线。

(3) 测量立体的斜线绘制两条斜线。

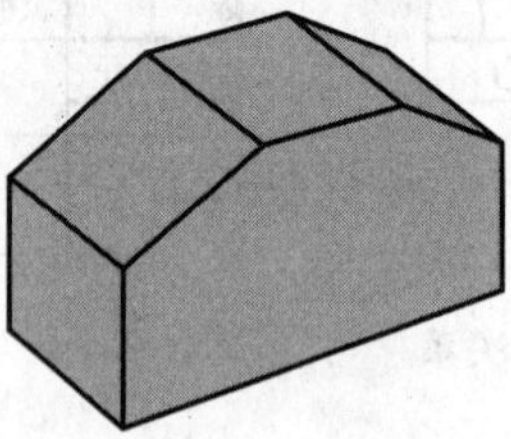

图 2-34　立体

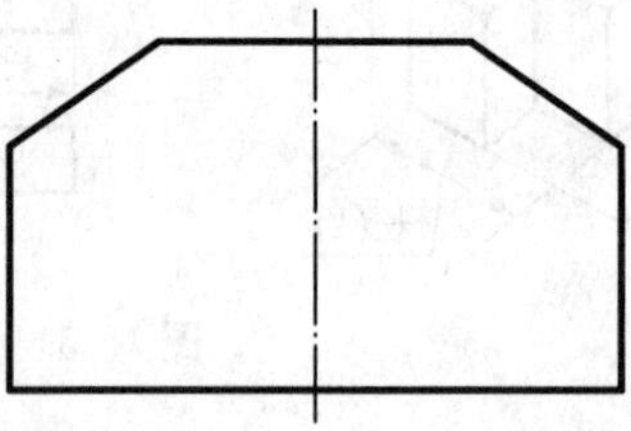

图 2-35　正投影图

【复习思考】

绘制下列物体的三视图。

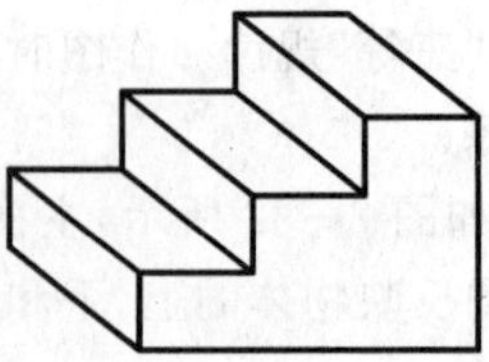

任务 2.3 作形体表面上点、线、面的投影

【任务导入】

绘制如图 2-36 所示立体的三视图,并分析其中点 S 的三面投影、直线的投影,并判断各表面的类型。

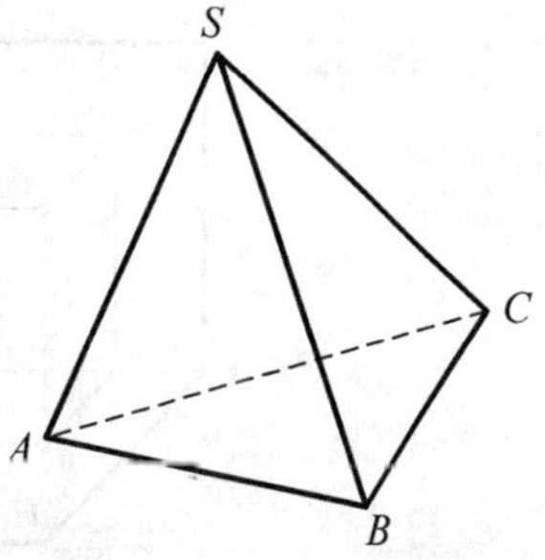

图 2-36 立体

【任务分析】

(1) 要读懂立体的三视图,然后分别在 3 个视图中找出 S 点的投影。

(2) 直线可以由线上的两点来确定,所以直线的投影就是点的投影。可以先求出直线上任意两点的投影,然后将点的同面投影连接,即为直线的投影。

(3) 要选定投影方向绘制三视图,然后按照各表面在三视图中的位置判断其类型。

【相关知识】

1. 点的投影特性

设在空间有一点 S,由该点分别向 H, V, W 面引垂线,则垂足 s, s', s''即为点 S 的三面投影,如图 2-37(a)所示。移去空间点 S,将投影面展开,即得点 S 的三面投影图,如图 2-37(b)所示。图中,s_X, s_Y(s_{Y_H}, s_{Y_W}), s_Z 分别为点的投影连线与投影轴 X, Y, Z 的交点。由此,可总结出点的投影规律。

(1) 点的两面投影的连线必定垂直于相应的投影轴,即 $ss' \perp OX$, $s's'' \perp OZ$, $ss_{Y_H} \perp OY_H$, $s''s_{Y_W} \perp OY_W$。

(2) 点的投影到投影轴的距离,等于空间点到对应投影面的距离,即:$s's_X = s''s_{YW} = Ss$, $ss_X = s''s_Z = Ss'$, $ss_{YH} = s's_Z = Ss''$。

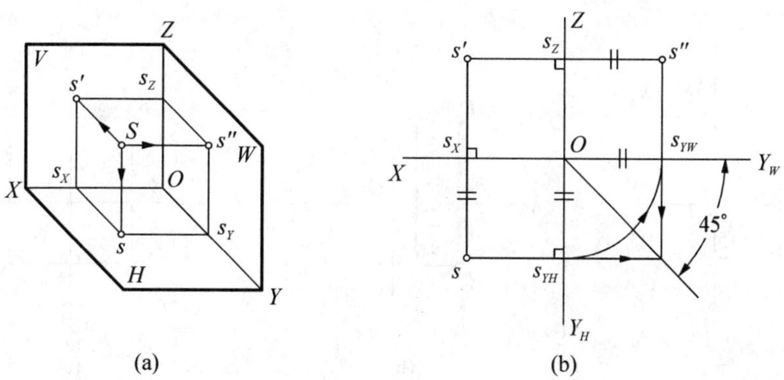

图 2-37 点的三面投影

点的空间位置可用直角坐标来表示，即把投影面当作坐标面，投影轴当作坐标轴，3 个轴的交点 O 即为坐标原点。从图 2-38 可以看出，空间点 A 到 W 面的距离 Aa'' 平行且等于 OX 轴上的线段 Oa_X。把 Oa_X 叫做 A 点的 X 方向坐标，并以 x 表示其大小。对其他两个方向作类似的推导，即可得出下面的坐标与距离的关系：$x=Oa_X=Aa''$，$y=Oa_Y=Aa'$，$z=Oa_Z=Aa$。

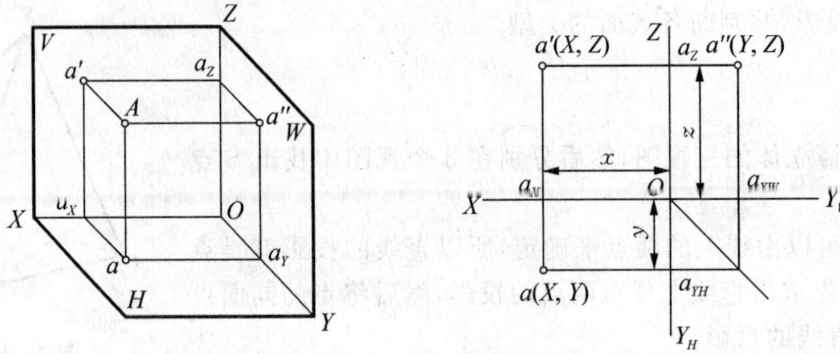

图 2-38 点的投影与直角坐标的关系

由此可见，空间点的位置可由点的坐标(X, Y, Z)确定，点的空间位置、点的投影与其坐标值是一一对应的。因此，可以直接从点的三面投影图中量得该点的坐标值。反之，根据所给定的点的坐标值，可按点的投影规律画出其三面投影图。

2. 点的投影举例

已知点 B(15, 10, 20)，求点 B 的三面投影图。

分析：由 B(15, 10, 20)可知，点 B 与 3 个投影面均有距离，即点 B 是既不在投影面上、也不在投影轴上的一般点。作图步骤如下：

(1) 画投影轴并标记，在 OX 轴上从 O 点向左量取 15，定出 b_X，如图 2-39 (a)所示。

(2) 过 b_X 作 X 轴的垂线，在此垂线上向下量取 10 得 b，向上量取 20 得 b'，如图 2-39 (b)所示。

(3) 由 b, b'再作出 b''，即得点 B 的三面投影图，如图 2-39 (c)所示。

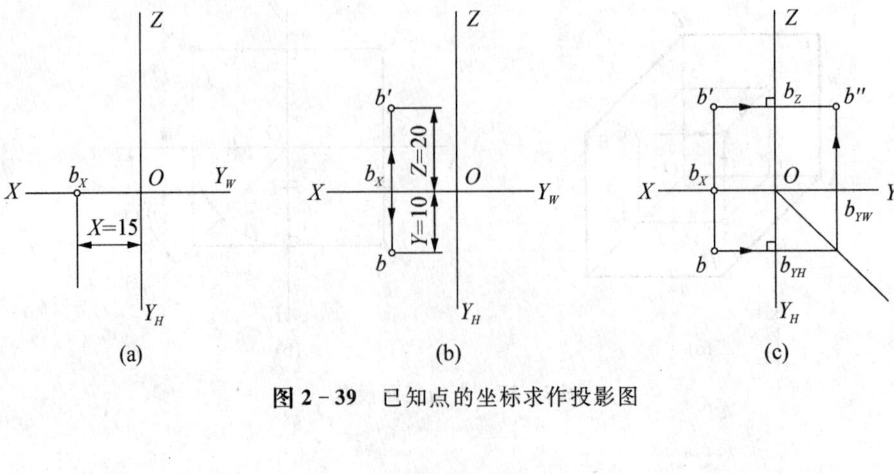

图 2-39 已知点的坐标求作投影图

3. 直线的投影特性

直线的投影一般仍是直线，如图 2－40(a)所示。特殊情况下，直线的投影可积聚成一点，这种性质称为积聚性。

根据直线的基本性质可知，两点确定一直线，把直线上两点的同面投影相连，便可得到直线的投影。由此，可得出求直线三面投影图的步骤。

(1) 求出直线两端点的三面投影，如图 2－40(b)所示。

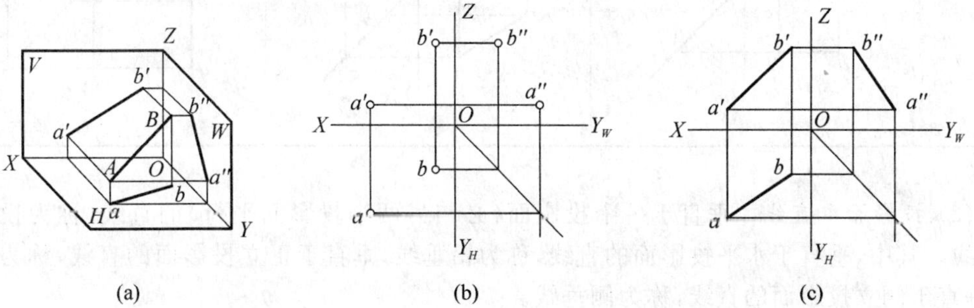

图 2－40　直线的三面投影

(2) 用直线连接两端点的各同面投影，即得直线三面投影，如图 2－40(c)所示。

根据直线相对投影面的位置不同，直线可分为 3 类：一般位置直线、投影面平行线、投影面垂直线。后两类统称为特殊位置直线。

4. 一般位置直线及其投影特性

对 3 个投影面都倾斜的直线，称为一般位置直线。在图 2－40(a)中，直线 *AB* 即是一般位置直线，因为直线段的两端点到各投影面的距离都不相等，所以它的三面投影都与投影轴倾斜，并且均小于线段的实长。

5. 特殊位置直线及其投影特性

(1) 投影面平行线　只平行于一个投影面(与另两个投影面倾斜)的直线，称为投影面平行线。其中，平行于水平投影面，而与另两个投影面倾斜的直线，称为水平线；只平行于正立投影面，而与另两个投影面倾斜的直线，称为正平线；只平行于侧立投影面，而与另两个投影面倾斜的直线，称为侧平线。

投影面平行线的投影特性是：在直线所平行的投影面上的投影，反映直线的实长；直线的另两个投影平行于相应的投影轴，且投影的长度缩短，见表 2－4。

表 2－4　投影面平行线的投影

名称	正平线(平行 *V*，倾斜 *H*，*W*)	水平线(平行 *H*，倾斜 *V*，*W*)	侧平线(平行 *W*，倾斜 *V*，*H*)
直观图	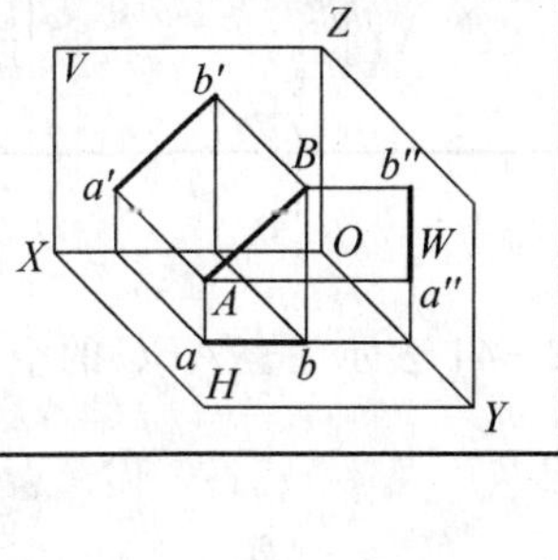	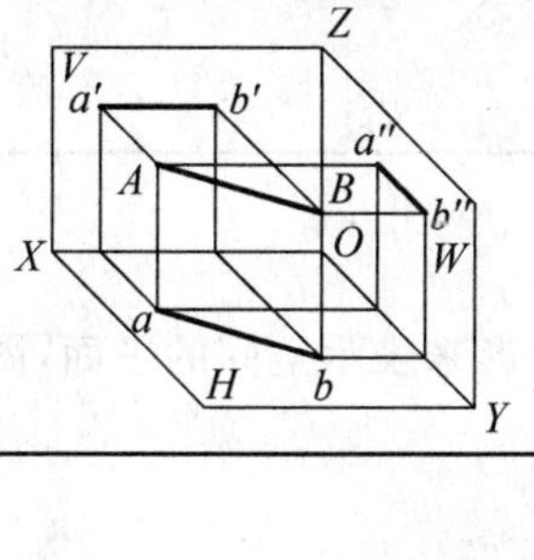	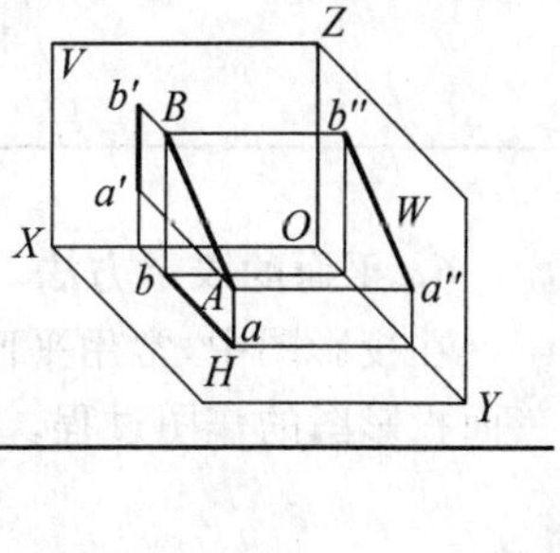

（续表）

名称	正平线（平行 V，倾斜 H，W）	水平线（平行 H，倾斜 V，W）	侧平线（平行 W，倾斜 V，H）
投影图	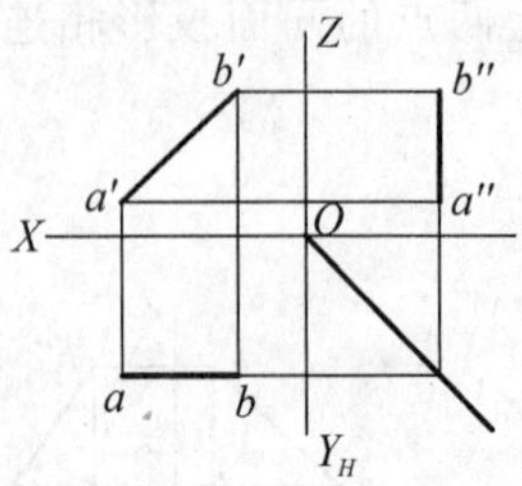	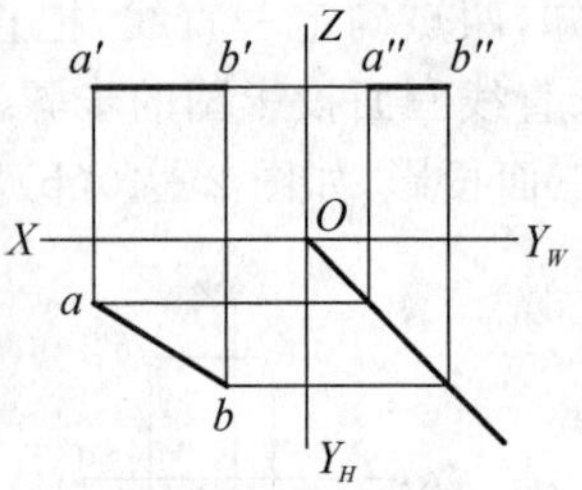	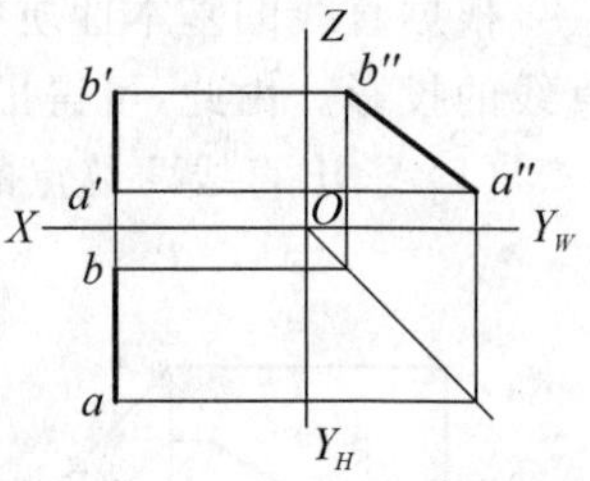

（2）投影面垂直线　垂直于一个投影面（必与另两个投影面平行）的直线，称为投影面垂直线。其中，垂直于水平投影面的直线，称为铅垂线；垂直于正立投影面的直线，称为正垂线；垂直于侧立投影面的直线，称为侧垂线。

投影面垂直线的投影特性是：在直线所垂直的投影面上，直线投影积聚为一点；直线的另两个投影平行于相应的投影轴，且投影反映实长，见表 2－5。

表 2－5　投影面垂直线的投影

名称	铅垂线（垂直 H，平行 V，W）	正垂线（垂直 V，平行 H，W）	侧垂线（垂直 W，平行 V，H）
直观图	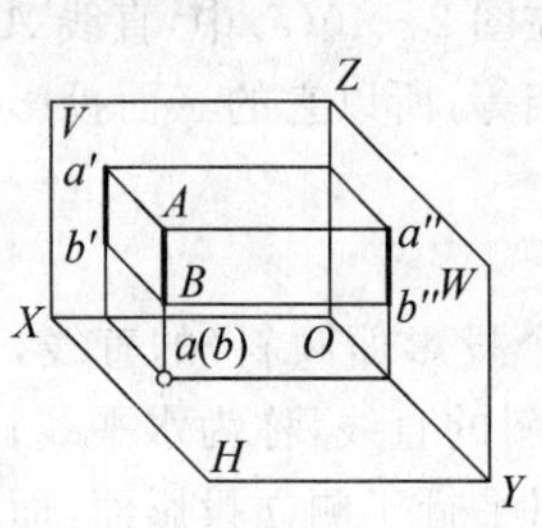	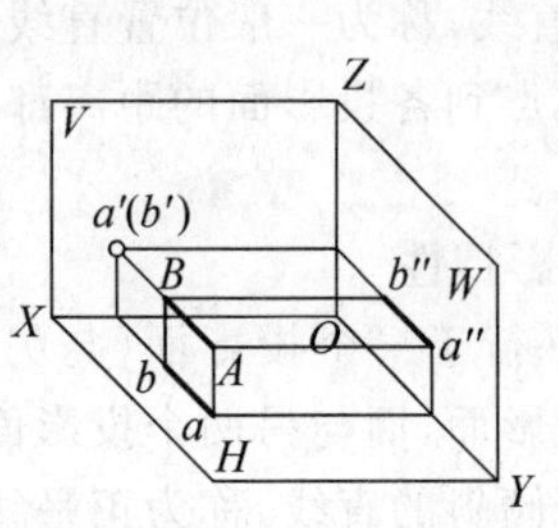	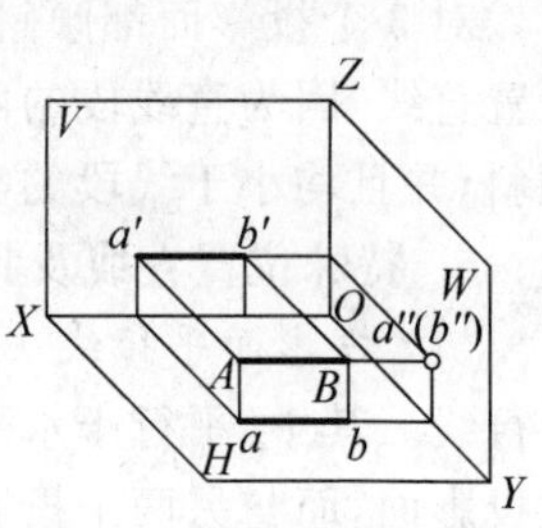
投影图	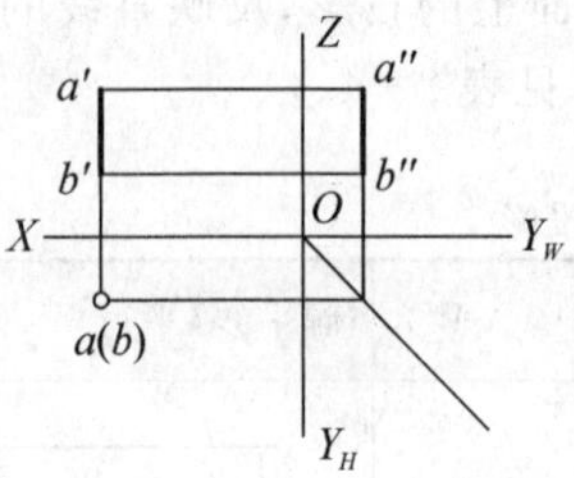	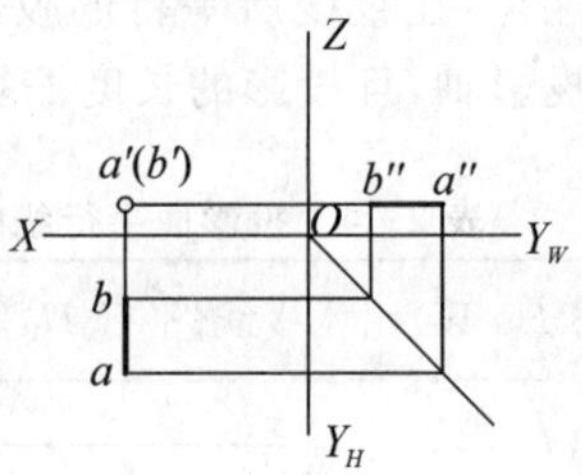	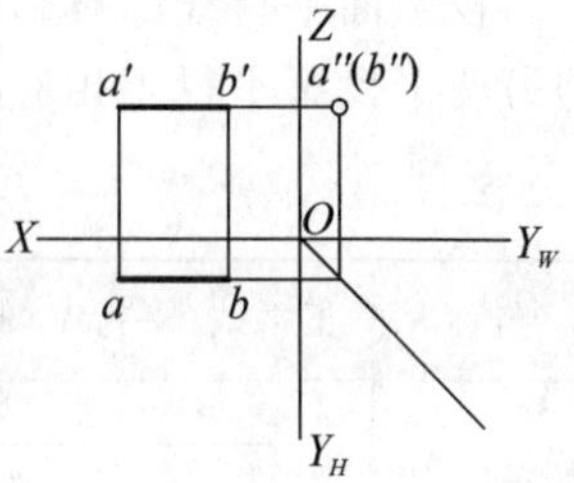

6. 平面的表示方法

在投影图中，常用平面图形来表示空间的平面，图 2－41 表示了△ABC 的空间情况及其三面投影图的作图过程。

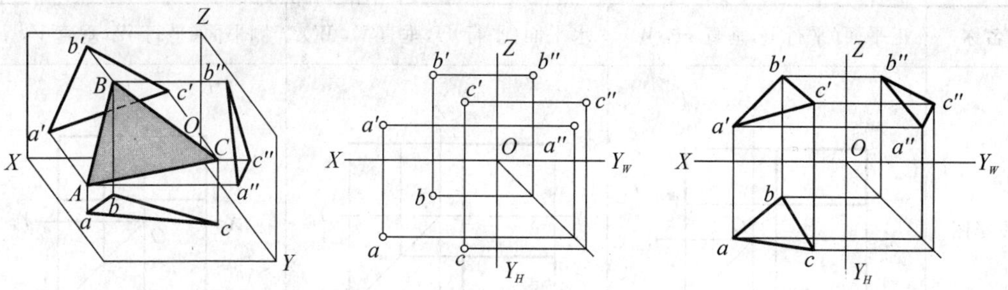

图 2-41 平面投影图的作法

7. 一般位置平面及其投影特性

由于一般位置平面对 3 个投影面都倾斜，所以它的三面投影都不可能积聚成直线，也不可能反映实形，而是小于原平面图形的类似形，如图 2-42 所示。

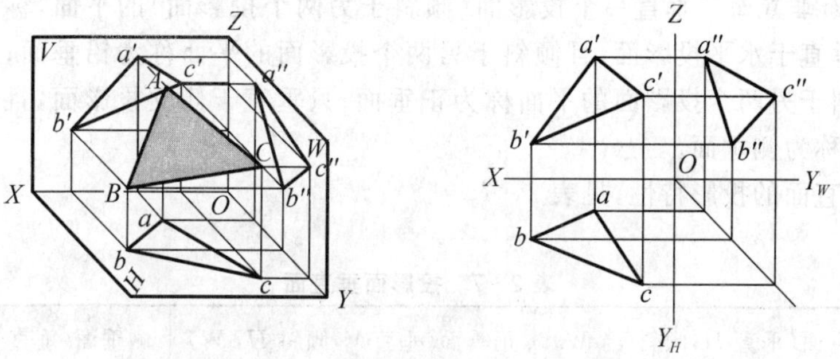

图 2-42 一般位置平面

8. 特殊位置平面及其投影特性

(1) 投影面平行面 平行于一个投影面（必同时垂直于另两个投影面）的平面，称为投影面平行面。其中，平行于水平投影面的平面，称为水平面；平行于正立投影面的平面，称为正平面；平行于侧立投影面的平面，称为侧平面。

投影面平行面的投影特性，见表 2-6。

表 2-6 投影面平行面

名称	正平面（平行 *V*，垂直 *H*，*W*）	水平面（平行 *H*，垂直 *V*，*W*）	侧平面（平行 *W*，垂直 *V*，*H*）
直观图	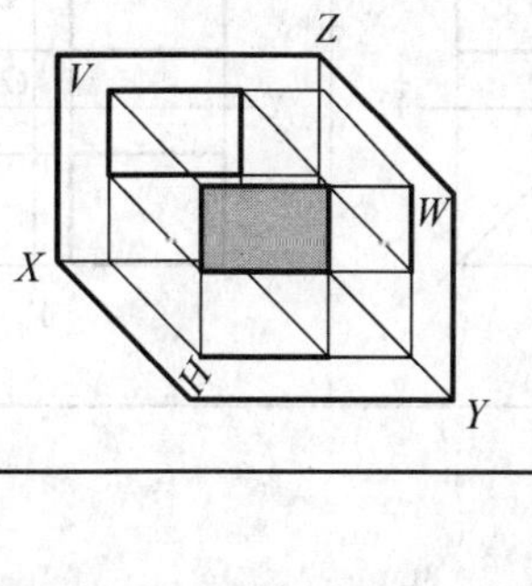	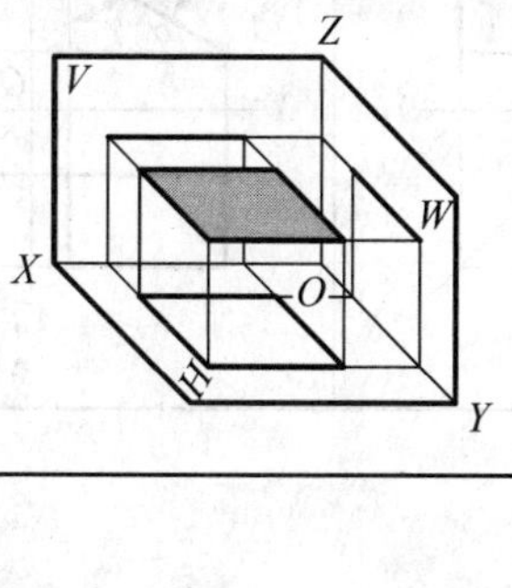	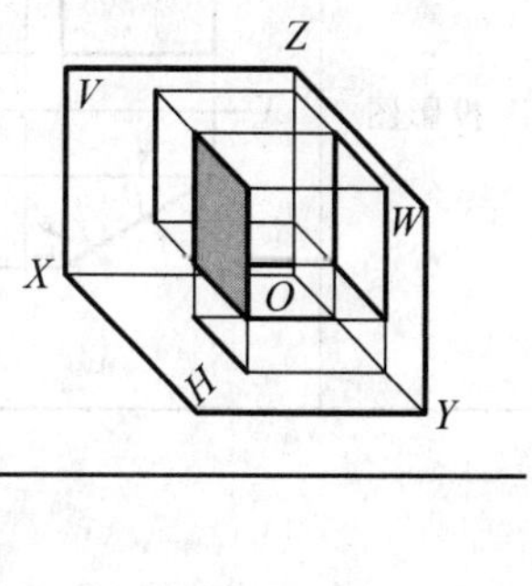

（续表）

名称	正平面（平行 V，垂直 H，W）	水平面（平行 H，垂直 V，W）	侧平面（平行 W，垂直 V，H）
投影图	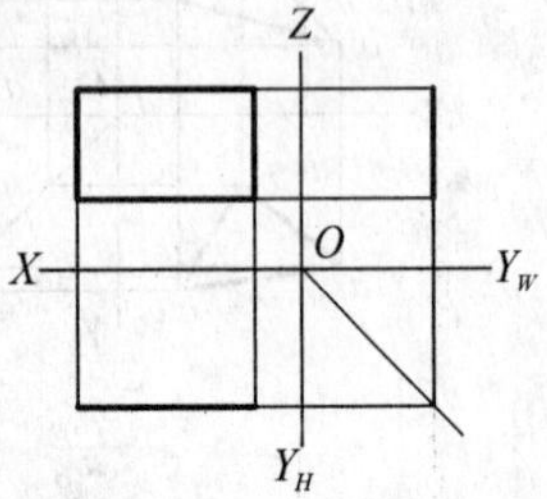	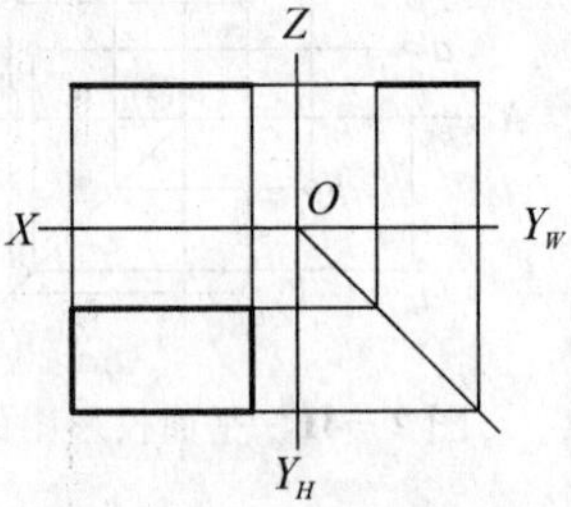	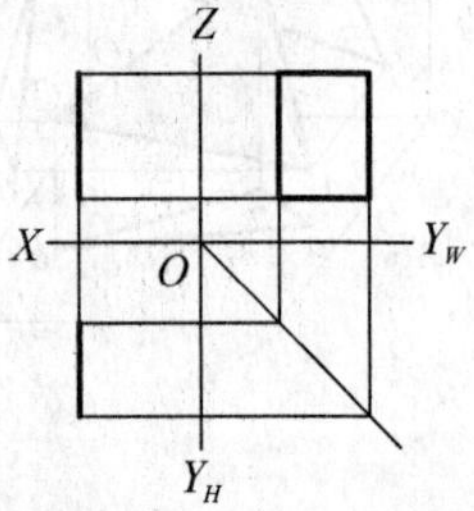

① 平面在所平行的投影面上的投影反映实形。

② 平面的其他两面投影均积聚成一条直线，且平行于相应的投影轴。

（2）**投影面垂直面**　垂直一个投影面（倾斜于另两个投影面）的平面，称为投影面垂直面。其中，只垂直于水平投影面，且倾斜于另两个投影面的平面称为铅垂面；只垂直于正立投影面，且倾斜于另两个投影面的平面称为正垂面；只垂直于侧立投影面，且倾斜于另两个投影面的平面称为侧垂面。

投影面垂直面的投影特性，见表 2－7。

表 2－7　投影面垂直面

名称	铅垂面（垂直 H，倾斜 V，W）	正垂面（垂直 V，倾斜 H，W）	侧垂面（垂直 W，倾斜 V，H）
直观图	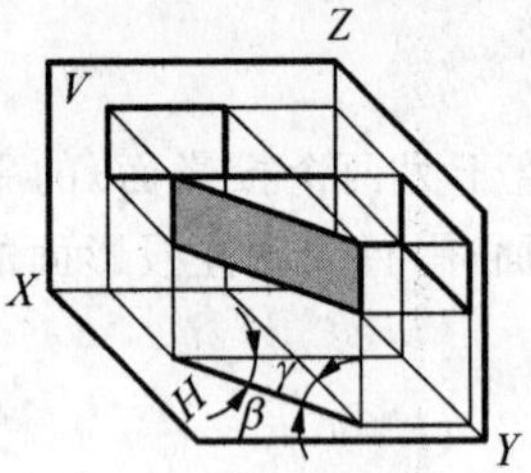	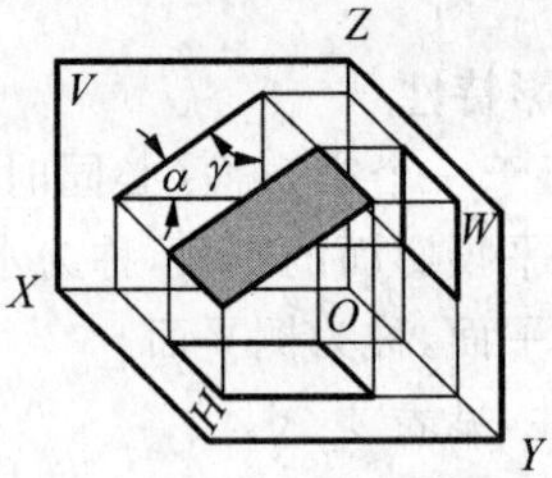	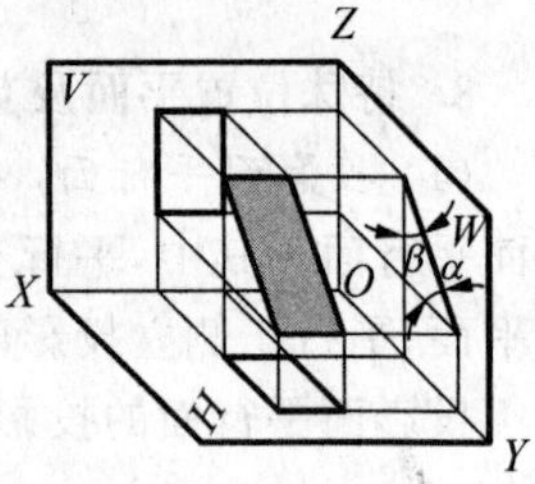
投影图	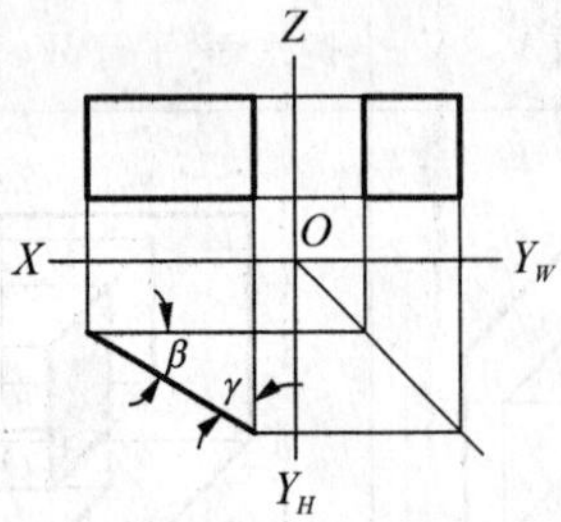	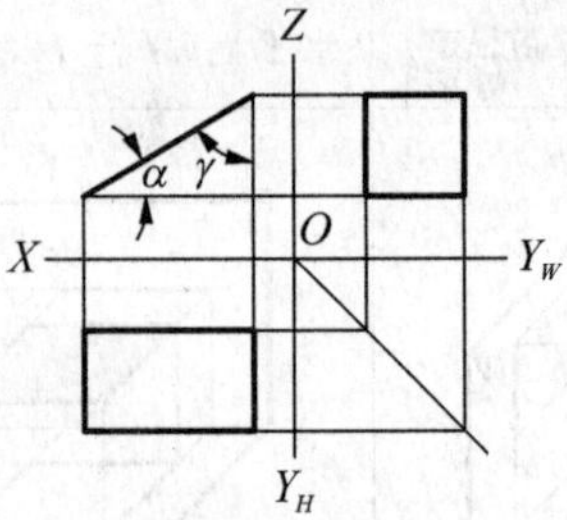	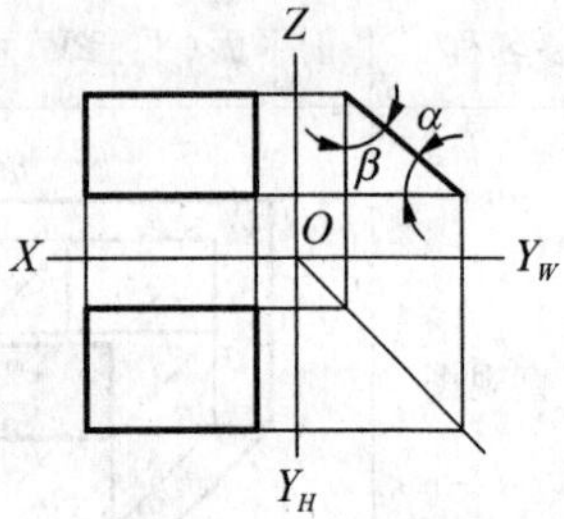

① 平面在所垂直的投影面上的投影，积聚成一条与投影轴倾斜的直线。

② 平面的其他两面投影，均为比原形小的类似形。

【任务实施】

绘制立体三视图，如图 2-43 所示。

(1) 标注出顶点 S 的三面投影。

(2) 判别各直线的名称：SA 为一般位置直线，SB 为侧平线，SC 为一般位置直线，AB 为水平线，BC 为水平线，CA 为侧垂线。

(3) 判别各平面的名称：SAB 为一般位置平面，SBC 为一般位置平面，SAC 为侧垂面，ABC 为水平面。

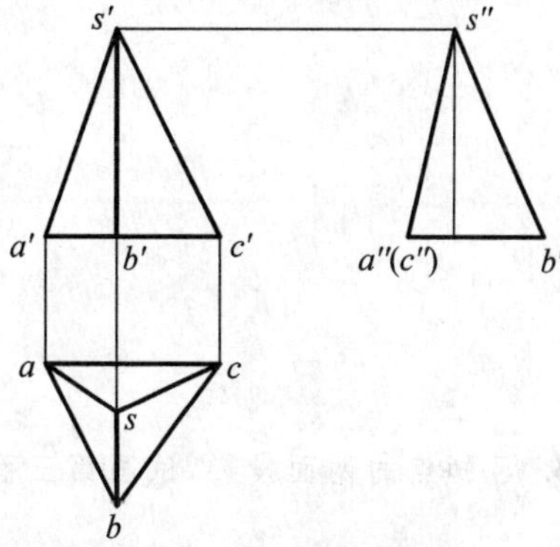

图 2-43　立体的三视图

【拓展知识】

正投影的基本特性

(1) 实形性　当线段或平面图形平行于投影面时，其投影反映实长或实形。

(2) 积聚性　当直线或平面平行于投影线时（垂直于投影面），其投影积聚为一点或直线。

(3) 类似性　当直线或平面既不平行于投影面，又不平行于投影线时，其投影小于实长或实形，但与原形类似。

(4) 平行性　互相平行的两直线在同一投影面上的投影保持平行。

(5) 从属性　若点在直线上，则点的投影必在直线的投影上。

(6) 定比性　直线上两线段长度之比等于该两线段投影的长度之比。两平行线段的长度之比等于它们的投影长度之比。

【复习思考】

作图题

1. 已知各点的坐标值，求作三面投影图。

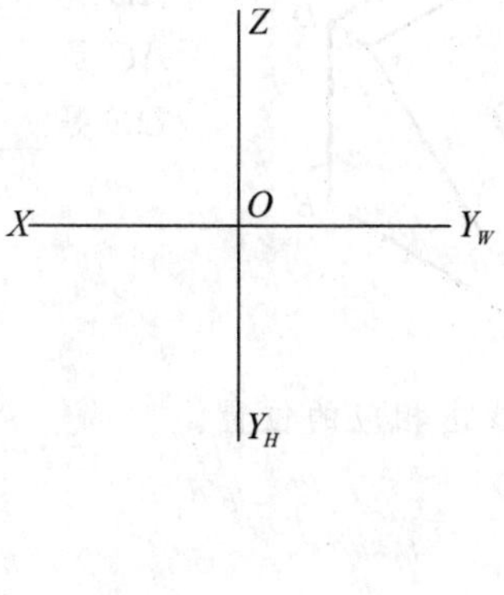

	X	Y	Z
A	10	15	5
B	20	10	20

2. 求作线段 AB 在 W 投影面上的投影。

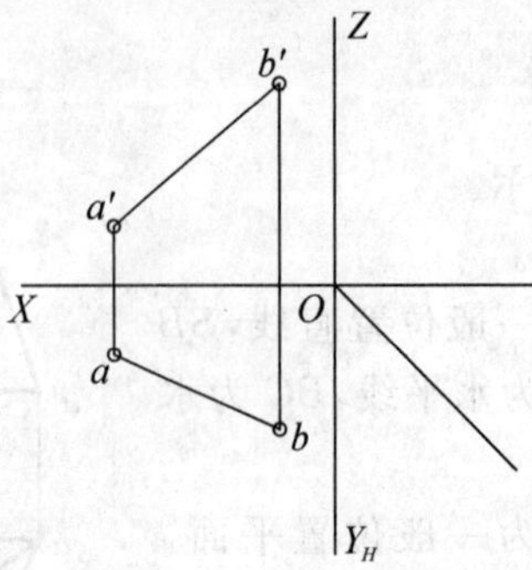

3. 已知点的两面投影，试画第三面投影。

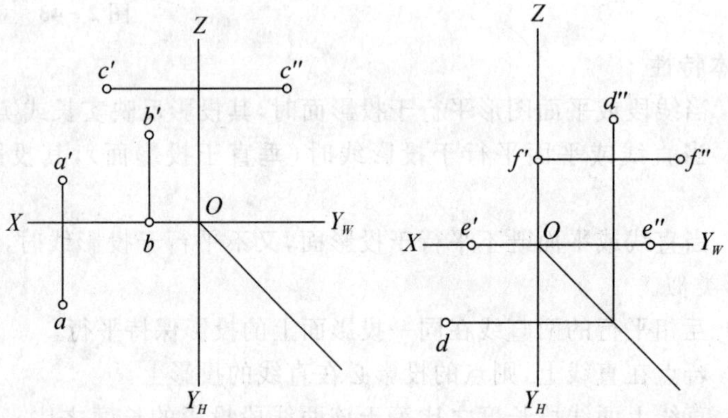

4. 根据立体图上指定的直线，在三面投影图上找出投影，并判断其空间位置。

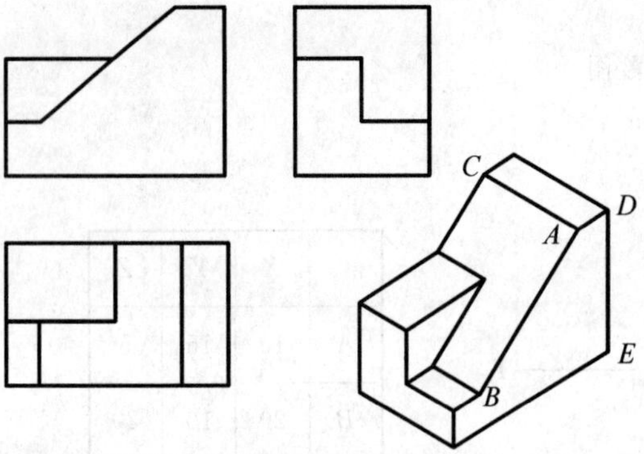

AB 是________线

AD 是________线

AC 是________线

DE 是________线

5. 根据立体图上指出的各表面，在投影图上找出相应的位置。

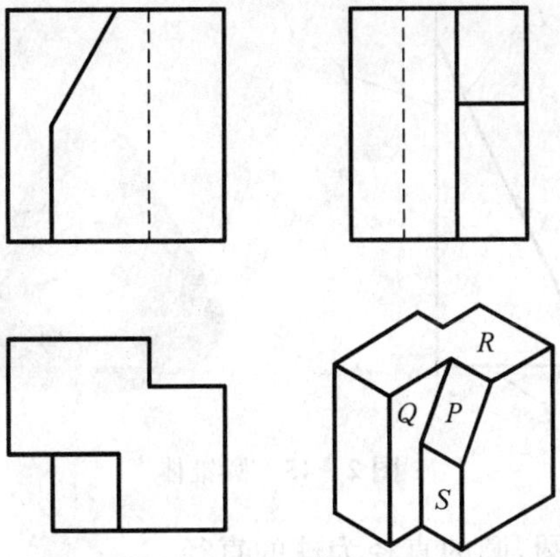

P 面是________面，*R* 面是________面，
Q 面是________面，*S* 面是________面。

任务 2.4　绘制基本几何体的三视图

【任务导入】

绘制正六棱柱、正三棱锥、圆柱体、圆锥体、球的三视图。

【任务分析】

(1) 如图 2-44(a)所示的六棱柱，其两底面为水平面，前、后两侧面为正平面，其余 4 个侧面是铅垂面。

(2) 如图 2-44(b)所示的三棱锥，其底面 *ABC* 为水平面，在 3 个侧锥面中，一个是侧垂面，另外两个是一般位置平面。

(3) 圆柱体轴线垂直于水平面，如图 2-44(c)所示，则上、下两圆面平行于水平面。

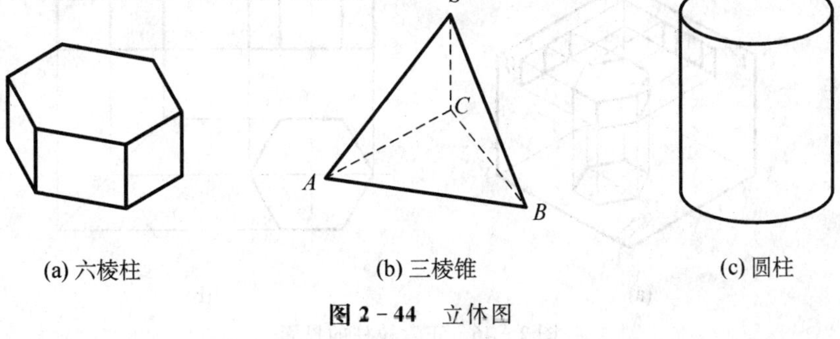

(a) 六棱柱　　(b) 三棱锥　　(c) 圆柱

图 2-44　立体图

(4) 如图 2-45 所示，圆锥可看成由直线段 L, L_1 和 L_2 组成的三角形绕边线 L 旋转一周形成。其中，L_1 旋转形成圆锥面，L_2 旋转形成底面，直线 L 称为回转轴或轴线。

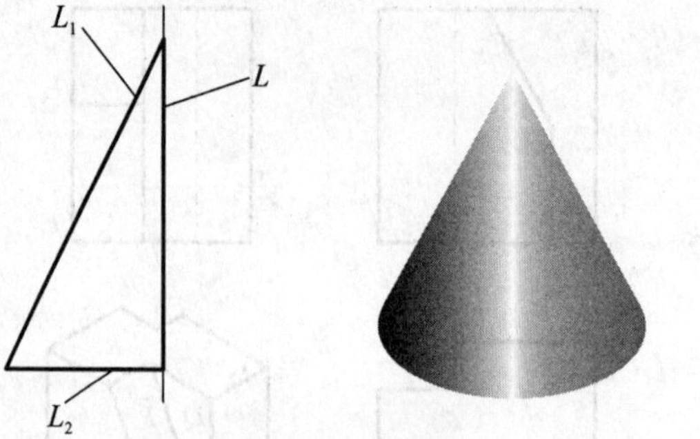

图 2-45　圆锥体

(5) 球的 3 个视图均为圆，圆的直径为球的直径。

【相关知识】

在日常生活、生产中，常有一些形状简单，又有规则的物体，称为基本几何体，如圆柱、圆锥、圆台、球等形体都是基本几何体。熟练掌握基本几何体的投影特征，是绘制和识读较复杂形体三视图的基础。基本几何体按其表面形状的不同，可分为平面体和曲面体两类。平面体是指表面完全由平面构成的几何体，如棱柱、棱锥、棱台等；曲面体是指由曲面或曲面和平面构成的几何体，如圆柱、圆锥、圆台、球等。

【任务实施】

1. 正六棱柱的投影

图 2-46 所示是一个正六棱柱的立体图和投影图。其上、下底面都是水平面，上、下底面的水平投影重合并反映实形，正面投影和侧面投影积聚成平行于相应投影轴的直线。六棱柱有 6 个侧棱面，如图 2-46(a)所示，前、后两个棱面为正平面，它们的正面投影重合并反映实形，水平投影和侧面投影积聚成一段平行相应投影轴的直线，其余 4 个棱面都是铅垂面，其水平投影分别积聚成倾斜直线，正面投影和侧面投影都是缩小的类似形。将其上、下底面及 6 个侧棱面的投影画出后，即得正六棱柱的三面投影，如图 2-46(b)所示。

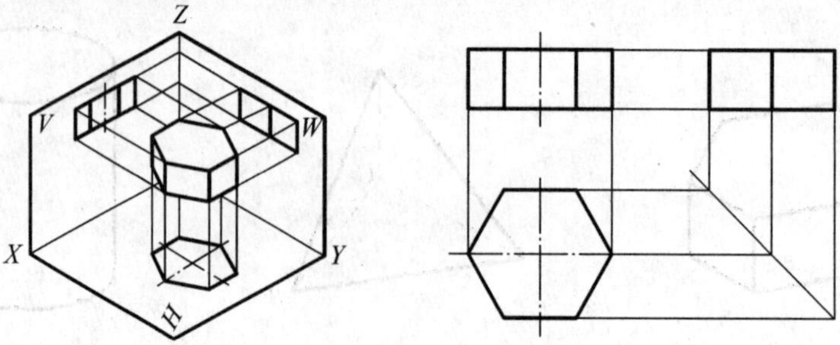

(a)　　　　(b)

图 2-46　正六棱柱的投影

画棱柱的投影时，一般先画上、下底面的 3 个投影；然后，将上、下底面对应顶点的同面投影连接起来，即为该棱线的投影；最后判别棱线的投影的可见性。如果棱线是两个不可见棱面的交线，则该棱线投影为不可见，画成虚线。

2. 三棱锥的投影

图 2-47 所示是一个三棱锥的立体图和投影图。其底面是水平面，水平投影反映实形，正面投影和侧面投影则积聚成平行于相应投影轴的直线。三棱锥有 3 个侧棱面，左、右两个棱面为一般位置面，它们的 3 个投影为棱面图形的类似形；后方的棱面为侧垂面，侧面投影积聚成一段直线，水平投影和正面投影为该棱面图形的类似形。棱面与棱面、棱面与底面的交线为三棱锥的棱线。前方两棱面遮住后方棱面，因此正面投影的后方棱面为不可见。将其底面及 3 个侧棱面的投影画出后，可得三棱锥的三面投影。

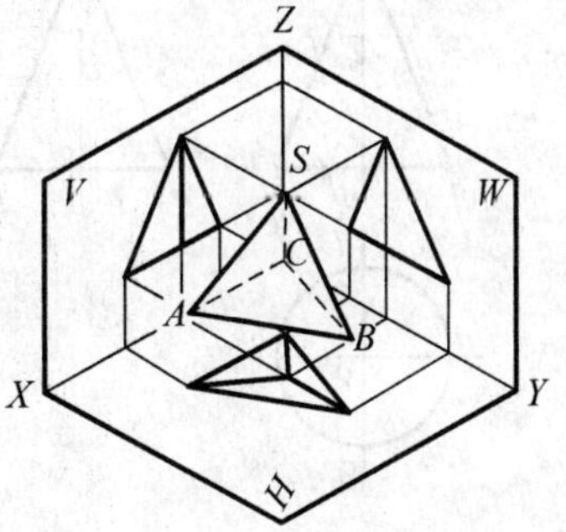

(a) 立体图

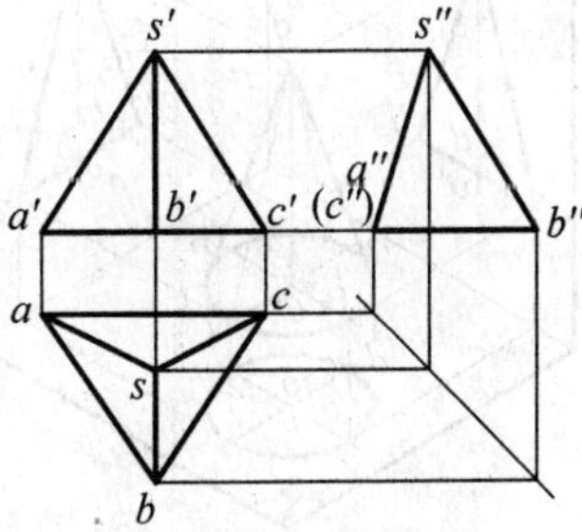

(b) 投影图

图 2-47　三棱锥的投影

画棱锥的投影图时，一般先画底面的 3 个投影；再画出锥顶点的 3 个投影；然后，将锥顶点与底面对应顶点的同面投影连接起来，即为棱线的投影。

3. 圆柱的投影

图 2-48 所示为圆柱体的三视图。按图中位置放置，圆柱上、下底面为水平面，其水平投影反映实形，正面投影和侧面投影积聚为直线。由于该圆柱轴线为铅垂线，因而圆柱面上的所有素线均为铅垂线。圆柱的主视图和左视图为全等的矩形线框。其中，主视图左、右两侧的轮廓线为圆柱面上最左和最右两条素线的投影，而左视图中的两侧轮廓线则是圆柱面上最前和最后素线的投影。上述 4 条线统称为轮廓素线。

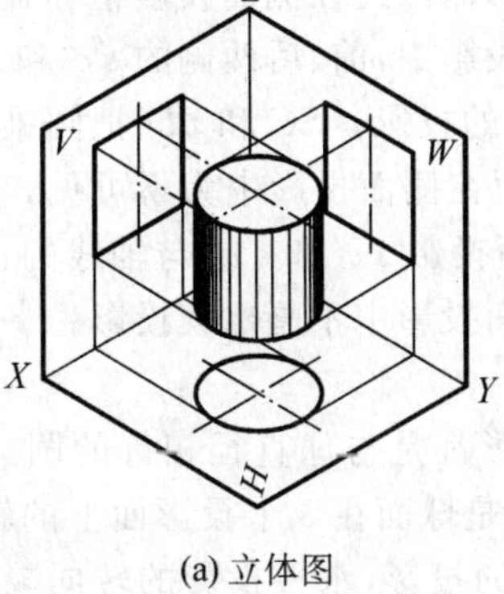

(a) 立体图

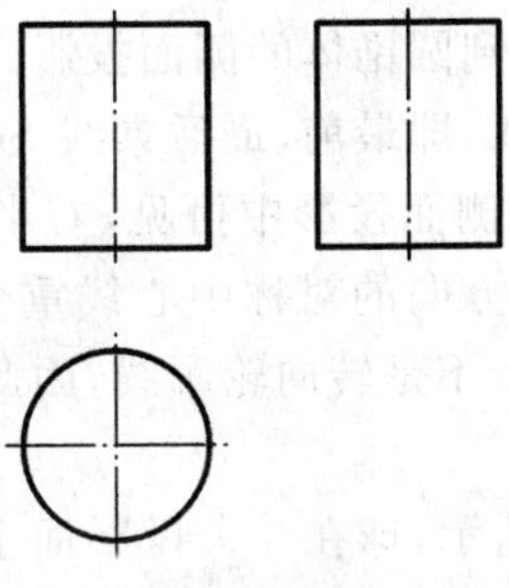
(b) 投影图

图 2-48　圆柱的投影

画圆柱的三视图时，一般先画投影为积聚性的圆，再按其高度和投影规律完成另外两个视图。

4. 圆锥的投影

如图 2-49(a)所示，当圆锥的轴线为铅垂线时，底面处于水平，底面水平投影反映底圆的实形，正面投影、侧面投影分别积聚成直线段，长度等于圆的直径。

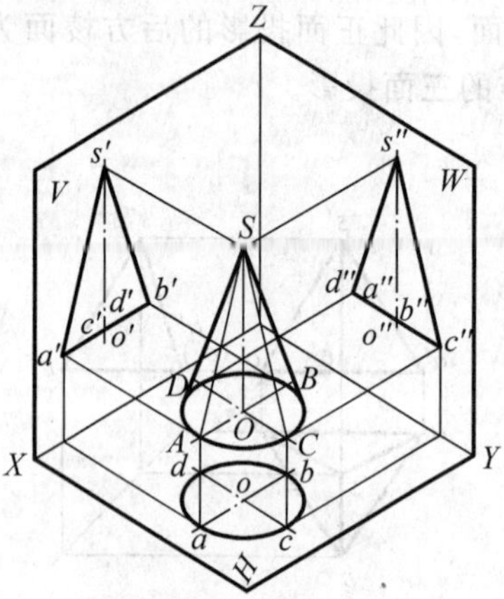

(a) 立体图

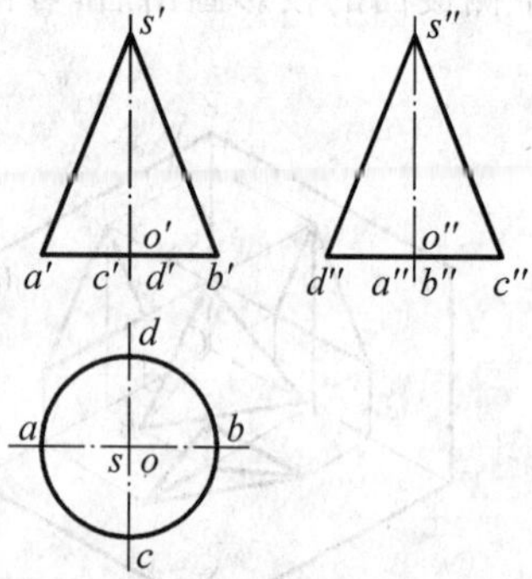

(b) 投影图

图 2-49　圆锥的投影

在水平投影中，用点画线画出对称中心线。对称中心线的交点是轴线的水平投影，也是锥顶 S 的水平投影 s。以对称中心线的交点为圆心，底圆半径长为半径画圆，即为圆锥的水平投影。

在正面投影中，用点画线画出轴线的正面投影，底面的投影积聚成垂直于轴线投影的直线段，其长度等于底圆的直径。根据圆锥高度，在轴线上确定锥顶的正面投影 s'，画出正面投影的转向轮廓线 $s'a'$ 和 $s'b'$，即最左、最右素线 SA，SB 的投影。SA，SB 把圆锥面分为前、后两部分。前半圆锥面在正面投影中为可见，后半圆锥面在正面投影中为不可见。它们的水平投影 sa 和 sb 与圆的水平方向的对称中心线重合，侧面投影 $s''a''$ 和 $s''b''$ 与轴线的侧面投影重合。由于它们的侧面投影不是转向轮廓线，因此在侧面投影中不画出其投影。

同理，可以得到圆锥体的侧面投影。侧面投影中，前、后两侧的 $s''c''$ 和 $s''d''$ 是圆锥面侧面投影的转向轮廓线，即最前、最后素线 SC，SD 的投影。SC 和 SD 把圆锥面分为左、右两部分，左半圆锥面在侧面投影中可见，右半圆锥面在侧面投影中为不可见；它们的水平投影 sc 和 sd 与圆的竖直方向的对称中心线重合，正面投影 $s'c'$ 和 $s'd'$ 与轴线的正面投影重合。由于它们的正面投影不是转向轮廓线，因此在正面投影中不画出其投影。

5. 球的投影

如图 2-50 所示，球在 3 个投影面上的投影都是与球直径相等的圆。虽然 3 个投影的形状与大小都一样，但实际意义不同，它们分别是球面在 3 个投影面上的转向轮廓线。正面投影的转向轮廓线是前、后半球面的分界圆 A 的投影，水平投影的转向轮廓线是上、下半球面的分界圆 C 的投影，侧面投影的转向轮廓线是左、右半球面的分界圆 B 的投影。圆 A，B，

C是球面上平行于侧面投影面的最大圆。

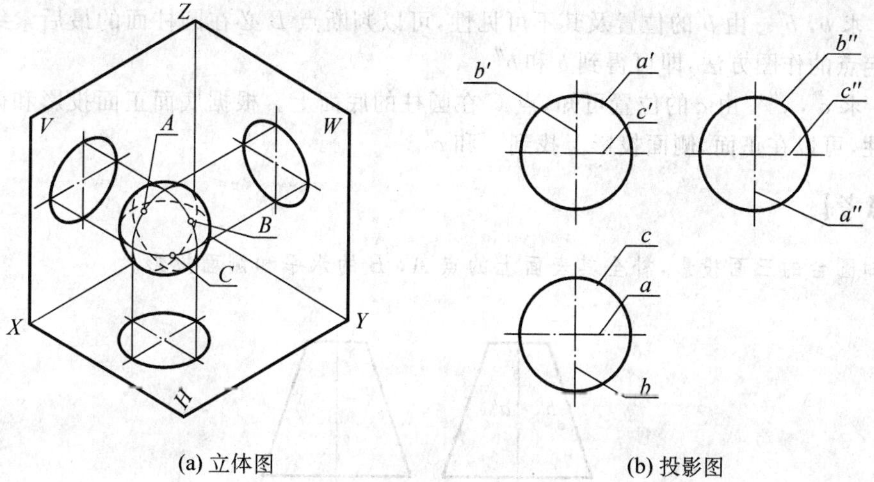

(a) 立体图　　(b) 投影图

图 2－50　球的投影

【拓展知识】

圆柱表面上点的投影

如图 2－51(a)所示，已知圆柱表面上的点 A，B 及 C 的一个投影，求它们的另外两个投影。

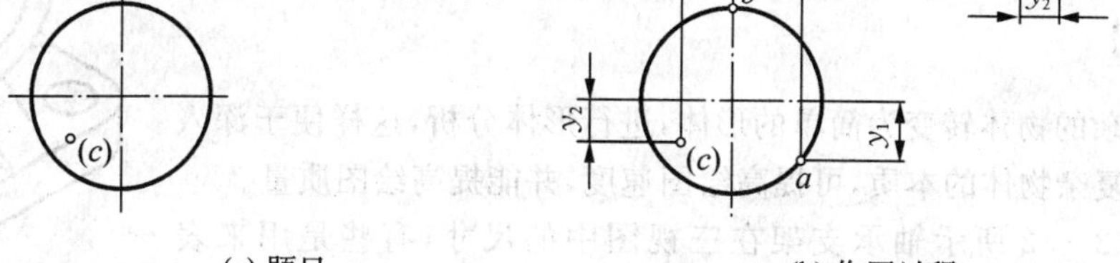

(a) 题目　　(b) 作图过程

图 2－51　圆柱表面取点

分析：由于圆柱的轴线为铅垂线，圆柱体的柱表面在水平面上的投影具有积聚性，而上顶面和下底面的正面投影与侧面投影具有积聚性。在圆柱表面上取点时，可利用这些积聚性作图。

如图 2－51(b)所示，作图步骤如下。

(1) 求 a，a'　由 a''的位置及其不可见性可以判断点 A 在圆柱面的右前部位，其水平投影也必积聚在右前部的 1/4 圆周上，并根据投影关系，宽相等先求出 a，然后根据高平齐、长对正的投影关系由 a，a''求出a'。

(2) 求 b，b''　由 b'的位置及其不可见性，可以判断点 B 必在圆柱面的最后素线上。根据线上定点的作图方法，即可得到 b 和 b''。

(3) 求 c'，c''　由 c 的位置可知，点 C 在圆柱的底面上。根据底面正面投影和侧面投影的积聚性，可以在正面、侧面投影上找到 c'和 c''。

【复习思考】

已知圆台的三面投影，补全其表面上的点 A，B 的水平和侧面投影。

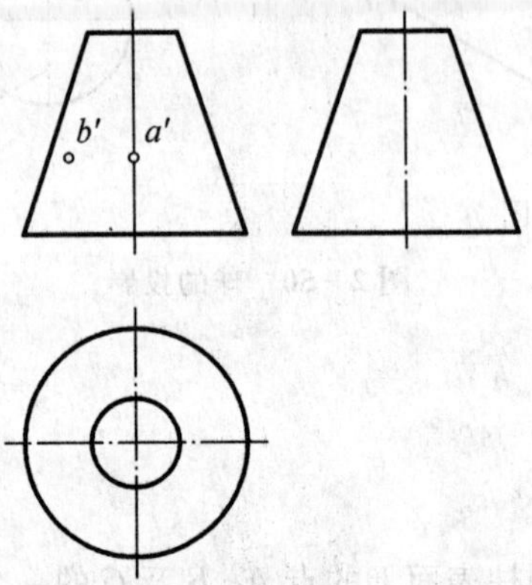

任务 2.5　绘制组合体三视图并标注尺寸

【任务导入】

图 2－52 所示为轴承支架，绘制三视图，并在其三视图上标注尺寸。

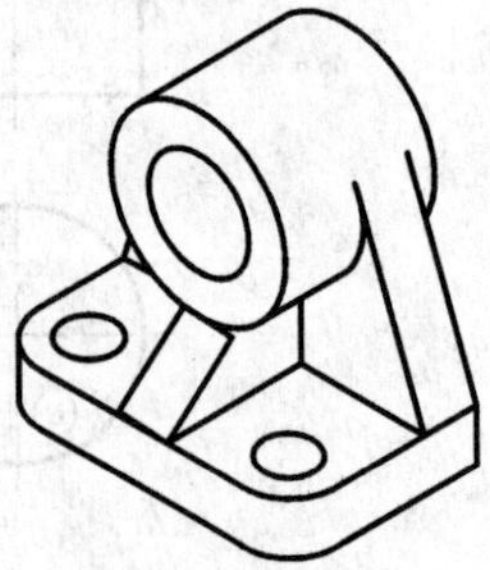
图 2－52　轴承支架

【任务分析】

可把复杂的物体转变为简单的形体，进行形体分析，这样便于深入分析和理解复杂物体的本质，可提高绘图速度，并能提高绘图质量。

对于图 2－52 所示轴承支架在三视图中的尺寸，有些是用来表示物体某一部分形状大小的，有些则是用来表示物体上不同部分之间位置关系的。

【相关知识】

1. 画图步骤

(1) 画各个视图的作图基准线　通常，选组合体中投影有积聚性的对称面、底面(上或下)、端面(左、右、前、后)或回转轴线、对称中心线作为画各视图的基准线。

(2) 按形体分析画各个基本形体的三视图 为了快速而准确地画出组合体的三视图，画底稿时还应注意：

① 按形体分析，可先下、后上、再中间地逐一画出每个基本形体的三视图，这样有利于保持投影关系，提高作图的准确性和作图效率。

② 每个形体应先从具有积聚性或反映实形的视图开始，然后画其他投影，并且3个视图最好同时进行绘制，可以避免漏线、多线，确保投影关系正确和提高绘图速度。

③ 注意各形体之间表面的联结关系。

④ 要注意各形体间内部融为整体部分，绘图时不应该将形体间融为整体而不存在的轮廓线画出。

(3) 检查、描深 用细实线画完的底稿要特别注意检查各基本形体表面间的联结、相交、相切等关系的处理，是否符合投影原则。检查无误后，擦去多余底稿线，按机械制图的线型标准描深。

2. 尺寸标注

(1) 标注尺寸注意 标注组合体尺寸时，应该确定尺寸基准，即确定标注尺寸的起点。在三维空间中，应有长、宽、高3个方向的尺寸基准。

(2) 基本几何体的尺寸注法 长方体、棱柱、棱锥、圆柱、圆锥、球等都是常见的基本体，图2-53所示表示了这些基本体的尺寸注法。在标注基本体的尺寸时，要注意定出长、宽、高3个方向的尺寸。例如，长方体必需标注长、宽、高3个尺寸，正六棱柱应该注高度及正六边形对边距离(或对角距离)，四棱台应标注上、下底面的长、宽及高度尺寸，圆柱体应标注直径及轴向长度，圆锥台应该标注两底圆直径及轴向长度，球只需标注一个直径。圆柱、圆锥、球等回转体标注尺寸后，还可以减少视图的数量。

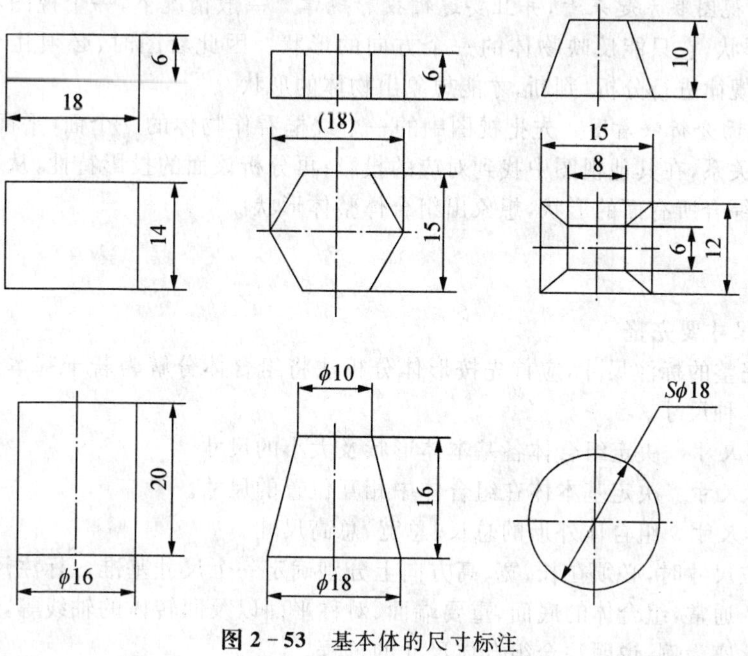

图2-53 基本体的尺寸标注

(3) 切割体和相贯体的尺寸注法　基本几何体切割(或两基本形体相贯)后,除了需标注基本几何体的尺寸大小外,还应标注截平面(或相贯的两形体之间)的定位尺寸,不应标注截交线(或相贯线)的大小尺寸,如图 2－54 所示。因为截平面与几何体(或相贯的两形体)的位置确定之后,截交线(或相贯线)的形状和大小就确定了,若再注其尺寸,即属错误尺寸。

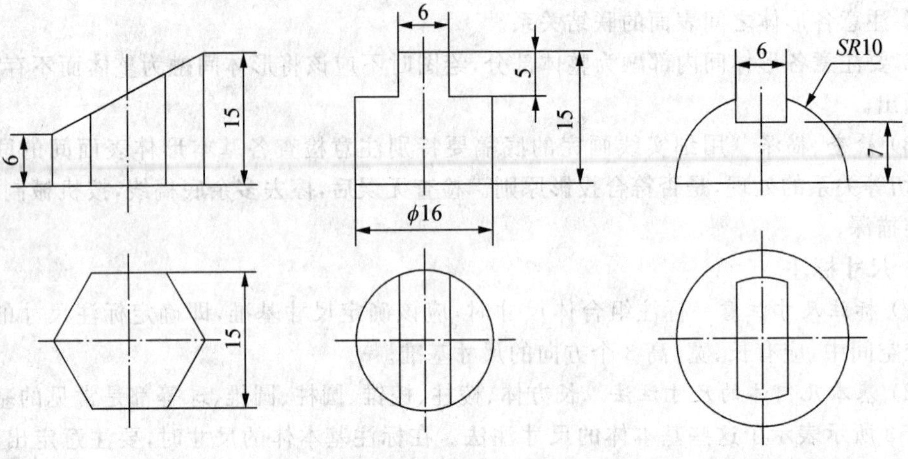

图 2－54　基本体被切割、开槽的尺寸标注

3. 组合体识图

(1) 熟悉基本形体的视图特征　要读懂复杂的组合体的视图,首先必须熟悉基本形体的视图特征。

(2) 几个视图联系起来看,并且要遵循投影规律　一般情况下,一个视图不能完全确定物体的几何形状,它只能反映物体的一个方向的形状。因此看图时,必须几个视图联系起来,遵循投影规律进行分析、判断,才能想象出物体的形状。

(3) 用线面分析法看图　先把视图中的一个线框看作物体的一个面(平面或表面)的投影,利用投影关系,在其他视图中找到对应的投影;再分析该面的投影特性,从而看懂这些面的形状;最后综合所有面的形状,想象出组合体整体形状。

【任务实施】

1. 标注尺寸要完整

要达到完整的标注尺寸,应首先按形体分析法将组合体分解为若干基本形体。组合体应注全如下 3 种尺寸。

(1) 定形尺寸　决定组合体各基本体形状及大小的尺寸。

(2) 定位尺寸　决定基本体在组合体中相互位置的尺寸。

(3) 总体尺寸　组合体外形的总长、总宽、总高尺寸。

标注定位尺寸时,必须在长、宽、高方向上分别确定一个尺寸基准。标注尺寸的起点,称为尺寸基准。通常,组合体的底面、重要端面、对称平面以及回转体的轴线等,可作为尺寸基准。现以轴承座为例,说明注全组合体尺寸的过程。

2. 尺寸布置要清晰

标注尺寸除了要求完整外，为了便于读图，还应考虑从以下几个方面使尺寸的布置整齐清晰。

(1) 为了使图形清晰，尺寸应尽量标注在视图外面，并位于两视图之间。

(2) 每一形体的尺寸，应尽量集中标注在反映该形体特征的视图上。

(3) 同轴回转体的尺寸，应尽量注在非圆视图上。

(4) 为了避免标注零乱，同一方向的几个连续尺寸应尽量标注在同一条尺寸线上。

(5) 尽量避免尺寸线与尺寸线或尺寸界线相交。一组相互平行的尺寸，应按小尺寸在内、大尺寸在外排列。

3. 进行形体分析

轴承座的形体分析已在前面讲过了，在此不再重复。

4. 选择基准

选定左右对称平面为长度方向的尺寸基准，选定底面为高度方向的尺寸基准，选定后端面为宽度方向的尺寸基准。

5. 标注尺寸

标注完成后的轴承座图，如图 2-55 所示。

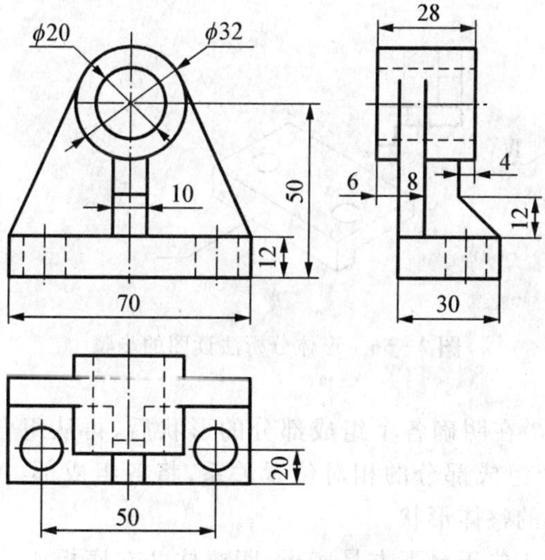

图 2-55　轴承座三视图

6. 形体分析法

现以识读图 2-56 (a)所示的组合体三视图为例，说明形体分析法读图的一般步骤。

(1) 分线框，解整体　从反映形体特征的主视图开始，将主视图分为 4 个封闭线框Ⅰ，Ⅱ，Ⅲ，Ⅳ，从而将组合体分解成形体 1，2，3，4 等 4 个组成部分。

(2) 对投影，明形体　按照"长对正、高平齐、宽相等"的投影规律，由封闭线框Ⅰ，Ⅱ，Ⅲ，Ⅳ，分别找出了形体 1，2，3，4 的另外两个投影(封闭线框)，如图 2-56 (b～e)所示。根据找到的 4 组三视图，明确了形体 1，2 是两个相同的肋板，形体 3 是带有半圆缺口的四棱柱，形体 4 是开了两个圆柱孔的 L 型底板。

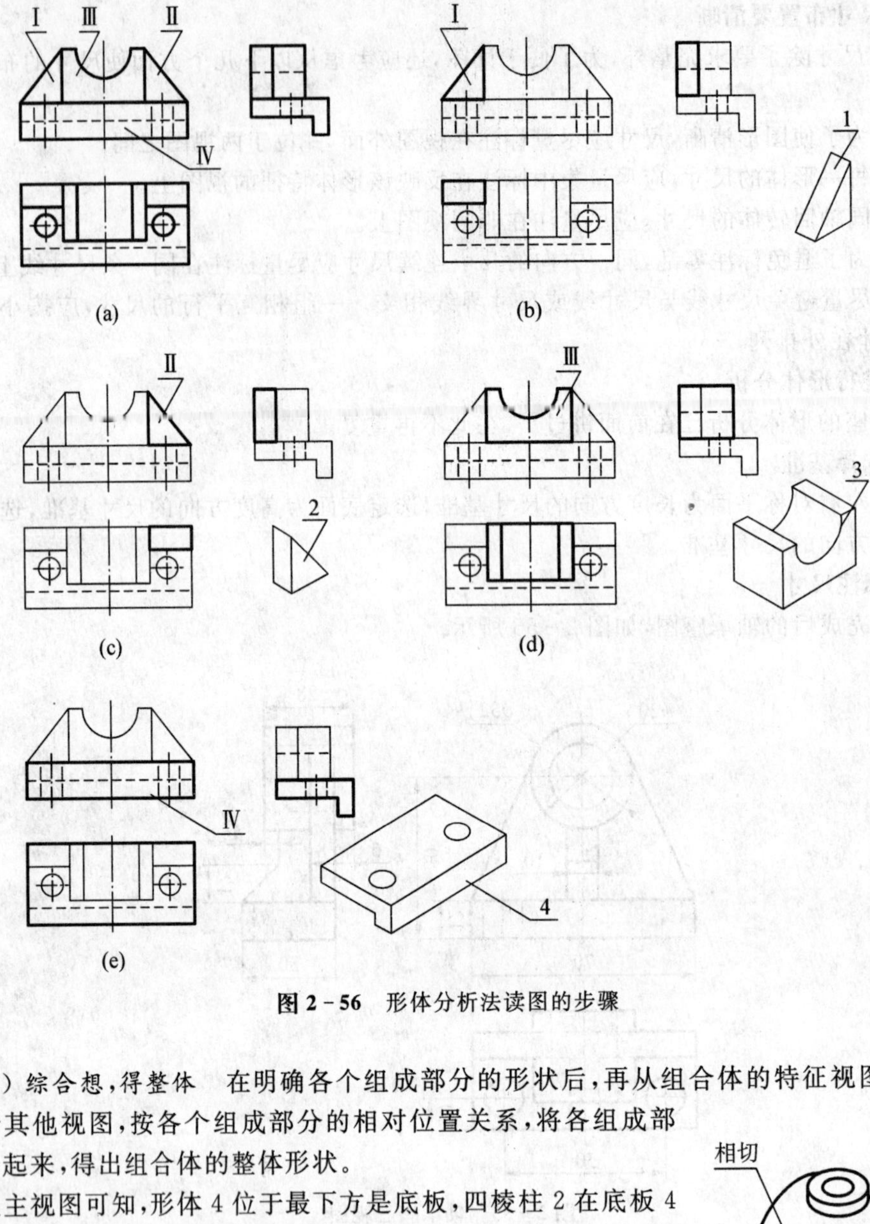

图 2－56　形体分析法读图的步骤

(3) 综合想，得整体　在明确各个组成部分的形状后，再从组合体的特征视图入手，对应分析其他视图，按各个组成部分的相对位置关系，将各组成部分组合起来，得出组合体的整体形状。

从主视图可知，形体 4 位于最下方是底板，四棱柱 2 在底板 4 上面，两形体的对称面重合且后面平齐；肋板 1，3 在四棱柱的左、右两侧，且与其相接。

【拓展知识】

绘制如图 2－57 所示轴承座的三视图。

1. 形体分析

了解组成组合体的各基本形体的形状、组合形式、相对位置及其在某方向上是否对称，以便对组合体的整体形状有个总的概念，为画其视图作好准备。

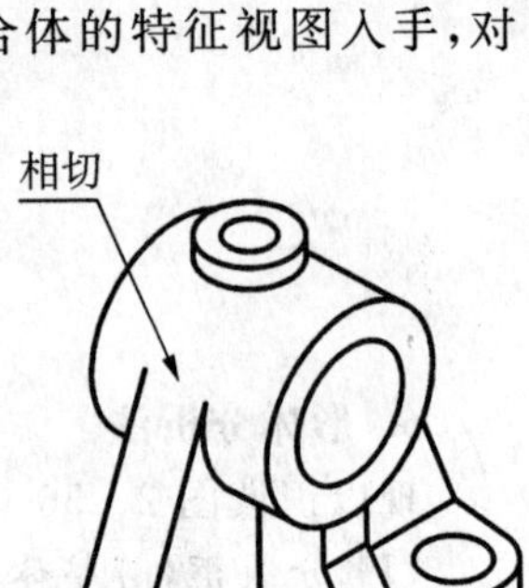

图 2－57　轴承座

如图 2－58 所示，轴承座由底板、支承板、圆筒、肋板及上部的凸台组成。凸台与圆筒在外表面和内表面上都有交线。支承板、底板、肋板分别是不同形状的平板。支承板的左、右侧都与圆筒相切，肋板的左、右侧面与圆筒的外表面相交。

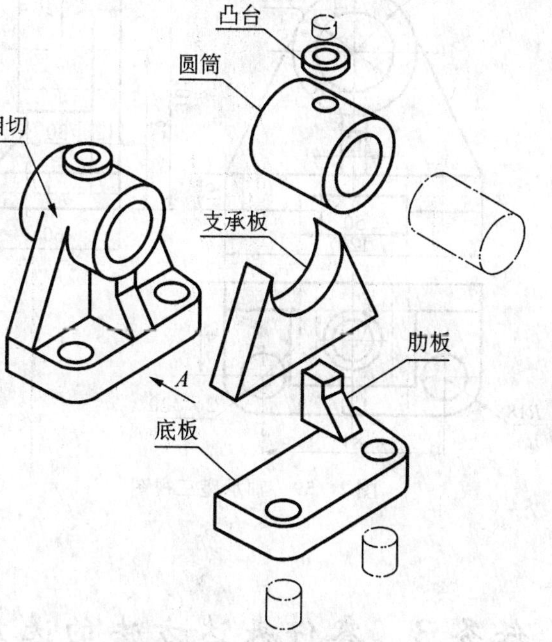

图 2－58 轴承座形体分析

2. 视图选择

选择视图首先要确定主视图。主视图方向确定后，其他视图的方向则随之确定。主视图的选择原则一般是：

(1) 最能反映组合体的形体特征。

(2) 考虑组合体的正常位置，把组合体的主要平面或主要轴线放置成平行位置。

(3) 尽量减少俯视图、左视图上的虚线。

3. 画图

(1) 画各个视图的作图基准线。

(2) 按形体分析画各个基本形体的三视图。

① 按形体分析，可先下、后上、再中间地逐一画出每个基本形体的三视图，这样有利于保持投影关系，提高作图的准确性和作图效率。

② 每个形体应先从具有积聚性或反映实形的视图开始，然后画其他投影，并且 3 个视图最好同时进行绘制，可以避免漏线、多线、确保投影关系正确和提高绘图速度。

③ 注意各形体之间表面的联结关系。

④ 要注意各形体间内部融为整体，绘图时不应该将形体间融为整体而不存在的轮廓线画出。

(3) 检查、描深。用细实线画完的底稿要特别注意检查各基本形体表面间的联结、相交、相切等关系的处理，是否符合投影原则。检查无误后，擦去多余底稿线，按机械制图的线型标准描深，如图 2 - 59 所示。

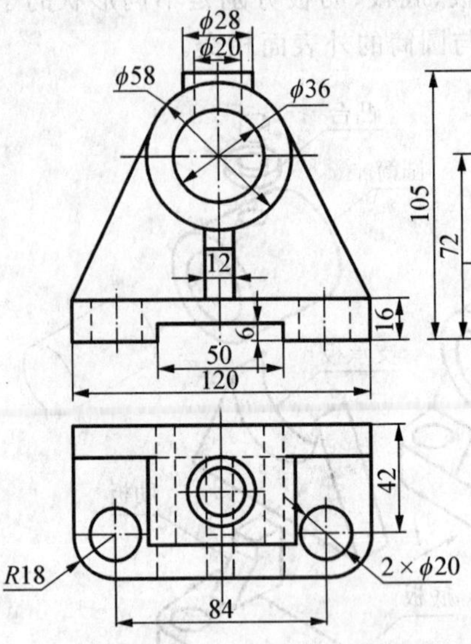

图 2 - 59　轴承座三视图

任务 3　零件表达方法的选用

任务 3.1　绘制视图

【任务导入】

(1) 图 2 - 60 所示为角板三视图，绘制其右视图、后视图、仰视图。

(2) 图 2 - 61 所示为某机件的三视图，改画成局部视图。

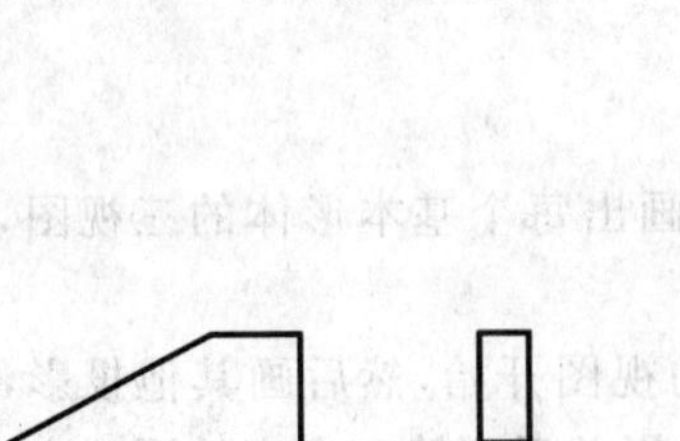

图 2 - 60　角板三视图

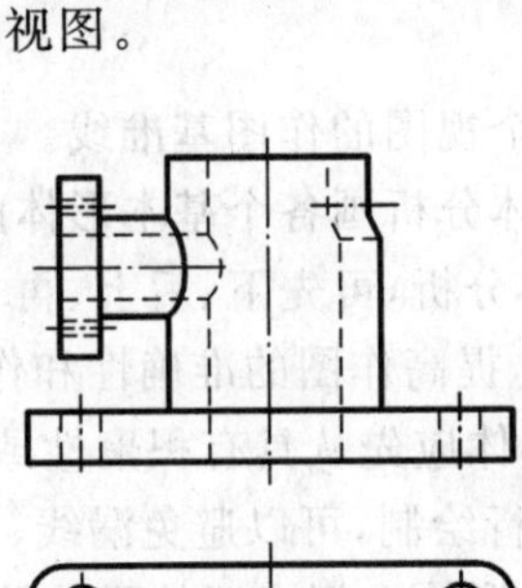

图 2 - 61　机件

【任务分析】

(1) 要绘制角板的其他视图，要先读懂给定的三视图，想象出角板的实际形状，然后根据投影规律绘制即可。

(2) 在绘制其他视图时，最主要的是要把原始图读懂，在头脑中想象出物体的实际形状，然后按照投影规律绘制相关视图即可。

(3) 机件的菱形法兰盘和U形孔要表示清楚，需要左视图和右视图，但是除了菱形法兰盘和U形孔外所有的结构在主视图和俯视图中都表示清楚了。所以，可以通过绘制菱形法兰盘和U形孔的局部视图简化三视图。

(4) 图2-62所示为弯板的两视图，其倾斜部分在基本视图上不能反映实形。为此，我们选用一个新的投影面，使它与机件的倾斜部分平行，然后将倾斜部分向新投影面投影，这样便可在新投影面上反映实形。

【相关知识】

1. 基本视图形成

机件向基本投影面投射所得的视图称为基本视图，如图2-62所示。当物体的外部结构形状在各个方向(上、下、左、右、前、后)都不相同时，三视图往往不能完整地把它表达出来。因此，必须增加投影面和相应的投射方向，以得到更多的视图。采用第一角投影，将物体置于第一分角内，处于观察者与投影面之间进行投射；然后，按规定展开投影面，便得到6个基本视图。6个基本视图的名称及投射方向如下。

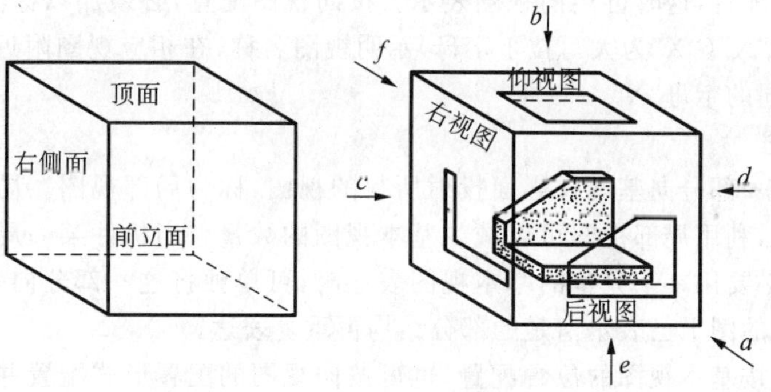

图2-62　6个基本视图的形成

(1) 主视图　由前向后投射。
(2) 俯视图　由上向下投射。
(3) 左视图　由左向右投射。
(4) 右视图　由右向左投射。
(5) 仰视图　由下向上投射。
(6) 后视图　由后向前投射。

2. 基本视图展开

6 个基本投影面的展开方法，如图 2－63 所示。

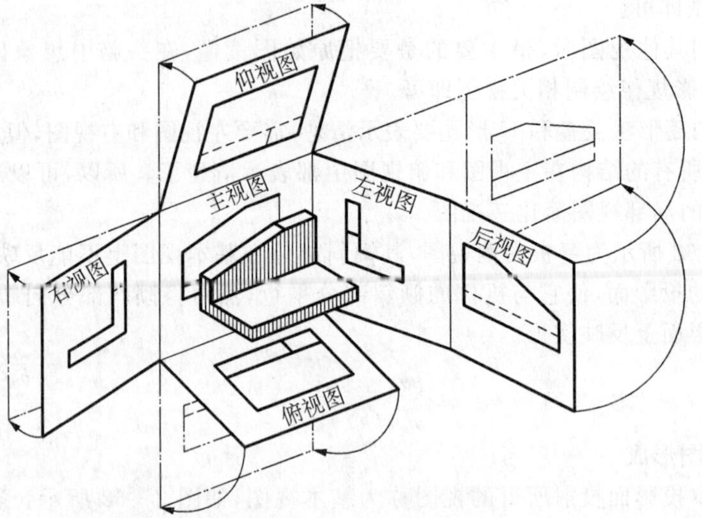

图 2－63 6 个基本视图的展开

3. 向视图

向视图是可以自由配置的视图。即有时根据专业的需要，或为了合理利用图纸幅面，也可不按规定位置配置，这时可用向视图表示。按向视图配置，必须加以标注：在向视图的上方正中位置标注“X”（“X”为大写拉丁字母）示明视图名称，在相应视图附近用箭头指明投射方向，并标注相同的字母“X”。

4. 局部视图

将机件的某一部分向基本投影面投射所得的视图，称为局部视图。局部视图是一个不完整的基本视图，利用局部视图可以减少基本视图的数量。当机件某一局部形状没有表达清楚，而又没有必要用一个完整的基本视图表达时，可单独将这一部分向基本投影面投射，从而避免了在别的图上已表示清楚的部分结构再重复表达。

局部视图可按基本视图的位置配置，也可按向视图的配置形式配置并标注。当局部视图按投影关系配置，中间又没有其他视图隔开时，可省略标注。

局部视图的断裂边界，应以波浪线或双折线表示。但当所表示的局部结构是完整的，且外轮廓线呈封闭图形时，波浪线可省略不画。

5. 斜视图

机件向不平行于任何基本投影面的平面投射所得的视图，称为斜视图，如图 2－64 所示。斜视图通常按向视图的配置形式配置，要标注。有时，在其他适当位置，在不致引起误解时，为了画图方便，必要时，也允许将图形旋转配置。但需要在该视图上方画出旋转符号，旋转符号高度等于字高，箭头方向与实际旋转方向一致，并在旋转符号的箭头端写上相应的字母。斜视图的断裂线用波浪线或双折线表示。

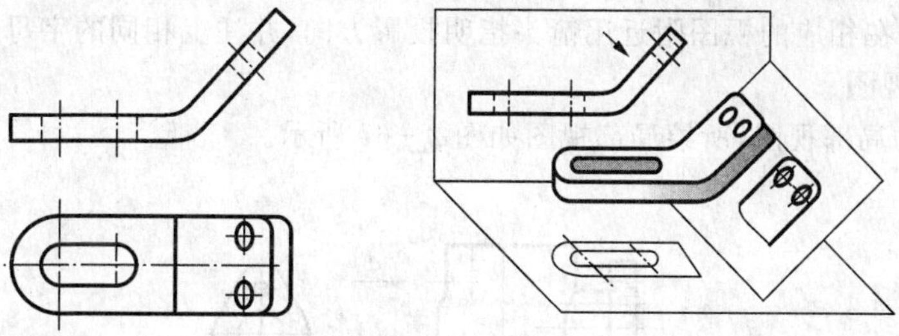

图 2-64　斜视图的形成

【任务实施】

1. 画基本视图

各视图配置如图 2-65 所示。6 个基本视图若画在同一张纸上，按图 2-63 所示的规定位置配置时，一律不标注视图的名称，并且仍符合三视图的投影规律。

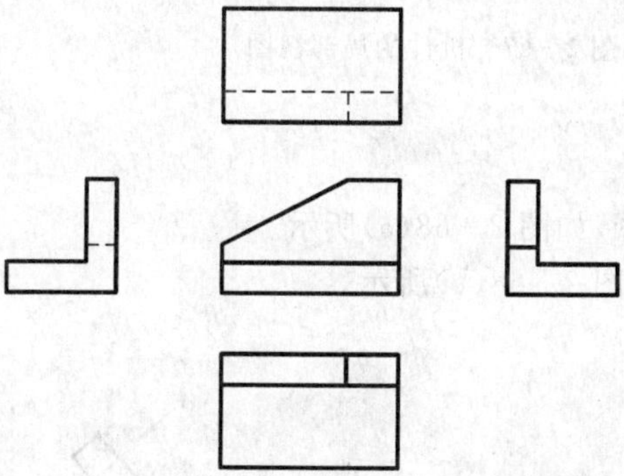

图 2-65　6 个基本视图

2. 画向视图

(1) 认真读图，读懂图 2-66 中的 6 个基本视图，想象出物体的形状。

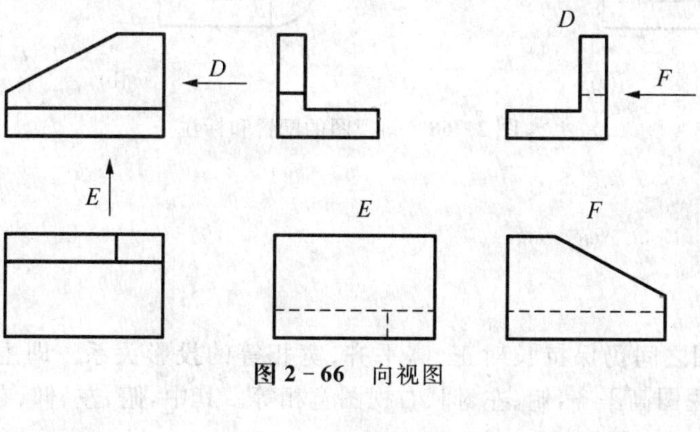

图 2-66　向视图

(2) 在指定位置绘制向视图。

(3) 标注。在相应的视图附近用箭头指明投影方向,并注上相同的字母。

3. 画局部视图

绘制机件的局部视图,所绘局部视图如图 2-67 所示。

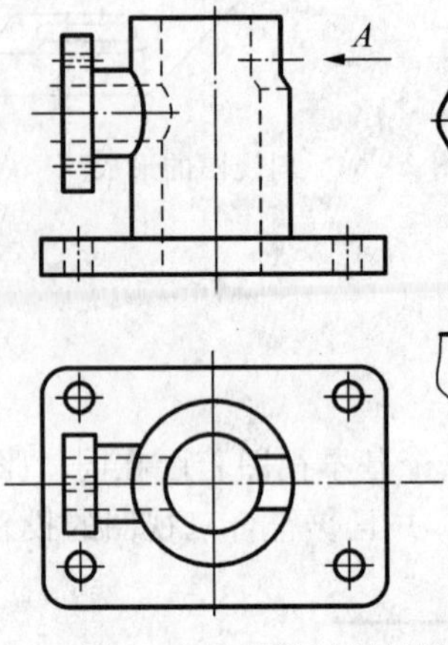

图 2-67　机件的局部视图

4. 画斜视图

(1) 将俯视图改画成局部视图,如图 2-68(a)所示。

(2) 绘制旋转放正斜视图,如图 2-68(b)所示。

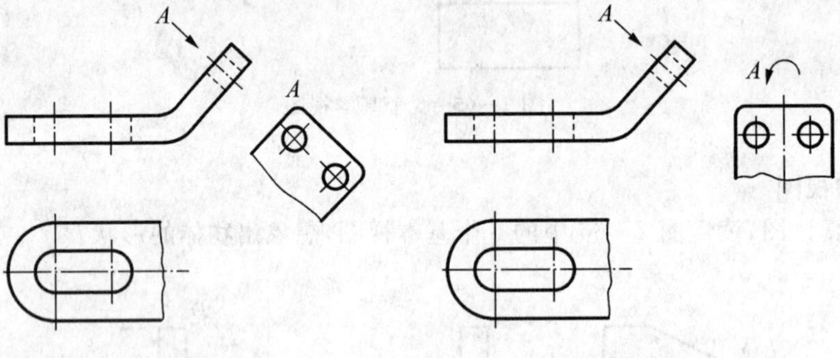

图 2-68　斜视图的配置和标注

【拓展知识】

1. 基本视图

6 个基本视图之间仍保持长对正、高平齐、宽相等的投影关系。即主、俯、仰视图长对正,主、左、右、后视图高平齐,俯、左、仰、右视图宽相等。其中,俯、左、仰、右视图靠近视图的里侧均反映物体的后方，而远离主视图的外侧均反映物体的前方；后视图的左侧反映物体的右方，而右侧反映物体的左方，如图 2－69 所示。

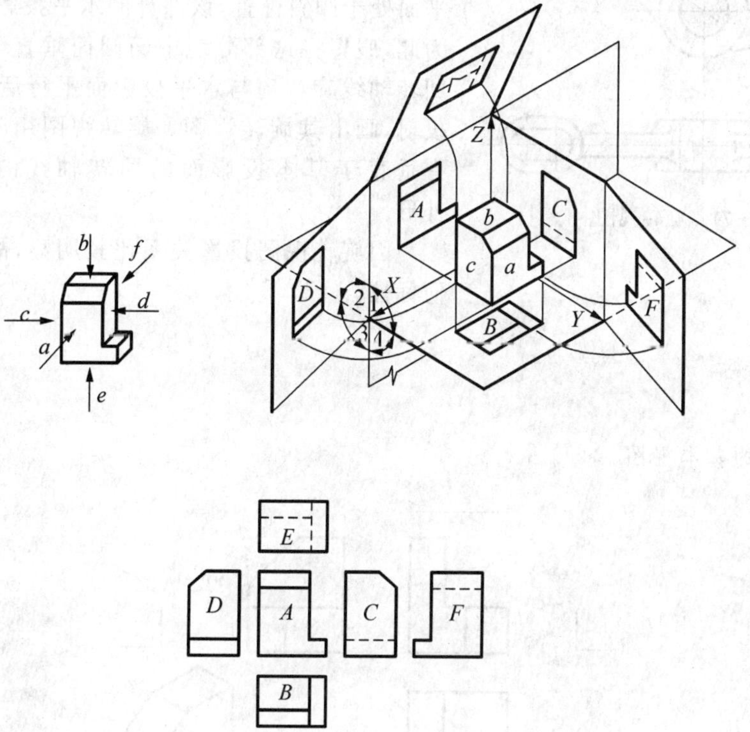

图 2－69 6 个基本视图

基本视图主要用于表达投射方向上的外形。实际绘图时，因根据物体外形的复杂程度，选用必要的基本视图。如图 2－70(a)所示的机件，因左、右的形状不同故采用了主、左、右 3 个基本视图表达，在左、右视图中省略了一些不必要的虚线，如图 2－70(b)所示。

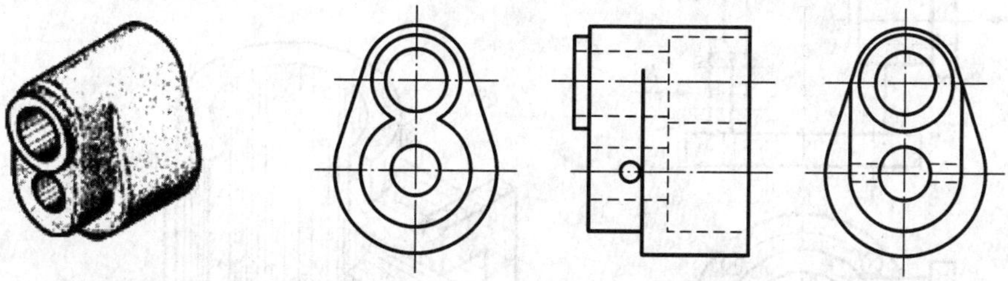

(a) 直观图　　(b) 基本视图

图 2　70 基本视图的选用及其虚线的省略

2. 旋转视图

当机件某一部分的结构是倾斜的，而该部分又具有与某一投影面垂直的回转轴线时，先

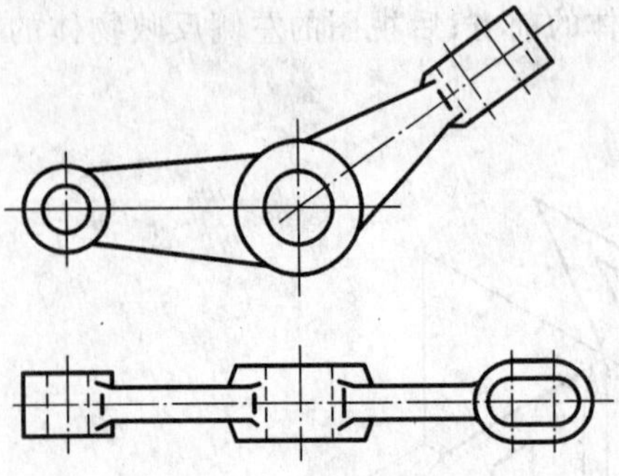

图 2-71　旋转视图

假想将机件的倾斜部分旋转到与某一选定的基本投影面平行后，再向该投影面投射，所得的视图，称为旋转视图。如图 2-71 所示的连杆，其右边部分对水平面处于倾斜位置，该部分的水平投影不反映真形。为此，假想将这部分绕中间圆筒垂直于正面投影的回转轴线旋转到与水平投影面平行后，再向投影面投射，画出其旋转视图。旋转视图用于表达机件具有垂直于基本投影面的回转轴线的倾斜部分的外形。

因旋转视图投影关系比较明显，故一般不加任何标柱。

【复习思考】

作图题

1. 画出其余的基本视图。

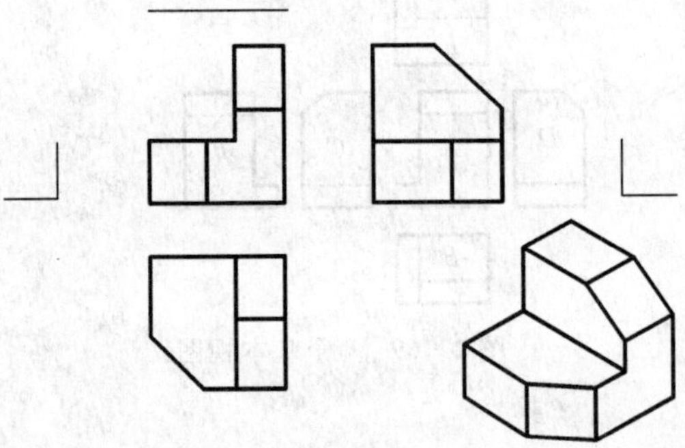

2. 读懂两视图，画出局部向视图。

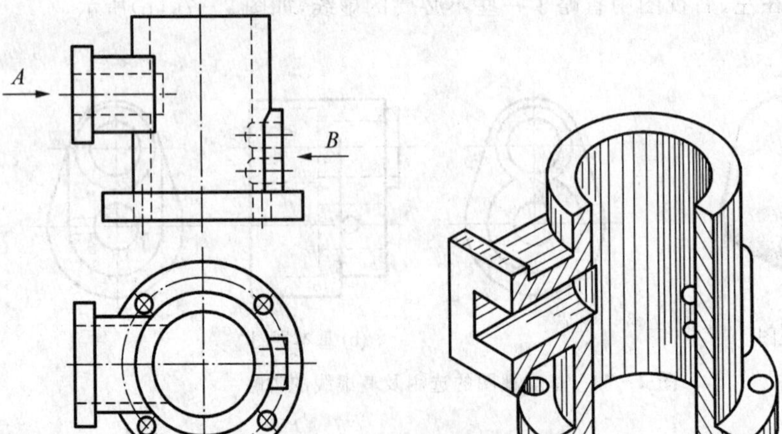

任务3.2 绘制剖视图

【任务导入】

(1) 绘制如图 2－72 所示机件立体的全剖视图。

(2) 图 2－73 所示是某型号汽车油缸缸体，分析它的结构特点，按照图中的剖切位置，画成半剖视图；如图 2－74 所示机件，分析它的结构特点，并按照图中的剖切画成局部剖视图。

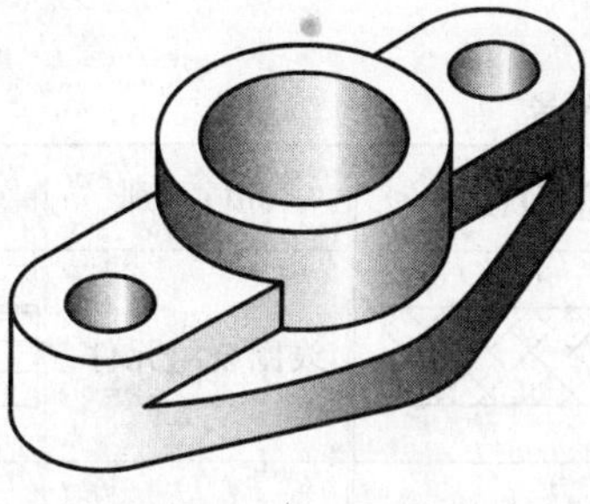

图 2－72 机件立体

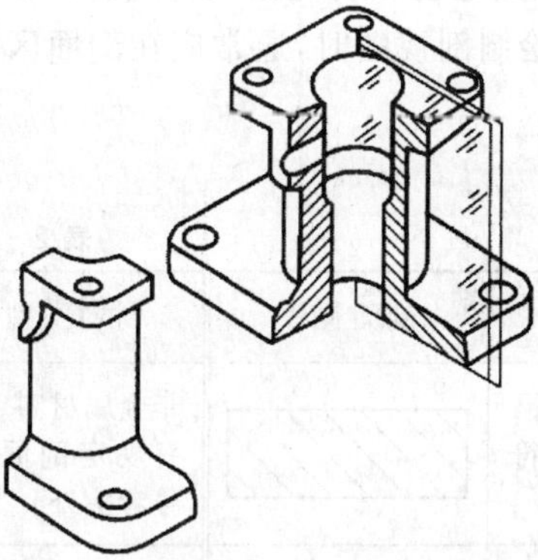

图 2－73 缸体立体图

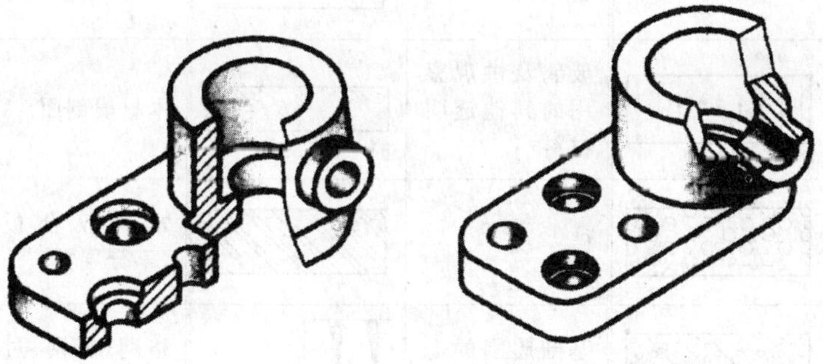

图 2－74 局部剖视立体

【任务分析】

(1) 图 2－72 中，机件立体如果用基本视图表达，会有很多虚线，不利于识图，因此往往采用剖视图来表达。

(2) 图 2－73 中，缸体的内部结构可以通过剖视图来表达，但是如果采用全剖视图，缸体的外部结构就表达不出来了。由于缸体是对称的，可以采用半剖视图表达形体。

(3) 图 2－74 中，机件上的孔的形状在主视图、俯视图上用虚线表示，显得很乱。因此，考虑采用两个剖切平面分别局部剖开阶梯孔,并画剖视图表达孔。

【相关知识】

1. 剖视图的形成

剖切被表达物体的假想平面或曲面,称为剖切面。假想用剖切面剖开机件,将处在观察者和剖切面之间的部分移去,而将其余部分向投影面投射,所得的图形,称为剖视图,简称剖视。剖视图主要用于表达机件的内部结构形状。

2. 画剖视图应注意的事项

(1) 剖切是假想的,实际上并没有把机件切去一部分,因此,当机件的某一个视图画成剖视图以后,其他视图仍应按机件完整时的情形画出。

(2) 在绘制剖视图时,通常应在剖面区域画出剖面符号。表 2-8 中为常见材料的剖面符号。

表 2-8 剖面符号

材料类别	剖面符号	材料类别	剖面符号	材料类别	剖面符号
金属材料(已有规定剖面符号者除外)	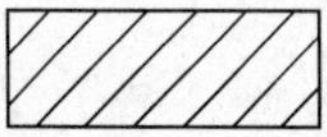	非金属材料(已有规定剖面符号者除外)		线圈绕组元件	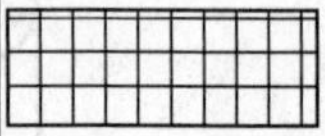
型砂、填砂、粉末冶金、砂轮、陶瓷刀片、硬质合金刀片等		液体	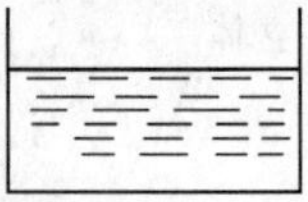	木材纵剖面	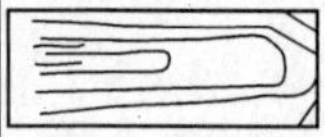
转子、电枢、变压器和电抗器等的叠钢片	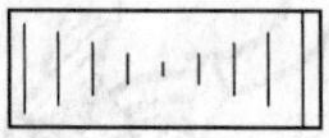	玻璃及供观察用的其他透明材料	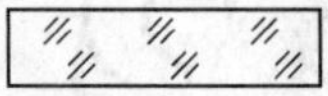	木材横剖面	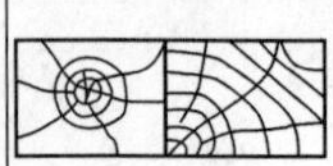
混凝土	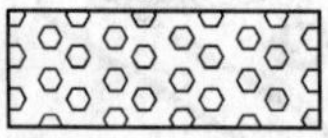	砖	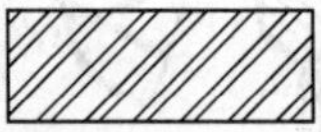	木质胶合板(不分层数)	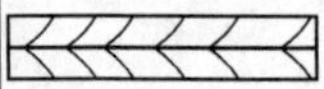
钢筋混凝土	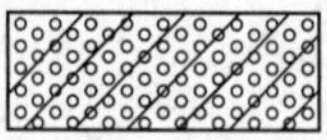	基础周围的泥土	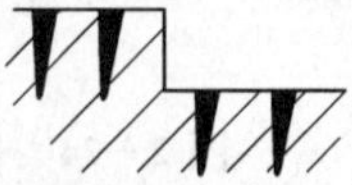	格网(筛网、过滤网等)	

金属材料的剖面符号是与水平面成 45°,且间隔相等的细实线,简称剖面线。同一机件剖视图中,剖面线应方向一致、间隔相等;当剖视图中机件的主要轮廓线与水平方向成 45°时,剖面线应画成与水平方向成 30°或 60°,且方向应与其他视图的剖面线一致的平行细实线。

(3) 剖视图中,一般不画不可见轮廓线。只有当需要在剖视图上表达这些结构,否则会增加视图数量时,才画出必要的虚线。

(4) 剖切平面后方的可见轮廓线应全部画出,不能遗漏,但也不可多画。

3. 半剖视图

当机件具有对称平面时，向垂直于对称平面投影面上投射所得的图形，以对称线（细点画线）为界，一半画成剖视图，另一半画成视图，这样组合的图形，称为半剖视图。半剖视图主要用于内、外形状需在同一图上兼顾表达的对称机件。但当机件的形状接近对称，且不对称部分已另有图形表达清楚时，也可以画成半剖视图。

画半剖视图时应注意以下几点。

(1) 半个剖视图与半个视图的分界线应是对称线、回转轴线（用细点画线表示）。

(2) 在表示机件外部结构形状的半个视图上，一般不需要再画虚线。

(3) 半个剖视图的位置，通常按以下原则配置：若对称线为竖直线时，剖视图位于右侧；若对称线为水平线时，剖视图位于下方。

4. 局部剖视图

用剖切平面局部地剖开机件，所得的剖视图，称为局部剖视图。局部剖视图主要用于只表达机件的局部结构，又不宜采用全剖视图或半剖视图的机件。局部剖视图中，剖视图部分与视图部分之间应以波浪线为界，此时的波浪线也可当作机件断裂处的边界线。波浪线的画法应注意以下几点。

(1) 波浪线应画在机件表面的实体部分，不能画在孔槽处，也不能超出形体的外形轮廓线。

(2) 波浪线不能与其他图线重合，也不应画在轮廓线的延长线上。

(3) 波浪线不能穿空而过，如遇到孔、槽等结构时，波浪线必须断开。

(4) 当被剖切的局部结构为回转体时，允许将回转中心作为局部剖视图与视图的分界线。

【任务实施】

1. 画全剖视图

(1) 分析图 2－72 的机件立体，应采用全剖视图，如图 2－75 所示。

(2) 画机件的全剖视图。

(3) 画剖面线。

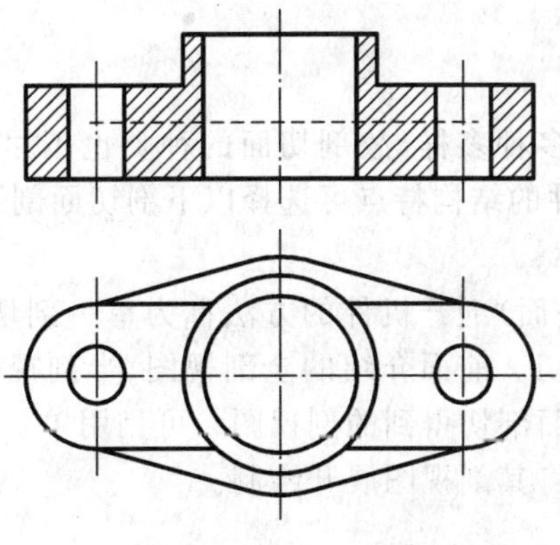

图 2－75 全剖视图

2. 画半剖视图

(1) 剖视投影分析,图 2-73 的缸体可采用半剖视图,如图 2-76 所示。

(2) 将主视图改画成半剖视图。

(3) 将俯视图改画成半剖视图。

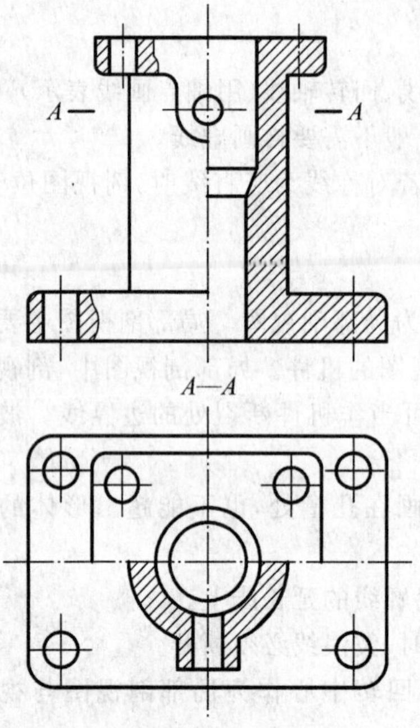

图 2-76 半剖视图

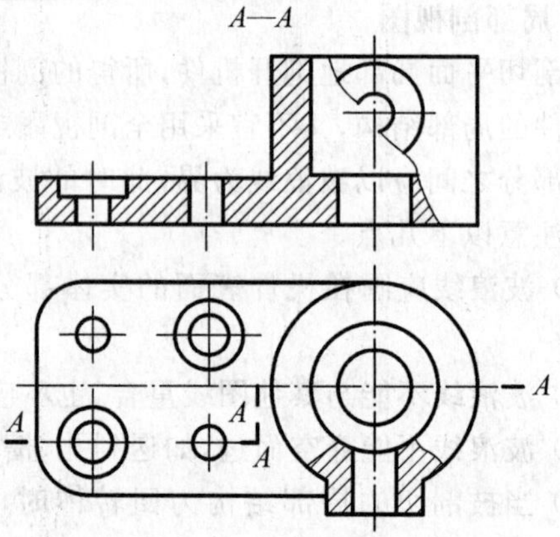

图 2-77 局部剖视图

3. 画局部剖视图

(1) 分析图 2-74 的局部剖视立体,应采用局部剖视图,如图 2-77 所示。

(2) 将主视图画成局部剖视图。

(3) 将俯视图画成局部剖视图。

【拓展知识】

一、剖切面的种类

由于机件内部结构形状多种多样,故剖切面的种类也不尽相同。为此,国家标准(GB/T17452—1998)规定根据机件的结构特点可选择以下剖切面剖开机件。

1. 单一剖切面

用一个剖切面(平面或柱面)剖开机件的方法称为单一剖切,一般用平行(或垂直)于基本投影面的单一剖切平面剖切。前面介绍的全剖视图、半剖视图和局部剖视图都是用平行于基本投影面的单一剖切平面剖切得到的剖视图。可见用单一剖切平面剖切的方法应用之多,也可用柱面剖切机件,并将其剖视图展开绘制。

2. 几个平行的剖切平面

用几个平行的剖切平面剖开机件的方法称为阶梯剖。如图 7-78 所示的机件,其主视图是用了两个相互平行的，且平行于基本投影面（正立投影面）的剖切平面呈阶梯状的剖切。

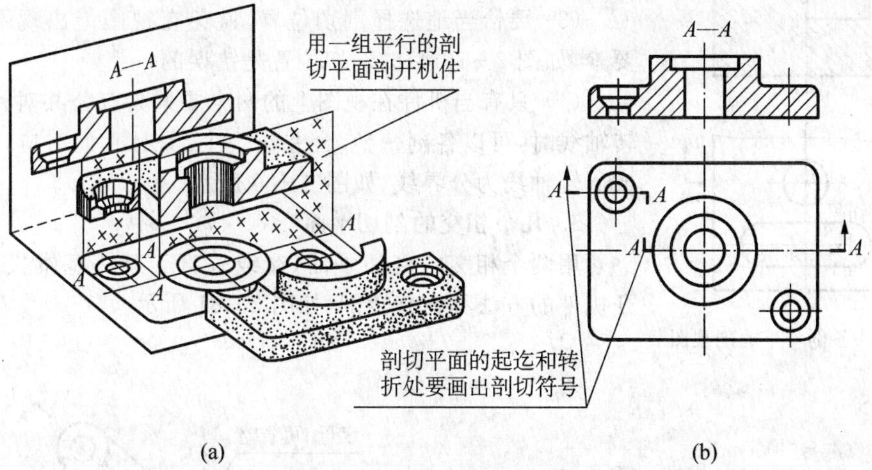

图 2－78 阶梯剖视图

阶梯剖适用于表达外形简单，内形较复杂，且难以用单一剖切平面剖切表达的机件。

采用阶梯剖的方法画剖视图，必须注意以下几点。

(1) 几个剖切平面剖切后所得的剖视图是一个图形，不应在剖视图中画出几个剖切平面的界线，即转折处不应在剖视图中画出轮廓线，如图 2－79(d)所示的画法是错误的。

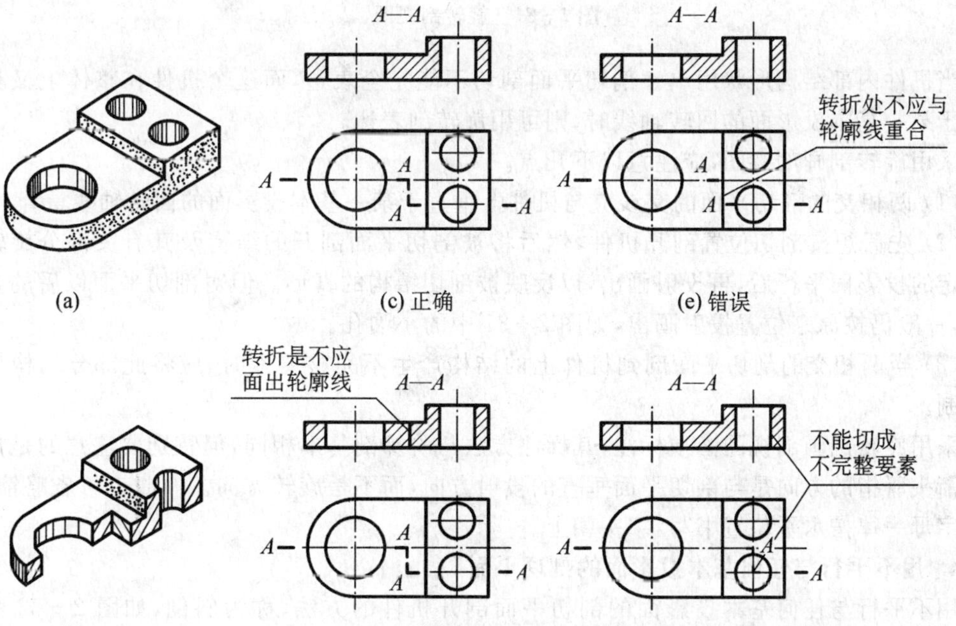

图 2－79 阶梯剖视图

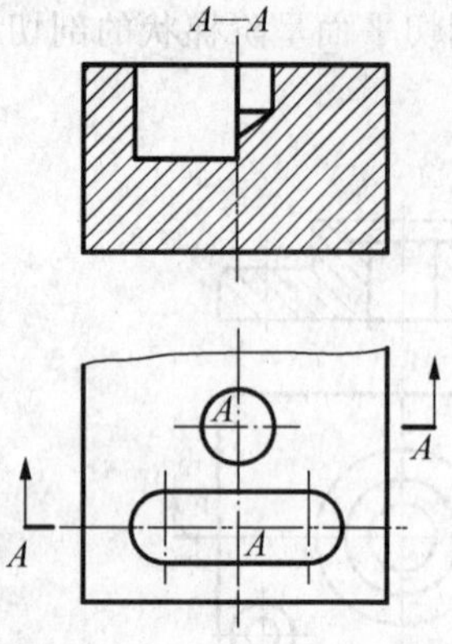

图 2-80　各剖一半的剖视图

(2) 剖切平面转折处的剖切符号中的粗短画不应与视图中的轮廓线重合，如图 2-79(e)所示的画法是错误的。

(3) 要恰当地选择剖切位置，避免在视图上出现不完整的要素，如图 2-79(f)的剖切位置是错误的。

(4) 只有当机件在视图上的两个要素具有公共对称线或回转轴线时，可以各剖一半，合并成一个剖视图，此时应以对称线或回转轴线为分界线，如图 2-80 所示。

3. 几个相交的剖切平面

用两个相交的剖切平面(交线垂直于某一基本投影面)剖开机件的方法称为旋转剖，如图 2-81 所示。

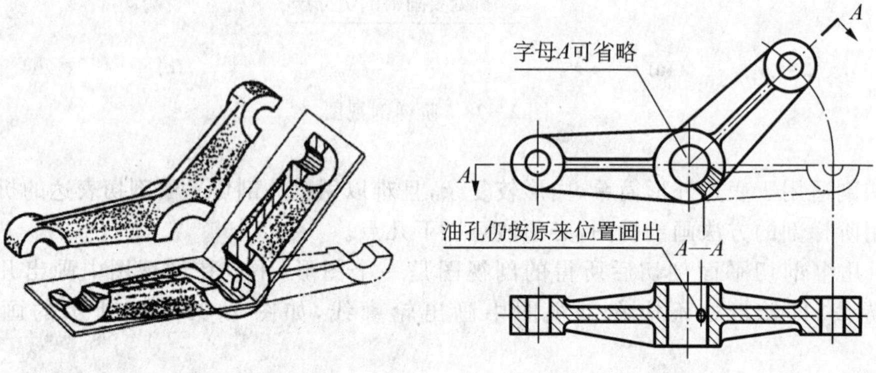

图 2-81　旋转剖视图

当机件内部结构形状用单一剖切平面剖切不能完全表达，而这个机件在整体上又具有垂直于某一基本投影面的回转轴线时，则可用旋转剖表达。

采用旋转剖画剖视图，应注意以下几点。

(1) 两相交的剖切平面的交线应与机件上垂直于某一基本投影面的回转轴线重合。

(2) 先假想按剖切位置剖开机件，然后将被剖切平面剖开的结构及其有关部分旋转到与选定的投影面平行后，再投射画出，以反映被剖切结构的真形。但对剖切平面以后的其他结构，一般仍按原来位置投射画出，如图 2-81 中的小油孔。

(3) 当两相交的剖切平面剖到机件上的结构产生不完整要素时，应将此部分结构按不剖绘制。

采用旋转剖画剖视图必须标注，其标注方法与阶梯剖基本相同，但特别要注意的是标注中的箭头所指的方向是与剖切平面垂直的投射方向，而不是旋转方向。有时也可省略箭头。注写字母一律按水平位置书写，字头朝上。

4. 用不平行与任何基本投影面的剖切平面

用不平行与任何基本投影面的剖切平面剖开机件的方法，称为斜剖，如图 2-82 中的 A—A 剖视图。斜剖视图主要用于表达机件上倾斜部位的内部结构。采用斜剖画剖视图，应注意以下几点。

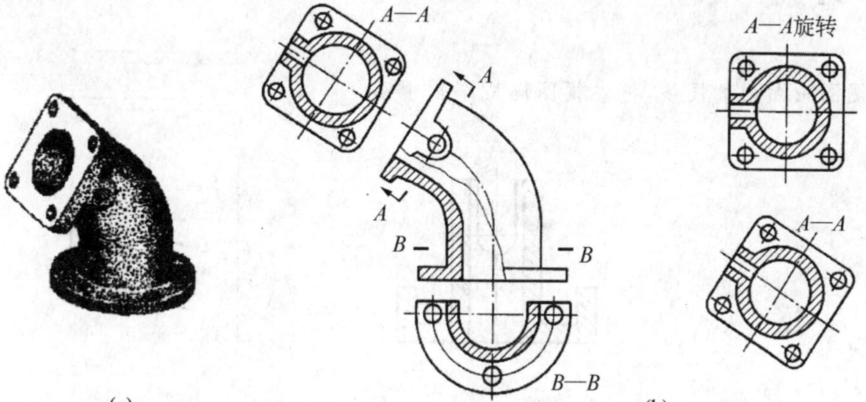

(a)　　　　(b)

图 2-82　斜剖

(1) 剖切平面应与机件倾斜的内部结构平行(或垂直),同时,又必须垂直于某一基本投影面。剖开后,向剖切平面的垂直方向投射,并将其旋转到与它所垂直的基本投影面重合后画出,以反映其内部被剖切到的倾斜结构的真形。

(2) 斜剖视图最好配置在箭头所指的一侧,以保持直接的投影关系。必要时,可配置在图纸的其他适当位置。在不至于引起误解时,也可将图形旋转放正画出,但这时应在斜剖视图上方正中位置注成"X—X ↶"或"↷ X—X"形式,以示其名称。

采用斜剖切画剖视图必须标注,其标注方法与以上几种剖切面的标注基本相同,但应特别注意的是注写字母一律按水平位置书写,字头朝上。其中旋转符号的尺寸和比例与斜视图相同,如图 2-82 所示。

二、剖视图上的尺寸标注

除前面已讲过的尺寸标注要做到准确、齐全、清晰外,在剖视图上标注尺寸还应注意以下几点。

(1) 在半剖视图或局部剖视图上注内部尺寸(如直径)时,其一端不能画出箭头的尺寸线应略过对称线、回转轴线、波浪线(均为图上的分界线),并只在尺寸线的另一端画出箭头,如图 2-83 中所注出的尺寸。

(2) 在剖视图上内、外尺寸应分开注,这样,比较清晰,便于看图。

(3) 机件上同一轴线的回转体,其直径的大小尺寸应尽量配置在非圆的剖视图上,应避免在投影为圆的视图上注成放射状尺寸。

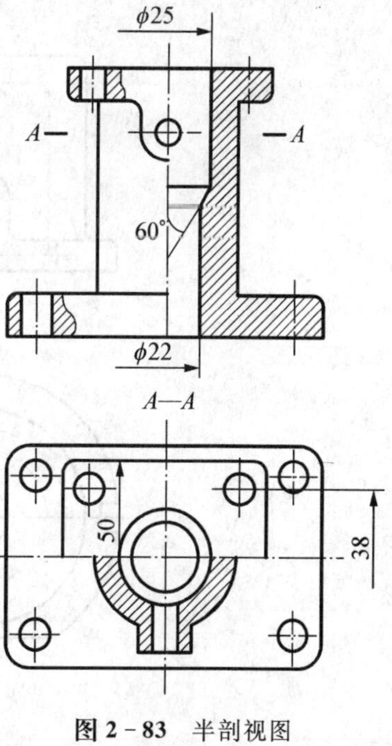

图 2-83　半剖视图

【复习思考】

作图题

1. 补全视图中漏画的图线，把左视图画成全剖视图。

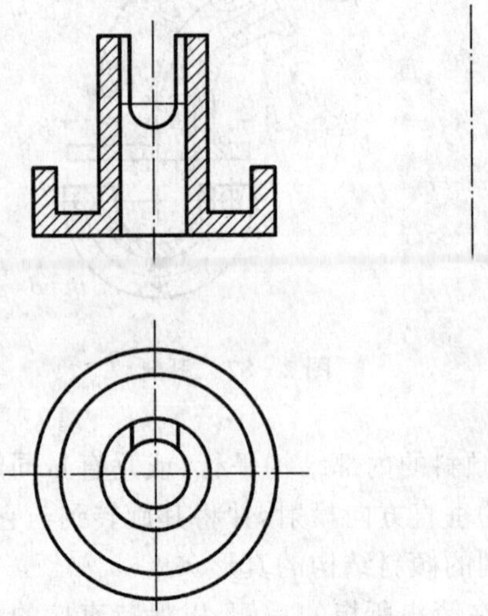

2. 作 A—A 全剖视图。

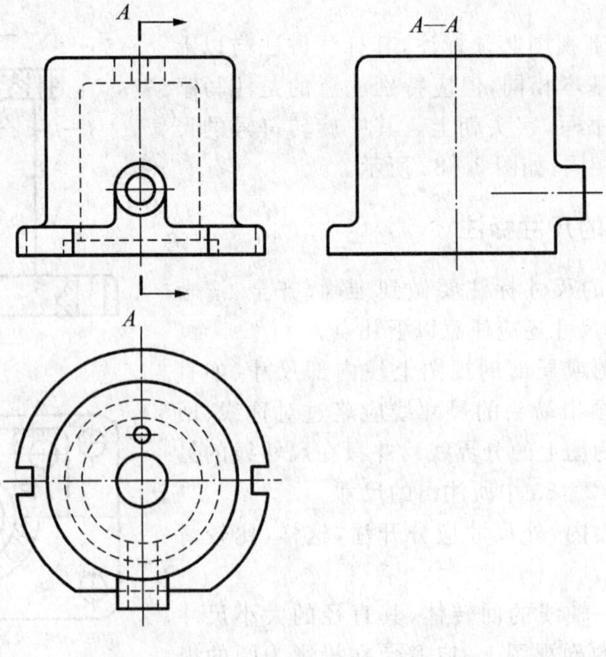

3. 补全剖视图中所缺线条。

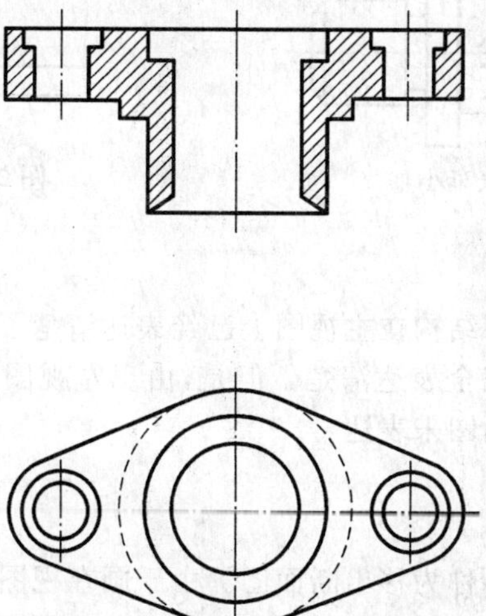

4. 补画半剖左视图。

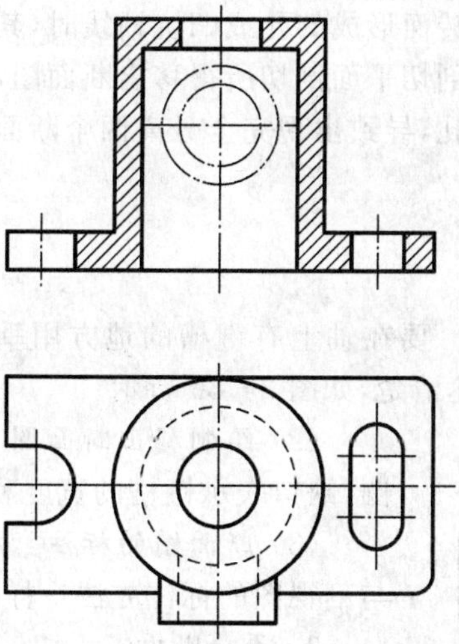

任务 3.3 绘制断面图

【任务导入】

(1) 图 2－84 所示为汽车小轴的主视图,完成其他视图,将形体表达清楚。

(2) 画在视图之内的断面图,称为重合断面图,图 2－85 所示就是重合断面图,分析其画法,并识读该图样。

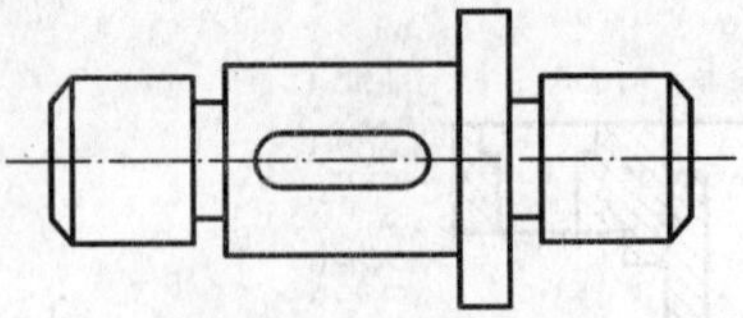

图 2-84　汽车小轴

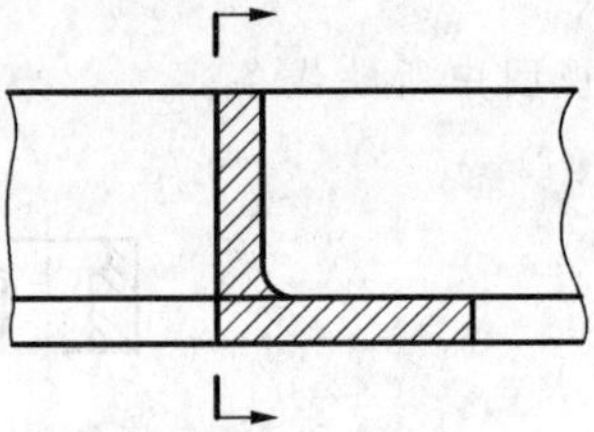

图 2-85　重合断面图

【任务分析】

分析视图可知，轴的主要结构在主视图上已经表达清楚了，只需要再绘制轴的左视图来表达键槽，即可把轴的结构完全表达清楚。但是，由于左视图中将有很多的圆和虚线，不利于读图。所以，应该采用断面图来表达。

【相关知识】

画在视图之外的断面图，称为移出断面图。由于画在视图之外，移出断面不影响图形清晰。移出断面图的轮廓线用粗实线绘制，并在断面上画上剖面符号，应尽量配置在剖切位置线的延长线上，也可配置在其他适当的位置。当断面图对称时，也可配置在视图的中断处。

画移出断面图时，应注意以下几点。

(1) 当剖切平面通过由回转面形成的孔或凹坑轴线时，其结构应按剖视绘制。

(2) 由两个或多个相交的剖切平面剖切所得移出断面图，中间应按断开绘制。

(3) 当剖切平面通过非圆孔，导致出现完全分离两个断面图时，按剖视图绘制。

【任务实施】

1. 移出断面

(1) 选定移出断面的位置　要在轴上有键槽的地方用垂直于轴径的平面将其断开，画出断面的形状，即可将形体表达清楚，如图 2-86 所示。

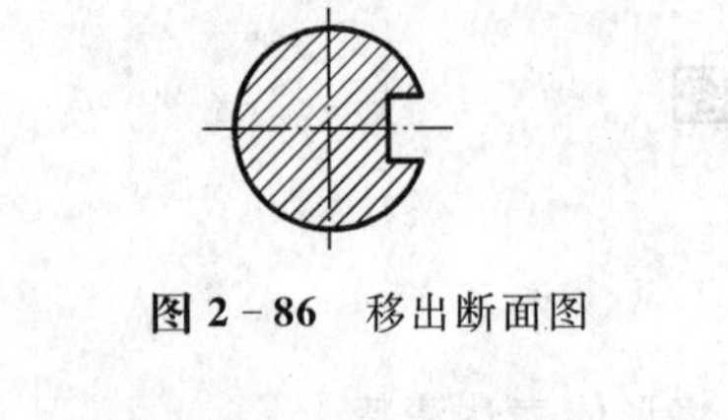

图 2-86　移出断面图

(2) 绘制移出断面图　键槽处断面是一个带缺口的圆，缺口表示键槽的宽度和深度。

(3) 断面图的标注　移出断面图的标注方法基本上与剖视图的标注方法一样，但必须表示出剖切位置。

2. 重合断面

重合断面图的轮廓线用细实线绘制。当视图中的轮廓线与重合断面图的轮廓线重叠时，视图中的轮廓线应连续画出，不可间断。

相对于剖切位置线对称的重合断面不必标注，如图 2-85所示。对于非对称的重合断面图，应标注剖切位置符号和投射方向。

【拓展知识】

1. 移出断面的画法

(1) 移出断面的轮廓线用粗实线绘制，并在断面上画上剖面符号。

(2) 移出断面应尽量配置在剖切符号(有时也用剖切线)的延长线上。必要时,也可画在其他适当位置。

(3) 若用一个剖切平面不能满足垂直时,可用相交的两个或多个剖切平面分别垂直于机件轮廓线剖切,其断面图形的中间应用波浪线断开,如图 2-87 所示。

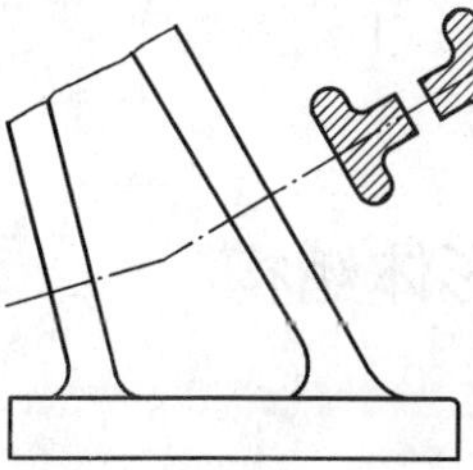

图 2-87 应与轮廓线垂直剖切画断面

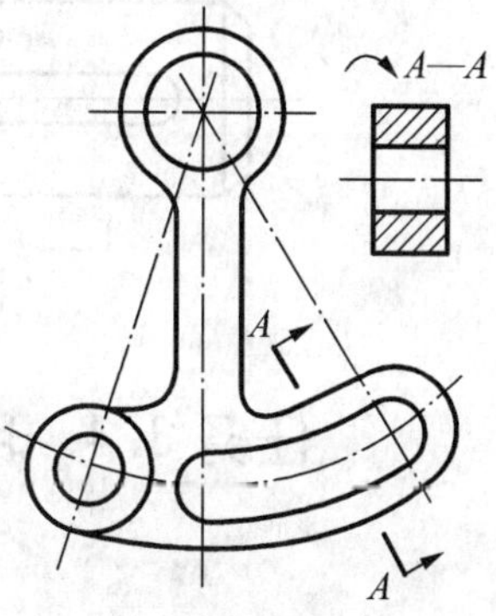

图 2-88 剖面按剖视图绘制

(4) 当剖切平面通过非回转面,但会导致完全分离的两部分剖面时,则这样的结构也应按剖视绘制,如图 2-88 中的"⌒ *A—A*"所示。必须指出,这里的"按剖视绘制"是指被剖切到的结构,并不包括剖切平面后的其他结构。

2. 移出断面的标注

移出断面的标注与剖视基本相同,一般也用剖切符号中的粗短画表示剖切平面剖切位置,箭头表示剖切后的投射方向,在其外侧注上大写拉丁字母,并在相应的断面上放正中位置,用同样字母标注出名称"*X—X*","*X—X* ⌒"和"⌒ *X—X*"。

具体标注方法及其省略标注的情况如下。

(1) 完全标注 不配置在剖切符号的延长线上的不对称移出断面或不按投影关系配置的不对称移出断面,必须按上述标注方法完全标注。

(2) 省略字母 配置在剖切符号的延长线上的移出断面,可省略字母。

(3) 省略箭头 对称的移出断面和按投影关系配置的断面,可省略表示投射方向的箭头,如图 2-89 中的断面 *A—A* 所示。

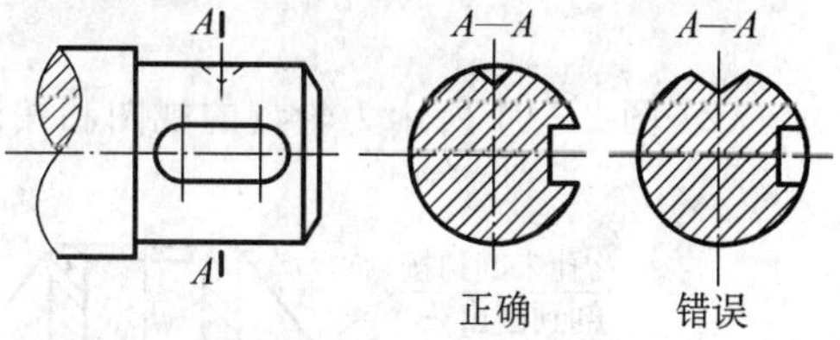

图 2-89 按投影关系配置的移出剖面

(4) 不必标注 配置在剖切符号的位置(此时可由剖切线画出)的延长线上的对称移出断面和配置在视图中断处的对称移出断面,以及按投影关系配置的对称移出断面,均不必标注。

3. 重合断面的画法

重合断面的轮廓线用细实线绘制。当重合断面轮廓线与视图中轮廓线重叠时,视图的轮廓线仍应连续画出,不可间断(见图 2-85)。

4. 重合断面的标注

重合断面是直接画在视图内剖切位置上,因此,标注时可省略字母(见图 2-85)。

【复习思考】

作圆柱形阶梯轴断面图,键槽深 3.5 mm.

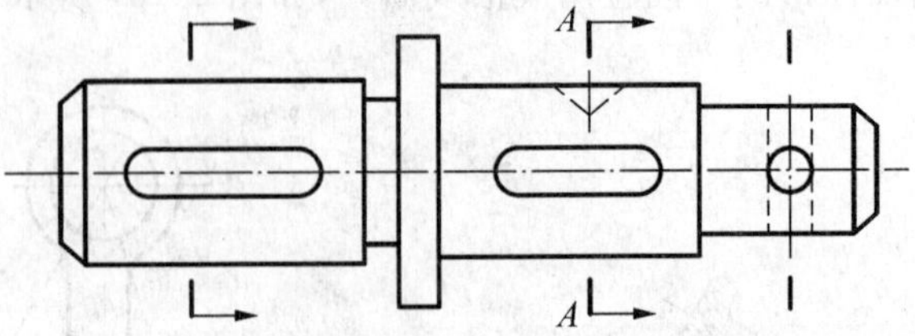

任务 3.4　用其他方法表达形体结构

【任务导入】

(1) 如图 2-90 所示的某型号汽车转轴上有细小的结构(两细实线圆圈内),请采用局部放大图表达其结构。

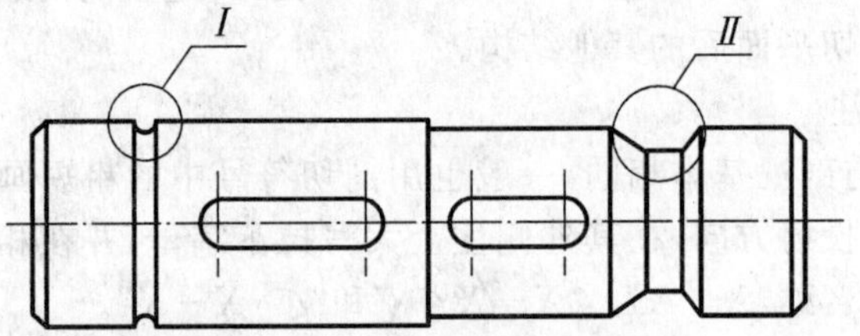

图 2-90　转轴

(2) 图 2-91 所示为轮盘的视图和按简化画法绘制的全剖视图,分析其画法。

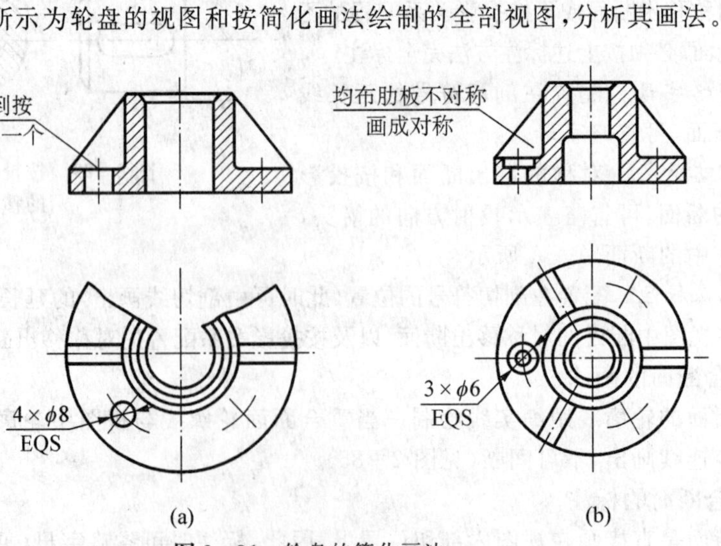

图 2-91　轮盘的简化画法

【任务分析】

将机件的部分结构用大于原图形采用的比例画出的图形，称为局部放大图。当机件的某些结构较小，如按原图所用的比例画出，对于机件、轮辐及薄壁等，如按纵向剖切，这些机构都不画剖面符号，而用粗实线将它与其邻接的部分分开，如图 2-92 所示。

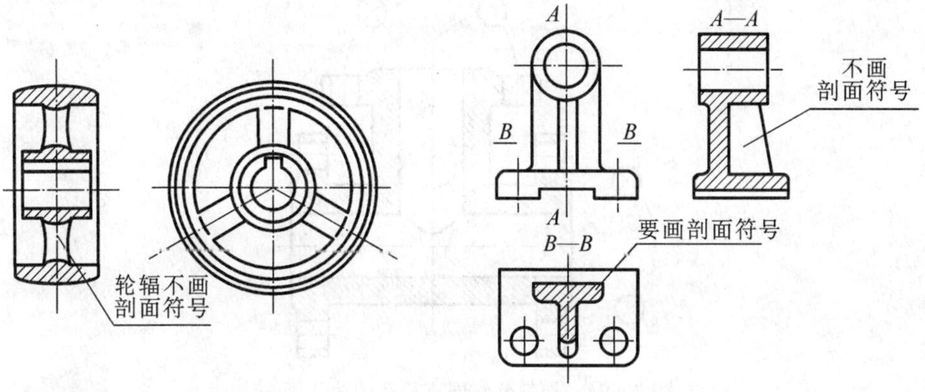

图 2-92 肋板轮辐的习惯画法

【相关知识】

1. 相同结构的简化画法

(1) 当机件上具有若干相同结构(如齿、槽等)，并按一定规律分步时，只需画出几个完整的机构，其余用细实线连接，在图上必须注明该结构的总数，如图 2-93(a, b)所示。

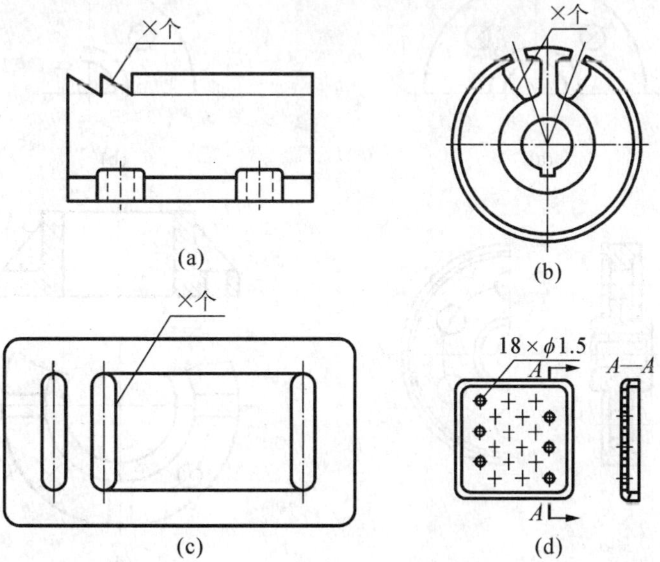

图 2-93 相同要素的简化画法

(2) 当机件上具有若干直径相同，且成规律分布的孔（圆孔、螺孔、沉孔等），可以仅画出一个或几个，其余只需用细点画线表示其对称中心线（确定圆心的位置）、对称线，在图上注明孔的总数，如图 2-93(c, d)所示。

(3) 圆柱形凸缘（法兰）和类似机件上均匀分布在圆周上直径相同的孔，可按图 2-94 所示的方法绘制。

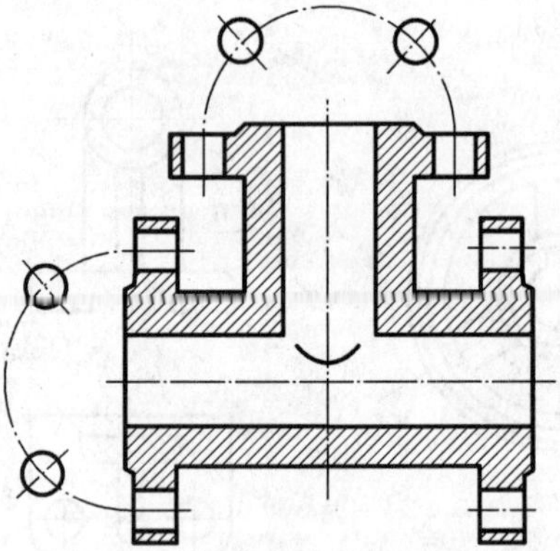

图 2-94　均匀分布同直径孔的简化画法

2. 对称图形的简化画法

(1) 在不致引起误解时，对于对称机件的视图可只画一半或$\frac{1}{4}$，并在图形对称中心线的两端分别画两条与其垂直的平行细实线（细短画线），如图 2-95(a, b, c)所示。也可画出略大于一半，并以波浪线为界线的圆，如图 2-95(d)所示。

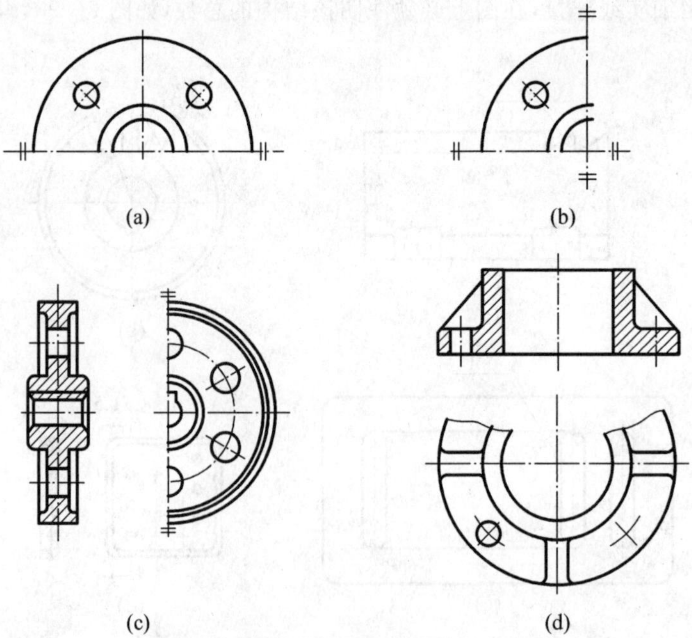

图 2-95　对称图形的简化画法

(2) 机件上对称结构的局部视图，可按图 2－96 所示的方法绘制。

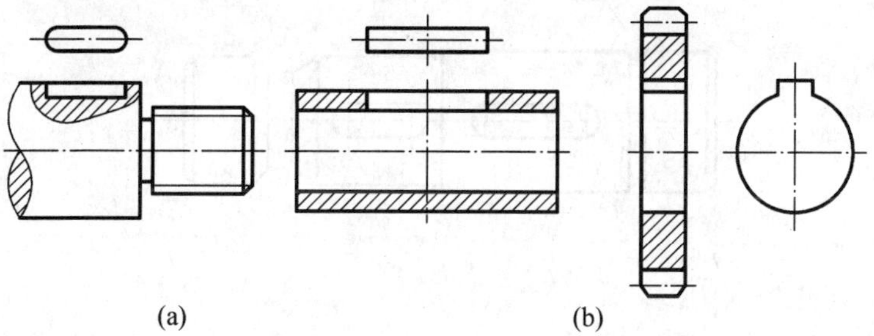

图 2－96　对称结构局部视图的简化画法

3. 长机件的简化画法

较长的机件(如轴、杆、型材、连杆等)，沿长度方向形状一致或按一定规律变化时，可断开后缩短画出，但要按实际长度标注尺寸，如图 2－97 所示。

断裂的边界线可用双点画线或波浪线绘制，如图 2－97(b，c)所示。对于实心圆柱和空心圆柱，可按图 2－97(a，c)绘制。对于较大的机件可用双折线绘制，如图 2－97(d)所示。

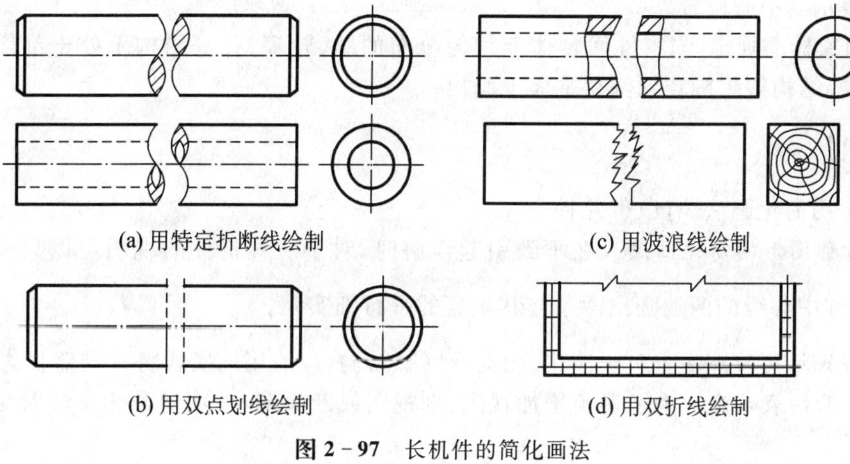

图 2－97　长机件的简化画法

【任务实施】

局部放大图可以画成视图、剖视图、断面图的形式，与被放大部分的表示形式无关，并尽量配置在被放大部位的附近。局部放大图的投射方向，应与被放大部位的投射方向一致；与整体联系的部分，用波浪线画出；画成剖视和断面图时，对其剖面线的方向和间隔，应与原图中有关的剖面线的方向和间隔相同。

画局部放大图时，用细实线圈出被放大的部位。当同一机件上有几处需要放大时，必须用罗马数字依次标明被放大的部位，并在局部放大图上方标出相应的罗马数字和所采用的比例，如图 2－98 所示。若只有一处被放大时，在局部放大图上方只需注明所采用的比例。

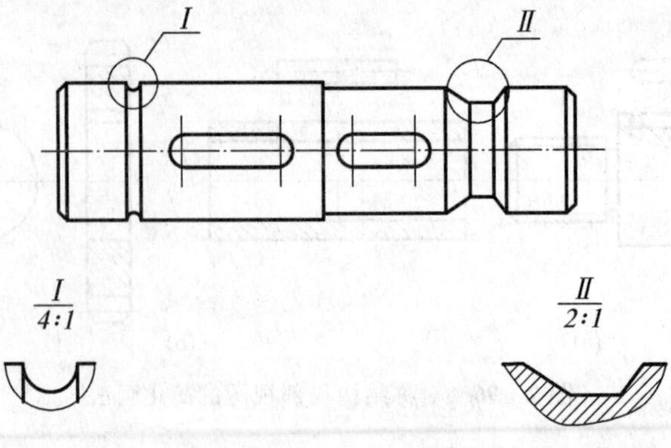

图 2-98　转轴局部放大图

(1) 国家标准规定：对于零件上的肋、轮辐、薄壁等结构和部件上的坚固件、实心轴等，如按纵向剖切，通常按不剖绘制，不画剖面符号，而用粗实线将它与其邻接部分分开。

(2) 国家标准规定：直径相同且成规律颁布的孔，可以仅画出一个或几个，其余只需用细点画线表示其中心位置。

(3) 国家标准规定：当零件回转体上均匀分布的肋、轮辐、孔等结构不处于剖切平面上时，可将这些结构假想旋转到剖切平面上画出。

【拓展知识】

其他常用简化画法，有以下几种。

(1) *对称图形的简化画法*　在不致引起误解时，对于对称机件的视图可以只画一半或 $\frac{1}{4}$，并在对称中心线的两端画出两条与其垂直的平行细实线。

(2) *网状结构的画法*　对于滚花、槽沟等网状结构，一般用细实线将其局部表达出来。

(3) *平面的表示法*　为了避免增加视图、剖视图或断面图，可用两条相交成对角的细实线表示平面。

(4) *较小斜度和锥度结构的画法*　机件上较小的斜度和锥度等结构，如在一个图形中已表达清楚时，其他图形可按小端画出。

(5) *局部视图的简化画法*　零件上对称结构的局部视图，可配置在视图上所需表示其局部结构的附近。

(6) *圆角、倒角的简化画法*　除确实需要表示的某些圆角、倒角外，其他圆角、倒角在零件图中均可不画，但必须注明尺寸，或在技术要求中加以说明。

(7) *与投影面倾角小于或等于30°圆或圆弧的简化画法*　与投影面倾斜角度小于或等于30°的斜面上的圆或圆弧，其投影可用圆或圆弧代替。

(8) *较长机件的简化画法*　较长机件(轴、杆、型材、连杆等)沿长度方向的形状一致或按一定规律变化时，可断开绘制。

【复习思考】

根据主视图在三个指定的位置，请画出其移出断面图。按照图中给出的尺寸绘制Ⅰ、Ⅱ两处局部放大图，放大比例分别为2∶1和4∶1，并按“国标”的规定补全标注。

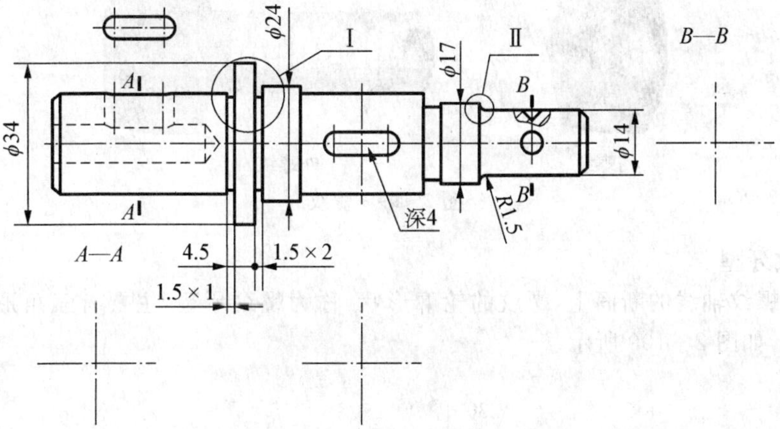

任务4　标准件及常用件

在各种机械设备中，经常要用到螺栓、螺钉、螺母、垫圈、键和销等零件，这些零件的结构、尺寸及技术要求等，国家已经制定了统一的标准，以适应专业化大批量生产，故这些零件称为标准件。有些零件虽不属于标准件，如齿轮、弹簧等，但它们的部分参数也实现了标准化，这些零件称为常用件。

任务4.1　绘制螺纹和螺纹联结件图

【任务导入】

(1) 识读螺栓联结图。
(2) 识读双头螺柱联结图。

【任务分析】

由于螺栓联结都是标准件，因此，只需要在装配图中画出联结图即可。相应螺栓联结中的螺栓、螺母、垫圈，查阅有关国家标准即可确定其结构和尺寸。

由于螺柱联结都是标准件，因此，只需要在装配图中画出联结图即可。相应螺柱联结中的螺柱、螺母、垫圈，查阅有关国家标准即可确定其结构和尺寸。

【相关知识】

螺纹是指在圆柱或圆锥表面上，沿螺旋线所形成的具有相同断面的连续凸起和凹陷，凸起部分一般称为牙，凹陷部分称为螺纹沟槽。实际上，可认为是由平面图形绕和它共平面的回转轴线作螺旋运动时的轨迹。如图 2－99 所示，在圆柱或圆锥外表面上形成的螺纹，称为外螺纹；在圆柱或圆锥内表面上形成的螺纹，称为内螺纹。

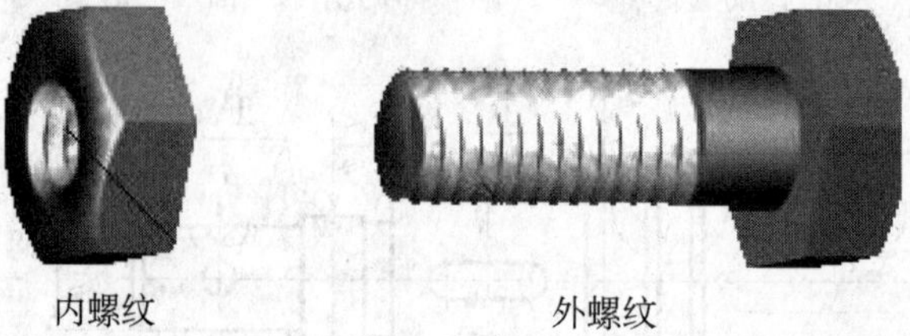

图 2－99 螺纹

1. 螺纹牙型

在通过螺纹轴线的断面上，螺纹的轮廓形状，称为螺纹牙型，主要有三角形、梯形、锯齿形和矩形等，如图 2－100 所示。

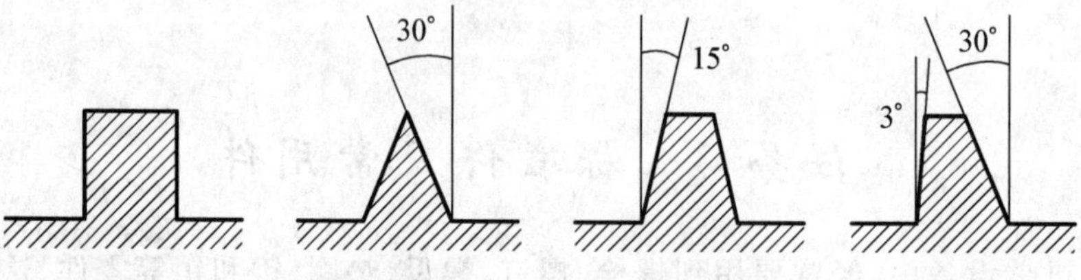

图 2－100 常见螺纹牙型

2. 螺纹直径

螺纹直径用大径、中径、小径表示，如图 2－101 所示。

(1) 大径是指与外螺纹牙顶或内螺纹牙底相重合的假想圆柱的直径，用 d(外螺纹)或 D(内螺纹)表示。除管螺纹外，公称直径通常是指螺纹大径的基本尺寸。

(2) 小径是指与外螺纹牙底或内螺纹牙顶相重合的假想圆柱的直径，用 d_1(外螺纹)或 D_1(内螺纹)表示。

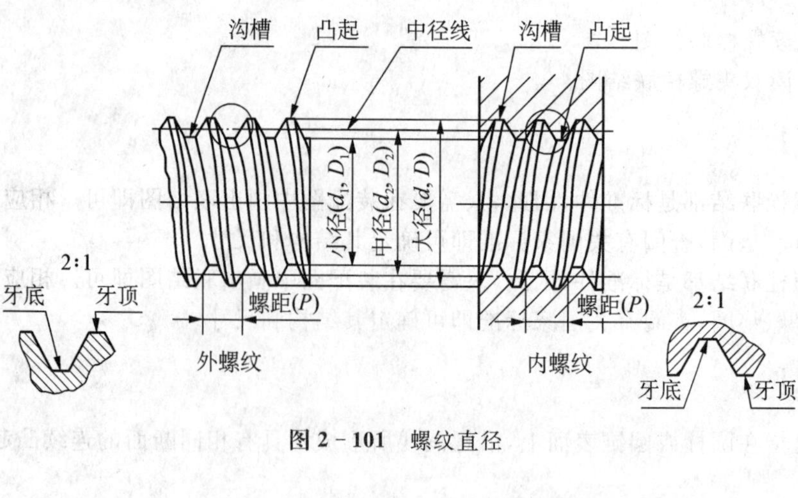

图 2－101 螺纹直径

(3) 中径是在大径与小径之间假想的圆柱，在母线上牙型的沟槽和凸起宽度相等。此假想圆柱称为中径圆柱，其直径称为中径，分别用 d_2（外螺纹）和 D_2（内螺纹）表示，它是控制螺纹精度的主要参数之一。

3. 螺纹线数(n)

螺纹有单线（常用）和多线之分，沿一条螺旋线形成的螺纹为单线螺纹；沿轴向等距分布的两条或两条以上的螺旋线所形成的螺纹为多线螺纹。

4. 螺距(P)和导程(P_h)

如图 2－102 所示，螺纹相邻两牙在中径线上对应两点间的轴向距离，称为螺距，用 P 表示；同一条螺旋线上相邻两牙在中径线上对应两点间的轴向距离，称为导程，用 P_h 表示。螺距和导程的关系是，单线螺纹 $P_h = P$，多线螺纹 $P_h = nP$。

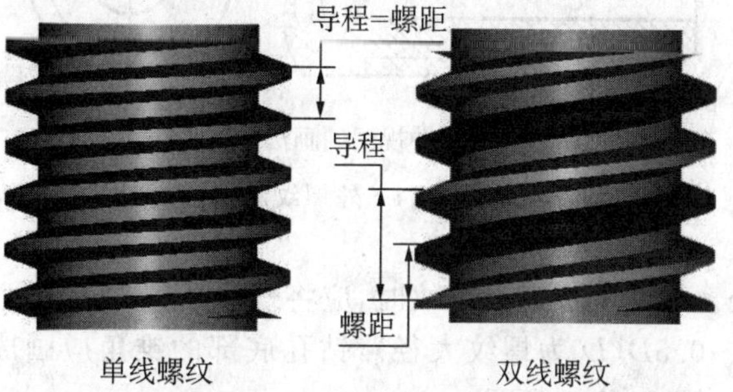

图 2－102　螺纹螺距和导程

5. 旋向

螺纹分右旋和左旋两种，如图 2－103 所示。顺时针旋转时为旋入的螺纹，称为右旋螺纹；逆时针旋转时为旋入的螺纹，称为左旋螺纹。工程上常用右旋螺纹，即顺时针旋转为拧紧。

国家标准对螺纹的牙型、大径和螺距作了统一规定。凡是这 3 项要素均符合国家标准的螺纹称为标准螺纹；只有牙型符合国家标准的螺纹称为特殊螺纹；连牙型也不符合标准的螺纹称为非标准螺纹。

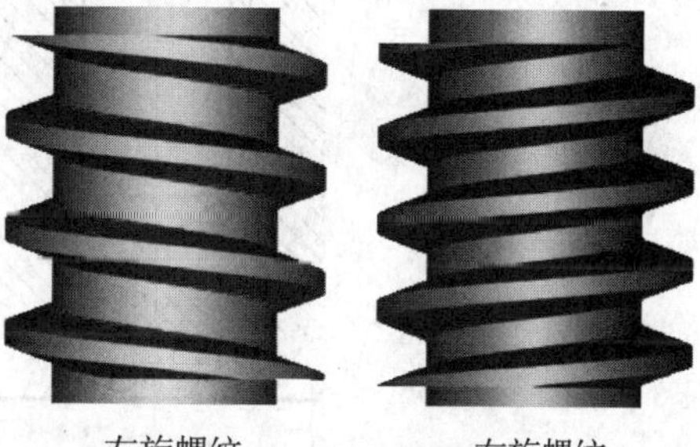

图 2－103　螺纹旋向

6. 外螺纹的画法

不论其牙型如何，外螺纹大径及螺纹终止线用粗实线表示，螺杆的倒角或倒圆部分也应画出；小径用细实线表示。画图时，小径尺寸近似地取 $d_1 \approx 0.85\,d$。在垂直于螺纹轴线投影面上的视图中，表示小径的细实线圆只画 3/4 圈，此时倒角省略不画。画剖视图时，螺纹终止线只画一小段粗实线到小径处，剖面线应画到粗实线，如图 2－104 所示。

7. 内螺纹的画法

在剖视图中，投影为非圆视图中，小径用粗实线表示，大径用细实线表示；在投影为圆的视图中，表示大径圆用细实线只画约 3/4 圈，倒角圆省略不画，螺纹的终止线用粗实线表示，

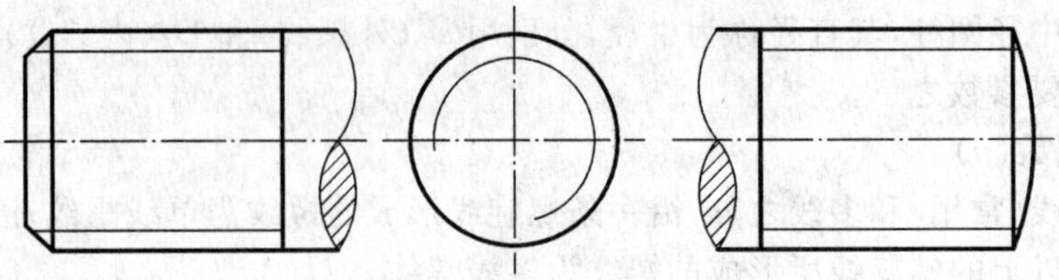

(a) 视图的画法

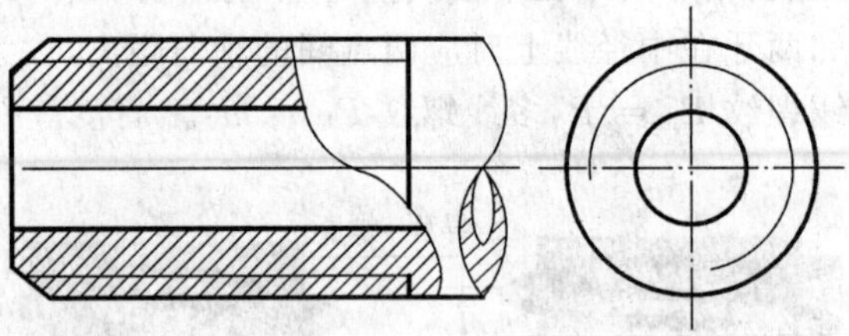

(b) 冲视图的画法

图 2－104 外螺纹的画法

剖面线画到粗实线处。绘制不穿通的螺纹时，应将螺纹孔和钻孔深度分别画出，一般钻孔应比螺纹孔深约 $0.2D \sim 0.5D$(D 为螺纹大径)，钻孔底部的锥角应画成 120°。不可见螺纹所有图线均画成虚线，如图 2－105 所示。

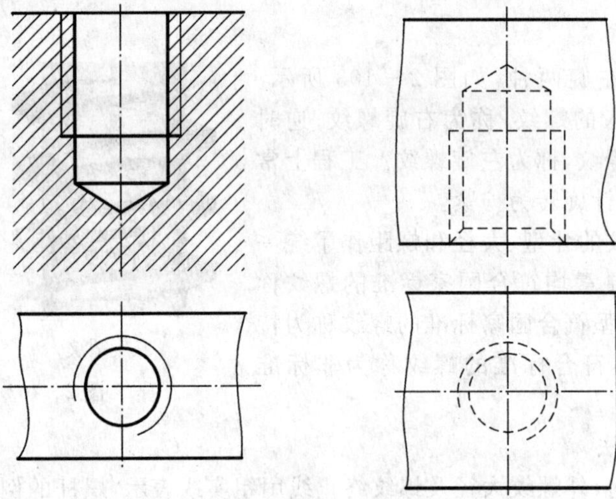

图 2－105 内螺纹的画法

8. 螺栓、螺柱联结的画法

(1) 用比例画法画螺栓联结的装配图时，应注意以下几点：

① 两零件的接触表面只画一条线，要用粗实线。凡不接触的表面，不论间隙大小，都应画成两条线(如螺栓和孔之间应画成两条线)。

② 剖切平面通过螺栓轴线时，螺栓、螺母、垫圈可按不剖绘制，仍画外形。必要时，可采用局部剖视，但如果垂直其轴线剖切，则按剖视图要求绘制。

③ 两零件相联结时，不同零件的剖面线方向应相反，或者方向一致而间隔不等。

④ 被联结件上加工的螺栓孔直径稍大于螺栓直径，一般取 1.1 d。

(2) 选定螺栓联结需确定的内容有：

① 根据使用要求，选择螺栓的结构型式(即确定国标代号)。

② 根据强度要求或结构要求，确定螺栓的公称直径(螺纹规格)d。

③ 根据下式计算螺栓的公称长度 L：$L \geqslant l_1 + l_2 + h + m + a$。式中，$l_1$，$l_2$ 为两被联结件的厚度；h 为垫圈厚度；m 为螺母厚度；a 为螺栓头部超出螺母的长度，一般取 $a = 0.2 \sim 0.3\,d$。

(3) 螺柱联结。当两个被联结件中有一个很厚，不允许钻成通孔时，常用双头螺柱联结。双头螺柱两端均加工有螺纹，一端与被联结件旋合，另一端与螺母旋合。用比例画法绘制双头螺柱联结时，注意以下几点：

① 旋入端的螺纹终止线应与结合面平齐。

② 旋入端的长度 b_m 要根据被旋入件的材料而定：被旋入端的材料为钢、青铜和硬铝时，$b_m = d$；被旋入端的材料为铸铁时，$b_m = 1.25\,d \sim 1.5\,d$；被联结件为铝、有色金属等较软材料时，取 $b_m = 2\,d$。

③ 旋入端的螺孔深度取 $b_m + 0.5\,d$，钻孔深度取 $b_m + d$。

④ 螺柱的公称长度 $L \geqslant \delta$ + 垫圈厚度 + 螺母厚度 + $(0.2 \sim 0.3)d$，然后选取与估算值相近的标准长度值作为 L 值(δ 表示光空件的厚度，由设计给定)。

【任务实施】

(1) 识读螺栓联结件的视图，如图 2-106 所示。

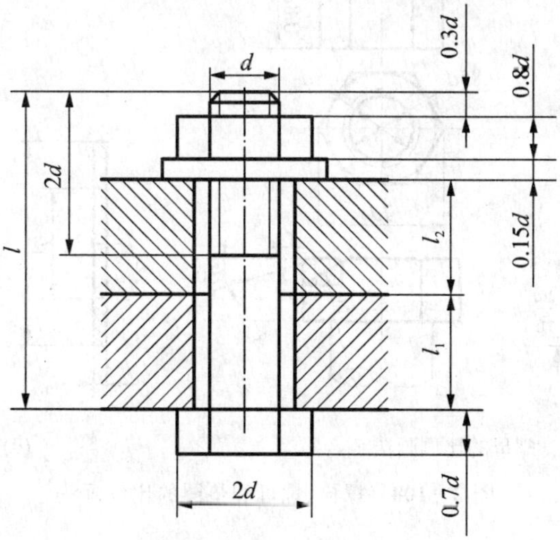

图 2-106 螺栓联结

（2）识读螺柱联结件的视图，如图 2－107 所示。

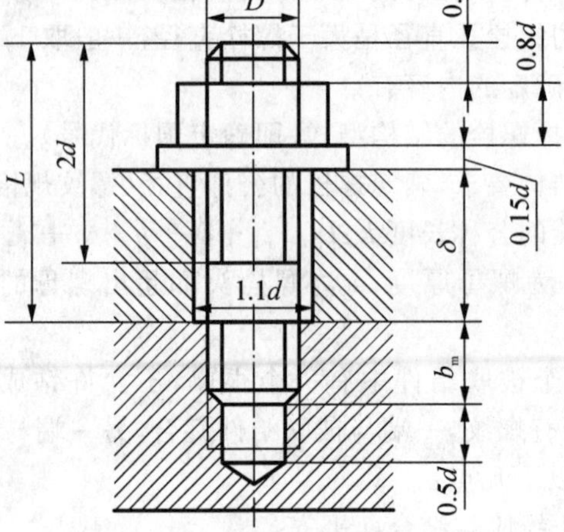

图 2－107 螺柱联结的比例图法

【拓展知识】

螺纹紧固件被广泛应用，在装配图中画它的机会很多，因此必须熟练掌握其画法。绘制螺纹紧固件的方法按尺寸来源不同，分为比例画法和查表画法两种。

（1）*比例画法* 根据螺纹公称直径（d，D），按与其近似比例关系计算出各部分尺寸后作图。此法作图方便，画联结图常用。图 2－108 所示为常用螺栓、螺母和垫圈的比例画法。

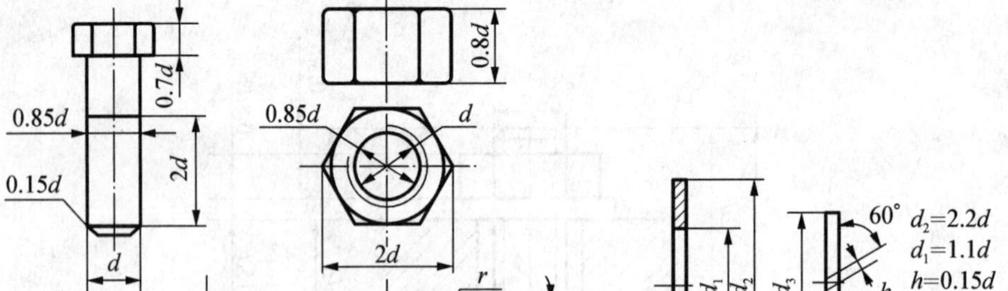

(a) 螺栓、螺母的比例画法 (b) 垫圈的比例画法

图 2－108 螺栓、螺母和垫圈的比例画法

（2）*查表画法* 根据紧固件标记，在相应的标准中查得各有关尺寸后作图。例如，需绘制下例螺栓、螺母、垫圈的视图，则可从有关表格中表查得各主要部分尺寸：

① 螺栓　GB/5782—2000　M10×40,其中:

直径 $d=10$，六角头对边距 $s=16$，螺纹长度 $b=26$，螺栓头厚度 $k=6.68$，公称长度 $l=40$，六角头对角距 $E=17.7$。

② 螺母　GB/T6170—2000　M10,其中:

厚度 $M_{max}=8.4$，其他尺寸与螺栓头部对应部分相同。

③ 垫圈　GB/T97.1—1985　10,其中:

外径 $D=20$，内径 $D=10.5$，厚度 $H=2$。

根据上述尺寸,即可绘制它们的视图。图中的视图配置,为表达所常用。

【复习思考】

在图的下面画出正确的外螺纹。

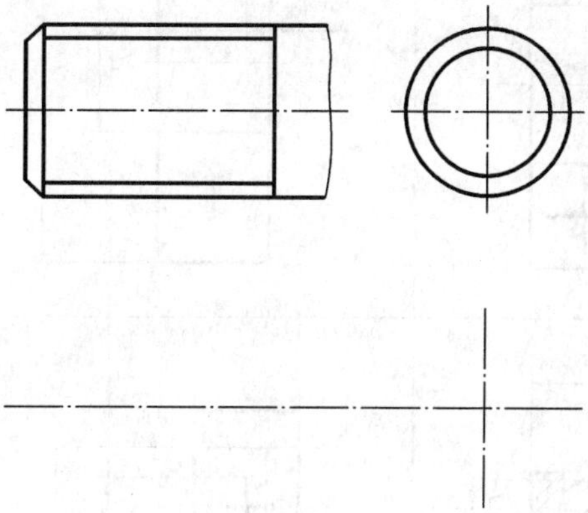

任务4.2　绘制滚动轴承和弹簧视图

【任务导入】

(1) 标记为:滚动轴承 6204 GB/T276—1994,分析其参数含义。

(2) 标记为:圆柱螺旋弹簧 YB30×150×300 GB/T2089—1994,分析其参数含义。

【任务分析】

由于轴承和弹簧都是常用件,因此,只需要查阅有关国家标准即可确定其结构和尺寸,然后按照有关尺寸绘图。

【相关知识】

1. 滚动轴承的画法

滚动轴承是标准件,其结构型式、尺寸和标记都已经标准化,画图时按国家标准的规定,可以采用简化画法和规定画法。一般在画图前，根据轴承代号从相应的标准中查出滚动轴承的外径 D、内径 d、宽度 B 后，按比例关系绘制。

滚动轴承的画法，见表 2-9。

表 2-9　滚动轴承的画法

轴承名称及代号	规定画法 通用画法	特征画法	装配画法
深沟球轴承 6000 型	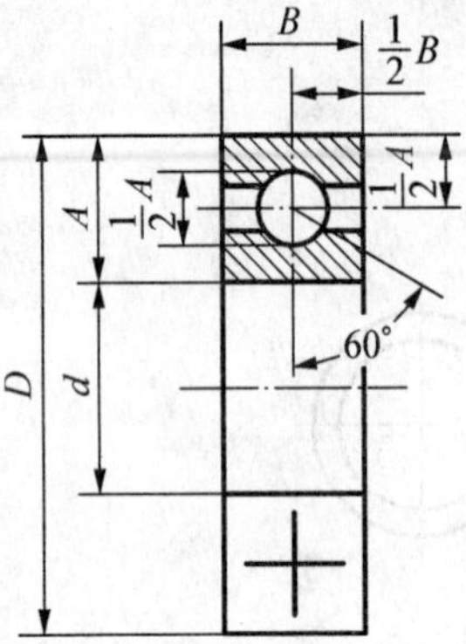	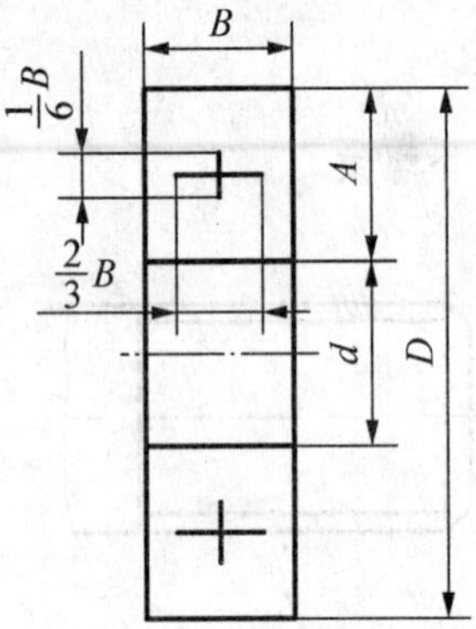	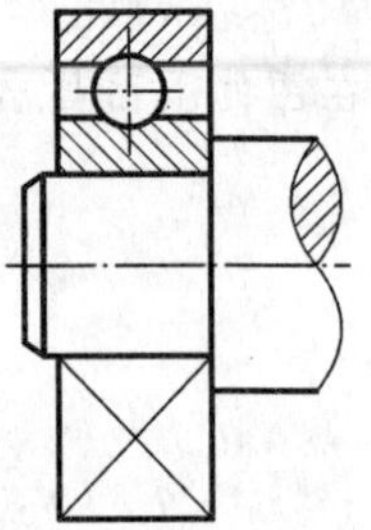
推力球轴承 50000 型	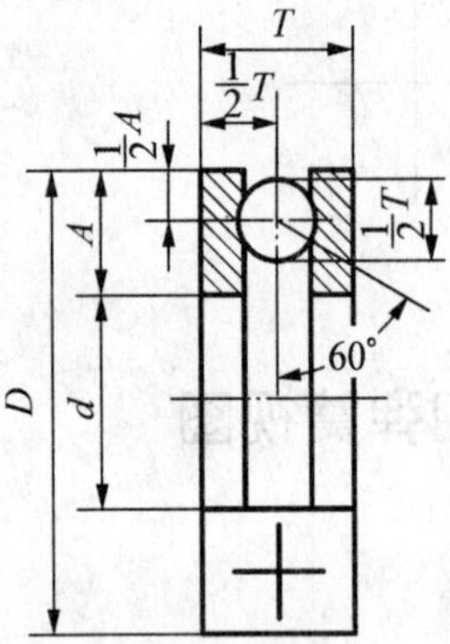	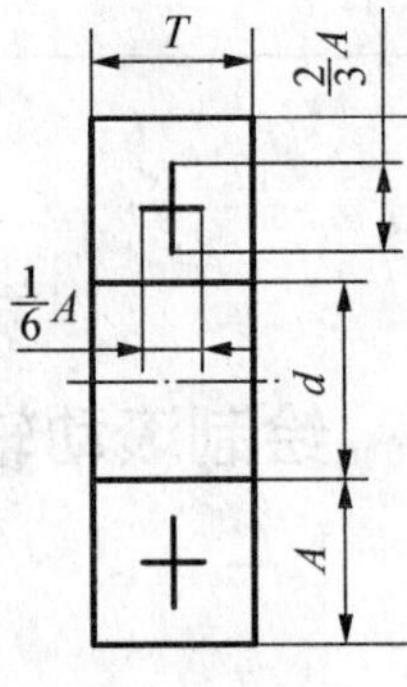	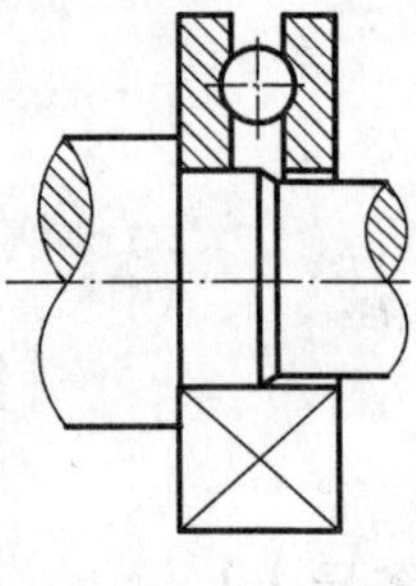
圆锥滚子轴承 30000 型	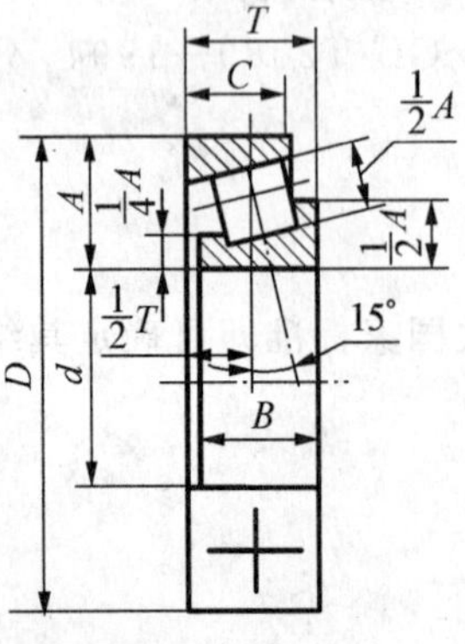	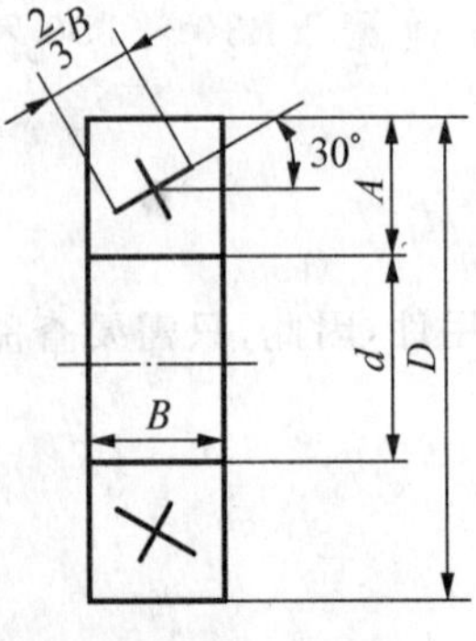	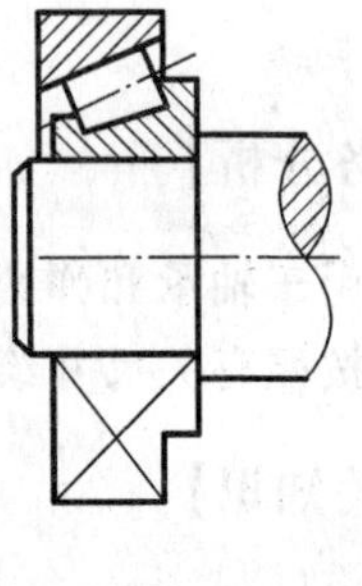

注：在规定画法、通用画法一列中，图样以轴线为界，上半部分为规定画法，下半部分为通用画法。

2. 圆柱螺旋压缩弹簧的规定画法

弹簧的种类很多，常见的有螺旋弹簧、蜗卷弹簧、板弹簧(如汽车底盘钢板弹簧)和片弹簧等(见表1-6)，其中以普通圆柱螺旋弹簧用得最广。根据受力不同，可分为螺旋压缩弹簧(如汽车发动机气门弹簧)、螺旋拉伸弹簧和螺旋扭转弹簧3种。

在国家标准中，对螺旋压缩弹簧的画法规定如下，如图2-109所示。

(1) 在平行于螺旋弹簧轴线的投影面的视图中，各圈的外轮廓线应画成直线。

(2) 螺旋弹簧均可画成右旋，但左旋螺旋弹簧不论画成左旋或右旋，必须加写"左"字。

(3) 对于螺旋压缩弹簧，如要求两端并紧且磨平时，不论支承圈数多少和末端贴紧情况如何，均按"有效圈是整数，支承圈为2.5圈"的形式绘制，必要时也可按支承圈的实际结构绘制。

(4) 当弹簧的有效圈数在4圈以上时，可以只画出两端的1～2圈(支承圈除外)，中间部分省略不画，用通过弹簧钢丝中心的两条点画线表示，并允许适当缩短图形的长度。

(5) 在装配图中，型材直径或厚度在图形上等于或小于1 mm的螺旋弹簧，允许用示意图绘制，如图2-110(a)所示；当弹簧被剖切时，剖面直径或厚度在图形上等于或小于2 mm时，也可用涂黑表示，且各圈的轮廓线不画，如图2-110(b)所示。

(6) 在装配图中，被弹簧挡住的结构一般不画出，可见部分应从弹簧的外轮廓线或从弹簧钢丝剖面的中心线画起，如图2-110(c)所示。

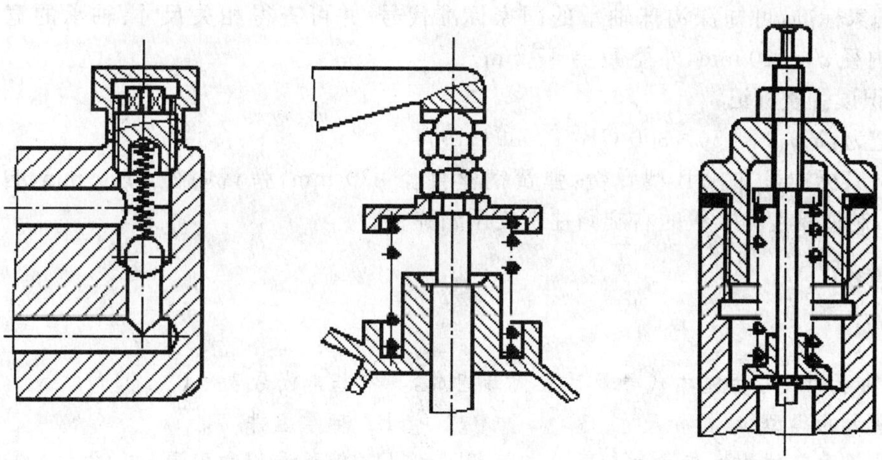

(a)　　(b)　　(c)

图2-109　弹簧在装配图中的画法

3. 圆柱螺旋压缩弹簧的画图步骤

当已知弹簧的型材直径 d、中径 D_2、自由高度 H_0(画装配图时，采用初压后的高度)、有效圈 n、总圈数 n_1 和旋向后，即可计算出节距 t，其作图步骤如图2-110所示。

(1) 布置图面(根据 D_2 和 H_0)。

(2) 画两端支承圈的小圆(每端各按5/4圈画)。

(3) 画有效圈的小圆(两边各画1～2圈)。

(4) 按右旋画相应小圆的外公切线。

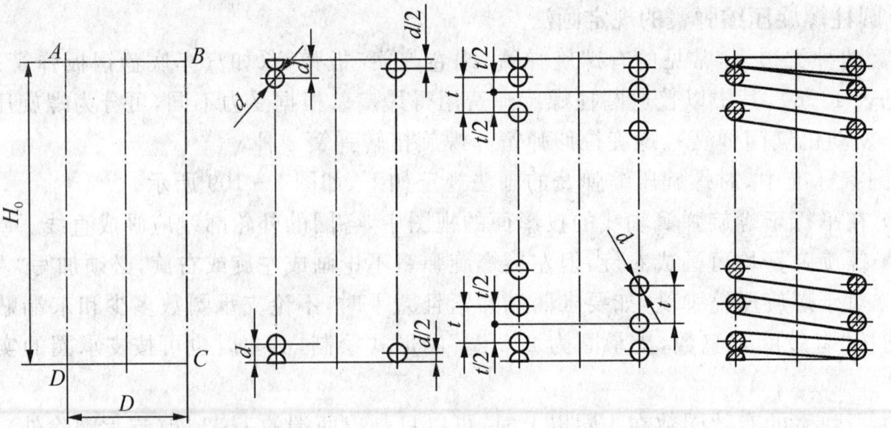

图 2－110　圆柱螺旋压缩弹簧的画图步骤

(5) 完成剖视图(画剖面线)。

【任务实施】

1. 识读滚动轴承标记

标记:滚动轴承 6204 GB/T276—1994。

查国家标准,可知深沟球轴承的国家标准代号,并可查得相关尺寸:轴承的宽度 $B=14\ \text{mm}$,内径 $d=20\ \text{mm}$,外径 $D=47\ \text{mm}$。

2. 识读弹簧标记

标记为:YB30×150×300 GB/T2089—1994。

查国家标准可知,YB 型弹簧:弹簧钢丝直径 $\phi30$ mm,弹簧中径 $\phi150$ mm,自由高度 300 mm,制造精度为 3 级的右旋圆柱螺旋压缩弹簧。

【复习思考】

选择题

1. 滚动轴承的代号由基本代号及后置代号组成,其中基本代号表示(　　)。

A. 轴承的类型、结构和尺寸　　B. 轴承组件

C. 轴承内部结构的变化和轴承公差等级　　D. 轴承游隙和配置

2. 滚动轴承内圈与轴径的配合以及外圈与座孔的配合(　　)。

A. 全部采用基轴制

B. 全部采用基孔制

C. 前者采用基孔制、后者采用基孔制

D. 前者采用基孔制、后者采用基孔制

3. 代号为 3108, 3208, 3308 的滚动轴承(　　)不相同。

A. 外径　　B. 内径

C. 精度　　D. 类型

任务5 轴类零件测绘

【任务导入】

图2－111所示为汽车变速器中的齿轮轴，测绘该齿轮轴的零件图。

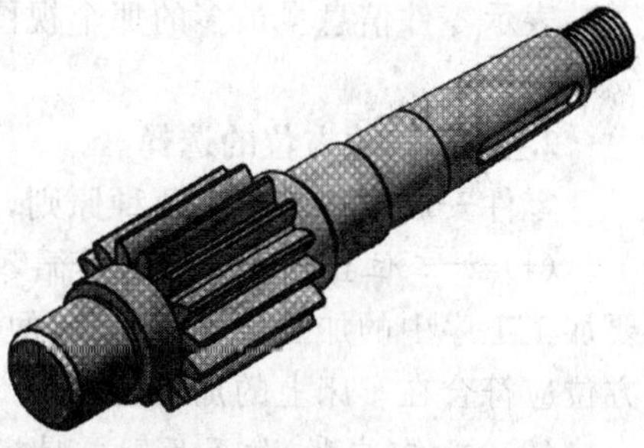

图2－111 齿轮轴

【任务分析】

测绘零件图的步骤是：首先应用量具测量齿轮轴的尺寸，并根据轴类零件的自身特点选择适合的表达方法，绘制相应视图；然后根据工艺要求，标注具体的尺寸、公差和粗糙度。

【相关知识】

一、零件图概念

表达零件结构形状、尺寸和技术要求的图样，称为零件工作图（简称零件图）。机械图样主要有零件图和装配图两种。

二、零件图的作用和内容

1. 零件图的作用

机器或部件是由零件装配成的。零件图是设计部门提交给生产部门的重要技术文件，它反映了设计者的意图，表达了对零件的要求（包括对零件的结构要求和制造工艺的可能性、合理性要求等），是制造和检验零件的依据。

2. 零件图的内容

零件图一般应包括以下4方面内容。

（1）图形　用一组图形（包括各种表达方法），准确、清楚和简便地表达出零件的结构形状。

（2）尺寸　正确、齐全、清晰、合理地标出零件各部分的大小及其相对位置尺寸，即提供制造和检验零件所需的全部尺寸。

（3）技术要求　将制造零件应达到的质量要求（如表面粗糙度、尺寸公差、形位公差、材料、热处理及表面镀、热处理等），用一些规定的代（符）号、数字、字母或文字，准确、简明地表示出来。有的使用代（符）号标在图中的技术要求栏，也可用文字注写在标题栏的上方或左方。

（4）标题栏　标题栏在图样的右下角，应按标准格式画出，用以填写零件的名称、材料、图样的编号、比例，以及设计、审核、批准人员的签名、日期等。

三、零件主视图选择的原则

一般情况下，主视图是表达零件结构形状的一组图形中最主要的视图，而且画图和看图也通常先从主视图开始。主视图的选择是否合理，直接影响到其他视图的选择、配置和看图、画图是否方便，甚至也影响到图幅能否合理利用。因此，应首先选好主视图。

1. 方向的选择

表示零件信息量最多的那个视图应作为主视图，通常是零件的工作位置或加工位置或安装位置。

2. 零件安放方位的选择

零件安放方位一般有两种原则，即“加工位置原则”或“工作位置（安装位置）原则”。

（1）加工位置原则　是指遵循零件在机床上加工时的装夹位置。主视图方位与零件主要加工工序中的加工位置相一致，便于看图、加工和检测尺寸。例如，轴作为主视图，其安放方位应符合在车床上的加工位置。

（2）工作（安装）位置原则　是指遵循零件安装在机器或部件中的安装位置或工作时的位置。

按安装工的工作位置安放主视图，使图纸放置方位与零件的安装位置或工作位置一致，有利于把零件图和装配图对照起来看图。

对于一些运动零件，常将这些零件下放画出，并使零件上尽量多的表面处于与某一基本投影面特殊的位置（平等或垂直）。

选择主视图时，应首先选好其投射方向，再考虑零件的类型，并兼顾其他视图的匹配、图幅的利用等具体因素来决定其安放方位。

3. 其他视图

主视图确定后，应根据零件结构形状的复杂程度，由主视图是否已表达完整和清楚，来决定是否需要和需要多少其他视图以弥补表达的不足。

（1）零件的主体形状应采用基本视图表达，即优先选用基本视图；局部形状如不便在基本视图上兼顾表达时，可另选用其他视图（如向视图、局部视图、断面图等）。一个较好的表达方案往往需要试列多种比较，形状完整、清晰的前提下，使视图数量为最少。

（2）尽量不用或少用虚线。零件不可见的内部轮廓和外部被遮挡（在投射方向上）的轮廓，在视图中用虚线表示，为不用或少用虚线就必须恰当选用局部视图、向视图、剖视图或断面图。但适当少量虚线的使用，又可以减少视图数量。

（3）避免细节重复。零件在同一投射方向中的内、外结构形状，一般可在同一视图（剖视图）上兼顾表达。当不便在同一视图（剖视图）上表达（如内、外结构形状投影发生层次重叠）时，也可另用视图表达。对细节表达重复的视图应舍去，力求表达简练，不出现多余视图。

4. 零件视图选择的步骤

零件视图选择的一般步骤为：

（1）分析零件的结构形状。

（2）选择主视图。

（3）选择其他视图，初定表达方案。

（4）分析、调整，形成最后表达方案。

图 2-112 所示为泵体表达方案，共用两个基本视图（主视图、左视图）和两个其他视图（向视图“*B*”、局部视图“*C*”）。其中，主视图采用了 3 处局部剖视，因剖切位置明显，未加标注；左视图采用了复合剖切方法画成的剖视图 *A*—*A*；*B* 视图为仰视投射方向的向视图；*C* 视图为后视方向的局部视图。此方案视图数量较少，避免了虚线，没出现表达形状的重复，故为该泵体表达较好的方案。

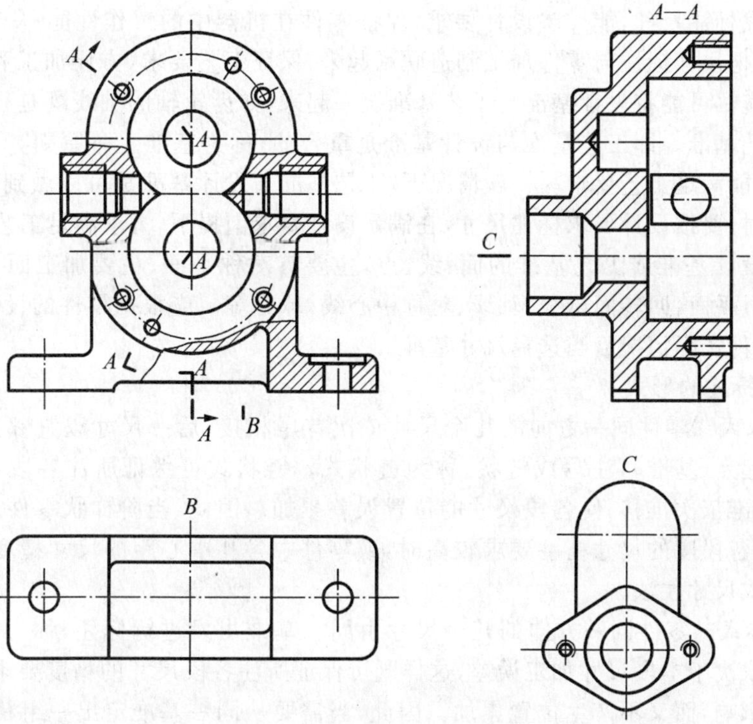

图 2-112　泵体表达方案

四、零件图中的尺寸标注

1. 零件图中的尺寸标注要求

所谓尺寸标注合理，是指所注的尺寸既要满足设计要求，又要满足加工、测量和检验等制造工艺要求。为了能做到尺寸标注合理，必须对零件进行结构分析、形体分析和工艺分析，据此确定尺寸基准，选择合理的标注形式，结合零件的具体情况标注尺寸，努力做到正确、齐全、清晰合理。

2. 设计基准与工艺基准

零件的尺寸基准是指零件装配到机器上或在加工、装夹、测量和检验时，用以确定其位置的一些面、线或点。因此，根据基准的作用，一般将基准分为设计基准和工艺基准。

(1) 设计基准　根据机器的结构和设计要求，用以确定零件在机器中位置的一些面、线、点，称为设计基准。

(2) 工艺基准　根据零件加工制造、测量和检测等工艺要求所选定的一些面、线、点，称为工艺基准。

3. 基准的选择

任何一个零件都有长、宽、高 3 个方向(或轴向、径向两方向)的尺寸,每个尺寸都有基准,因此每个方向至少要有一个基准。同一方向上有多个基准时,其中必定有一个基准是主要的,称为主要基准;其余的基准则为辅助基准。主要基准与辅助基准之间应有尺寸联系。

主要基准应既为设计基准,同时也为工艺基准;辅助基准可为设计基准或工艺基准。从设计基准出发标注尺寸,能反映设计要求,保证零件在机器中的工作性能;从工艺基准出发标注尺寸,能把尺寸标注与零件加工制造联系起来,保证工艺要求,方便加工和测量。因此,标注尺寸时应尽可能将设计基准与工艺基准统一起来,如齿轮轴的轴线既是径向设计基准,也是径向工艺基准。即工艺基准与设计基准是重合的,称为基准生命原则。这样既能满足设计要求,又能满足工艺要求。一般情况下,工艺基准与设计基准是可以做到统一的。当两者不能统一时,要按设计要求标注尺寸,在满足设计要求前提下,力求满足工艺要求。

可作为设计基准或工艺基准的面、线、点,主要有对称平面、主要加工面、结合面、底平面、端面、轴肩平面,回转面母线、轴线、对称中心线,球心等。应根据零件的设计要求和工艺要求,结合零件实际情况恰当选择尺寸基准。

4. 尺寸标注的形式

(1) 链状式　零件同一方向的几个尺寸依次首尾相接,后一尺寸以它邻接的前一个尺寸的终点为起点(基准),注写成链状,称为链状式。链状式可保证所注各段尺寸的精度要求,但由于基准依次推移,使各段尺寸的位置误差累加。因此,当阶梯状零件对总长精度要求不高,而对各段度的尺寸精度要求较高时,或零件中各孔中心距的尺寸精度要求较高时,应采用链状式尺寸注法。

(2) 坐标式　零件同一方向的几个尺寸由同一基准出发进行标注,称为坐标式。各段尺寸精度只取决于本段尺寸加工误差,这样既可保证所注各段尺寸的精度要求,又因各段尺寸精度互不影响,而又不产生位置累加。因此,当需要从同一基准定出一组精确的尺寸时,常采用这种尺寸注法。

(3) 综合式　零件同一方向的多个尺寸,既有链状式又有坐标式,是这两种形式的综合,称为综合式。综合式具有链状式和坐标式的优点,既能保证一些精确尺寸,又能减少阶梯状零件中尺寸误差积累。因此,综合式注法应用较多。

5. 合理标注尺寸应注意的事项

(1) 按设计要求标注尺寸　应注意:

① 功能尺寸应从设计基准出发直接注出。零件的功能尺寸(重要尺寸),是指影响产品性能、工作精度、装配精度及互换性的尺寸。为保证设计要求,对零件的功能尺寸应从基准出发直接注出。在一个零件的尺寸中,功能尺寸的数量较少,约占尺寸总数的10%~20%,其余是非功能尺寸(一般尺寸)。一般尺寸在满足设计要求情况下,可从工艺基准出发标注。

② 不能标注成封闭的尺寸链。封闭的尺寸链是首尾相接,形成一个封闭圈的一组尺寸。尺寸链中任一环的尺寸误差,都等于其他各环的尺寸误差之和。因此,如标注成封闭尺寸链,欲同时满足各组成环的尺寸精度是办不到的。故在标注尺寸时,应在尺寸链中选一个不重要的环不注尺寸,该环称为开口环。

③ 联系尺寸应注出，相关尺寸应一致。为保证设计要求，零件同一方向上主要基准与辅助基准之间，确定位置的定位尺寸之间，都必须直接注出尺寸(联系尺寸)，将其联系起来。

对部件中有配合、联结、传动等关系(如轴和轴孔、键和键槽、销和销孔、内螺纹和外螺纹、两零件的结合面等)的相关零件，在标注它们的零件图尺寸时，应尽可能做到尺寸基准、尺寸标注形式及其内容等协调一致，以利于装配、满足设计要求。

(2) 按工艺要求注尺寸　应注意：

① 按加工顺序标注尺寸。按加工顺序标注尺寸符合加工过程，方便加工和测量，易于保证工艺要求。轴套类零件的一般尺寸或阶梯孔等都按加工顺序标注尺寸。

② 不同工种加工的尺寸应尽量分开标注。齿轮轴上的键槽是在铣床上加工的，标注键槽尺寸应与其他的车削加工尺寸分开，有利于看图。这样配置尺寸，清晰易找，加工时看图方便。

③ 标注尺寸应尽量方便测量。在没有结构图的或其他重要的要求时，标注尺寸应尽量考虑测量方便。在满足设计要求前提下，所注尺寸应尽量做到使用普通量具就能测量，以减少专用量具的设计和制造。

【任务实施】

零件测绘是学习机械制图的重要环节，零件测绘需要遵循一定的步骤，测绘的基本方法与步骤如下。

1. 了解和分析被测绘零件

首先应该了解被测绘零件的名称、材料，它在机器(或部件)中的位置、作用及与相邻零件的关系；然后对零件的内、外结构形状进行分析。

2. 确定零件的表达方案

轴类零件通常用一个基本视图和移出断面图或局部放大图表示。基本视图的轴线水平放置，轴上的键槽放置在前面，用移出断面图表示键槽的深度，砂轮越程槽或退刀槽常用局部放大图表示。

3. 画零件草图

零件草图的内容与零件图相同，可以徒手完成，要求视图和尺寸完整、图线清晰、字体工整，并注写必要的技术要求。画草图的步骤如下。

(1) 根据零件的总体尺寸和大致比例确定图幅，然后画线框和标题栏，布置图形定出各视图的位置，画主要轴线、中心线。

(2) 以目测比例，徒手画出图形。

(3) 检查并擦除多余线，描深，画剖面线，确定尺寸基准，并根据尺寸基准画出尺寸线和箭头。

4. 尺寸测量

绘制出草图之后，确定要测量的尺寸。测量尺寸之前，要根据被测尺寸的精度选择测量工具。线性尺寸的主要测量工具有千分尺、游标卡尺和钢直尺等，千分尺的测量精度在IT5～IT9之间，游标卡尺的测量精度在IT10以下，钢直尺一般用来测量非功能尺寸，内外卡规配合使用可测量其他工具无法测到且精度要求不高的尺寸。轴类零件的测量尺寸主要有以下几类。

(1) 轴径尺寸的测量　由测量工具直接测量的轴径尺寸要经过圆整，使其符合国家标准(GB/T2822—2005)推荐的尺寸系列，与轴承配合的轴径尺寸要和轴承的内孔系列尺寸相匹配。

（2）轴向长度尺寸的测量　轴向长度尺寸一般为非功能尺寸，用测量工具测出的数据圆整成整数即可。需要注意的是，长度尺寸要直接测量，不要用各段轴的长度累加计算总长。

（3）键槽尺寸的测量　键槽尺寸主要有槽宽 b、深度 t 和长度 L，从外观即可判断与之配合的类型。根据测量出的 b, t, L 值，结合轴径的公称尺寸，查阅 GB1096—1979，取标准值。

（4）螺纹尺寸的测量　螺纹大径的测量可用游标卡尺，螺距的测量可用螺纹规。在没有螺纹规时，可用薄纸压痕法。采用压痕法时，要多测量几个螺距，然后确定标准值。

（5）绘制轴的零件图　图 2－113 所示是轴的零件图。零件图包含 4 大内容：一组视图、一组尺寸、技术要求、标题栏。

模数	m	2
齿数	z	55
压力角	α	20°
齿形变位量	x	
精度等级	7	
齿距累积总误差	F_p	0.037
径向跳动公差	F_t	0.029
齿廓总公差	F_a	0.016
齿向公差	F_b	0.011
公法线长度	F_w	0.028

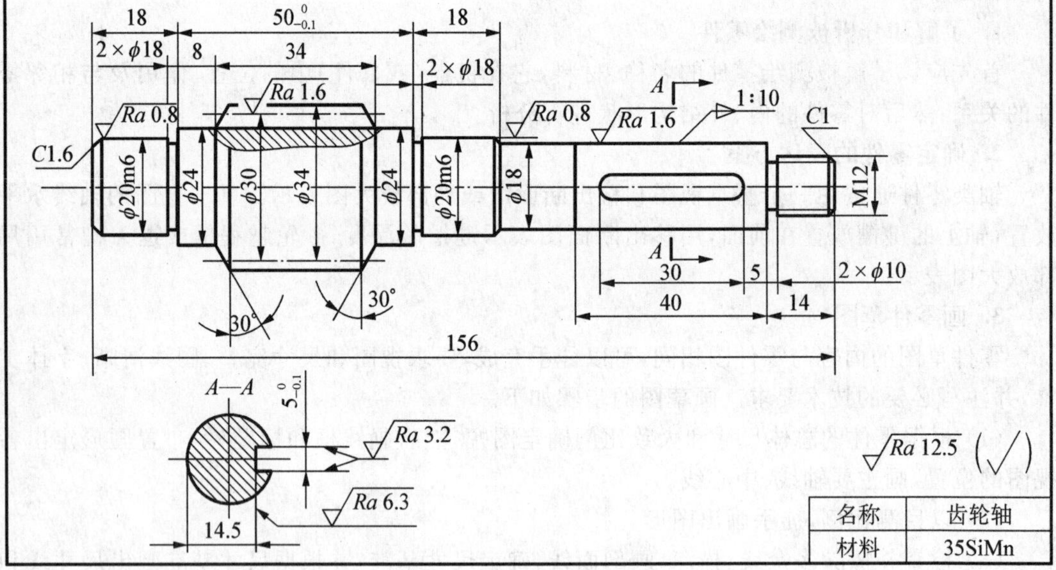

名称	齿轮轴
材料	35SiMn

图 2－113　齿轮轴零件图

【拓展知识】

绘制零件图注意事项

1. 选择视图

零件视图的选择，既要考虑看图方便、绘图简便，又要考虑零件的实际结构特点，力求把零件的内、外结构形状正确、完整、清晰地表达出来。所以，在分析零件结构形状的同时，应尽可能了解零件在机器或部件中的位置、作用和它的加工方法，确定一个较为合理的表达方案。

2. 尺寸标注

零件图形只表达零件的形状，而零件的大小则完全由图上标注的尺寸来确定。零件图上的尺寸是零件加工、检验的重要依据。标注尺寸时，必须做到正确、完整、清晰、合理，本节着重介绍合理标注尺寸的有关内容。

合理标注尺寸，是指按所注尺寸加工零件，既能保证达到设计要求，又便于加工和测量。但真正要使标注的尺寸做到工艺上合理，还需要有丰富的实际生产经验和有关的机械制造知识。

标注尺寸的起点，称为尺寸基准。任何零件都有长、宽、高 3 个方向的尺寸，因此，每个方向至少要选择一个尺寸基准。通常，选择零件结构的对称面、回转轴线、主要加工面、重要支承面或结合面等一些几何元素作为尺寸基准。

【复习思考】

读主轴零件图并回答问题。

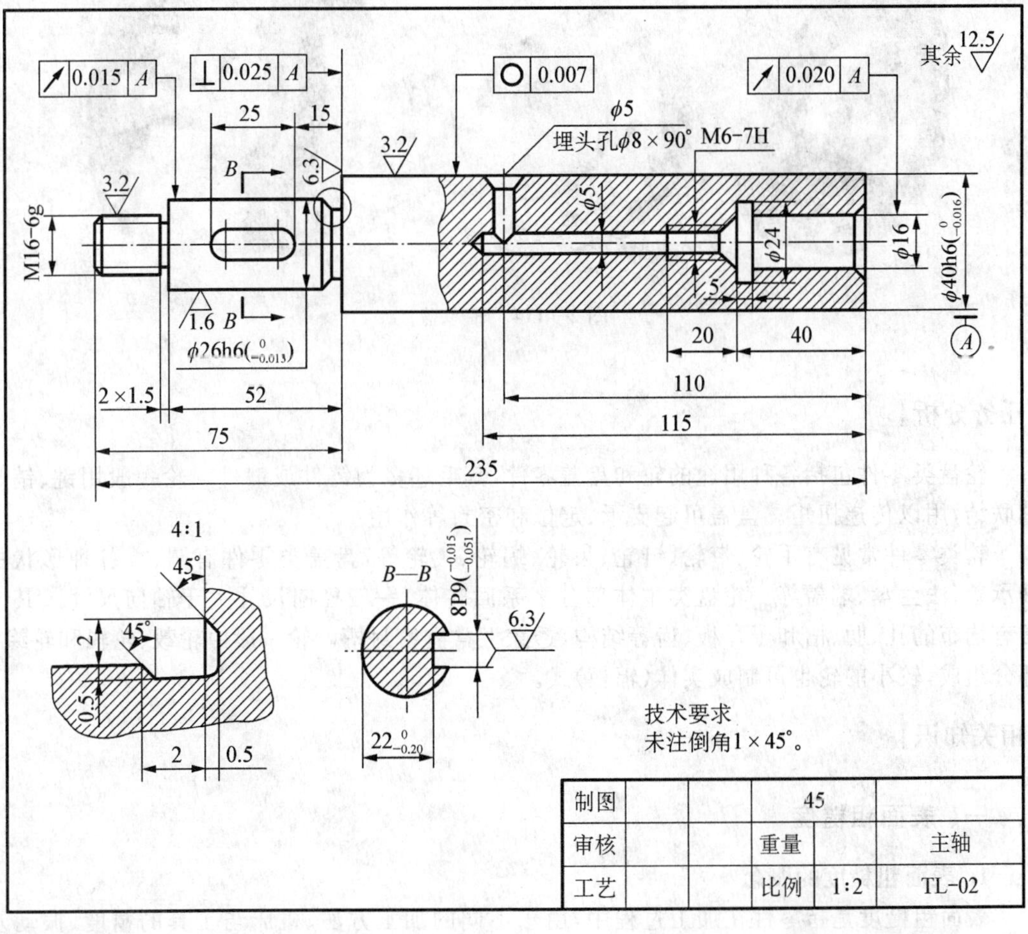

1. 该零件的名称是________，属于________类零件，该图采用的比例为________，属于比例。
2. 该零件共用了________个图形表达，其中主视图采用了________，B—B 为________，另外一个图形为________。
3. 主轴上键槽的长度为________，宽度是________，深度是________，其他定位尺寸是________。
4. 轴上埋头孔的定形尺寸是________，其定位尺寸是________。
5. 图中尺寸 2×1.5 表示结构是________，其宽度为________，深度为________。

任务6 轮盘类零件测绘

【任务导入】

绘制图 2-114 所示轮盘类零件图。

图 2-114 轴承盖

【任务分析】

轮盘类零件包括各种用途的轮和盘盖零件，其毛坯多为铸件或锻件。轮一般用键、销与轴联结，用以传递扭矩。盘盖可起支承、定位和密封等作用。

轮类零件常见有手轮、带轮、链轮、齿轮、蜗轮、飞轮等，盘盖类零件有圆、方各种形状的轴承盖、法兰盘、端盖等。轮盘类主体部分多系回转体，一般径向尺寸大于轴向尺寸。其上常有均布的孔、肋、槽和子耳板、齿等结构，透盖上常有密封槽。轮一般由轮毂、轮辐和轮缘 3 部分组成，较小的轮也可制成实体(辐板)式。

【相关知识】

一、表面粗糙度

1. 表面粗糙度的概念

表面粗糙度是指零件在加工过程中，由于不同的加工方法、机床与工具的精度、振动及磨损等因素在加工表面所形成的具有较小间距和较小峰谷的微观不平状况，它属微观几何误差，如图 2－115 所示。表面粗糙度对零件的摩擦、磨损、抗疲劳、抗腐蚀，以及零件间的配合性能等有很大影响。粗糙度值越大，零件的表面性能越差；粗糙度值越小，则零件表面性能越好。但是减少表面粗糙度值，就要提高加工精度，增加加工成本。因此，国家标准规定了零件表面粗糙度的评定参数，以便在保证使用功能的前提下，选用较为经济的评定参数值。

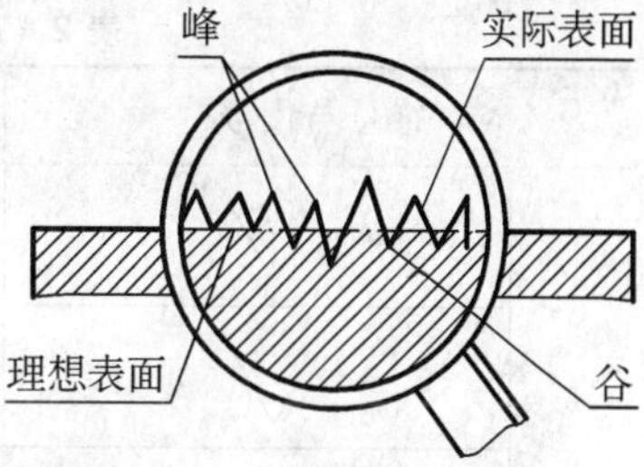

图 2－115　表面粗糙度示意图

2. 表面粗糙度的评定参数

(1) 轮廓的算术平均偏差(Ra)　在取样长度 L 内，轮廓偏距 y 绝对值的算术平均值，其几何意义如图 2－116 所示，表示式为

$$Ra=\frac{1}{l}\int_0^l \mid y(x) \mid \mathrm{d}x \approx \frac{1}{m}\sum_{i=1}^{n} y_i\text{。}$$

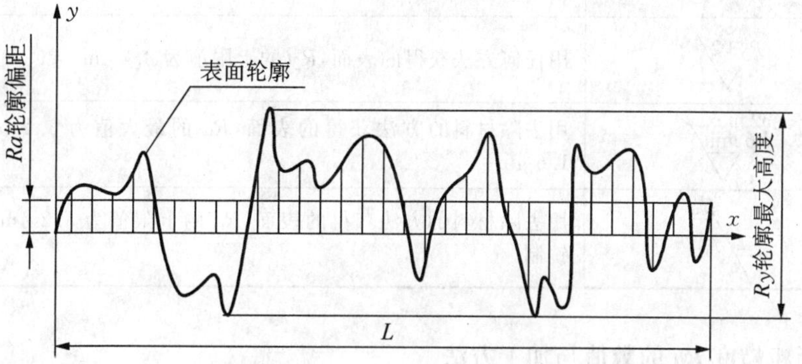

图 2－116　表面粗糙度评定参数

(2) 微观不平度十点高度 Rz　在取样长度内 5 个最大轮廓峰高(y_{p})的平均值和 5 个最大轮廓谷深(y_{v})的平均值之和，即

$$Rz=\frac{\sum_{i=1}^{5} y_{\mathrm{pi}}}{5}+\frac{\sum_{i=1}^{5} y_{\mathrm{vi}}}{5}\text{。}$$

(3) 轮廓的最大高度 Ry　在取样长度内，轮廓峰顶线与轮廓谷底线之间的距离。

3. 表面粗糙度符号、代号

国家标准 GB/T131—1993 规定，表面粗糙度代号是由规定的符号和有关参数值组成，见表 2－10。

表 2-10　表面粗糙度的基本符号、代号及其意义

符号与代号		意　义
符号		基本符号，表示表面可用任何方法获得。当不加注粗糙度参数值或有关说明时，仅适用于简化代号标注
		表示表面用去除材料的方法获得，如车、铣、钻、磨、剪切、抛光、腐蚀、电火花加工、气割等
		表示表面用不去除材料的方法获得，如锻、铸、冲压等。或者是用于保持原供应状况的表面(包括保持上道工序的状况)
	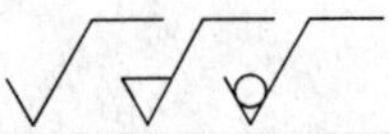	3 个符号的长边上均可加一横线，用于标注有关参数和说明
	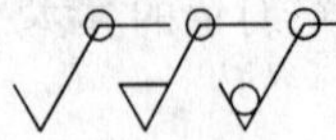	3 个符号上均可加一小圆，表示所有表面具有相同的表面粗糙度要求
代号	3.2	用任何方法获得的表面，*Ra* 的上限值为 3.2 μm
	3.2 1.6	用去除材料的方法获得的表面，*Ra* 的上限值为 3.2 μm，下限值为 1.6 μm
	*Ry*3.2	用任何方法获得的表面，*Ry* 的上限值为 3.2 μm
	32 max 1.6 min	用去除材料的方法获得的表面，*Ra* 的最大值为 3.2 μm，最小值为 1.6 μm
	铣 3.2	用去除材料的方法获得的表面，*Ra* 的上限值为 3.2 μm，加工方法为铣制

4. 表面粗糙度 *Ra* 的数值与加工方法

两者的关系见表 2-11。

表 2-11　常用的表面粗糙度 *Ra* 的数值与加工方法

表面特征		表面粗糙度 *Ra* 值	加工方法	适用范围
加工面	粗加工面	100　50　25	粗车、粗刨、粗铣、钻孔、锉、膛	非接触表面
	半光面	12.5　6.3　3.2	精车、精铣、精刨、精膛、粗磨、扩孔、粗铰、细锉	接触表面和不太精确定位的配合表面
	光　面	1.6　0.8　0.4	精车、精磨、抛光、绞、刮、研	要求精确定位的重要配合表面
	最光面	0.2　0.1　0.05	精抛光、研磨、超精磨、镜面磨	高精度、高速运动零件的配合表面等
毛坯面		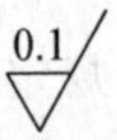	铸、锻、轧等，经表面清理	无须进行加工的表面

5. 表面粗糙度的标注原则

在同一图样上，每一表面只注一次粗糙度代号，且应注在可见轮廓线、尺寸界线、引出线或它们的延长线上，并尽可能靠近有关尺寸线。符号的尖端必须从材料外指向表面。代号中的数字方向，应与图中尺寸数字方向一致。当零件的大部分表面具有相同的粗糙度要求时，对其中使用最多的一种代(符)号，可统一注在图纸的右上角，并加注“其余”两字。标注示例见表 2-12。

表 2-12 粗糙度标注示例

<table>
<tr><th>图 例</th><th>说 明</th></tr>
<tr><td>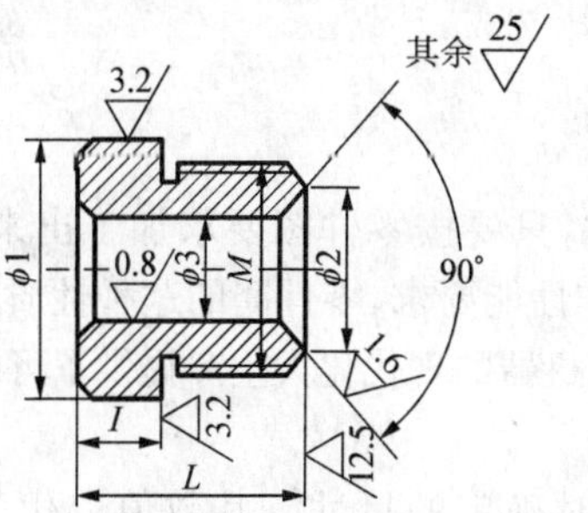
</td><td>代号中数字的方向必须与尺寸数字的方向一致。对其中使用最多的一种代(符)号，可以统一标注在图纸的右上角，并加注“其余”两字，代(符)号的大小应是图形上其他代(符)号的 1.4 倍</td></tr>
<tr><td>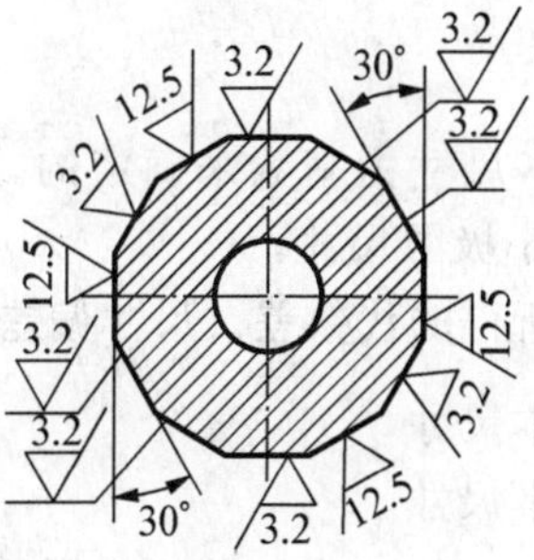
</td><td>在指引线上标注表面粗糙度代(符)号时，均按水平方向标注</td></tr>
<tr><td>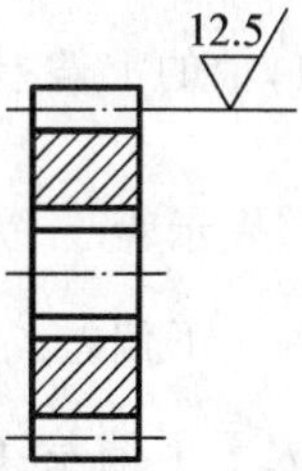
</td><td>齿轮表面粗糙度代(符)号注在其分度线上</td></tr>
<tr><td>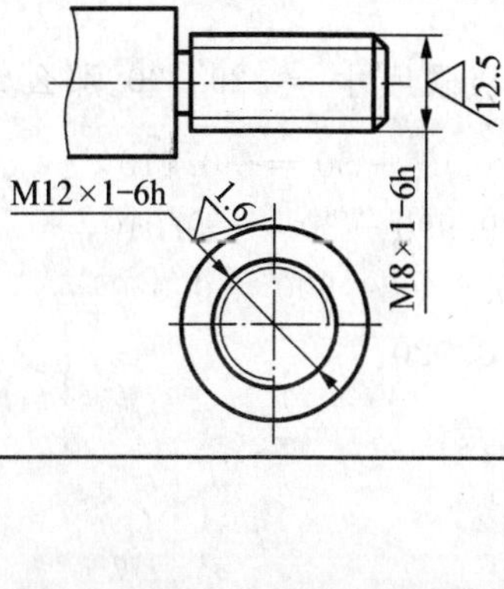
</td><td>螺纹表面粗糙度代(符)号注在尺寸线或其延长线上</td></tr>
</table>

6. 表面粗糙度的选择原则

选择表面粗糙度时，既要考虑零件表面的功能要求，又要考虑经济性，还要考虑现有的加工设备。一般应遵从以下原则。

(1) 同一零件上，工作表面比非工作表面的参数值要小。

(2) 摩擦表面要比非摩擦表面的参数值小。有相对运动的工作表面，运动速度愈高，其参数值愈小。

(3) 配合精度越高，参数值越小。间隙配合比过盈配合的参数值小。

(4) 配合性质相同时，零件尺寸越小，参数值越小。

(5) 要求密封、耐腐蚀或具有装饰性的表面，参数值要小。

二、公差与配合

1. 零件的互换性

在成批生产进行机器装配时，要求一批相配合的零件，只要按零件图要求加工出来，不经任何选择或修配，任取一对装配起来，就能达到设计的工作性能要求，零件间的这种性质称为互换性。零件具有互换性，可给机器装配、修理带来方便，也为机器的现代化大生产提供了可能性。

2. 公差的有关术语

(1) *基本尺寸* 根据零件的强度和结构要求，设计时确定的尺寸。其数值应优先用标准直径或标准长度。

(2) *实际尺寸* 通过测量所得到的尺寸。

(3) *极限尺寸* 允许尺寸变动的两个界限值，是以基本尺寸为基数来确定的。两个界限值中，较大的一个称为最大极限尺寸，较小的一个称为最小极限尺寸。

(4) *尺寸偏差(简称偏差)* 某一尺寸减去其基本尺寸所得的代数差。尺寸偏差有

上偏差＝最大极限尺寸－基本尺寸，
下偏差＝最小极限尺寸－基本尺寸。

上、下偏差统称为极限偏差，上、下偏差可以是正值、负值或零。

国家标准规定：孔的上偏差代号为 ES，孔的下偏差代号为 EI；轴的上偏差代号为 es，轴的下偏差代号为 ei。

(5) *尺寸公差(简称公差)* 尺寸公差是指允许尺寸的变动量，表示为

尺寸公差＝最大极限尺寸－最小极限尺寸＝上偏差—下偏差。

因为最大极限尺寸总是大于最小极限尺寸，亦即上偏差总是大于下偏差，所以尺寸公差一定为正值。

例：基本尺寸 ＝ $\phi 30$，最大极限尺寸 ＝ $\phi 30.010$，最小极限尺寸 ＝ $\phi 29.990$。那么

上偏差 ES＝最大极限尺寸－基本尺寸 $= 30.08 - 30 = +0.010$，
下偏差 EI＝最小极限尺寸－基本尺寸 $= 29.990 - 30 = -0.010$，
公差＝最大极限尺寸－最小极限尺寸 $= 30.8 - 29.990 = 0.020$
$= ES - EI = +0.08 - (-0.010) = 0.020$。

如果实际尺寸在 $\phi 30.010$ 与 $\phi 29.990$ 之间，即为合格。

(6) 零线、公差带和公差带图 零线是在公差带图中用以确定偏差的一条基准线，即零偏差线。通常零线表示基本尺寸。在零线左端标上“0”“+”、“−”号，零线上方偏差为正，零线下方偏差为负。

公差带是由代表上、下偏差的两条直线所限定的一个区域，公差带的区域宽度和位置是构成公差带的两个要素。

为了简便地说明上述术语及其相互关系，在实用中一般以公差带图表示。公差带图是以放大图形式画出方框，注出零线，方框宽度表示公差值大小，方框的左右长度可根据需要任意确定。为区别轴和孔的公差带，一般用斜线表示孔的公差带，用加点表示轴的公差。

(7) 标准公差与标准公差等级 标准公差是国家标准所列的以确定公差带大小的任一公差。标准公差等级是确定尺寸精确程度的等级。标准公差分 20 个等级，即 IT01，IT0，IT1，IT2～18，表示标准公差，阿拉伯数字表示标准公差等级，其中 IT01 级最高，等级依次降低，IT18 级最低。对于一定的基本尺寸，标准公差等级愈高，标准公差值愈小，尺寸的精确程度愈高。国家标准将 500 mm 以内的基本尺寸范围分成 13 段，按不同的标准公差等级列出了各段基本尺寸的标准公差值。

(8) 基本偏差 用以确定公差带相对于零线位置的上偏差或下偏差，一般是指靠近零线的那个偏差，如图 2－117 所示。当公差带位于零线上方时，其基本偏差为下偏差；当公差带位于零线下方时，其基本偏差为上偏差。

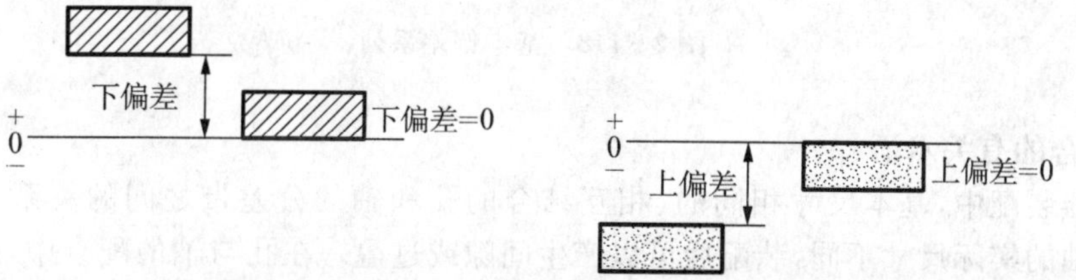

(a) 基本偏差为下偏差　(b) 基本偏差为上偏差

图 2－117 基本偏差示意图

根据实际需要，国家标准分别对孔和轴各规定了 28 个不同的基本偏差，如图 2－118 所示。孔、轴的基本偏差数值可从有关表中查出。

① 基本偏差代号用拉丁字母表示，大写字母表示孔的基本偏差代号，小写字母表示轴的基本偏差代号。由于图中用基本偏差只表示公差带大小，故公差带一端画成开口。

② 孔的基本偏差从 A～H 为下偏差，J～ZC 为上偏差，JS 的上下偏差分别为＋IT/2 和－IT/2。

③ 轴的基本偏差从 a～h 为上偏差，j～zc 为下偏差，js 的上下偏差分别为＋IT/2T 和－IT/2。

孔和轴的另一偏差可由基本偏差和标准公差算出。

(9) 孔、轴的公差代号 由标准公差和等级代号组成，并且要用同一号字书写。例如，ϕ60H8，表示基本尺寸为 ϕ60，基本偏差为 H，标准公差等级为 8 级的孔的公差带。又如，ϕ60f7，表示基本尺寸为 ϕ60，基本偏差为 f，标准公差等级为 7 级的轴的公差带。

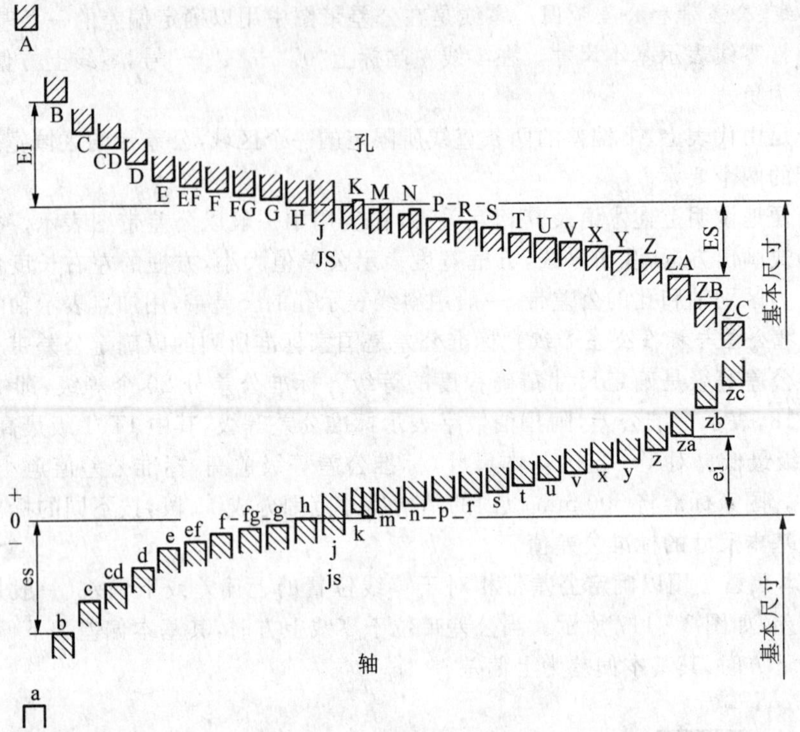

图 2-118　基本偏差系列

3. 配合的有关术语

在机器装配中,基本尺寸相同的、相互结合的孔和轴的公差带之间的关系,称为配合。由于孔和轴的实际尺寸不同,装配后可以产生间隙或过盈。在孔与轴的配合中,孔的尺寸减去轴的尺寸所得的代数差为正值时是间隙,为负值时是过盈。

(1) 配合的种类　配合按其出现间隙或过盈的不同,分为 3 类:

① 间隙配合。孔的公差带在轴的公差带之上,任取其中一对孔和轴相配都成为具有间隙(包括最小间隙为零)的配合。

② 过盈配合。孔的公差带在轴的公差带之下,任取其中一对孔和轴相配都为具有过盈(包括最小间隙为零)的配合。

③ 过渡配合。孔的公差带在轴的公差带相互交叠,任取其中一对孔和轴相配,可能是具有间隙,也可能具有过盈的配合。

(2) 配合的基准制　国家标准规定了两种基准制:

① 基孔制。基本偏差为一定的孔的公差带与不同基本偏差的轴的公差带构成各种配合的一种制度。也就是在基本尺寸相同的配合中,将孔的公差带位置固定,通过变换轴的公差带位置得到不同的配合。

基孔制的孔称为基准孔,国家标准中规定基准孔的下偏差为零,H 为基准孔的基本偏差代号。

② 基轴制。基本偏差为一定的轴的公差带与不同基本偏差的孔的公差带构成各种配合的一种制度。也就是在基本尺寸相同的配合中,将轴的公差带位置固定,通过变换孔的公差带位置得到不同的配合。

基轴制的轴称为基准轴套，国家标准中规定基准轴的上偏差为零，h为基准轴的基本偏差代号。

(3) 配合的方式　从基本偏差系列可以看出：

① 在基孔制中，基准孔 H 与轴配合，a～h(共 11 种)用于间隙配合；j～n(共 5 种)主要用于过渡配合；(n，p，r 可能为过渡配合或过盈配合)；p～zc(共 12 种)主要用于过盈配合。

② 在基轴制中，基准轴 h 与孔配合，A～H(共 11 种)用于间隙配合；J～N(共 5 种)主要用于过渡配合；(N，P，R 可能为过渡配合或过盈配合)；P～ZC(共 12 种)主要用于过盈配合。

三、形状和位置公差

(1) 形位公差的概念　零件经过加工后，不仅会产生尺寸误差和表面粗糙度，而且会产生形状和位置误差。形状误差是指实际要素和理想几何要素的差异；位置误差是指相关联的两个几何要素的实际位置相对于理想位置的差异。形状误差和位置误差都会影响零件的使用性能，因此必须对一些零件的重要表面或轴线的形状和位置误差进行限制。形状和位置误差的允许变动量，称为形状和位置公差(简称形位公差)。

① 要素：指零件的特征部分(点、线、面)。这些要素是实际存在的，也可以是由实际要素取得的轴线或中心平面。

② 被测要素：给出形状或位置公差的要素。

③ 基准要素：用来确定被测要素方向或位置的要素。理想基准要素简称要素。

④ 形状公差：单一实际要素的形状所允许的变动量。

⑤ 位置公差：关联实际要素的位置对基准所允许的变动全量。

⑥ 公差带：根据被测要素的特征和结构尺寸，公差带的主要形式有圆内的区域、两同心圆之间的区域、两同轴圆柱面之间的区域、两等距曲线之间的区域、两平行直线之间的区域、两平行平面之间的区域、球内的区域等。

(2) 形位公差的代号　在技术图样中，形位公差采用代号标注，当无法采用代号时，允许在技术要求中用文字说明。形位公差代号由形位公差符号、框格、公差值、指引线、基准代号和其他有关符号组成。形状和位置公差的分类、名称和符号见表 2－13。

表 2－13　形位公差的名称及符号

分类	项目	符号	分类		项目	符号
形状公差	直线度	—	位置公差	定向	平行度	//
	平面度	▱			垂直度	⊥
	圆度	○			倾斜度	∠
	圆柱度	⌭		定位	同轴度	◎
	线轮廓度	⌒			对称度	⌯
	面轮廓度	⌓			位置度	⌖
				跳动	圆跳动	↗
					全跳动	⌰

(3) 形位公差的标注方法

① 公差框格。形位公差的框格及基准代号画法如图 2－119 所示。指引线的箭头指向被测要素的表面或其延长线，箭头方向一般为公差带的方向。框格中的字符高度与尺寸数字的高度相同。基准中的字母一律水平书写。

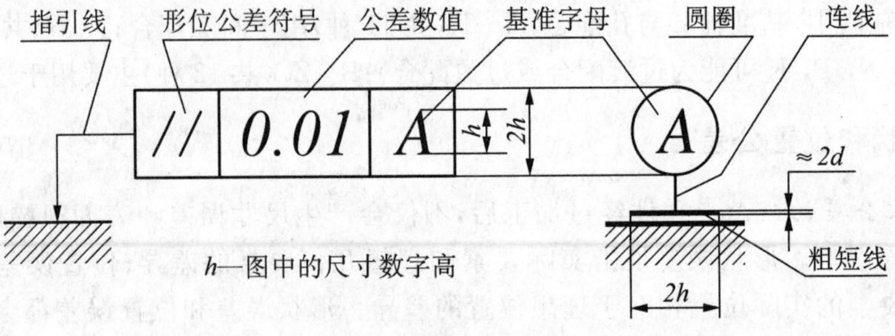

图 2－119 框格和基准代号

对同一个要素有一个以上的公差特征项目要求时，可将一个框格放在另一个框格的下面，如图 2－120 所示。

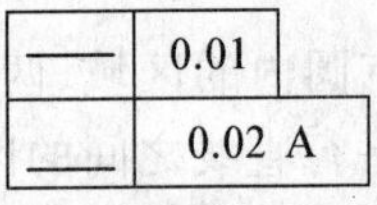

图 2－120 公差标注方法

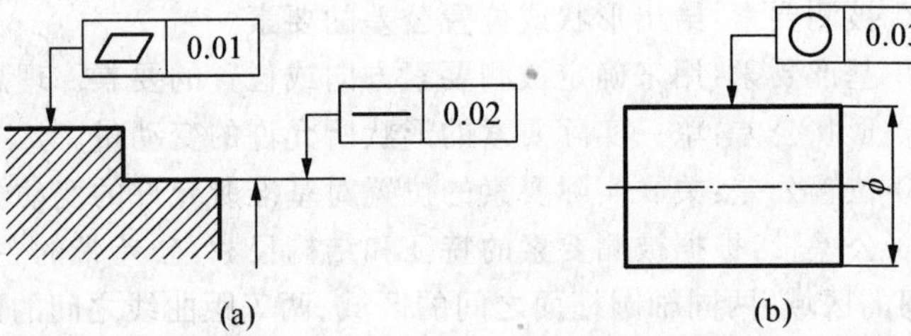

图 2－121 被测要素是轮廓线或表面

② 被测要素的标注。用带箭头的指引线将框格与被测要素相连，按以下方式标注：

a. 当公差涉及轮廓线或表面时，将箭头置于要素的轮廓线或轮廓线的延长线上（但必须与尺寸线明显分开），如图 2－121 所示。

b. 当指向实际表面时，箭头可置于带点的参考线上，该点指在实际表面上，如图 2－122 所示。

c. 当公差涉及轴线、中心平面或由尺寸要素确定的点时，则带箭头的指引线应与尺寸线的延长线重合，如图 2－123 所示。

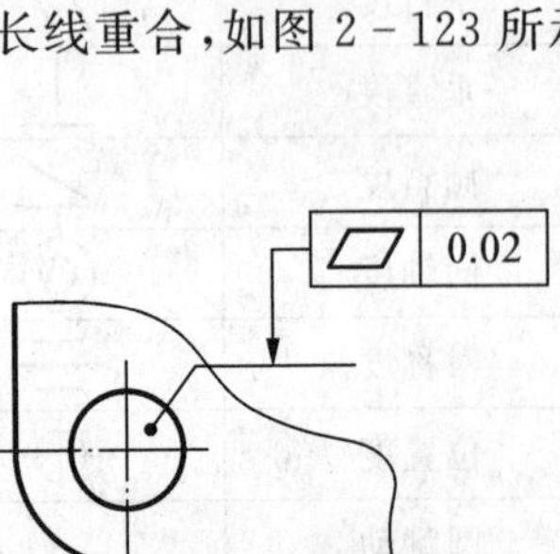

图 2－122 指向实际表面

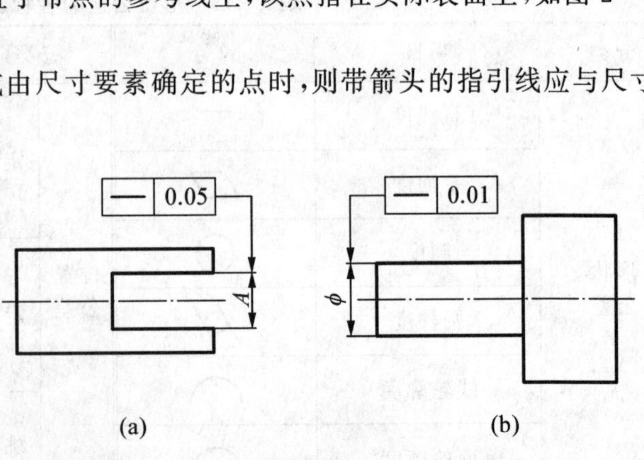

图 2－123 被测要素为中心平面、轴线

d. 当一个以上要素作为被测要素时，如 6 个要素，应在框格上方注明，如图 2－124 所示。

③ 基准要素的标注。当基准是轮廓线或表面时，基准字母的短横线在外轮廓线上或它的延长线上（但应与尺寸线明显错开），基准符号还可置于用圆点指向实际表面的参考线上，如图 2－125 所示。

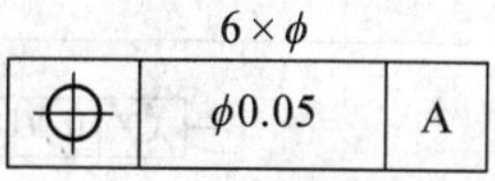

图 2－124　相同多个被测要素的注法

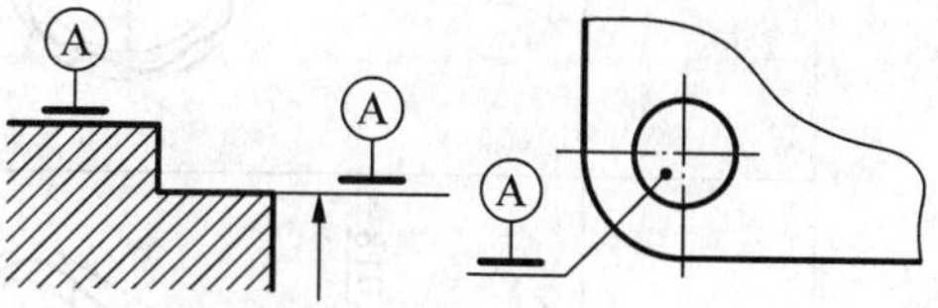

图 2－125　基准要素是轮廓线或表面

当基准要素是轴线、中心平面、由带尺寸的要素确定的点时，则基准符号中的线与尺寸线对齐。如尺寸线处安排不下两个箭头，则另一箭头可用短横线代替，如图 2－126 所示。

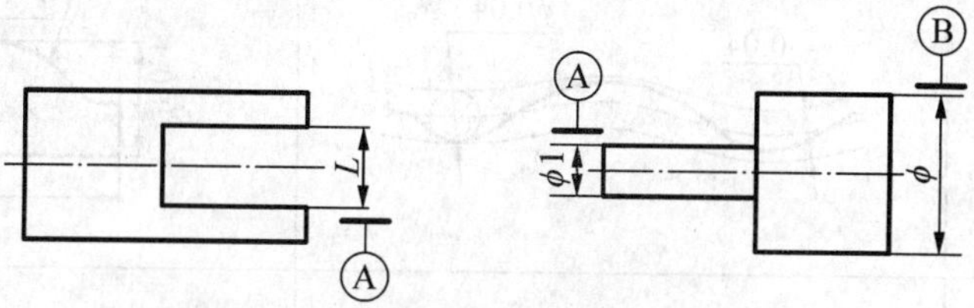

图 2－126　基准要素是中心平面、轴线

(4) 形位公差的公差带定义和标注　常用的形位状公差的公差带定义和标注，见表 2－14。

表 2－14　形位公差的标注与公差带定义

分类	项目	公差带定义	标注示例
形状公差	直线度	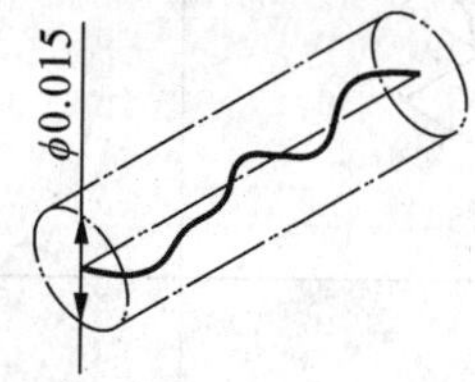	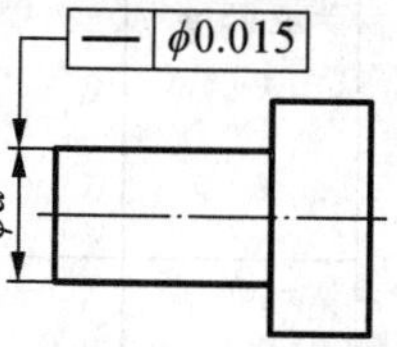
	平面度	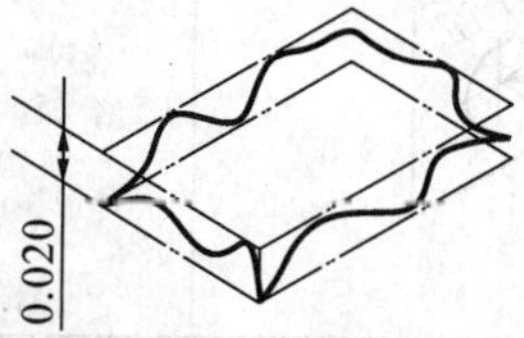	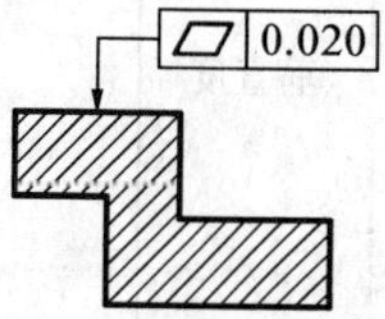

（续表）

分类	项目	公差带定义	标注示例
形状公差	圆度	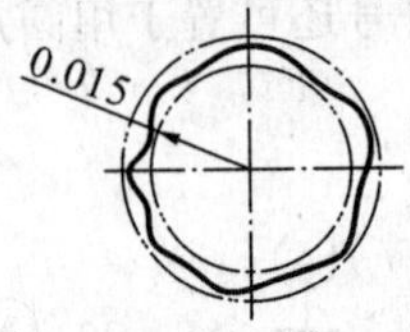	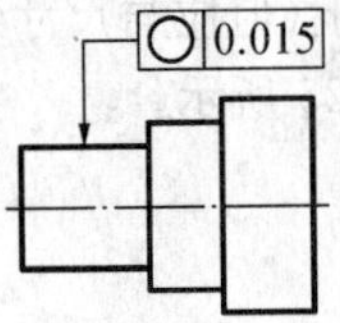
	圆柱度	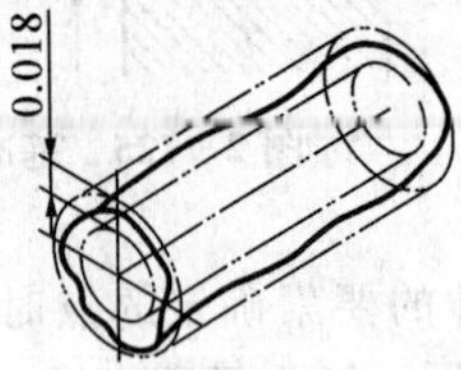	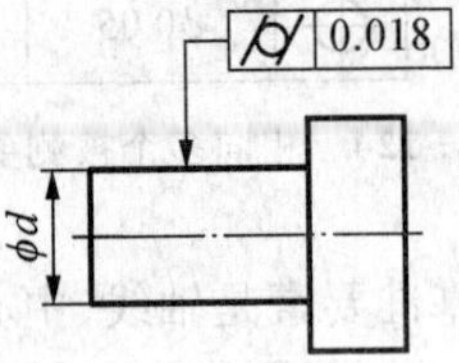
	线轮廓度	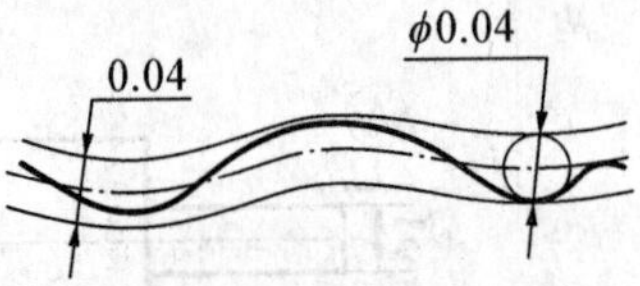	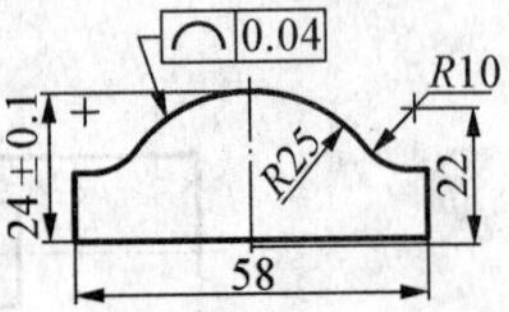
	面轮廓度	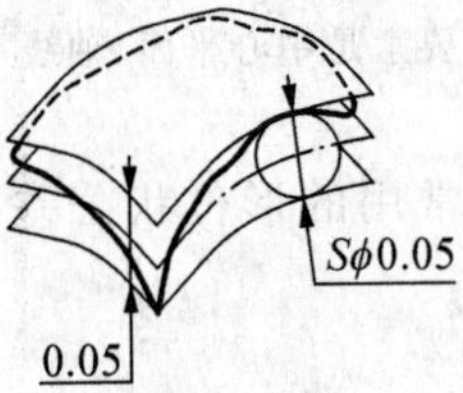	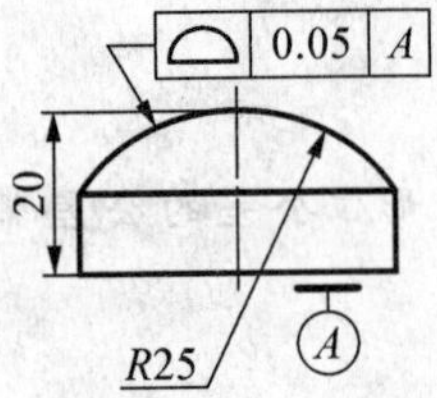
位置公差	平行度	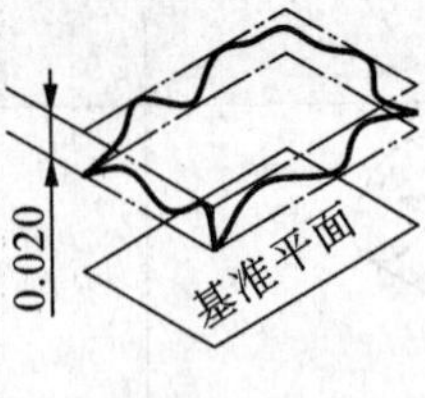	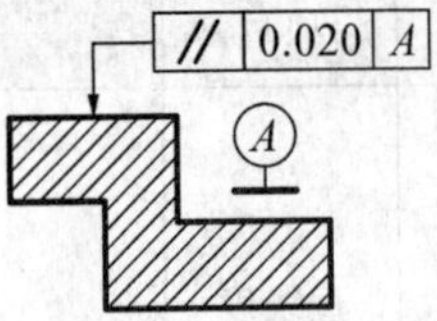
	垂直度	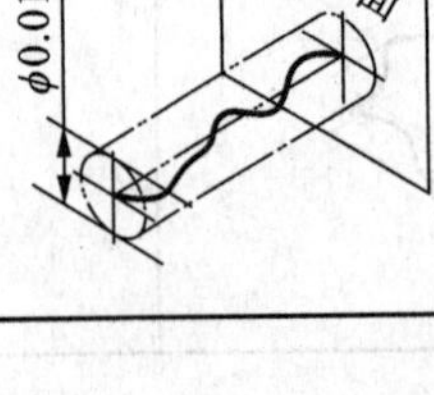	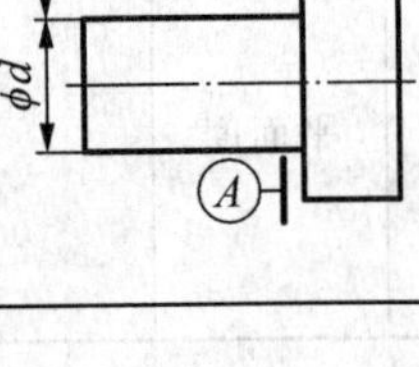

（续表）

分类	项目	公差带定义	标注示例
位置公差	倾斜度	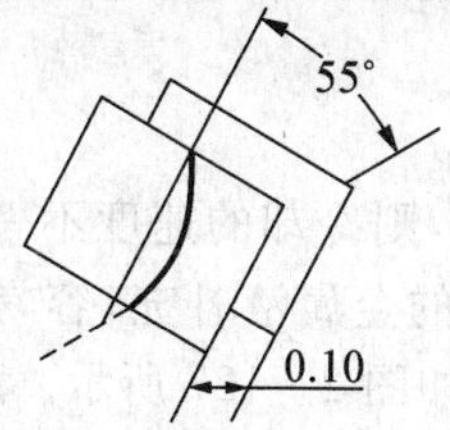	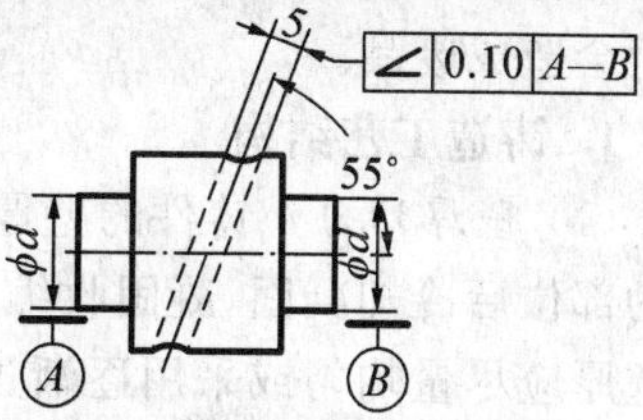
	同轴度	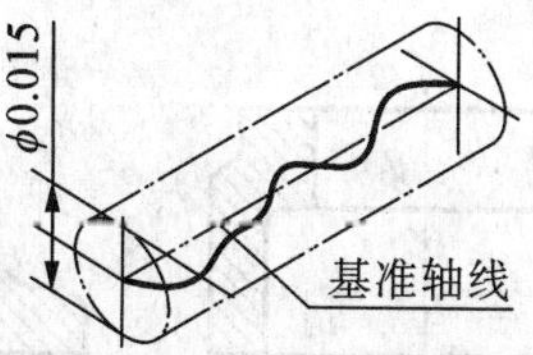	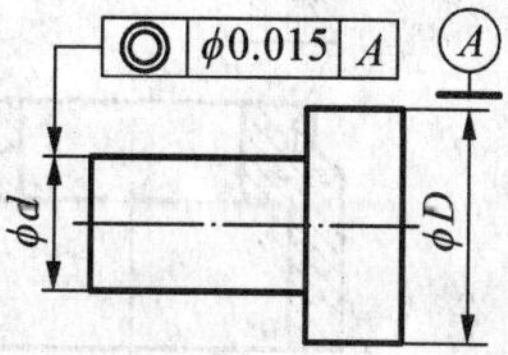
	对称度	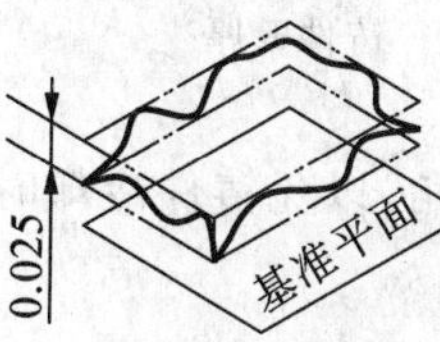	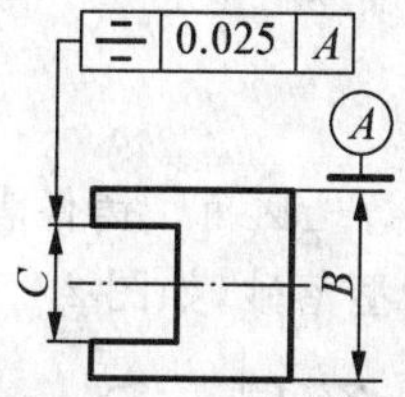
	位置度	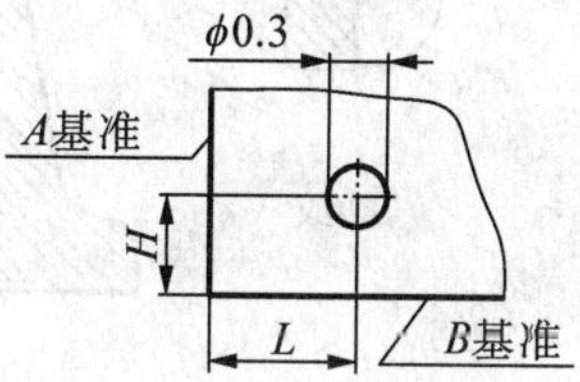	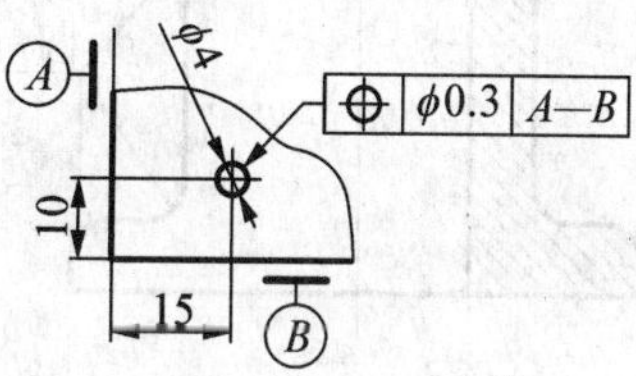
	圆跳动	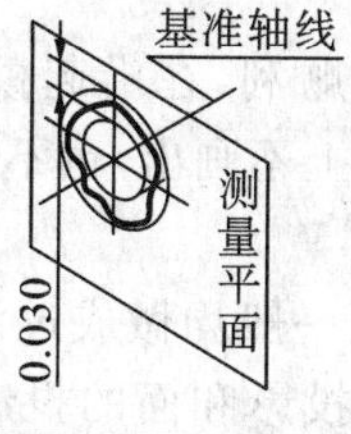	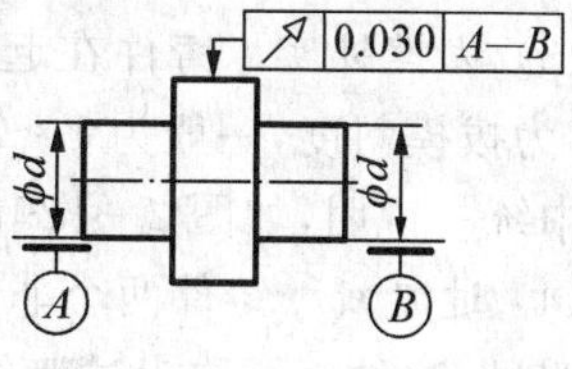
	全跳动	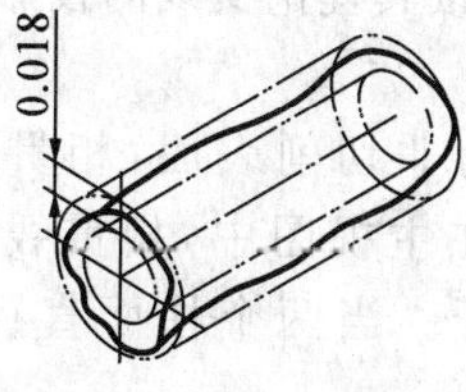	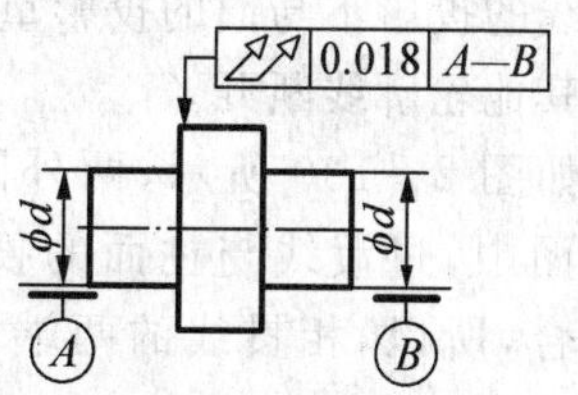

四、零件上常见的工艺结构

零件的结构形状既要满足设计要求，又要加工制造方便。否则，会使制造工艺复杂化，甚至会造成废品。

1. 铸造工艺结构

（1）壁厚均匀　铸件的壁厚如果不均匀，则冷却的速度不一样。薄的部位先冷却凝固，厚的部位后冷却凝固，凝固收缩时没有足够的金属液补充，容易产生缩孔和裂纹。因此，铸件壁厚应尽量均匀或采用逐渐过渡的结构，如图 2－127 所示。

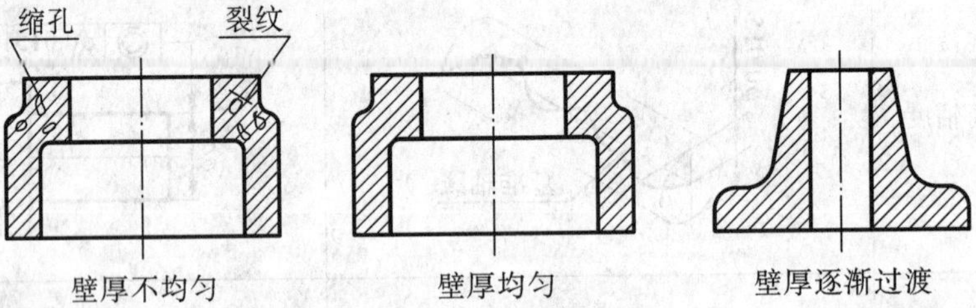

图 2－127　铸件壁厚

（2）铸造圆角　铸件表面相交处应有圆角，以免铸件冷却时产生缩孔或裂纹，同时防止脱模时砂型落砂，如图 2－128 所示。

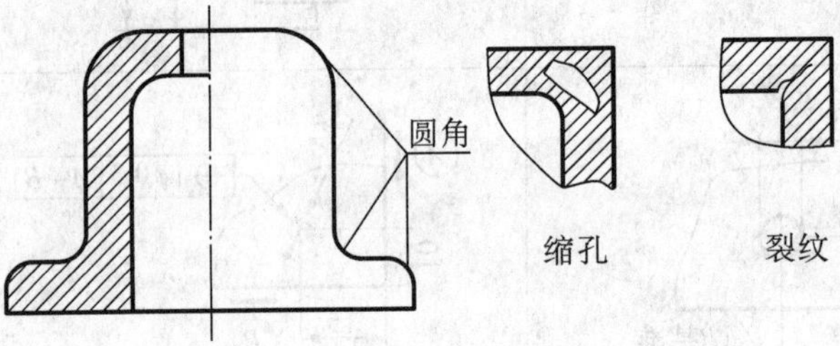

图 2－128　铸造圆角

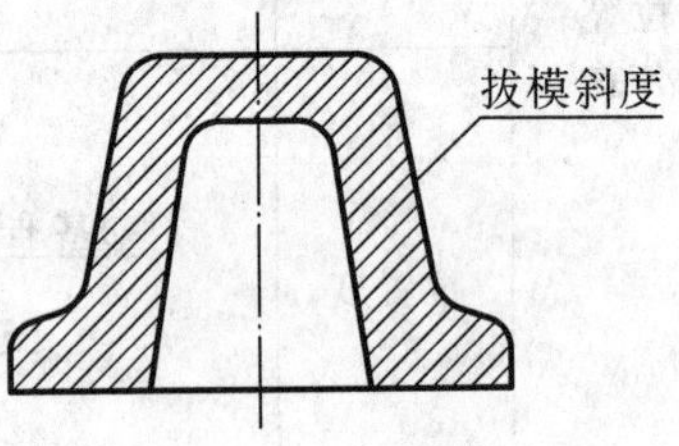

图 2－129　拔模斜度

（3）拔模斜度　铸件在起模时，为了起模顺利，在沿起模方向的内外壁上应有适当斜度，称为拔模斜度，一般为 1∶20。通常在图样上不画出，也不标注，如有特殊要求，可在技术要求中统一说明，如图 2－129 所示。

（4）过渡线　铸件两个非切削表面相交处一般均做成过渡圆角。所以两表面的交线变得不明显，这种交线称为过渡线。当过渡线的投影和面的投影重合时，按面的投影绘制；当过渡线的投影不与面的投影重合时，过渡线按其理论交线的投影用细实线绘出，但线的两端要与其他轮廓线断开。

如图 2－130 所示，两外圆柱表面均为非切削表面，相贯线为过渡线。在俯视图和左视图中，过渡线与柱面的投影重合；而在主视图中，相贯线的投影不与任何表面的投影重合，所以，相贯线的两端与轮廓线断开。当两个柱面直径相等时，在相切处也应该断开。

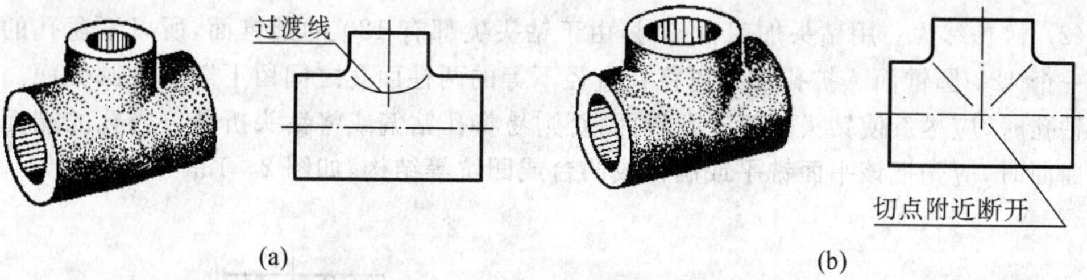

图 2-130 圆柱面与圆柱面过渡线的画法

图 2-131 所示为平面与平面、平面与曲面相交的过渡线的画法。三棱柱肋板的斜面与底板上表面的交线的水平投影不与任何平面重合，所以两端断开。

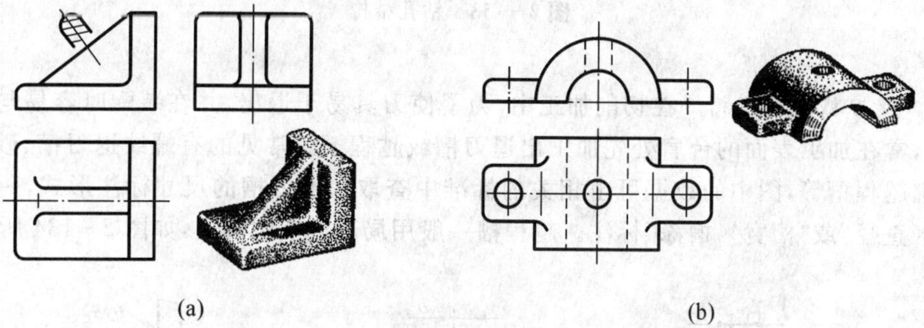

图 2-131 平面与平面、平面与曲面过渡线画法

应特别注意的是，两非切削表面的交线，虽然由于铸造圆角的原因变得不明显，形成了过渡线，但若其三面投影均与平面或曲线的投影重合，则不按过渡线绘制。

2. 机械加工工艺结构

(1) 圆角和倒角　阶梯的轴和孔，为了在轴肩、孔肩处避免应力集中，常以圆角过渡。轴和孔的端面上加工成 45°或其他度数的倒角，其目的是为了便于安装和操作安全。轴、孔的标准倒角和圆角的尺寸可由 GB6403.4—1986 查得，其尺寸标注方法如图 2-132 所示。零件上倒角尺寸全部相同时，可在图样右上角注明“全部倒角 C×(×为倒角的轴向尺寸)”；当零件倒角尺寸无一定要求时，则可在技术要求中注明“锐边倒钝”。

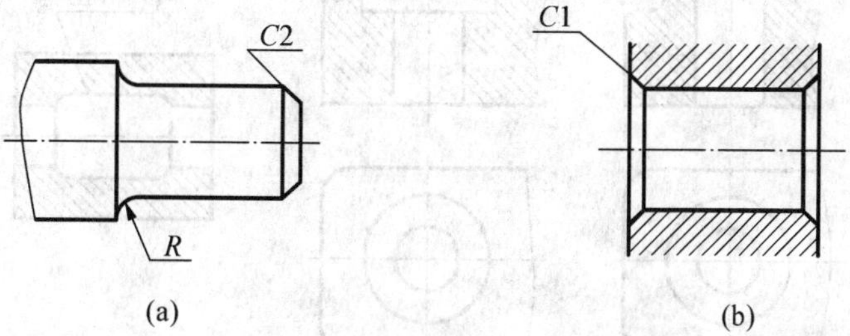

图 2-132 圆角和倒角的标注

(2) 钻孔结构　用钻头加工盲孔时，由于钻头尖部有 120°的圆锥面，所以不通孔的底部总有一个 120°圆锥面。扩孔加工也将在直径不等的两柱面孔之间留下 120°的圆锥面。

钻孔时，应尽量使钻头垂直于孔端面，否则易将孔钻偏或将钻头折断。当孔的端面是斜面或曲面时，应先把该平面铣平或制作成凸台或凹坑等结构，如图 2－133 所示。

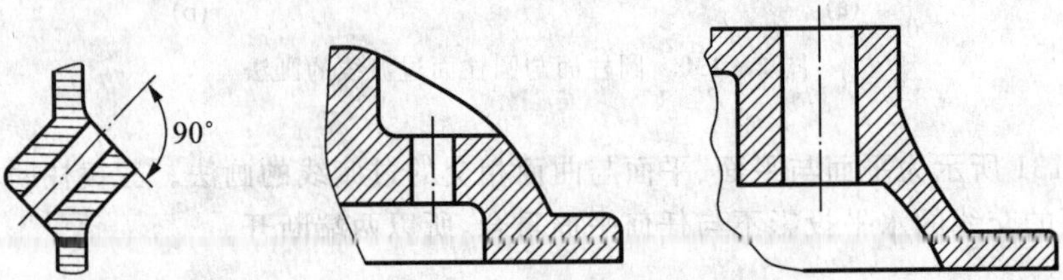

图 2－133　钻孔结构

(3) 退刀槽和越程槽　在切削加工中，为了使刀具易于退出，并在装配时容易与有关零件靠紧，常在加工表面的台肩处先加工出退刀槽或越程槽。常见的有螺纹退刀槽、砂轮越程槽、刨削越程槽等，图中的数据可由相关的标准中查取。退刀槽的尺寸标注形式，一般可按"槽宽×直径"或"槽宽×槽深"标注。越程槽一般用局部放大图画出，如图 2－134 所示。

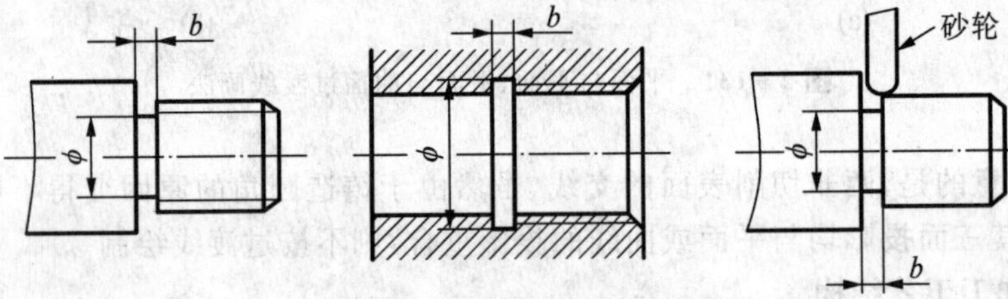

图 2－134　退刀槽和越程槽

(4) 工艺凸台和凹坑　为了减少加工表面，使配合面接触良好，常在两接触面处制出凸台和凹坑，如图 2－135 所示。

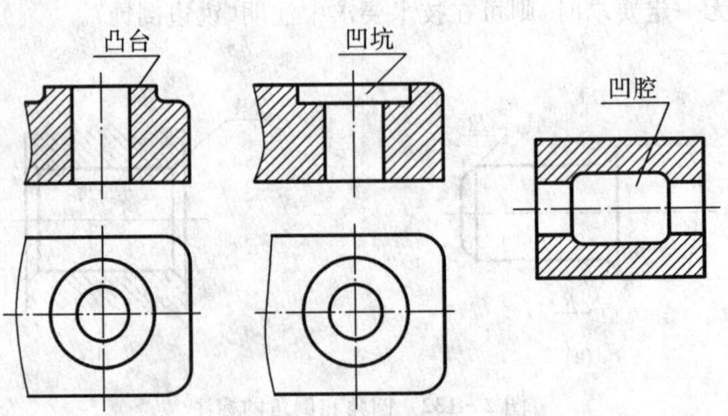

图 2－135　工艺凸台和凹坑

【任务实施】

1. 了解和分析被测绘零件

轴承盖主要的作用是轴承的防尘和密封，除本身可以防尘和密封外，常和密封件配合以达到密封的作用。

2. 画零件图

(1) 主视图的表达　轴承盖零件结构主要是由圆柱体组成，其加工方法以车削为主，所以主视图按照加工位置放置，选择反映零件形状特征比较明显的方向为投射方向。为表达内部结构，轴承盖的主视图采用全剖。

(2) 其他视图的表达　根据零件的结构形状，在主视图没有表达清楚的情况下，选择其他视图来表达，如为了表达左、右端面上孔的分布情况，分别采用了左视图和右视图。

3. 技术要求

零件的技术要求是制造零件的质量指标。标注技术要求时，应根据零件在机械中的作用以及是否能在低成本的前提下保证产品的质量。主要标注零件的表面粗糙度、尺寸公差和形位公差的要求。了解零件加工工艺特点和功能要求；了解分析零件的材料热处理、表面处理或修饰、检验等其他技术要求。测绘的零件如图 2-136 所示。

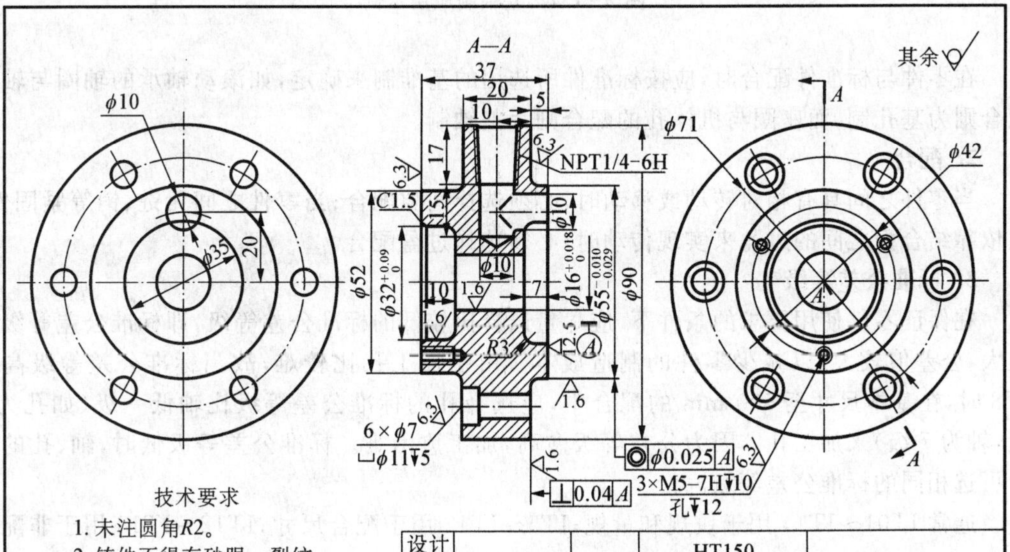

图 2-136　轴承盖零件图

【拓展知识】

公差与配合的选用

公差与配合的选用包括基准制、配合类别和公差等级 3 项内容。

1. 基准制

国家标准中规定优先选用基孔制，因为一般加工孔比加工轴难，采用基孔制可以限制和减少加工所需用的定值刀具、量具的规格数量，从而获得较好的经济效益。

基轴制通常仅用于结构设计要求不适宜采用基孔制，或采用基轴制具有明显经济效果的场合。例如，同一轴与几个具有不同公差带的孔配合，如图 2－137 所示，或者拉制成不再进行切削加工的轴在与孔配合时，采用基轴制。

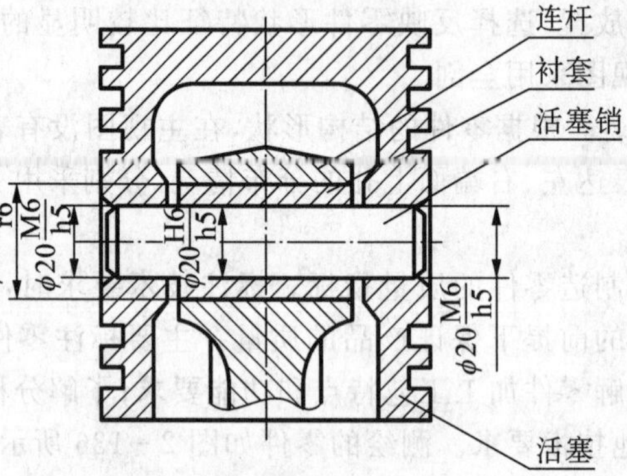

图 2－137　基轴制应用示例

在零件与标准件配合时，应按标准件所选用的基准制来确定，如滚动轴承的轴圈与轴的配合则为基孔制；而座圈与机体孔的配合则为基轴制。

2. 配合

当零件之间具有相对转动或移动时，必须选择间隙配合；当零件之间无键、销等紧固件，只依靠结合面之间的过盈来实现传动时，必须选择过盈配合。

3. 标准公差等级

在保证零件使用要求的条件下，应尽量选择比较低的标准公差等级，即标准公差等级数较大，公差值较大，以减少零件的制造成本。由于加工孔比较难，故当标准公差等级高于 IT8 时，在基本尺寸至 500 mm 的配合中，应选择孔的标准公差等级比轴低一级（如孔为 8 级，轴为 7 级）来加工孔。因为公差等级愈高，加工愈困难。标准公差等级低时，轴、孔的配合可选相同的标准公差等级。

通常 IT01～IT14 用于块规和量规；IT5～IT12 用于配合尺寸；IT12～IT18 用于非配合尺寸。

【复习思考】

填空题

1. 读阀盖零件图填空。

(1) 该零件的名称叫________。

(2) 该零件图采用了________个视图，主视图是________剖视图。

(3) 该阀盖上要求表面粗糙度 Ra 值最小的部位其 Ra 值为________。

(4) 左侧外螺纹为________螺纹，螺距为________。

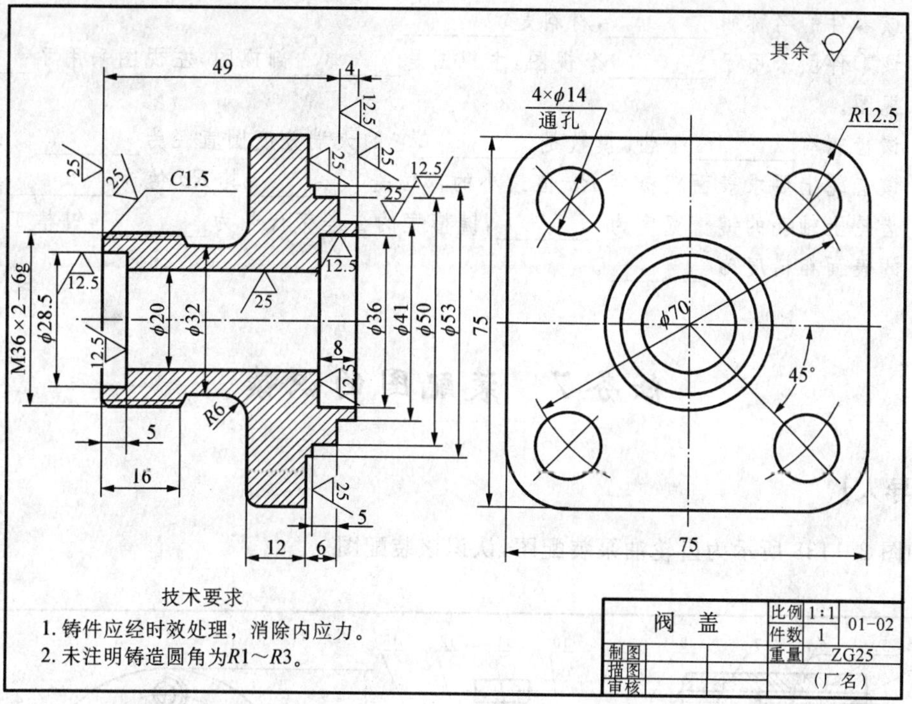
其余
4×φ14
通孔
R12.5
49
4
C1.5
M36×2−6g
φ28.5
φ20
φ32
φ36
φ41
φ50
φ53
75
φ70
45°
R6
5
16
12
6
8
技术要求
1. 铸件应经时效处理，消除内应力。
2. 未注明铸造圆角为R1～R3。
阀　盖
比例 1:1
件数 1
01-02
制图
描图
审核
重量
ZG25
（厂名）

2. 读锥齿轮零件图填空。

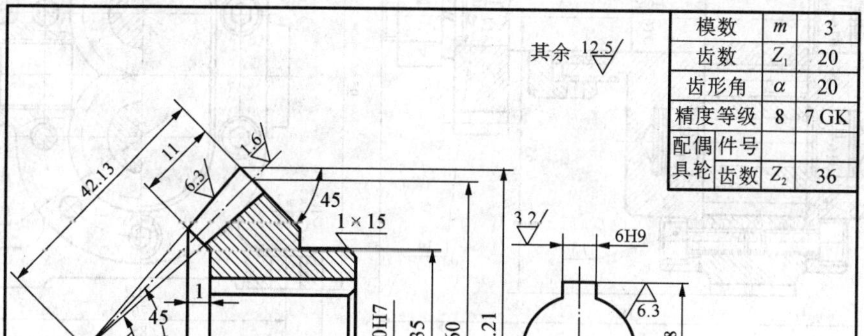
其余 12.5
模数 m 3
齿数 Z_1 20
齿形角 α 20
精度等级 8 7 GK
配偶具轮 件号
齿数 Z_2 36
42.13
11
1.6
6.3
45
1×15
3.2
6H9
1
45
40°12′
49°03′
3.2
1×45
φ20H7
φ35
φ60
φ61.21
22.8
10
9
30
48.24
技术要求
齿部表面淬火 HRC 45-50
锥齿轮
比例 1:2
材料 45
（图号）
制图
校核
（单位）

(1) 该零件的名称叫________，材料是________。

(2) 该零件图采用了________个视图，主视图是________剖视图，左视图采用了________视图。

(3) 该齿轮有________个齿，模数是________，它的大端分度圆直径为________。

(4) 该齿轮上要求表面粗糙度 Ra 值最小的部位是________，其 Ra 值为________。

(5) 齿轮上轴孔的键槽宽度为________，键槽宽的公差带代号为________，键槽工作表面的表面粗糙度为________。

任务7　装配图的识读

【任务导入】

如图 2－138 所示为齿轮油泵装配图，认识该装配图。

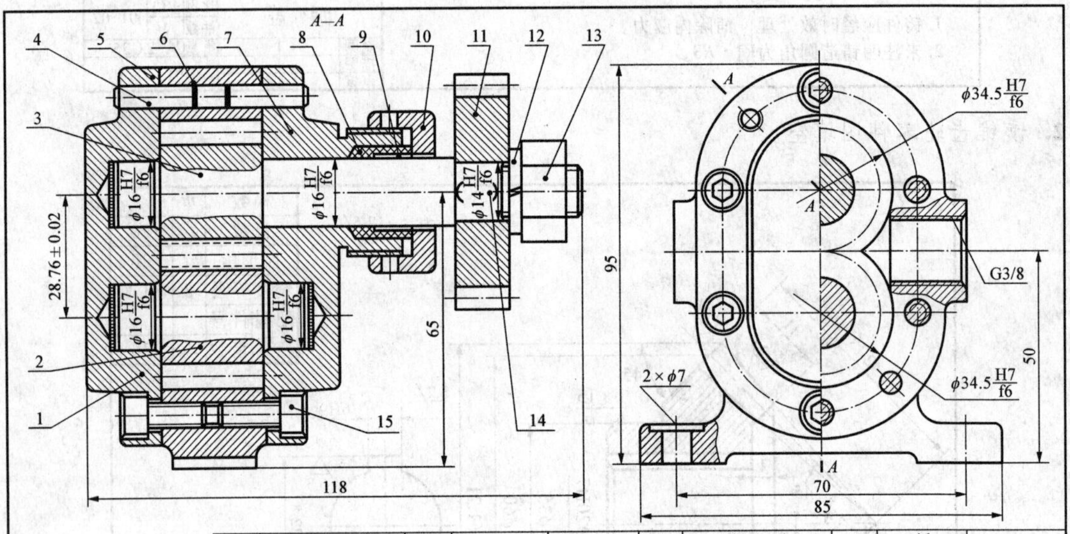

技术要求

1. 齿轮安装后，应转动灵活。
2. 两齿轮轮齿的啮合面应占齿长的3/4以上。

15	螺钉M6×16	12	35	GB/T70.1-2000	5	垫　片	2	纸	t=1
14	键　4×10	1	45	GB/T1096-1979	4	销B5×18	4	45	GB/T119.1-2000
13	螺母M12×1.5	1	35	GB/T6170-2000	3	传动齿轮轴	1	45	m=3, z=9
12	垫　圈12	1	65Mn	GB/T 93-1987	2	齿轮轴	1	45	m=3, z=9
11	传动齿轮	1	45	m=2.5, Z=20	1	左端盖	1	HT200	
10	压盖螺母	1	35		序号	零件名称	数量	材料	附注及标准
9	压　盖	1	QSn6-6-3		齿轮油泵				比例
8	密封圈	1	毛毡						共　张　第　张
7	右端盖	1	HT200		制图		（厂　名）		图号
6	泵　体	1	HT200		审核				

图 2－138　齿轮油泵装配图

【任务分析】

首先是认识装配图，之后识读装配图。

【相关知识】

1. 装配图概念

装配图分为总装配图和部件装配图，以表达机器和部件的结构、各零件相对位置、装配关系、联结方式、工作原理等内容的技术图样，是生产制造过程中不可缺少的技术文件。

2. 装配图的作用

在设计机器时，先画整台机器的总装配图，再画机器各组成部分的部件装配图，然后绘制零件图；在生产制造阶段，由零件图制造零件，再根据装配图把零件装配成部件或机器。可见，装配图是进行机器或部件的装配、安装调试、检修的技术依据，也是进行产品创新和技术交流的工具。

3. 装配图的内容

(1) 一组图形　用各种常用的表达方法和特殊表达方法，准确、完整、清晰和简便地表达机器（或部件）的工作原理、零件之间的装配关系、零件的主要结构形状和传递路线等。

(2) 必要的尺寸　装配图上，需标注表示装配体的性能、规格、装配、安装和机器的总体大小尺寸。

(3) 技术要求　装配图中，用文字或符号写出装配体的质量、装配、检验、使用等方面的有关条件和要求。

(4) 标题栏、明细栏和零件序号　为了方便看图、生产组织和管理工作，在装配图中对每个不同的零件编写序号，并在标题栏上方按序号编制成零件明细栏，记载零件名称、材料、数量及标准件的标准代号等。标题栏说明装配体的名称、绘图比例、图号、材料、数量、制图人、校核人等信息。

4. 装配图的规定画法

(1) 接触面只画一条轮廓线，不接触面画两条线　相接触两零件的接触表面和两配合面只画一条线，两零件的不接触表面和非配合表面画成两条线。即使间隙很小，也必须用夸大画法画出间隙。

(2) 相邻零件的剖面线应方向相反或间隔不等　在装配图的各视图中，同一个零件的剖面线的方向和间隔应相同，相邻两零件的剖面线方向应相反，或方向相同但间隔不同。3个或3个以上零件相接触时，除其中两个零件的剖面线倾斜方向不同外，第三个零件应采用不同的剖面线间隔，或者与同方向的剖面线错开。

(3) 实心杆件纵剖时一律按不剖处理　在装配图的剖视图中，如果剖切平面通过轴、杆、手柄、球等实心零件和螺栓、螺母、垫圈、销、键等标准件的对称平面或轴线时，这些零件按不剖绘制。

5. 装配图的特殊画法

(1) 拆卸画法　为了表示内部结构，在装配图中可假想沿着某些零件的结合面剖开，对沿结合面剖开的零件，则不画剖面线；若剖切平面相对于螺钉和圆柱销是横向剖切，应画剖面线。

(2) 假想画法　在装配图中，为了表示与本部件有装配关系，但又不属于本部件的其他相邻零件，或为了表示运动零件的运动范围或极限位置时，可先在一个极限位置上画出该零件，再在另一个极限位置上用双点画线假想画出该零件的另一个极限位置。

（3）夸大画法　画装配图时，遇到一些薄片零件、细丝弹簧、小间隙等，若无法用实际尺寸或比例画出，可采用夸大画法，否则难以表达。

【任务实施】

1. 一组视图

图 2-138 所示齿轮油泵装配图采用了主视图和左视图，其中主视图是全剖视图，左视图也是全剖视图。

2. 必要的尺寸

在装配图上标注必要的尺寸，包括部件或机器的规格（性能）尺寸、零件之间的配合尺寸、外形尺寸、部件或机器的安装尺寸。

（1）规格性能尺寸　表示该产品规格大小或工作性能的尺寸。这类尺寸是产品设计的主要参数之一，也是用户选用产品的依据。

（2）装配尺寸　表示机器部件中各零件间装配关系的尺寸。装配尺寸包括配合尺寸和主要零件间的相对位置尺寸。

在装配图中标注尺寸，要根据情况具体分析，有时同一尺寸就具有几方面的作用。

3. 技术要求

主要包括安装方法与质量要求、使用中的注意事项等内容，应该根据装配体的结构特点和使用性能适当填写，一般填写在图纸下方的空白处。

4. 零件序号、明细栏和标题栏

为了便于统计零件、部件的种类和数量，有利于看图和管理，对装配图上每一个不同零件或部件都必须编注一个序号或代号，并将序号或代号、零部件名称、材料、数量等项目填写在明细表中。

5. 概括了解

识读装配图时，首先通过标题栏，了解装配体的名称、绘图比例及用途等，结合标题栏的绘图比例与外形尺寸，可知道装配体大小。

齿轮油泵是汽车润滑、供油系统中的一个部件，用来输送润滑油，是液压系统中的动力元件。齿轮油泵外形尺寸为 118×85×95，可以对齿轮油泵的外形大小有一个印象。

从明细栏中，可以了解机器或部件中所有零件的名称、数量、材料、标准件的规格，找到零件在装配图中相应的位置；通过视图的浏览、技术要求、尺寸标注等内容，分析判断该装配体的复杂程度。

齿轮油泵是由泵体、传动齿轮、齿轮轴、泵盖等零件组成。齿轮油泵由 15 种零件组成，其中有 5 种标准件，属简单装配体。

6. 分析视图和工作原理

齿轮油泵共有两个基本视图。主视图采用全剖视图，表达了齿轮泵的结构特点和零件间的装配、联结关系。左视图沿左泵盖与泵体结合面剖开，由于油泵在此方向内、外结构形状对称，所以该视图采用了半剖，表达了一对齿轮的啮合情况；为了表达了进出口油路，还采用了局部剖视。

7. 分析零件和装配关系

要读懂装配图，必须弄清楚每个零件的结构形状和作用。分析各个视图所表达的内容，并结合明细栏与图中的序号，先分析主要零件，再看次要零件；先分析主要结构，再分析细小结构。

8. 读懂全图，归纳总结

在以上分析的基础上，弄懂装配体的结构和装配关系，分析装配图所注尺寸以及技术要求，研究部件的作用、操作、维修等几方面问题，进一步了解装配工艺。

【复习思考】

读懂平口钳装配图，回答问题。

平口钳的装配图。

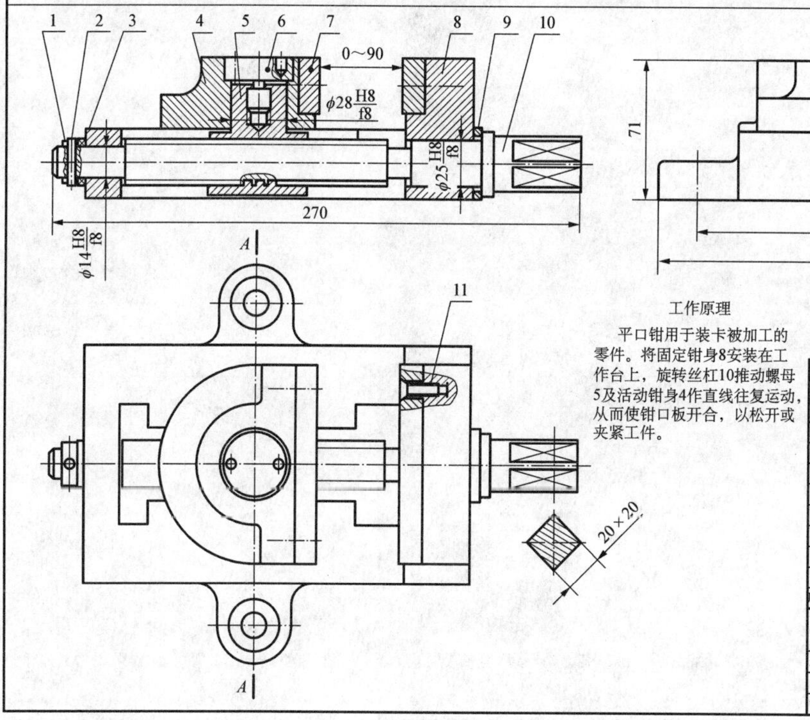

序号	零件名称	数量	材料	备注
11	螺钉M6×20	4	35	GB/T68-2000
10	丝杠	1	45	
9	垫圈	1	Q235	
8	固定钳身	1	HT150	
7	钳口板	2	45	
6	紧固螺钉	1	20	
5	螺母	1	20	
4	活动钳身	1	HT150	
3	垫圈	1	Q235	
2	圆柱销4h8×26	1	35	GB/T119.1-2000
1	挡圈	1	Q235	

平口钳		比例	1:2		
		件数			
班组		材料		成绩	
制图					
审核					

(1) 从丝杠右端面向左看，顺时针转动丝杠 10，活动钳身 4 向何方移动？

(2) 紧固螺钉 6 上面的两个小孔有什么作用？

(3) 简述拆卸螺母 5 时，各零件的拆卸顺序（按拆卸顺序写出零件序号）。

(4) 活动钳身 4 的材料是什么（用汉语）？

(5) 下列尺寸各属于装配图中的何种类型尺寸？

0～91 属于________尺寸，ϕ28H8/f8 属于________尺寸，160 属于________尺寸，270 属于________尺寸。

(6) 说明 ϕ25H8/f8 的含义：轴孔配合属于________制，________配合，ϕ25 是________

尺寸，H8 是________代号，H 是________，8 是________，f7 是________代号，f 是________，7 是________。

(7) 用 1：1 的比例拆画活动钳身 4 和螺母 5 的零件图。

项目3

零件的制作

学习目标

知识目标

1. 掌握划线基准的选择原则和作用；
2. 掌握平板、V形铁、方箱、划针和游标高度尺等划线工具的使用方法；
3. 掌握锯条的种类、手锯的握法及正确锯削方法；
4. 掌握锉刀的结构、种类、锉刀的握法及正确锉削方法；
5. 掌握钻孔方法，并能进行一般孔的钻削加工方法；
6. 掌握攻螺纹底孔直径的确定方法和操作方法。

能力目标

1. 具有正确、熟练识别和使用各种划线工具进行平面和立体划线能力；
2. 具有正确分析图样、确定基准，对工件进行划线能力；
3. 具有正确、熟练选用锯条、安装锯条、夹持工件能力和正确的锯削姿势；
4. 具有正确、熟练识别选用锉刀、正确的锉刀握法和锉削姿势；
5. 具有正确、熟练的装夹工件和钻孔过程中起钻、定心和纠偏的能力；
6. 具有正确、熟练识别和使用头锥和二锥，具备攻螺纹的能力；
7. 遵守文明安全操作规程。

任务1 六角螺母制作

【任务导入】

制作如图3-1所示的六角螺母。

【任务分析】

在汽车维护和修理汽车过程中，总离不开钳工操作，因此作为一名合格的汽车修理工，必须具备钳工基础知识和操作技能。能够熟练使用钳工常用设备、工具、量具、仪表，并正确掌握各种钳工操作工艺和理论知识，掌握正确的操作要领，遵守安全文明操作规程。

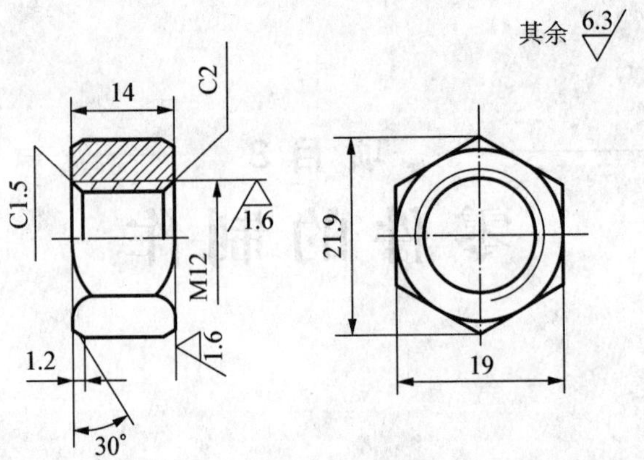

图 3-1　六角螺母

【相关知识】

一、划线

根据图样要求，在毛坯或半成品上用划线工具划出加工界线或加工图形的操作。划线的作用是：作为加工依据；检查毛坯形状、尺寸，及时发现不合格产品，避免浪费后续加工工时；合理分配加工余量；钻孔前确定孔的位置等。

划线按复杂程度可分为平面划线和立体划线两种。平面划线是在工件的一个表面上划线，立体划线是在工件的两个以上表面上划线，即在长、宽、高 3 个方向上划线，如图 3-2 所示。

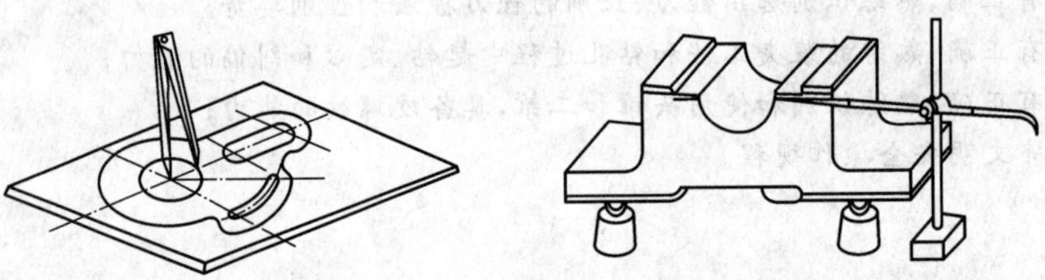

图 3-2　平面划线和立体划线

在工件上确定一个或几个平面、直线或点作为依据，并以此来调节划出其他点、线、面的位置，而以这些作为依据的点、线、面就是划线基准。在零件图上用来确定零件各部分尺寸、几何形状和相互位置的点、线或面，称为设计基准。

划线前，应首先选择和确定划线基准，然后根据它来划出其余的尺寸线。划线基准的选择原则如下。

(1) 原则上应尽量与图样上的设计基准一致，以便能直接量取划线尺寸，避免因尺寸间的换算而增加划线误差。

(2) 若工件上有重要孔需加工，一般选择该孔中心线为划线基准。

(3) 若工件上个别平面已经加工，则应选该平面为划线基准。

(4) 若工件上所有平面都需加工，则应以精度高的和加工余量少的表面作为划线基准以保证主要表面的精度要求。

二、锯削

锯削是用手锯来分割材料或在工件上进行切断或切槽的加工方法。手工锯削是钳工的一项重要操作技能，主要工具是手锯，手锯由锯弓和锯条组成，如图 3-3 所示。

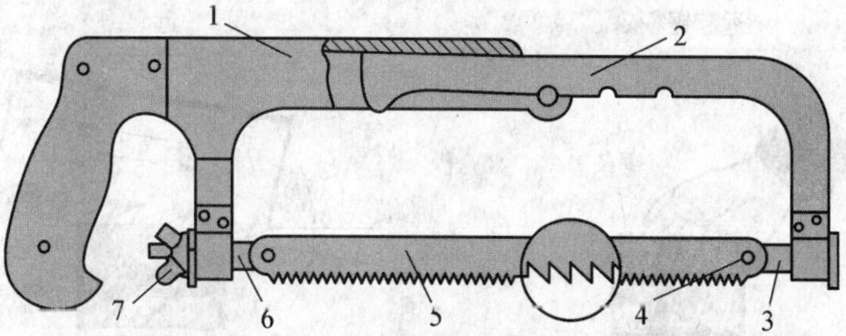

1—固定部分；2—可调部分；3—固定拉杆；4—削子；
5—锯条；6—活动拉杆；7—蝶形螺母

图 3-3 可调式锯弓

1. 安装锯条

根据工件材料及厚度选择合适的锯条，安装在锯弓上。手锯是在前推时才起切削作用，向后拉时不起切削作用。所以安装锯条时，锯齿应向前，利用锯条两端安装孔将其装于锯弓两端拉杆上，松紧应适当，一般用两个手指的力能旋紧为止。锯条安装好后，不能有歪斜和扭曲，否则锯削时易折断。

2. 工件的夹持

工件一般夹在台虎钳的左边，以便操作；工件伸出钳口不应过长，防止工件在锯削时产生振动；锯缝线要与钳口侧面保持平行，以防锯斜；工件要夹牢，以防锯削时工件移动，而引起锯条折断。

3. 手锯的握法及锯削姿势

握锯时，右手满握锯柄，左手轻扶锯弓前端，如图 3-4 所示，推力和压力的大小主要由右手掌握，左手主要配合右手扶正锯弓，不可用力过大。人体重量均分在两腿上，身体正前方与台虎钳中心线成大约 45°角，右脚与台虎钳中心线成 75°角，左脚与台虎钳中心线成 30°角。身体的上部略向前倾斜，给手锯适当压力，不要左、右摆动，以保证锯缝平直。

图 3-4 手锯的握法

锯削动作有直线往复运动和摆动式两种，后者两手动作自然，不易疲劳，切削效率较高。

4. 起锯方法

起锯的方式有远起锯和近起锯两种。远起锯是从工件远离自己的一端起锯，近起锯是从工件靠近操作者身体的一端起锯，如图 3-5 所示。起锯时，行程要短、压力要小、速度要慢，起锯角度都不要超过 15°。为使起锯的位置准确和平稳，起锯时可用左手大拇指挡住锯条的方法来定位。

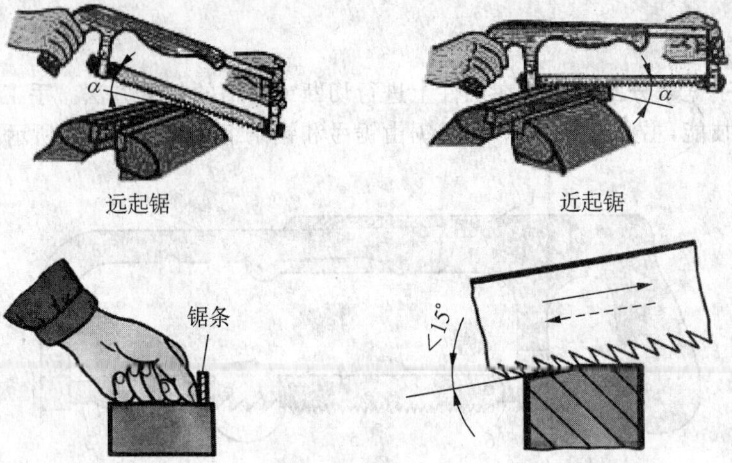

图 3-5　起锯方法

三、锉削

锉削是用锉刀对工件表面进行切削加工的方法。锉削常安排在錾削和锯削之后，加工范围包括平面、曲面、内孔、台阶面及沟槽等。锉削是钳工的一项最基本的操作技能，锉削的主要工具是锉刀，常用 T12 钢制造。

1. 锉刀的握法

锉削时，通常根据锉刀的大小不同采用相应的握法，用右手握木柄，大拇指放在其上，其余四指则从下面配合大拇指握住锉刀柄。左手则根据锉刀大小和用力的轻重采取适当的扶法：使用大锉刀时，左手采用全扶法，即用五指全握、掌心全按的方法，如图 3-6(a)所示；使用中锉刀时，左手采用半扶法，即用拇指、食指、中指轻握即可，如图 3-6(b)所示；使用小锉刀时，通常用一只手握住即可，如图 3-6(c)所示。在锉削过程中，右手推动锉刀并决定推动方向，左手协同右手使锉刀保持平衡。

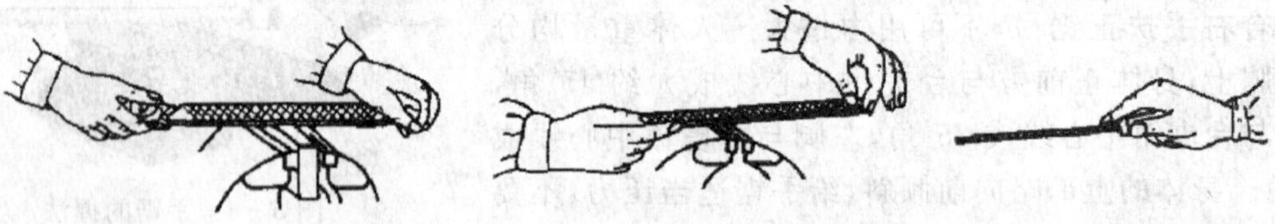

图 3-6　锉刀的握法

2. 锉削姿势

正确的锉削姿势能减轻疲劳，提高锉削质量和效率。锉削时，两脚站立，左腿弯曲，右腿伸直，重心落在左腿上。操作时，两手握住锉刀放在工件上面，左臂弯曲，右小臂要与锉削方向保持基本平行，如图 3-7 所示。

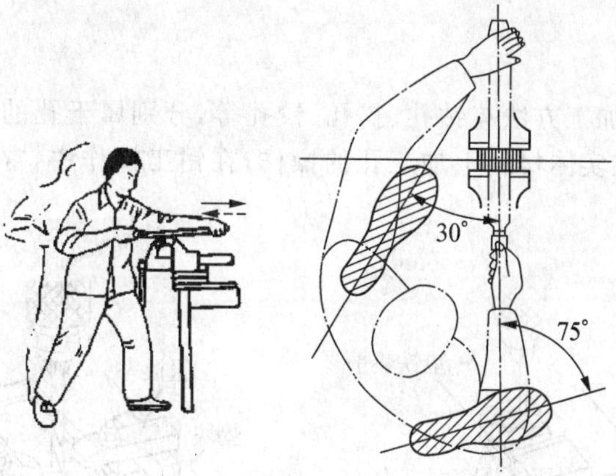

图 3-7 锉削时两脚站立位置及手臂姿势

3. 锉削方法

(1) 锉削平面 锉削平面是锉削中最基本的操作。要锉出平直的平面,必须使锉刀的运动保持水平。平直是靠在锉削过程中逐渐调整两手的压力达到的。粗锉时,由于加工余量较大,为提高锉削效率,需采用交叉锉法进行锉削,容易锉出准确的平面;待基本锉平后,可用细锉或光锉以推锉法修光,如图 3-8 所示。

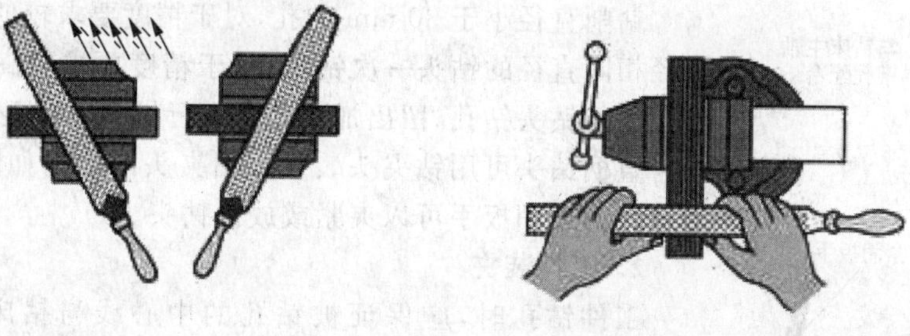

(a) (b)

图 3-8 平面锉削方法

(2) 外圆弧面锉削 常见的外圆弧面锉削方法有顺锉法和滚锉法,如图 3-9 所示。顺锉法切削效率高,适于粗加工;滚锉法锉出的圆弧面不会出现有棱角的现象,一般用于圆弧面的精加工阶段。

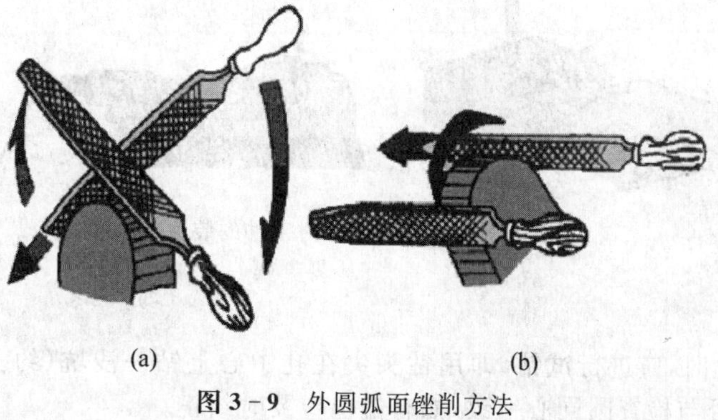

(a) (b)

图 3-9 外圆弧面锉削方法

四、钻孔

钳工中，常用的孔加工方法有钻孔、扩孔、铰孔等，分别属于孔的粗加工、半精加工和精加工。钻孔是用钻头在实体材料上加工孔的操作，在钳工操作中，常用台式钻床来钻孔，如图3－10所示。

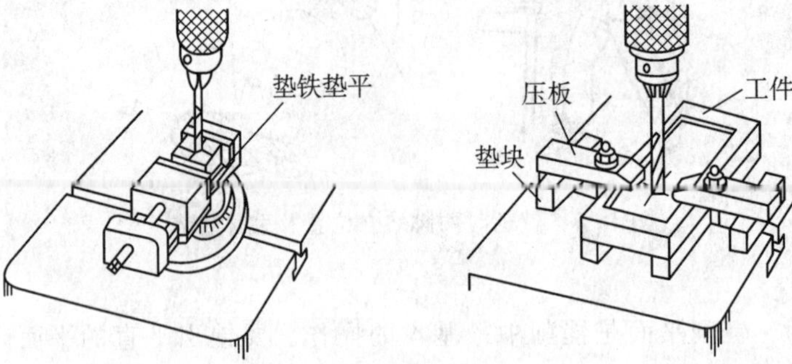

图3－10　孔加工

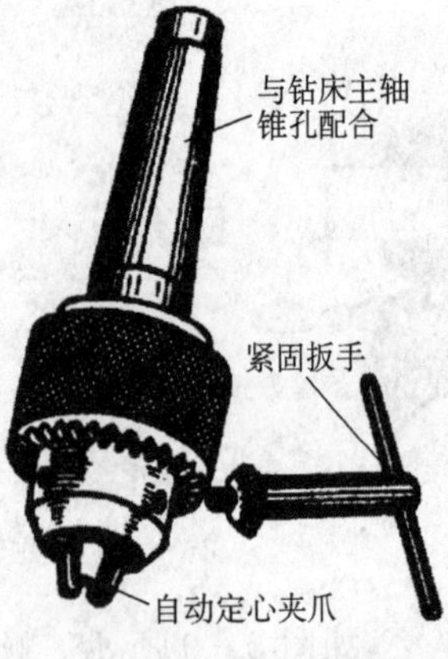

图3－11　钻夹头

1. 钻头的选择和钻头的装夹

钻削直径小于30 mm的孔，对于精度要求较低的，可选用与孔径相同直径的钻头一次钻出；对于精度要求较高的，可选用小于孔径的钻头钻孔，留出加工余量进行扩孔或铰孔。

直柄钻头可用钻夹头装夹。钻夹头的结构如图3－11所示，通过转动紧固扳手可以夹紧或放松钻头。

2. 工件装夹

工件钻孔时，应保证被钻孔的中心线与钻床工作台面垂直，为此可以根据工件大小、形状选择合适的装夹方法。常用的基本装夹方法：小型工件或薄板工件可以用手虎钳夹持；对中、小型形状规则的工件，应用机床用平口虎钳装夹，如图3－12所示。

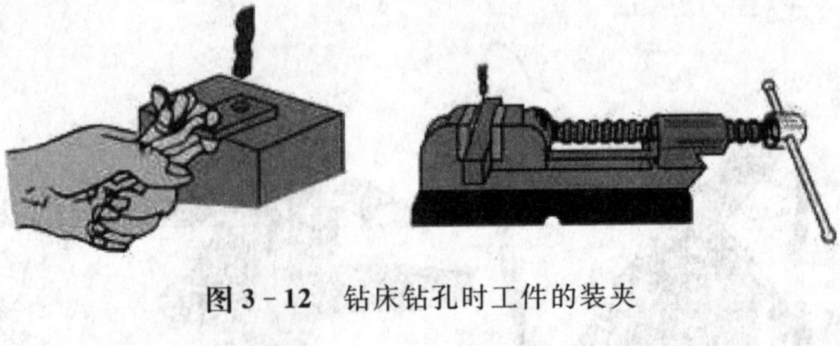

图3－12　钻床钻孔时工件的装夹

3. 钻孔

(1) 开始钻孔时，应进行试钻，即用钻头尖在孔中心上钻一浅坑(约占孔径1/4左右)，检查坑的中心是否与检查圆同心一致，如有偏位应及时纠正。

(2) 钻削通孔时，将钻头钻尖对准预先打好的样冲眼，开始钻削时要用较大的力向下进给(手动进给时)，避免钻尖在工件表面晃动而不能切入；快钻透时压力应逐渐减小，防止钻头在钻通的瞬间抖动，损坏钻头，影响钻孔质量及安全。

(3) 钻削不通孔要注意掌握钻削深度，以免将孔钻深了出现质量事故。控制钻削深度的方法有调整好钻床上深度标尺挡块、安置控制长度量具或用粉笔作标记等。

五、攻螺纹

攻螺纹是指用丝锥加工内螺纹的操作，一般用于加工三角螺纹。攻螺纹所用工具简单，操作方便，但生产率低，精度不高，主要用于单件或小批量的小直径螺纹加工。

1. 攻螺纹前底孔的确定

用丝锥攻螺纹过程中，丝锥对材料既有切削作用，同时也伴随着严重的挤压作用。所以，攻螺纹前螺纹底孔直径必须大于螺纹的小径、小于螺纹的大径。具体确定方法可以查表或用下列经验公式计算，即

$$D_{底} = d - P \quad (适用于钢料及韧性材料),$$
$$D_{底} = d - (1.05 \sim 1.1)P \quad (适用于铸铁及脆性材料)。$$

式中，D 是攻螺纹前钻底孔直径(mm)；d 是螺纹大径(mm)；P 是螺距(mm)。

2. 攻螺纹操作步骤

(1) 孔口倒角时，先用稍大于钻底孔直径的钻头将孔口两端倒角以便于丝锥切入。

(2) 用头锥起攻时，用铰杠夹持住丝锥的方榫，将丝锥放到已钻好的底孔处，并注意使丝锥中心与孔的中心重合，然后用两手握铰杠中间，均匀用力，使铰杠保持水平转动，并在转动过程中对丝锥施加垂直压力，顺时针转动，攻入1～2圈。

(3) 用90°角尺检查丝锥与工件端面的垂直度，如图3-13所示；若不垂直，丝锥要重新切入，直至垂直。

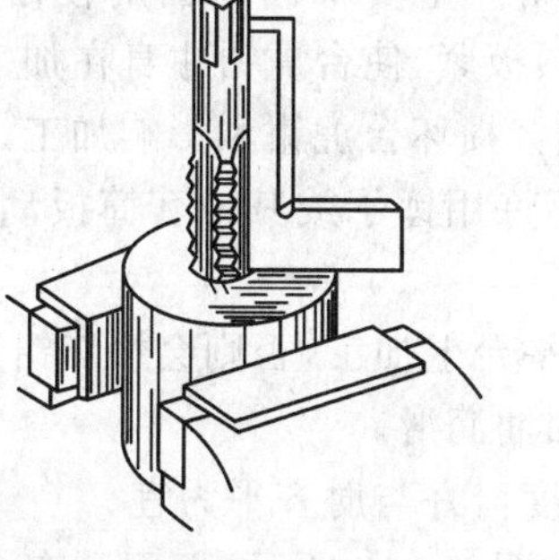

图3-13 检查垂直度

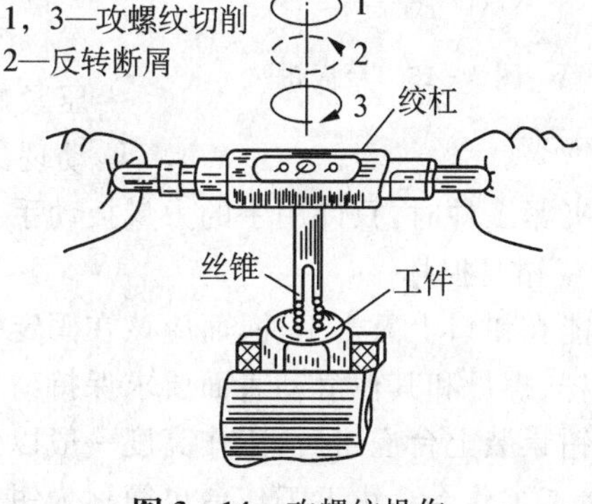

图3-14 攻螺纹操作

(4) 用双手握铰杠两端，平稳地顺时针转动铰杠，每转1～2圈要反转1/4圈，以利于断屑和排屑，如图3-14所示。

(5) 头锥攻完后反向退出，再依次用二锥加工。每换一锥，应先将丝锥旋入1～2圈扶

正、定位，再用铰杠攻入，以防乱扣。

【任务实施】

(1) 备料　45 钢，$\phi30\times16$ 棒料一块。

(2) 锉削　锉两平行端面，平面平直且平行，高度 $H=14$ mm。

(3) 划线　在工件端面，定中心和划中心线，按图纸要求划正六边形和钻孔孔径线，打样冲眼。

(4) 锉削　锉六边形时，先锉平一面为基准，再锉相对的一面，其余 4 边均按对边加工顺序锉削。在锉削过程中，应用 120°样板测量邻边的角度，用直角尺测量 6 边与端面的垂直；用刀口直尺测量对应边的平行度、垂直线度、尺寸精度。平面要求平直，六角形要均匀对称，相对平面要平行。

(5) 钻孔　计算钻孔直径，在工件的中心钻 $\phi11$ 的通孔后，用大于底孔直径的钻头进行孔口倒角。

(6) 攻螺纹　按照攻螺纹操作规程攻螺纹 M12。

(7) 精锉　修整螺母高度尺寸、对应边尺寸，理顺加工纹路。

(8) 锉削　锉曲面，倒圆弧角。

【拓展知识】

1. 钳工常用设备

(1) 台虎钳　台虎钳为钳工必备工具，安装在钳工台上，用以夹稳加工工件，以钳口的宽度为标定规格。常用规格有 100，125，150 mm 等，如图 3－15所示。台虎钳使用注意事项：

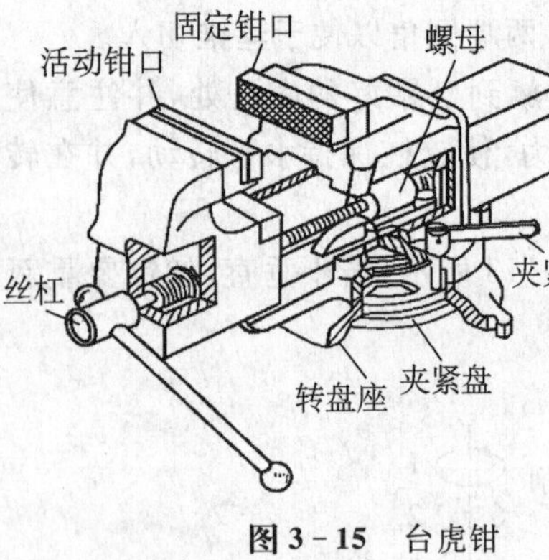

图 3－15　台虎钳

① 台虎钳在安装时，必须使固定钳身的钳口一部分处在钳台边缘外，保证夹持长条形工件时，工件不受钳台边缘的阻碍。

② 台虎钳一定要牢固地固定在钳台上，两个压紧螺钉必须扳紧，使台虎钳钳身在加工时没有松动现象，否则会损坏台虎钳和影响加工。

③ 在夹紧工件时，只许用手的力量扳动手柄，绝不许用锤子或其他套筒扳动手柄，以免丝杆、螺母或钳身损坏。

④ 不能在钳口上敲击工件，而应该在固定钳身的平台上加工，否则会损坏钳口。

⑤ 丝杆、螺母和其他滑动表面要求保持清洁，并加油润滑。

⑥ 在钳桌装上台虎钳后，工作高度一般以钳口高度恰好与肘齐平为宜。

(2) 钳工工作台　钳工工作台也简称为钳工台，如图 3－16 所示，上面装有台虎钳和存放钳工常用工、量具等，是钳工工作的主要设备。采用木料或钢材制成，高度约 800～900 mm，长度和宽度根据场地和工作情况而定，其上设有抽屉，用来收放工、量具等，通常工具和量具要分开存放。

图 3-16 钳工工作台

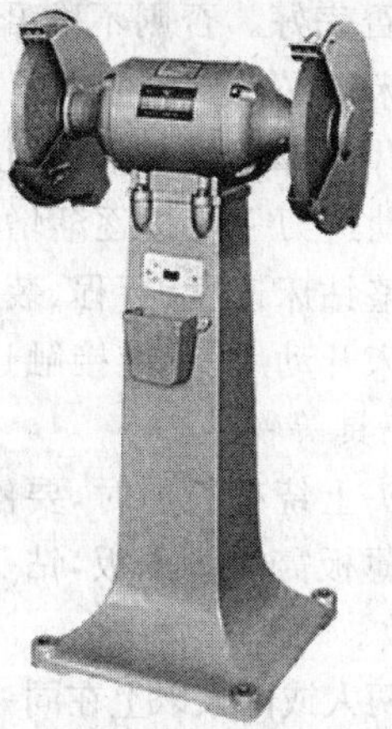

图 3-17 立式砂轮机

(3) 砂轮机 砂轮机主要用来刃磨錾子、钻头、刮刀等刀具或样冲、划针等其他工具，也可以用于磨去工件或材料上的毛刺、锐边等。主要由砂轮、电动机和机体组成，如图 3-17 所示。

砂轮机转速较高，防止在工作中使用不当，造成砂轮碎裂和人身事故。使用砂轮机时，应严格遵守以下规程：

① 目前常用的砂轮有两种，一种是白色氧化铝砂轮，用来刃磨高速钢及碳素工具钢刀具；另一种是绿色碳化硅砂轮，用来刃磨硬质合金刀具。

④ 安装砂轮时，必须将砂轮夹紧，并使之运转平稳，在旋转时不得有振动现象。

③ 砂轮的旋转方向应正确，使磨屑向下方飞离砂轮。

④ 启动后，待转速正常后再进行磨削。

⑤ 操作者应站在砂轮机的侧面或斜侧位置进行磨削，切不可站在砂轮的正面，以防砂轮崩裂造成事故。

⑥ 磨削刀具或工件时用力要适当，切不可过猛或过大，更不允许用力撞击砂轮，以防止砂轮碎裂飞出伤人。

⑦ 砂轮机的砂轮应保持干燥，不准沾水。

⑧ 砂轮机使用完后，应立即切断电源。

⑨ 禁止戴手套磨削，磨削时应带防护镜。

(4) 台式钻床 钳工常用的钻床有台式钻床、立式钻床和摇臂钻床，但台式钻床应用比较广泛。台式钻床简称台钻，它是放在工作台上使用的小型钻床，小巧灵活、结构简单、操作方便，主要用来加工 ϕ12 mm 以下的孔，如图 3-18 所示。台钻安全操作规程：

图 3-18 台式钻床

① 工作前，必须穿好工作服，扎好袖口，不准围围巾，严禁戴手套，女生发辫应挽在帽子内。

② 使用前，要检查钻床各部件是否正常，检查设备上的防护、保险、信号装置，机械传动部分、电气部分要有可靠的防护装置，

工、卡具是否完好。否则不准开动。

③ 钻床的平台要紧固，工件要夹紧。钻小件时，应用专用工具夹持，防止被加工件带起旋转，不准用手拿着或按着钻孔。

④ 手动进刀一般按逐渐增压和减压的原则进行，以免用力过猛造成事故。

⑤ 调整钻床速度、行程、装夹工具和工件，以及擦拭钻床时要停车进行。

⑥ 钻床开动后，不准接触运动着的工件、刀具和传动部分。禁止隔着机床转动部分传递或拿取工具等物品。

⑦ 钻头上绕有长屑时，要停车清除，禁止用口吹、手拉，应使用刷子或铁钩清除。

⑧ 钻薄板需加垫木板，钻头快要钻透工件时，要轻施压力，以免折断钻头损坏设备或发生意外事故。

⑨ 凡两人或两人以上在同一台机床工作时，必须有一人负责安全，统一指挥，防止发生事故。

⑩ 钻床运转时，不准离开工作岗位，因故要离开时必须停车，并切断电源。

⑪ 工作完后，关闭钻床总闸，擦净钻床，清扫工作地点。

2. 常用的划线工具

常用的划线工具有划针、划规、划卡、划线盘、方箱、平板、样冲等。

(1) 平板　工件和划线工具放在平板上进行划线，由于平板的上平面和侧面往往作为基准面，所以，对上平面和侧面的平面度和直线度的等级要求很高，一般都经过刨削和刮削。为了防止和减少变形，划线平台一般用铸铁制造。在使用时，不准用锤敲打工件和碰撞平台；不用时，应涂防锈油，并加防护罩。

如图 3-19(a)所示的，平板适于在一般尺寸工件划线中使用；较大尺寸工件划线时，可使用如图 3-19(b)所示的平板，位置放正后，操作者在平板四周的任何位置进行划线。

(a)　(b)

图 3-19　平板

(2) 划针　划针是用来划线的，如图 3-20 所示，常与钢直尺、90°角尺等导向工具一起使用。划线时，尖端要贴紧导向工具移动，上端向外侧倾斜 15°～20°，向划线方向倾斜 45°～75°，要做到一次划成，不要重复。

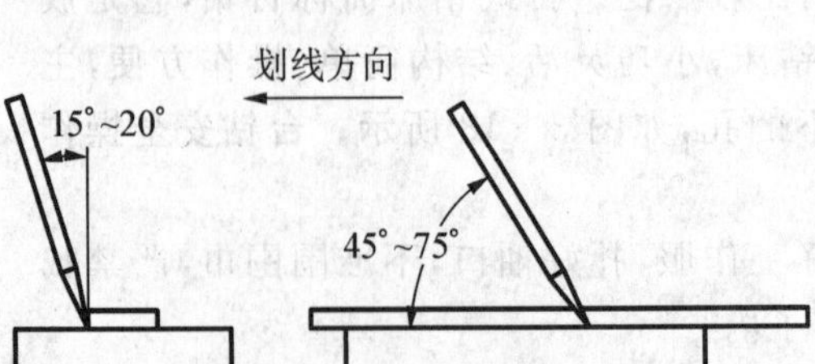

图 3-20　划针使用

(3) 划线盘　划线盘一般用于立体划线和校正工件位置，由底座、立柱、划针和夹紧螺母等组成，如图 3-21 所示。划针的直头端用来划线，弯头端用来找正工件的位置。使用后，应将划针竖直折起，使尖端朝下，以减少所占空间和防止伤人。

图 3-21　划线盘

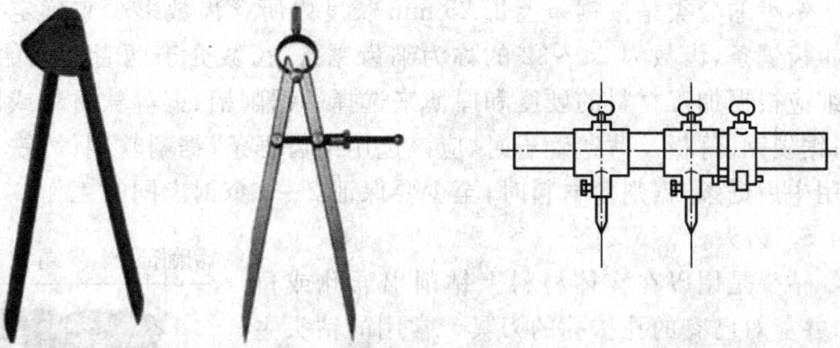

图 3-22　划规

(4) 划规　划规是钳工作业中常用的划线工具，主要用来划圆和圆弧、等分线段、等分角度及量取尺寸等。钳工用的划规有普通划规、弹簧划规和长划规等，如图 3-22 所示。划规的脚尖必须坚硬，使用时才能在工件表面划出清晰的线条。

(5) 方箱　方箱是平板测量中重要的辅助工具，用于钳工立体划线，机械零部件的平行度、垂直度和各种位置误差的测量及检验，如图 3-23所示。

图 3-23　方箱

3. 锉刀

锉刀由锉刀面、锉刀边、锉刀尾、锉舌、木柄等部分组成，如图 3-24 所示。

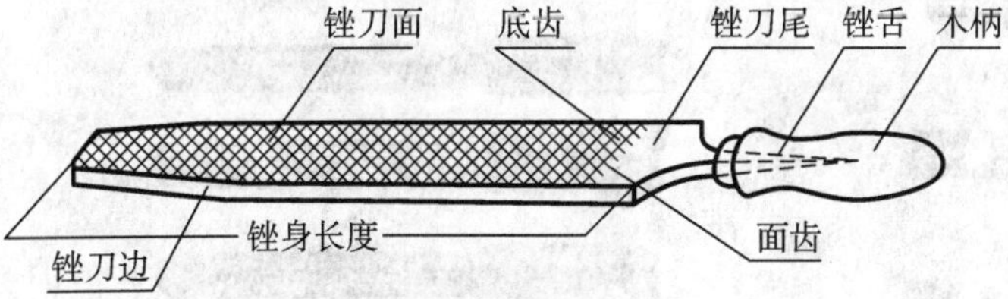

图 3-24　锉刀结构

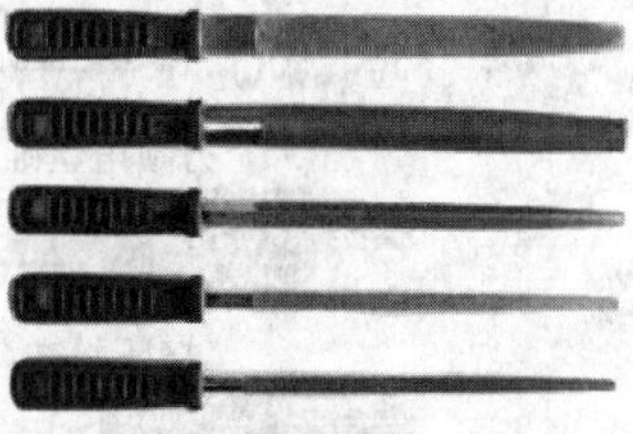

图 3-25　各形锉刀

锉刀按用途不同，可分为普通锉刀、整形锉刀和特种锉刀 3 种；按齿纹粗细不同，可分为粗齿锉、中齿锉、细齿锉和油光锉等；按其工作部分长度不同，可分为 100，150，200，250，300，350 及 400 mm 等 7 种。生产中，应用最多的为普通锉刀。普通锉刀按其断面形状和用途不同，又可分为平锉、方锉、三角锉、半圆锉、圆锉，如图 3-25 所示。

4. 锯弓与锯条

锯弓是用来安装锯条的，有可调式和固定式两种，如图 3-26 所示。固定式锯弓是整体的，只能安装固定长度的锯条；可调式锯弓由前后两段组成，通过调整可以安装不同长度规

图 3-26　固定式锯弓

格的锯条。

锯条规格用锯条两端安装孔之间的距离表示。常用的锯条约长 300 mm、宽 12 mm、厚 0.8 mm，由碳素工具钢或高速钢制成。锯齿的排列多为交错形和波浪形，可以减少锯条与锯缝之间的摩擦，有利于排屑。

锯齿的分类是按锯条上每 25 mm 长度内所含齿数多少来确定的。齿数为 14～18 的称为粗齿锯条，齿数为 24～32 的称为细齿锯条，齿数介于两者之间的称为中齿锯条。锯齿的粗细应根据加工材料的硬度和厚薄来选择。锯削铝、铜等软材料或厚材料时，应选用粗齿锯条；锯硬钢、薄板及薄壁管子时，应该选用细齿锯条；锯削软钢、铸铁及中等厚度的工件时，则多用中齿锯条；锯削薄材料时，至少要保证 2～3 个锯齿同时工作。

5. 钻头

钻头是用以在实体材料上钻削出通孔或盲孔，并能对已有的孔扩孔的刀具。常用的钻头主要有麻花钻、扁钻、中心钻、深孔钻和套料钻。其中麻花钻是钳工钻孔最常用的刀具，由高速钢(W18Cr4V)制成并经热处理。麻花钻由柄部、颈部及工作部分组成，直径小于 12 mm 时一般为直柄钻头，大于 12 mm 时为锥柄钻头，如图 3-27所示。

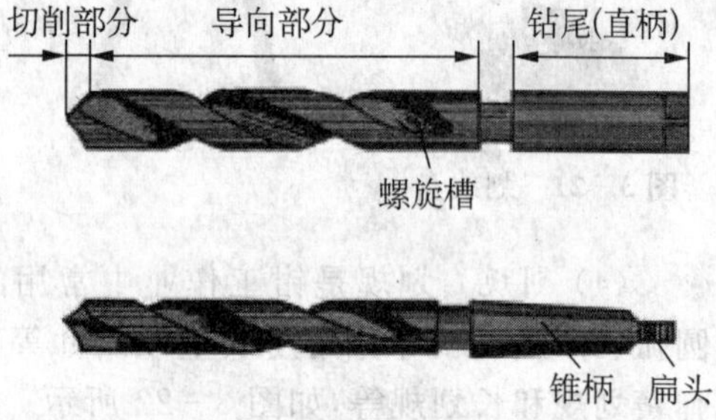

图 3-27　麻花钻

6. 丝锥和铰杆

丝锥是加工各种中、小尺寸内螺纹的刀具，结构简单、使用方便，既可手工操作，也可以在机床上工作，在生产中应用非常广泛。对于小尺寸的内螺纹，丝维几乎是唯一的加工刀具。丝维的种类有手用丝维、机用丝锥、螺母丝锥、挤压丝锥等，如图 3-28 所示。

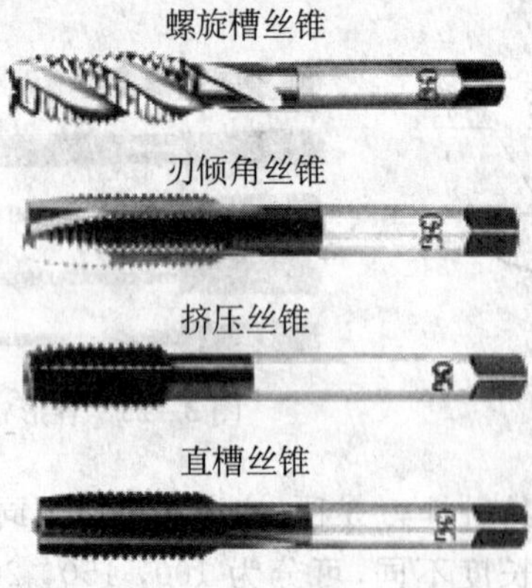

图 3-28　丝锥

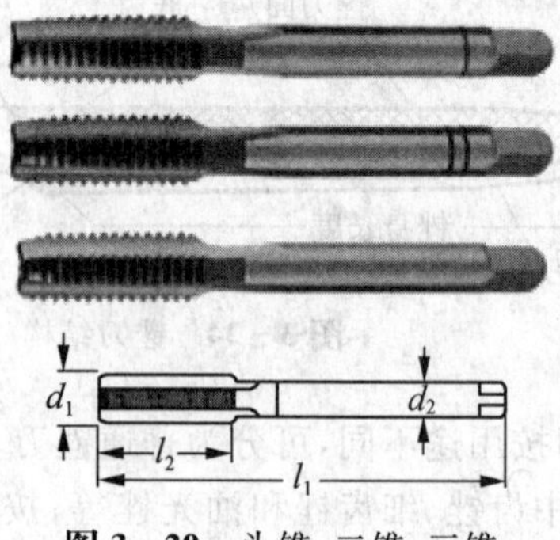

图 3-29　头锥、二锥、三锥

手用丝锥一般由两支组成一套，分为头锥和二锥。两支丝锥的外径、中径和内径是相等的，只是切削部分的长短和锥角不同，头锥的切削部分长些，锥角小些，约有 6 个不完整的齿以便起切。二锥的切削部分短些，不完整齿约为两个。螺距大于 2.5 mm 的丝锥常制成 3 支一套。

铰杠是用来夹持、扳转丝锥和铰刀的工具，有固定式和可调节式，常用的是可调节式，如图 3－30 所示，以便夹持各种不同尺寸的丝锥。

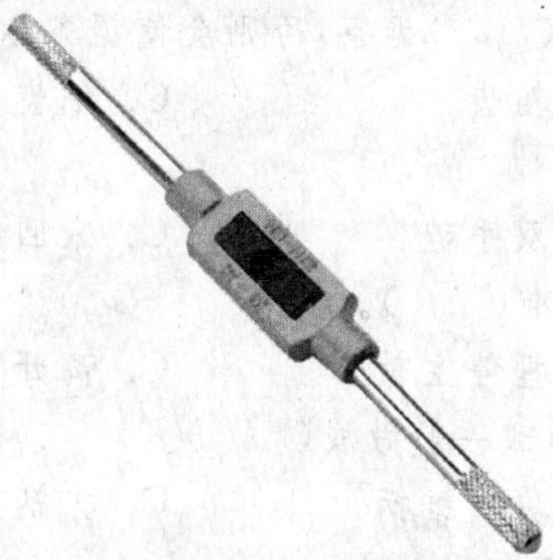

图 3－30 铰杆

【复习思考】

一、选择题

1. 操作钻床时，不能戴(　　)。

A. 帽子　B. 眼镜　C. 手套　D. 口罩

2. 锉刀的主要工作面指的是(　　)。

A. 有锉纹的上、下两面　B. 两个侧面

C. 全部表面　D. 顶端面

3. 一般手锯的往复长度不应小于锯条长度的(　　)。

A. 1/3　B. 2/3　C. 1/2　D. 3/4

4. 工具摆放要(　　)。

A. 整齐　B. 堆放　C. 混放　D. 随便

5. 工作完毕后，所用过的(　　)要清理、涂油。

A. 量具　B. 工具　C. 工量具　D. 器具

6. 攻螺纹进入自然旋进阶段时，两手旋转用力要均匀，并要经常倒转(　　)圈。

A. 1～2　B. 1/4～1/2　C. 1/5～1/8　D. 1/8～1/10

7. 平面锉削分为顺向锉、交叉锉、还有(　　)。

A. 拉锉法　B. 推锉法　C. 平锉法　D. 立锉法

8. 用划线盘进行划线时，划针应尽量处于(　　)位置。

A. 垂直　B. 倾斜　C. 水平　D. 随意

9. 加工零件的特殊表面用(　　)。

A. 普通锉刀　B. 整形锉刀　C. 特种锉刀　D. 板锉

10. 锯条安装应使齿尖的方向朝(　　)。

A. 左　B. 右　C. 前　D. 后

11. 在高强度的材料上钻孔时，为使润滑膜有足够的强度可在切削液中加(　　)。

A. 机油　　B. 水　　C. 硫化切削油　　D. 煤油

12. 当丝锥(　　)全部进入工作时,就不需要再施加压力,而靠丝锥自然旋进切削。

A. 切削部分　　B. 工作部分　　C. 校准部分　　D. 全部

13. 锯削管子和薄板时,必须用(　　)锯条,否则会使锯条蹦断。

A. 中齿　　B. 粗齿　　C. 细齿　　D. 以上都行

14. 使用锉刀时,不能(　　)。

A. 推锉　　B. 双手锉　　C. 来回锉　　D. 单手锉

15. 钻床钻孔时,钻头未停稳不准(　　)。

A. 断电　　B. 捏停主轴　　C. 离开　　D. 做其他工作

16. 钻头直径大于 13 mm 时,柄部一般做成(　　)。

A. 直柄　　B. 莫氏锥柄　　C. 方柄　　D. 都有

17. 锯割过程中(　　)应稍抬起。

A. 回程时　　B. 推锯时

C. 锯削硬材料时　　D. 锯削软材料时

18. 磨削加工的主运动是(　　)。

A. 砂轮圆周运动　　B. 工件的旋转运动　　C. 工作台移动　　D. 砂轮架移动

19. 锉刀共分 3 种,由普通锉、特种锉和(　　)。

A. 平锉　　B. 三角锉　　C. 整形锉　　D. 菱形锉

二、简答题

1. 安装齿条应注意哪些问题?

2. 攻螺纹的注意事项有哪些?

项 目 4

汽车传动机构

学习目标

知识目标

1. 掌握机构及运动副的概念;
2. 掌握平面连杆机构的基本形式及应用特点;
3. 熟悉凸轮机构的基本形式及应用特点;
4. 认识带、链传动的类型、特点和应用;
5. 了解带、链传动的张紧和维护;
6. 了解齿轮传动的类型和特点;
7. 掌握圆柱齿轮几何尺寸的计算;
8. 了解轮系在汽车上的应用。

能力目标

1. 掌握机构运动简图的测绘;
2. 会对带、链传动进行维护;
3. 掌握定轴轮系传动比的计算;
4. 掌握周转轮系传动比的计算。

汽车是由各种机构组成的复杂的机械系统,一辆汽车由成千上万个零件,分别组成各类机构,如发动机上的配气机构、曲柄连杆机构,自动变速器内的行星齿轮机构等。学习并研究各机构的组成、运动规律,对于了解和掌握汽车的学习至关重要。

任务1 四杆机构和凸轮机构的选用

【任务导入】

(1) 测绘图 4-1 所示的汽车单缸四冲程内燃机的机构运动简图。

(2) 分析内燃机配气机构。

【任务分析】

曲柄连杆机构是发动机实现工作循环、完成能量转换的传动机构。在作功行程中,曲柄连

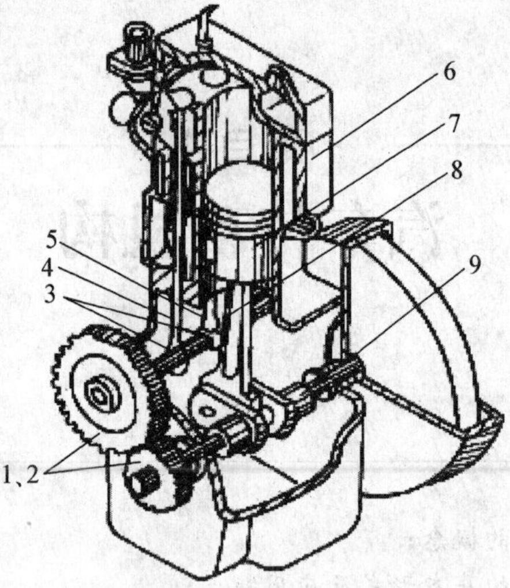

1，2—齿轮；3—凸轮；4—排气阀；5—进气阀；6—气缸体；7—活塞；8—连杆；9—曲轴

图4-1　单缸四冲程内燃机

杆机构将活塞在气体压力作用下的往复运动转化成曲柄的旋转运动，对外输出动力；而在进气、压缩、排气3个行程中，又将曲柄的旋转运动转变成活塞的往复运动，使发动机的工作得以循环继续。曲柄连杆机构是四杆机构中的一种演化形式，我们需要掌握四杆机构的相关知识。

【相关知识】

一、平面连杆机构

由若干个刚性构件在同一平面或相互平行平面内，互相联结所组成的机构，称为平面连杆机构。

1. 机构的组成

机构是人为的实物组合，并且各实物之间具有确定的相对运动。构件是机构的运动单元，在机构中具有独立运动的特性。

机器主要由动力部分、执行部分、传动部分及控制部分组成。动力部分是机器工作的动力源；执行部分又称工作部分，它直接完成机器预定的功能；传动部分是将动力和运动传给执行部分的中间装置；控制部分是控制机器的其他基本部分，使操作者随时实现或重置各种预定的功能。机器的各部分又由若干零件组成。

从制造角度看，零件是机器的制造单元。从运动角度看，构件是机器的运动单元。构件可能是一个零件，也可能是若干零件的刚性组合体。从装配角度看，可认为较复杂的机器是由若干部件组成的。部件是机器的转配单元。

2. 运动副

由两构件直接接触，并产生一定相对运动的联结称为运动副。两构件构成的运动副接触形式不外乎点、线、面3种，按照接触的特性，运动副分为低副和高副两类。

(1) 低副　两构件通过面接触所构成的运动副，称为低副。按构件间相对运动形式不同，可分为移动副和转动副。转动副是指两构件间具有相对转动的运动副，也称铰链，如图4-2(a)所示，图中1，2为构件。移动副是指两构件间具有相对移动的运动副，如图4-2(b)所

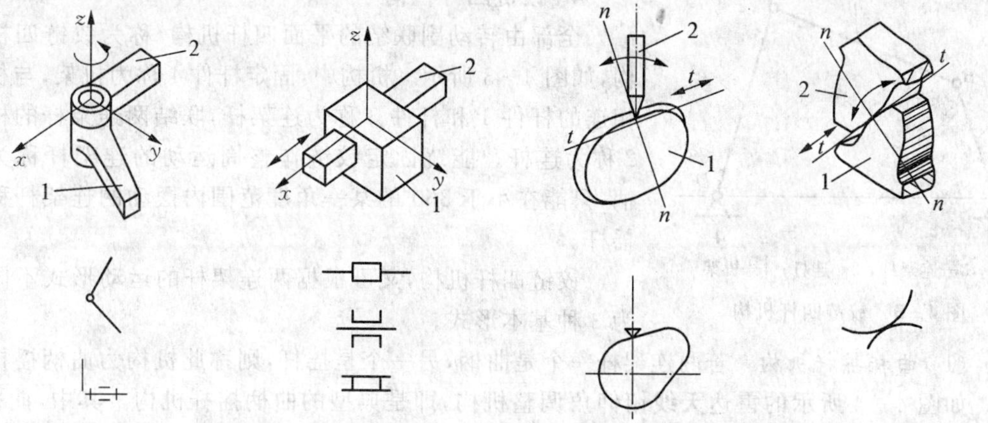

图 4-2　平面运动副及其符号

示，图中 1，2 为构件。

(2) 高副　两构件间通过点或线接触构成的运动副，称为高副。图 4-2(c)中，凸轮 1 和从动杆 2 构成为点接触高副，图 4-2(d)中齿轮 1 和齿轮 2 构成为线接触高副。

3. 机构运动简图

为使问题简化，常常略去机构中构件的复杂外形和运动副的具体结构，仅用国家标准规定的简单符号和线条表示运动副和构件，并按一定比例尺绘制出能表示机构运动特征的简单图形，称为机构运动简图。若只为表明机构的结构特性和运动情况，而不严格按比例绘制的简图，称为机构示意图。机构简图中，构件及其运动副的表达方法见表 4-1。

表 4-1　机构运动简图符号

名称		简图符号	名称		简图符号
构件	轴、杆		平面低副	移动副	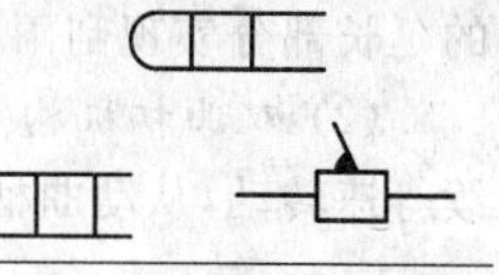
	三副元素构件	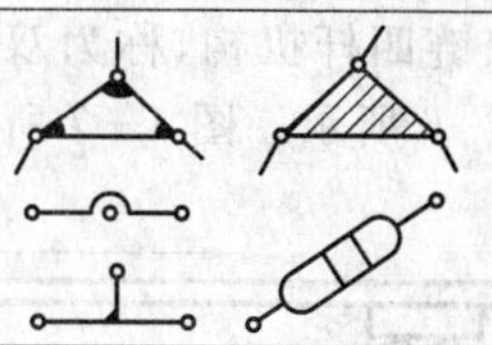		转动副	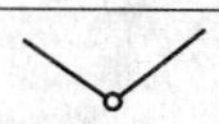
	构件的永久联结	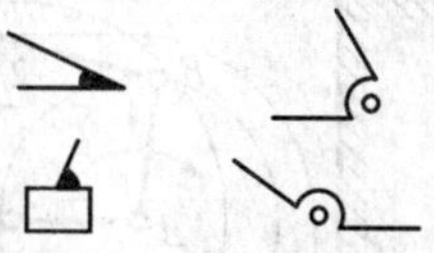	机架	机架	
	机架是转动副的一部分	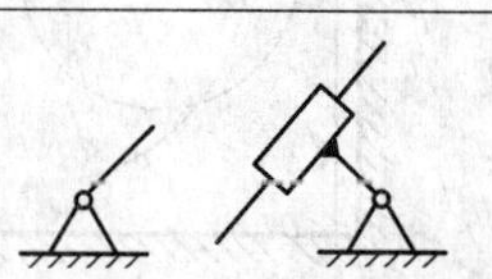	平面高副	齿轮副	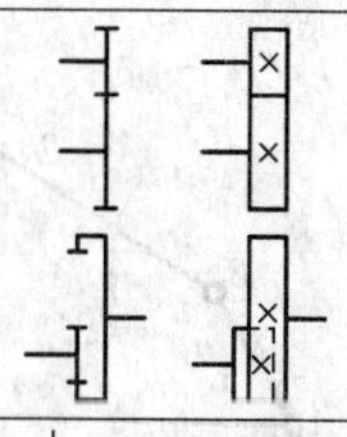
机架	机架是移动副的一部分			凸轮副	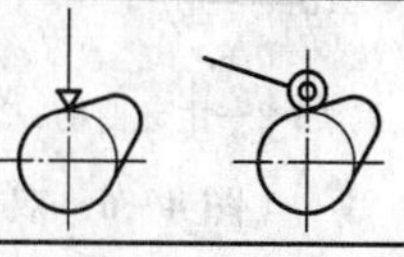

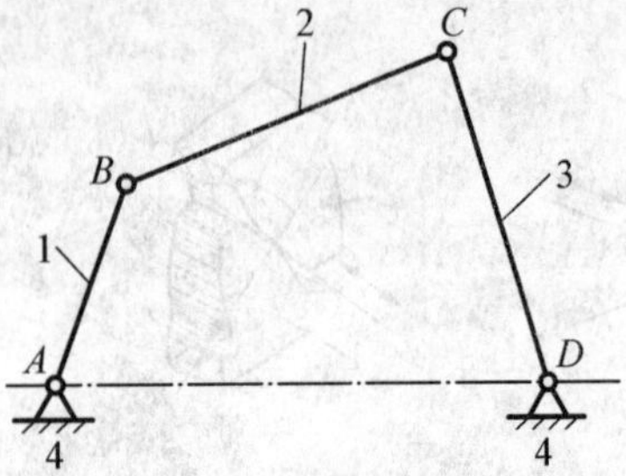

1，3—连架杆；2—连杆；4—机架

图 4-3 铰链四杆机构

4. 铰链四杆机构

全部由转动副联结的平面四杆机构，称为铰链四杆机构，如图 4-3 所示。机构中，固定杆件 4 称为机架，与机架相连的杆件 1 和杆件 3 称为连架杆，联结两连架杆的构件 2 称为连杆。能绕固定铰链作整周运动的连架杆称为曲柄，只能在小于 360°的某一角度范围内摆动的连架杆称为摇杆。

铰链四杆机构，又可根据两连架杆的运动形式不同分为 3 种基本形式。

(1) 曲柄摇杆机构　若两连架杆一个是曲柄，另一个是摇杆，则称此机构为曲柄摇杆机构。如图 4-4 所示的雷达天线俯仰角调整机构，即是典型的曲柄摇杆机构。其中，曲柄 1 是原动件，天线固定在摇杆 3 上。该机构将曲柄的转动转换为摇杆(天线)的俯仰运动。

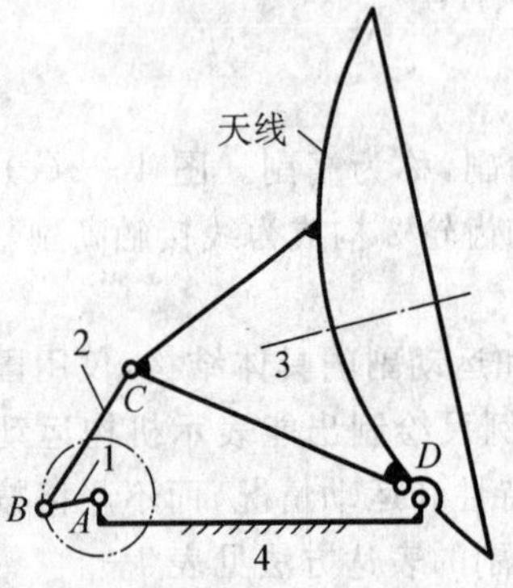

1—曲柄；2—连杆；3—摇杆；4—机架

图 4-4 曲柄摇杆机构

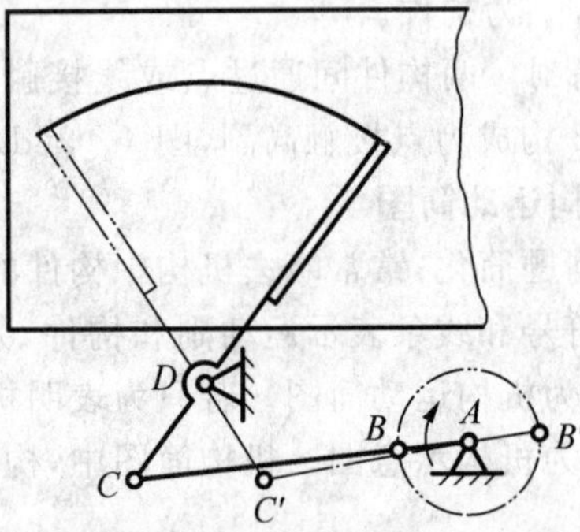

图 4-5 汽车前窗刮水器

图 4-5 所示为汽车前窗刮水器，当主动曲柄 AB 回转时，摇杆 CD 往复摆动，利用摇杆的延长部分实现刮雨动作。

(2) 双曲柄机构　两连架杆均为曲柄的铰链四杆机构，称为双曲柄机构。主动曲柄连续等速转动，从动曲柄一般为变速转动，如图 4-6 所示。图 4-7 所示为利用双曲柄制成的

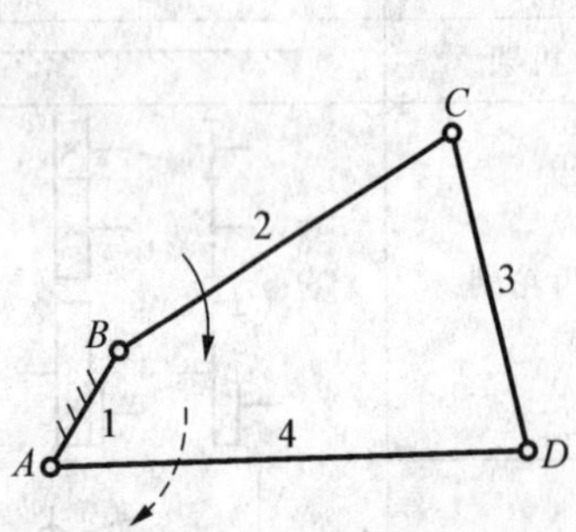

1—机架；2—主动曲柄；3—连杆；4—从动曲柄

图 4-6 双曲柄机构

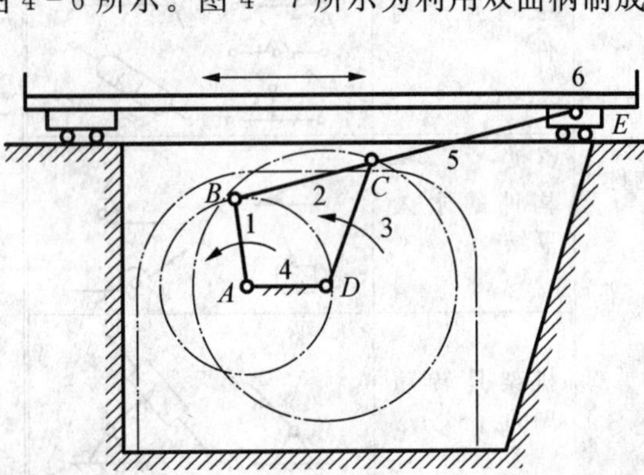

1—主动曲柄；2—连杆；3—从动曲柄；4—机架

图 4-7 惯性筛

惯性筛机构。在双曲柄机构中，若两对边构件长度相等且平行，则称为正平行四边形机构，如图 4-8(a)所示，该机构的从动曲柄与主动曲柄以相同的角速度转动，连杆作平动。图 4-8(b)所示为铲车的铲斗机构，它是正平行四边形机构的应用实例。

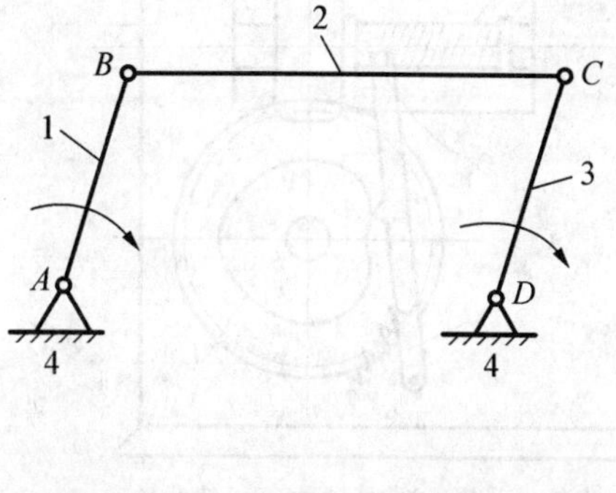

1—主动曲柄；2—连杆；3—从动曲柄；4—机架

(a)

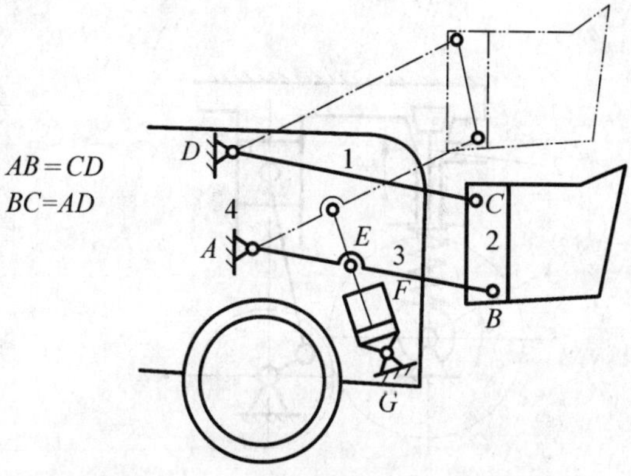

1—从动曲柄；2—连杆(铲车铲斗)；3—主动曲柄；4—机架

(b)

图 4-8 正平行四边形机构

连架杆与机架长度相等，两曲柄长度相等但转向相反，称为反平行四边形机构，如图 4-9(a)所示。图 4-9(b)所示为公共汽车车门启闭机构，是其应用实例。

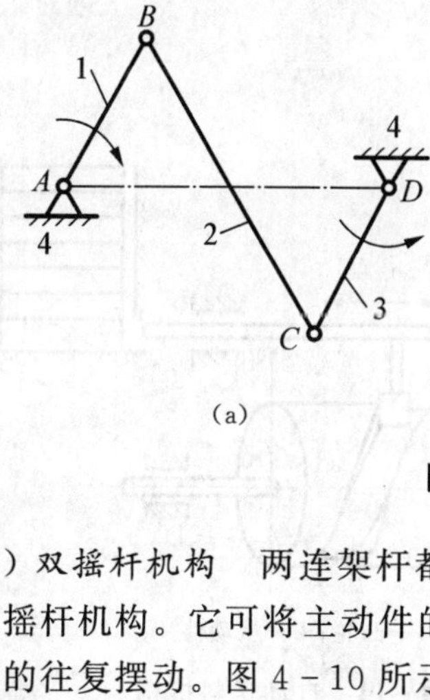

(a)

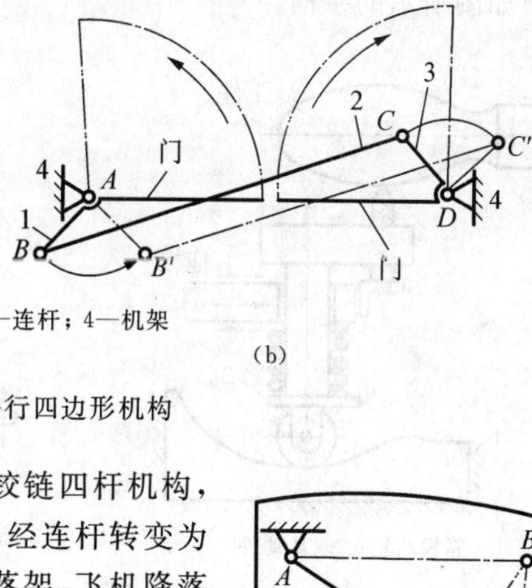

1，3—曲柄；2—连杆；4—机架

(b)

图 4-9 反平行四边形机构

(3) 双摇杆机构　两连架杆都为摇杆的铰链四杆机构，称为双摇杆机构。它可将主动件的往复摆动，经连杆转变为从动杆的往复摆动。图 4-10 所示为飞机起落架，飞机降落时，起落架在图中实线所示位置，飞机起飞后，起落架中 AB，DC 两杆分别绕 A，D 两点摆动到图中双点画线所示位置。

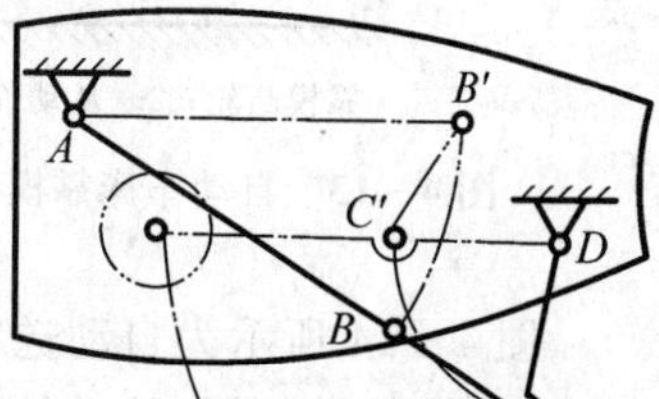

图 4-10 飞机起落架

二、凸轮机构

凸轮机构是通过凸轮与从动件之间的高副接触来传递运动和动力的，广泛应用于汽车、自动化及半自动化机器的控制系统中。

1. 凸轮机构的组成及应用

图 4－11 所示为内燃机的配气机构。当主动件凸轮 1 匀速转动时，其曲线轮廓通过与从动件气门 2 的底部接触，使气门 2 有规律地开启和闭合。

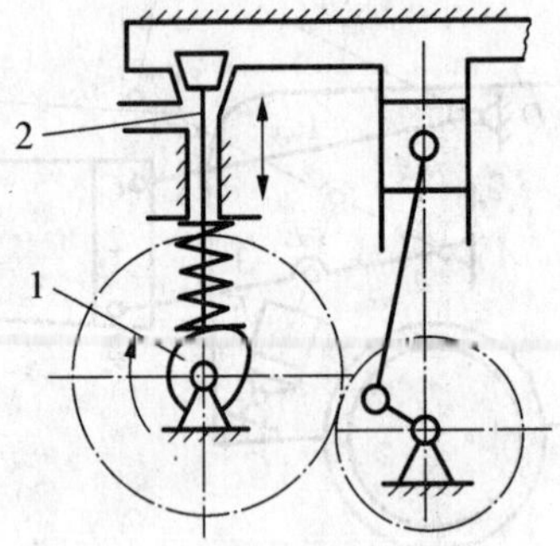

1—凸轮；2—气门

图 4－11 内燃机的配气机构

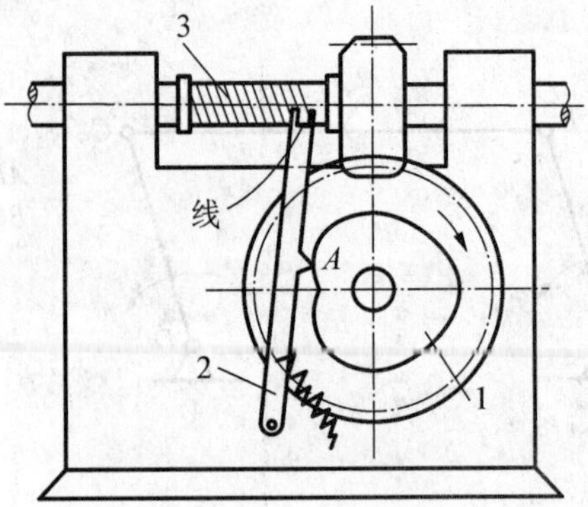

1—齿轮＋凸轮；2—从动件；3—绕线轴

图 4－12 绕线机构

图 4－12 所示为绕线机中用于排线的凸轮机构，当绕线轴 3 转动时，经过齿轮 1 带动凸轮转动(凸轮与齿轮固定在一起)，驱使从动件 2 往复摆动，从而使线均匀地缠绕在绕线轴 3 上。

图 4－13 所示为自动车床靠模机构，拖板带动从动件 2 沿靠模凸轮 1 的轮廓运动，刀刃可加工出如图所示的手柄。

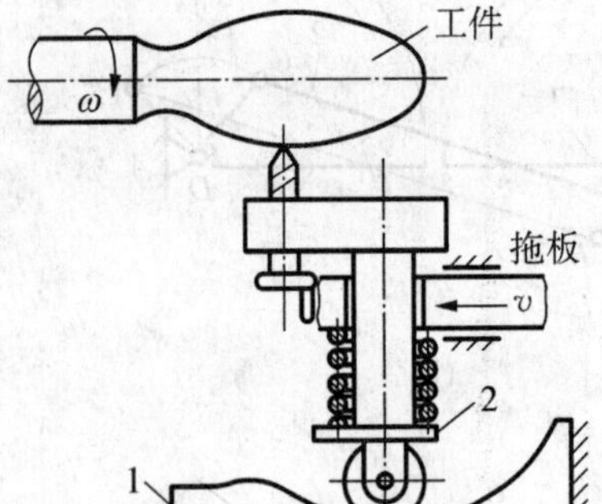

1—靠模凸轮；2—从动件

图 4－13 自动车床靠模机构

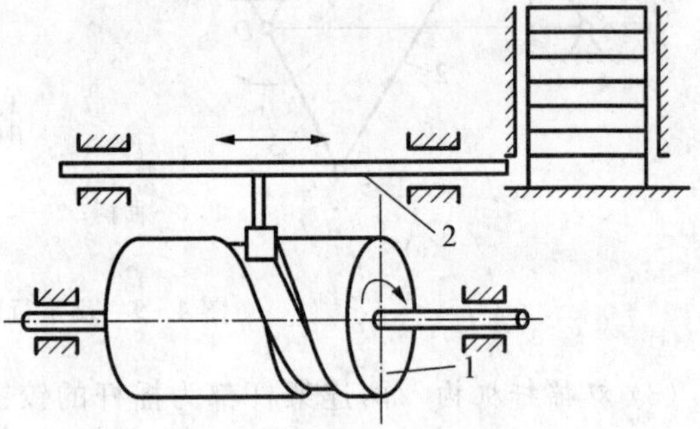

1—凸轮；2—从动件

图 4－14 自动送料机构

图 4－14 所示为自动送料机构，带有凹槽的凸轮 1 驱使凹槽中的从动件 2 作往复直线运动，凸轮每转一周，从动件就送出一个坯料到加工位置。

2. 凸轮机构的分类

凸轮机构形式多种多样，常用的分类方法有以下几种。

(1) 按照凸轮的形状分类　可分为以下 3 种：

① 盘形凸轮。如在图 4－11 中，内燃机配气机构中的凸轮 1 呈盘状，并且具有变化的向

径，当其绕固定轴转动时，可推动从动件在垂直于凸轮转轴的平面内运动。它是凸轮中最基本的形式，结构简单，应用广泛。

② 移动凸轮。当盘形凸轮的转轴位于无穷远处时，就演化成了图 4－13 中的凸轮 1，这种凸轮称为移动凸轮，其呈板状，相对于机架作直线移动。

③ 圆柱凸轮。如在图 4－14 中，凸轮 1 的轮廓曲线做在圆柱体上，可以看作是把上述移动凸轮卷成圆柱体演化而成的。

盘形凸轮和移动凸轮机构中，凸轮与从动杆之间的相对运动均为平面运动，故称为平面凸轮机构。圆柱凸轮机构中，凸轮和从动件之间的相对运动是空间运动，故称为空间凸轮机构。

(2) 按从动件形状分类　可分为以下 3 种：

① 尖端从动件。如图 4－15(a)所示，从动件的尖端能够与任意复杂的凸轮轮廓保持接触，从而使从动件实现任意的运动规律。这种从动件结构简单，但尖端处易磨损，故只适用于速度较低和传递动力不大的场合。

② 滚子从动件。如图 4－15(b)所示，从动件端部装有可以自由转动的滚子，借以减少摩擦和磨损，能传递较大的动力。但端部结构复杂，质量较大，不易润滑，故不适于高速。

③ 平底从动件。如图 4－15(c)所示，当不计摩擦时，凸轮对从动件的驱动力垂直于平底，有效分力较大；凸轮与从动件之间为线接触，接触处易形成油膜，润滑状况好，故常应用于高速凸轮。但平底从动件不适用于轮廓曲线内凹的凸轮。

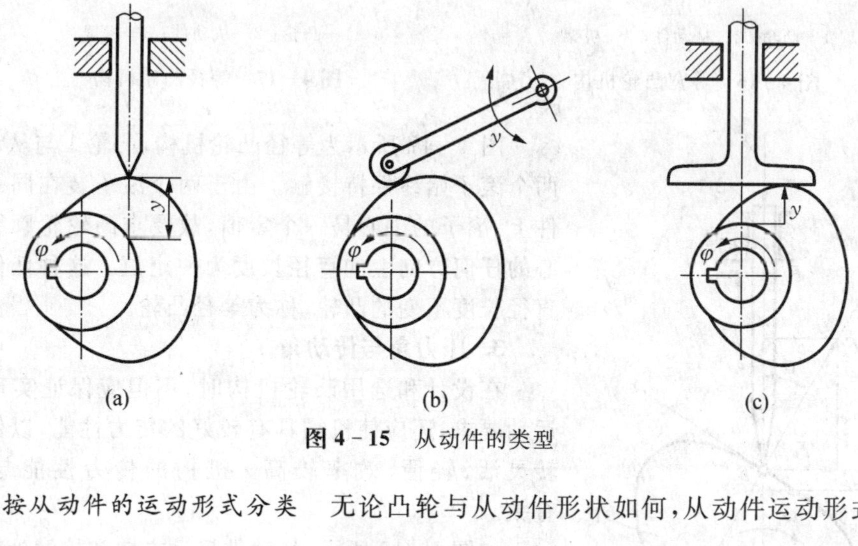

图 4－15　从动件的类型

(3) 按从动件的运动形式分类　无论凸轮与从动件形状如何，从动件运动形式只有以下两种：

① 移动从动件。如在图 4－11 和图 4－13 中，从动件作往复移动。

② 摆动从动件。如在图 4－12 中，从动件作往复摆动。

(4) 按凸轮与从动件维持高副接触的方法分类　为保证凸轮机构正常工作，必须保证凸轮轮廓与从动件始终保持接触。根据维持高副接触的不同方法，凸轮机构又可以分为以下两类：

① 力封闭型凸轮机构。是指利用重力、弹簧的弹力或其他外力使从动件与凸轮轮廓始

终保持接触。如在图 4－11 中就是利用弹簧的弹力维持高副接触的实例。

② 形封闭型凸轮机。是指利用高副元素本身的几何形状使从动件与凸轮轮廓始终保持接触。如在图 4－14 中，从动件的滚子嵌入圆柱凸轮的凹槽中，以保持相互接触。

图 4－16 所示为等宽凸轮机构，将凸轮 1 嵌入从动件 2 的框架中，以保持相互接触，凸轮的宽度应保持不变。

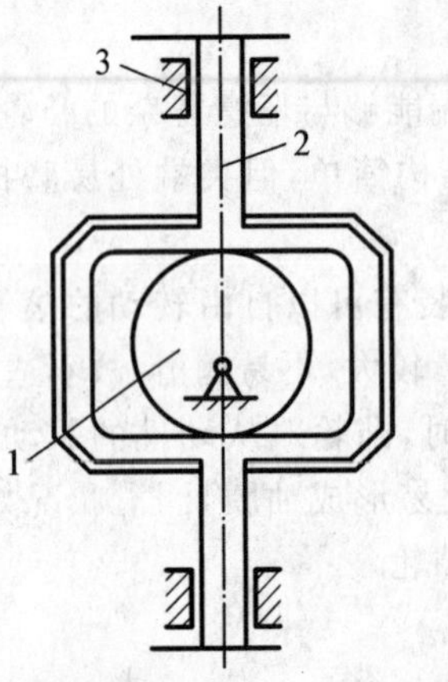

1—凸轮；2—从动件；3—机架

图 4－16　等宽凸轮机构

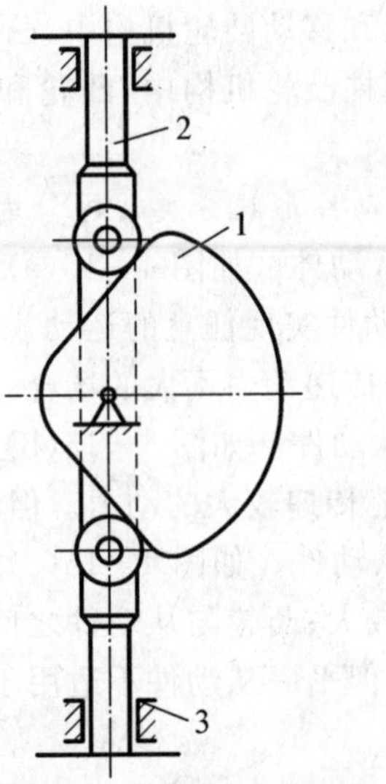

1—凸轮；2—从动件；3—机架

图 4－17　等径凸轮机构

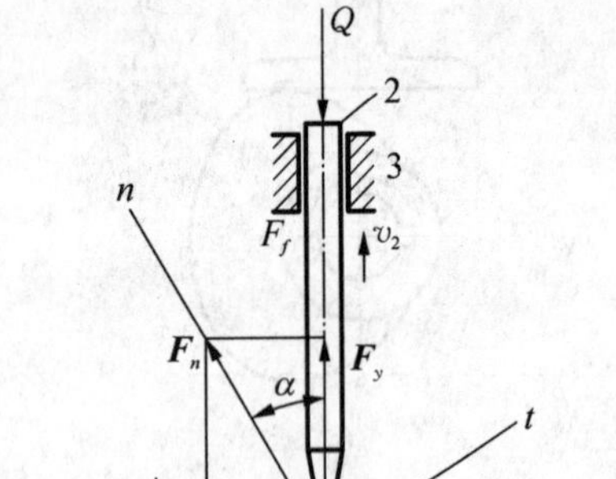

1—凸轮；2—移动件；3—机架

图 4－18　凸轮机构的压力角

图 4－17 所示为等径凸轮机构，凸轮 1 与从动件 2 的两个滚子始终保持接触。由于两个滚子装在同一个从动件上、滚子的中心是一个定值，故要求凸轮轮廓线在过轴心的任何方向上的直径长度为一定值。这种任何方向上直径长度不变的凸轮，称为等径凸轮。

3. 压力角与传动角

在设计和选用凸轮机构时，不但应保证实现给定的运动要求，还应使机构具有较好的传力性能，以使机构运转灵活、轻便，效率较高。机构的传力性能与压力角有关。

如图 4－18 所示，从动件运动方向和接触处轮廓法线方向所夹的锐角称为压力角，用 α 表示。若不考虑摩擦，则凸轮给从动件的推力会沿公法线方向。推力 $\boldsymbol{F}_n$ 可分解为沿从动件导轨方向的分力 $\boldsymbol{F}_y$ 及垂直于从动件运动方向的分力 $\boldsymbol{F}_x$。显见，$\boldsymbol{F}_y$ 是推动从动件运动的力，称为有效分力。分力 $\boldsymbol{F}_x$ 使从动件压紧导轨，产生摩擦阻力 $\boldsymbol{F}_f$，而且还使从动件产生弯曲变形，影响从动件的灵活运动，故

称为有害分力。由图知

$$F_x = F_n \sin\alpha,\ F_y = F_n \cos\alpha。$$

由以上公式可知,压力角 α 越大,则有害分力 $\boldsymbol{F}_x$ 越大,机构的效率越低。当压力角增大到一定程度,以致 $\boldsymbol{F}_x$ 在导轨上引起的摩擦阻力大于有效分力 $\boldsymbol{F}_y$ 时,无论凸轮加给从动件的推力有多大,从动件都不能运动,即称自锁现象。因此,为了保证凸轮机构正常工作,并具有一定的传动效率,必须对压力角加以限制。凸轮轮廓上各点的压力角是变化的,在设计时,只要使最大压力角不超过许用值[α],就能满足要求。根据工程实践,许用值[α]推荐如下:推程中,直动从动件 $[\alpha] \leqslant 30°$,摆动从动件 $[\alpha] \leqslant 45°$。回程运动是在弹簧力或重力作用下返回的,不会出现自锁,故不校核回程压力角。如果压力角大于许用值,可以加大基圆半径。

4. 凸轮与从动件的运动关系

现以尖端移动从动件盘形凸轮机构为例,说明凸轮与从动件之间的运动关系,如图4-19所示。以凸轮轮廓最小向径 r_b 为半径所做的圆称为基圆,从动件与基圆接触时处于“最低”位置。

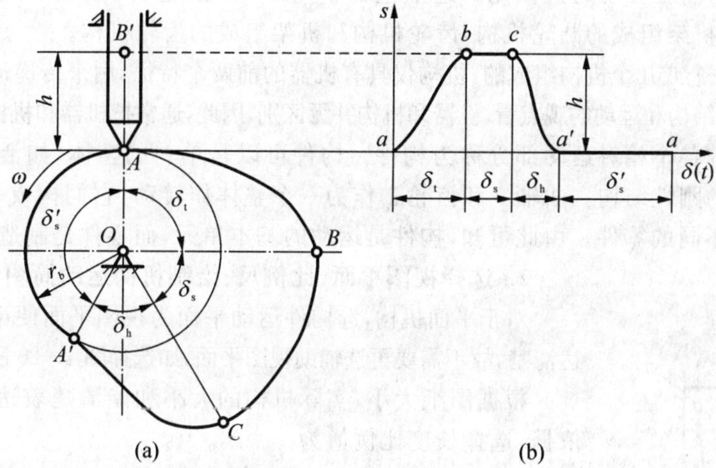

图 4-19 尖端移动从动件盘形凸轮机构及其运动

图 4-19(a)中,尖端与基圆上 A 点接触,A 为从动件上升的起始位置。当凸轮以等角速度 ω 逆时针转过 δ_t 角时,从动件尖端与凸轮轮廓 AB 段接触,并按某一运动规律上升 h 至最高位置 B',h 称为升程,这个过程称为推程,δ_t 称为推程运动角。

凸轮转过 δ_s 角时,从动件与凸轮轮廓 BC 段接触,并在最高处静止不动,这个过程为远程休止过程,δ_s 称为远程休止角。

当凸轮转过 δ_h 角时,从动件尖端与凸轮轮廓 CA' 段接触,从动件按某一运动规律下降 h,这个过程为回程,δ_h 称为回程运动角。

凸轮转过 δ_s' 角时,从动件尖端与凸轮轮廓上 $A'A$ 段接触,从动件在最低处静止不动,为近程休止过程,δ_s' 称为近程休止角。

凸轮连续回转时,从动杆重复上述升→停→降→停的运动循环。

由以上分析可知,从动件运动情况与凸轮轮廓曲线的形状相对应,凸轮轮廓曲线不同,从动件运动情况也不同。因此,从动件的运动规律取决于凸轮轮廓曲线。

【任务实施】

一、汽车单缸四冲程内燃机的机构运动简图测绘

各种机器虽然有着不同的形式、构造和用途,但是都具有下列3个共同特征。

(1) 机器都是人为的多种实体的组合。

(2) 各部分之间具有确定的相对运动。

(3) 能完成有效的机械功或变换机械能。

1. 分析汽车单缸四冲程内燃机

在图4-1中,内燃机由齿轮1和2、凸轮3、排气阀4、进气阀5、气缸体6、活塞7、连杆8和曲轴9组成。当燃气推动活塞7作往复直线运动时,经连杆8和曲轴9作连续转动。凸轮3和顶杆用来开启和关闭进气阀和排气阀。在曲轴和凸轮轴之间两个齿轮的齿数比为1∶2,曲轴转两周时,进、排气阀各启、闭一次。这样就把活塞的驱动变为曲轴的转动,将燃气的热能转换为曲轴转动的机械能。这里包含了气缸、活塞、连杆、曲轴组成的曲柄滑块机构,凸轮、顶杆、机架组成的凸轮机构,齿轮机构和机架组成的齿轮机构。

机器是由一个或几个机构组成的,机构仅具有机器的前两个特征,用来传递运动或变换运动形式。若单纯从结构和运动的观点看,机器和机构并无区别,因此,通常把机器和机构统称为机械。

组成机构的各个相对运动部分称为构件。构件可以是单一的整体(如活塞),也可以是多个零件组成的刚性结构。曲轴9和齿轮1作为一个整体作转动,它们构成一个构件,但在加工时是两个不同的零件。由此可知,构件是运动的基本单元,而零件是制造的基本单元。

2. 选择视图平面、比例尺、绘制机构运动简图

对于平面机构,选构件运动平面为视图平面便可将平面机构表达清楚,故不需要再选辅助视图平面,如选择图4-20所示为视图平面。

根据图纸大小、实际机构的大小和能清楚表达机构的结构为依据,选择长度比例值为

$$\mu_1 = \frac{\text{实际尺寸(mm)}}{\text{图上尺寸(mm)}}。$$

在图4-20中,用齿轮1,2的转动中心点作为曲轴9和凸轮3的转动副中心,各转动副间距离按比例计算。连杆8与活塞7的夹角可自行决定。

用简单线条和符号构件1,2,3,4等,在机架(虽然有5处,均表示一个固定件)上画出斜线,便得到内燃机的机构运动简图,如图4-20所示。

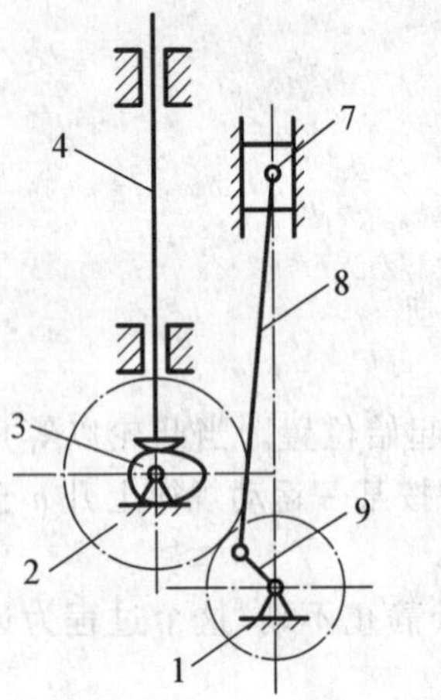

图4-20 内燃机运动简图

二、分析内燃机配气机构

1. 凸轮和滚子的材料

凸轮机构工作时,往往要承受冲击载荷,同时凸轮表面也会有严重的磨损,凸轮轮廓磨

损后将导致从动件运动规律发生变化。因此，要求凸轮表面硬度要高且耐磨，而心部要有较好的韧性。

在低速、轻载的场合，凸轮采用 40 钢、45 钢调质；在中速、中载的场合，采用 45 钢或40Cr钢表面淬火或 20Cr 钢渗碳搓火；在高速、重载的场合，采用 40Cr 钢高频感应加热淬火。

滚子通常采用 45 钢或 T9，T10 等工具钢来制造，要求较高的滚子可用 20Cr 钢渗碳淬火处理。

2. 凸轮轴

在发动机配气机构中，凸轮尺寸小且接近轴径时，凸轮与轴做成一体，称为凸轮轴，如图 4－21 所示。

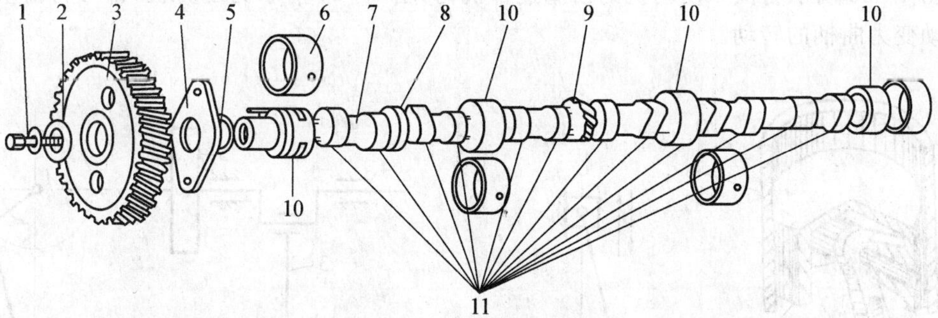

1—螺栓；2—垫圈；3—正时齿轮；4—止推片；5—隔圈；6—衬套；7—凸轮轴；
8—驱动汽油泵的偏心轮；9—驱动分电器等的交错轴斜齿轮；10—凸轮轴轴颈；11—凸轮

图 4－21　六缸四冲程汽油机凸轮轴

(1) 凸轮轴的功用　凸轮轴的主要功用是按照发动机的工作顺序、配气相位及气门开度的变化规律驱动和驱动气门的开启和关闭。虽然在四冲程发动机里凸轮轴的转速是曲轴的一半(在二冲程发动机中凸轮轴的转速与曲轴相同)，不过通常它的转速依然很高，而且需要承受很大的转矩。因此，设计中要求凸轮轴具有足够的韧性和刚度。

(2) 凸轮轴的构造　凸轮轴主要由各缸凸轮和轴颈组成。凸轮分为进气凸轮和排气凸轮两种，分别驱动进气门和排气门，使其按一定的工作顺序和配气相位及时开、闭，并具有足够的气门升程。凸轮轴的轴颈一般都大于凸轮的轮廓，并从前后依次减小，以便拆装。凸轮轴的前端装有正时齿轮或同步齿轮带等。

凸轮轴安装在气缸盖上，或气缸体一侧(上置式或下置式)的座孔，或剖分式轴承座孔中，在轴承座孔中镶有巴氏合金或青铜薄壁衬套作为轴承。

凸轮轴一般用优质钢模锻而成，也可采用合金铸铁或球墨铸铁铸造。凸轮和轴颈的工作表面一般经热处理后精磨，以改善其耐磨性。

【知识拓展】

一、铰链四杆机构的演化

(1) 曲柄滑块机构　图 4－22 所示为曲柄滑块机构，由曲柄 1、连杆 2、滑块 3 和机架 4 组成。滑块的两个极限位置 C_1，C_2 之间的距离，称为滑块的行程。

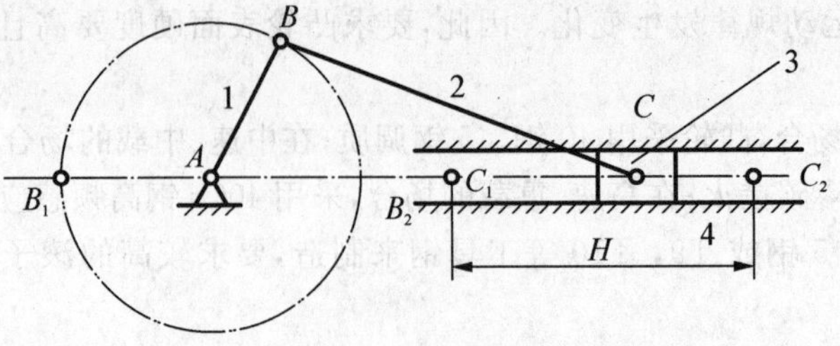

图 4-22 曲柄滑块机构

曲柄滑块机构的运动特点：当曲柄为主动件时，可将曲柄的转动转换成滑块的往复移动。图 4-23 所示为汽车发动机的活塞连杆机构，图 4-24 所示为压力机，都可将滑块的直线运动变为曲柄的转动。

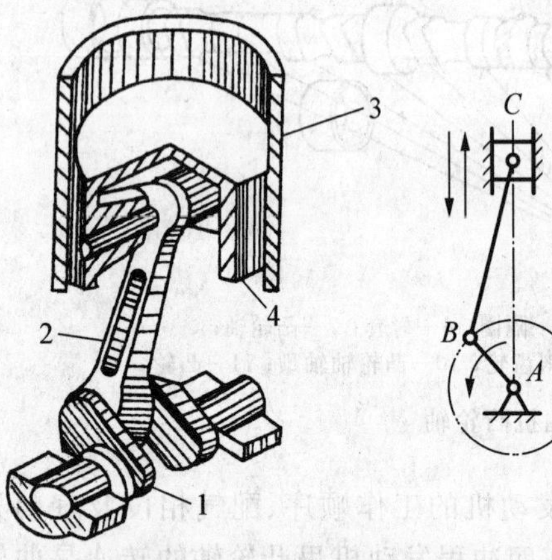

图 4-23 活塞连杆机构

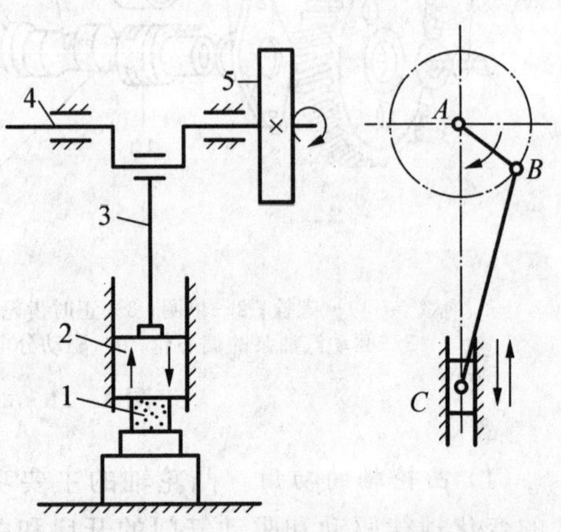

图 4-24 压力机运动简图

(2) 摇块机构　若以图 4-24 中的 BC 作为机架，滑块只能绕 C 点摆动，即为摇块机构，如图 4-24(a)所示，这种机构广泛应用于液压驱动装置中。图 4-25(b)所示为自卸汽车的翻斗机构，它是摇块机构的应用实例。

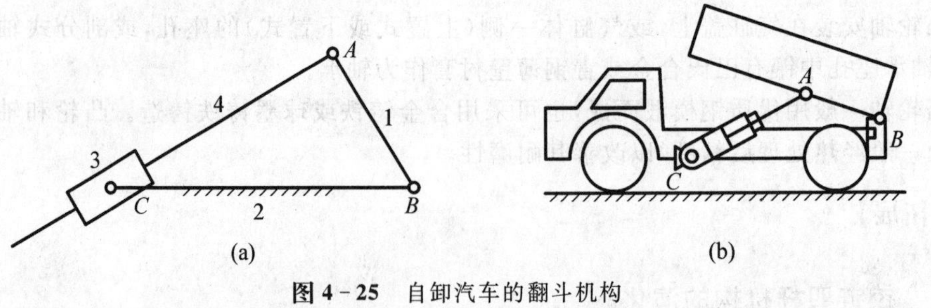

图 4-25 自卸汽车的翻斗机构

(3) 导杆机构　导杆机构可看成是改变曲柄滑块机构中的机架演变而来的，改变曲柄滑块机构中的机架位置，即可演化出不同类型的导杆机构，见表 4-2。

表 4-2　不同类型的导杆机构

类　型		特　点	机　构
曲柄导杆机构	曲柄摆动导杆机构	杆件 2 的长度小于机架 1，可绕机架整周转动，导杆 4 只能摆动，如牛头刨床机构	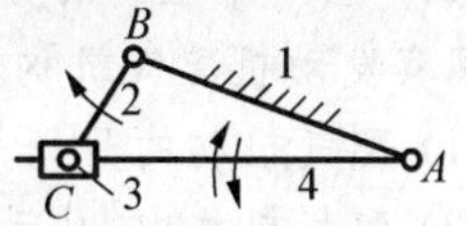
	曲柄转动导杆机构	杆件 2 的长度大于机架 1，杆件 2 和 4 都能绕机架整周转动	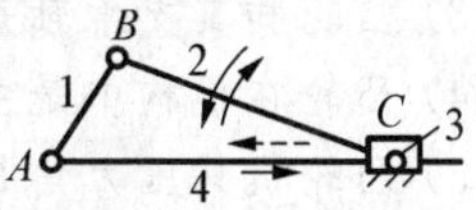
移动导杆机构		以滑块为机架，导杆相对滑块作往复移动，又称定块机构，如抽水唧筒机构	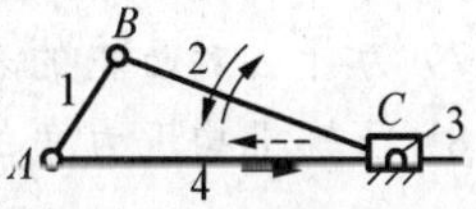

二、曲柄存在的条件

铰链四杆机构是否存在曲柄，取决于机构各杆的相对长度和机架的选择。

(1) 铰链四杆机构中，若构件的长度和机架的选择满足下列条件时，则机构中一定有曲柄存在：

① 连架杆和机架中必有一个为最短杆；

② 最短杆与最长杆长度之和小于或等于其余两杆长度之和。

(2) 当满足曲柄存在的条件时，有：

① 取最短杆为连架杆，得到曲柄摇杆机构；

② 取最短杆为机架，得到双曲柄机构；

③ 取最短杆为连杆，得双摇杆机构。

当铰链四杆机构中各杆长度关系不满足曲柄存在的条件时，无论取哪个构件为机架，均不存在曲柄，只能得到双摇杆机构。

【复习思考】

简答题

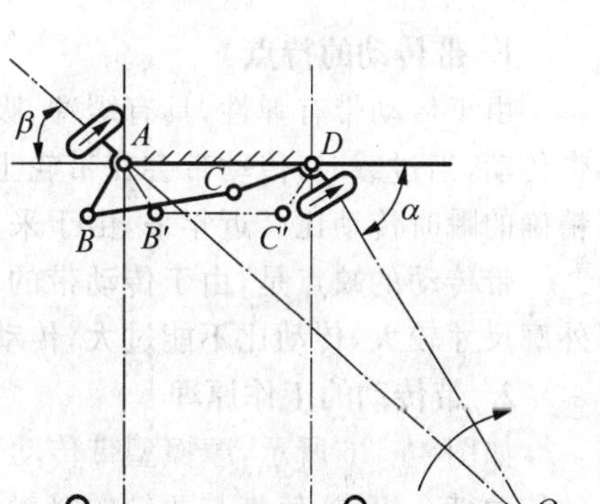

1. 观察汽车前轮转向机构实物，并回答问题：

(1) 转向机构各杆件之间是通过什么联结的？

(2) 转向机构是铰链四杆机构吗？

(3) 此机构中，机架是哪根杆件？

(4) 连架杆是哪些杆件？

(5) 连杆是哪根杆件？

(6) 汽车左、右两前轮的转角 α，β 相等吗？

(7) 图中 $ABCD$ 组成的四边形是等腰梯形吗？哪个边最小？

(8) 回顾曲柄存在的条件,并作简要记录。

(9) 此转向机构中是否存在曲柄?

(10) 在汽车上转动方向盘证实一下,左、右两前轮能整周回转吗?

2. 观察发动机配气机构,回答问题:

(1) 配气机构的凸轮是哪种形式?

(2) 配气机构中,从动件属于哪种类型?

(3) 凸轮和其支承轴是可分离的吗?

(4) 凸轮在机构中是主动件吗?

(5) 凸轮机构压力角是常数吗?

(6) 为什么要采用凸轮轴而不将轴和凸轮分开加工制造?

(7) 为什么对凸轮的表面要求很高?

(8) 凸轮机构压力角的大小对其工作有什么影响?

任务2　带、链传动的选用

【任务导入】

更换汽车发动机正时齿带及V形带。

【任务分析】

汽车发动机凸轮轴一般是由同步带带动的,而同步带行驶一定里程后,可能会发生同步带断裂而导致发动机无法正常工作。因此,行驶一定里程后必须对同步带维护和更换。本任务通过对同步带的拆装和传动过程的观察,了解带传动的工作原理,进而扩展到其他类型的带传动和链传动。

【相关知识】

一、带传动

1. 带传动的特点

由于传动带有弹性,具有缓冲、吸振的作用,因此传动平稳、噪声小。对于靠摩擦传动的带传动,当过载时,传动带会在带轮上打滑,可防止损坏其他零件,但是在工作中,不能保证精确的瞬时传动比。近年来,由于采用了啮合式同步齿形带,能够保证精确的传动比。

带传动的缺点是,由于传动带的材料易老化,寿命较短,需经常维修和更换。带传动的外廓尺寸较大,传动比不能过大,传动效率较低,常用于中小功率的传动。

2. 带传动的工作原理

如图4-26所示,摩擦型带传动通常由主动轮1和从动轮3,以及张紧在两轮上的挠性件传动带2组成,使带与两轮的接触面处产生正压力。当主动轮以 n_1 的转速旋转时,在接触面产生的摩擦力的作用下,主动轮拖动带,带又驱动从动轮以 n_2 的转速旋转。

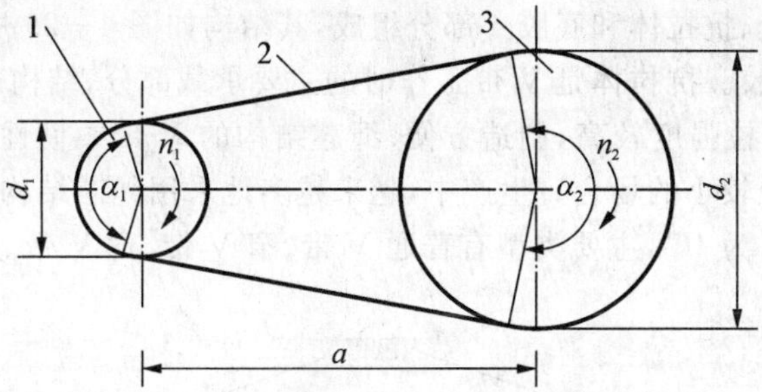

1—主动轮；2—传动带；3—从动轮

图 4-26　带传动的工作原理

如图 4-27 所示，啮合型带传动由主动同步带轮、从动同步带轮和套在两轮上的环形同步带组成，带的工作面制成齿形，与有齿的带轮相啮合实现传动。

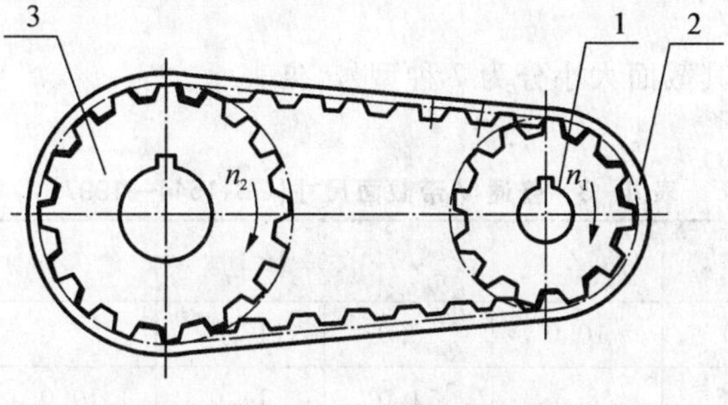

1—主动同步带轮；2—同步带；3—从动同步带轮

图 4-27　啮合型带传动

3. 带传动的类型

摩擦型带传动，按带横剖面的形状，分为平带传动、V 带传动、楔带传动和圆带传动，如图 4-28 所示。

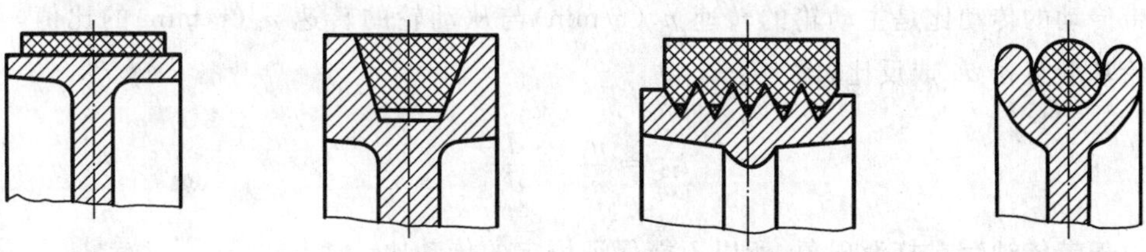

(a) 平带　(b) V带　(c) 楔带　(d) 圆带

图 4-28　带传动的类型

4. V 带的构造

V 带的横截面是等腰梯形，其工作面是两侧面，安装在皮带轮相应的槽内，仅与轮槽的两侧接触，而不与槽底接触。V 带传动产生的摩擦力是平带传动摩擦力的 3 倍，且 V 带无接头，并已经标准化，所以 V 带的应用更为广泛，在汽车上也普遍采用。

V带由包布、顶胶、抗拉体和底胶4部分组成，其结构如图4－29所示。包布用胶帆布，顶胶和底胶材料为橡胶。抗拉体是V带工作时的主要承载部分，结构有绳芯和帘布芯两种。帘布芯结构的V带抗拉强度较高，制造方便；绳芯结构的V带柔韧性好，抗弯强度高，适用于转速较高、带轮直径较小的场合。生产中，越来越多地采用绳芯结构的V带。最常用的V带，其两侧面的楔角 α 为40°，主要类型有普通V带、窄V带、宽V带、半宽V带等。

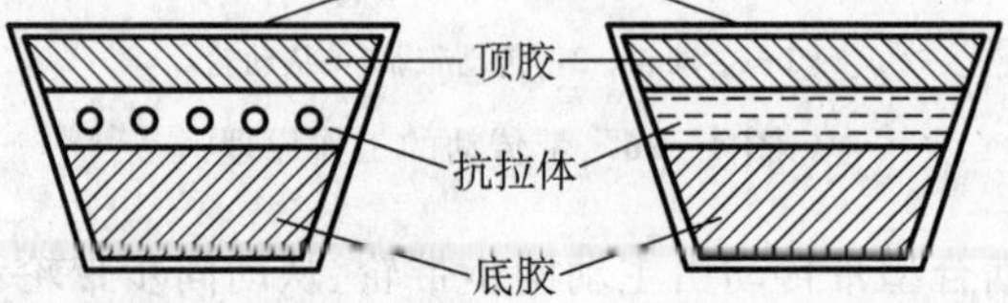

图4－29　V带的结构

V带已标准化，按其截面大小分为7种型号，见表4－2。

表4－3　普通V带截面尺寸(GB11544—1997)

型号	Y	Z	A	B	C	D	E
顶宽 b	6.0	10.0	13.0	17.0	22.0	32.0	38.0
节宽 b_p	5.3	8.5	11.0	14.0	19.0	27.0	32.0
高度 h	4.0	6.0	8.0	11.0	14.0	19.0	25.0
楔角 θ				40°			
每米质量 q	0.03	0.06	0.11	0.19	0.33	0.66	1.02

5. 传动比计算

带传动的传动比是主动轮的转速 n_1(r/min)与从动轮的转速 n_2(r/min)的比值，与主、从动轮基准直径 d_d 成反比，即

$$i_{12}=\frac{n_1}{n_2}=\frac{d_{d2}}{d_{d1}}。$$

由于带传动存在打滑现象，所以不能保证恒定的传动比。

6. V带传动的受力分析

如图4－30所示，静止时，带轮两边的拉力相等，均为预拉力 $\boldsymbol{F}_0$；传动时，在摩擦力的作用下，主动轮带动传动带一起运动。这时，卷入主动轮的一边先被拉紧，称为紧边，其拉力由 $\boldsymbol{F}_0$ 增大到 $\boldsymbol{F}_1$，卷出主动轮的一边则被放松，称为松边，拉力从 $\boldsymbol{F}_0$ 降到 $\boldsymbol{F}_2$，紧边拉力的增加量等于松边拉力的减少量，即

$$F_1-F_0=F_0-F_2,\ F_1+F_2=2F_0。$$

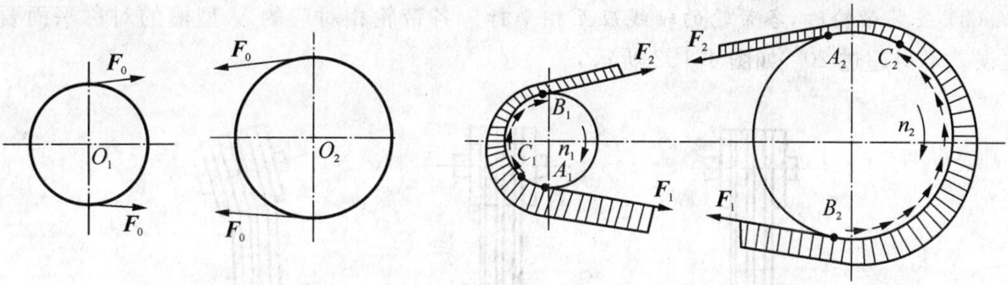

(a) 不工作时　　(b) 工作时

图 4-30　带传动受力分析

两边的拉力之差 $F=F_1-F_2$，即是带所传递的圆周力。带传动的功率 P(kW)、圆周力 F、和带速 v(m/s)之间的关系为

$$P=\frac{Fv}{1\,000}。$$

V 带工作时，主动轮将 V 带带过弧 A_1C_1 起始段，带速与主动轮圆周速度 v_1 相等；然后由紧边 C_1 点逐渐到松边 B_1 点，V 带所受的拉力逐渐降至 F_2，V 带的弹性变形也逐渐减小，V 带沿带轮逐渐后缩，产生滑动，结果带速低于 v_1；接着 V 带以降低后的速度将从动轮带过弧 A_2C_2 起始段，从动轮圆周速度与带速相等，然后由松边 C_2 点逐渐到紧边 B_2 点，拉力由 F_2 逐渐升至 F_1，点的弹性变形量也逐渐增大，V 带沿带轮逐渐前伸，产生滑动，结果带速高于 v_2。因为这种滑动是由 V 带的弹性伸缩引起的，故称为弹性滑动。

7. 普通 V 带的选用要点

首先根据所需传递的功率和主动轮的转速 n_1，选择 V 带的型号和根数；其次选取带轮直径 d_d，并保证 $d_d \geqslant d_{dmin}$；然后确定带的基准长度 L_d。

普通 V 带的线速度 v 应限制在 $5\ m/s \leqslant v \leqslant 25\ m/s$ 的范围内。如果带速 v 过大，V 带在作圆周运动时，所产生的离心惯性力也越大，使 V 带拉长，并有脱离轮面的趋势，导致摩擦力减少，传动能力下降。带速 v 也不能过小，由 $P=Fv$，若带速 v 过小，当传递的功率 P 一定时，所需的有效圆周力 $\boldsymbol{F}$ 便过大，当摩擦力的总和达不到所需的有效圆周力时，便会出现打滑。打滑是非常有害的，它会使传动带与轮缘表面发生显著滑动，加剧磨损，会使从动轮的转速下降，甚至失效。

8. 普通 V 带的正确使用

(1) V 带在轮槽中的安装位置要正确　应正确选择 V 带的型号，使其与轮槽的装配位置如图 4-31(a)所示。当 V 带型号装配不当时，如图 4-31(b, c)所示，应及时加以纠正。

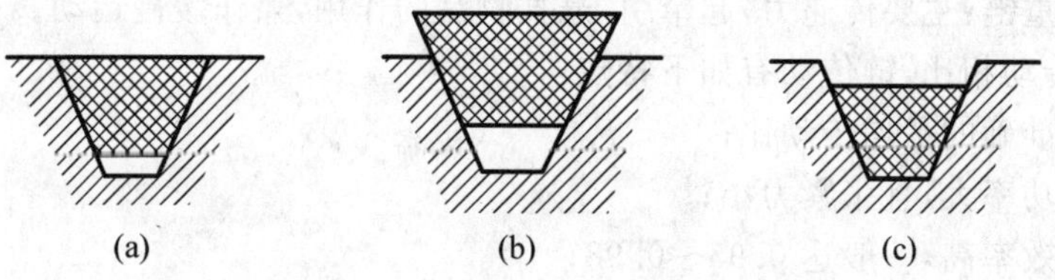

(a)　(b)　(c)

图 4-31　V 带在轮槽中的安装位置

(2) 安装带轮时,各带轮的轴线应互相平行　各带轮相对应的V型槽的对称平面要重合,误差不得超过20′,如图4-32所示。

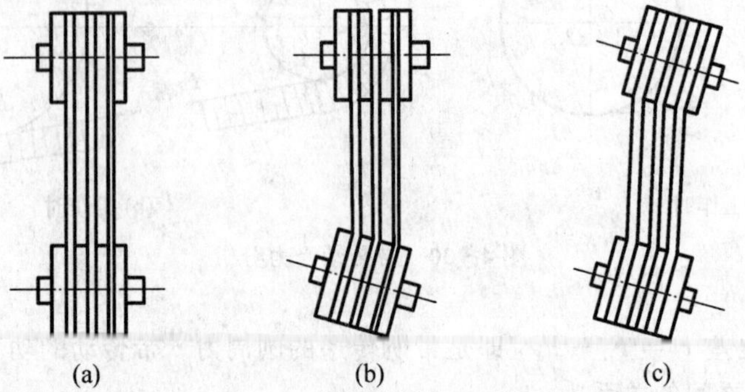

(a) 两带轮理想正确位置　(b),(c) 带轮安装位置的实际允许误差

图4-32　V带和带轮的安装

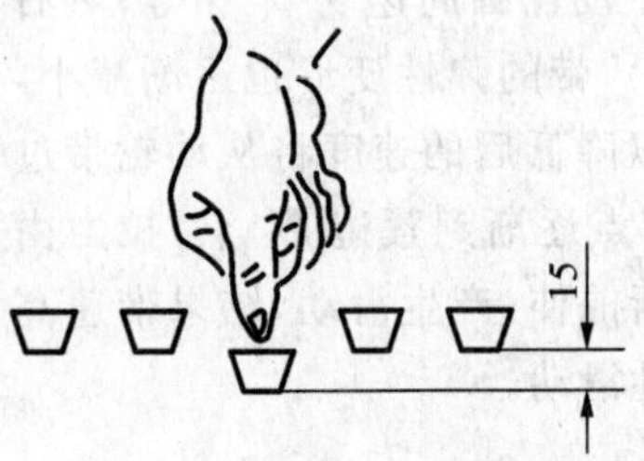

图4-33　V带的张紧程度

(3) V带的张紧程度要适当,不宜过松或过紧　实践经验证明,V带安装后用大拇指能将带按下15 mm左右,则张紧程度较合适,如图4-33所示。

(4) V带要及时检查和定期调整　如发现不宜继续使用的,要及时更换。

(5) V带传动应安装防护罩

9. 同步齿形带传动

同步齿形带属于啮合传动,传动带工作面上的凸齿与带轮外缘上的齿槽进行啮合传动。同步齿形带无打滑现象,能保证准确的传动比;带的厚度小、质量轻,所以允许的线速度v较高,一般$v=50$ m/s,$P\leqslant 300$ kW,传动比$i\leqslant 10$,使用温度在$-20\sim 80$℃范围内;带的柔性好,所以带轮的直径可以较小;传动带的耐油、抗老化性好。

二、链传动

1. 链传动的常用种类和特点

(1) 按用途不同,链传动可分为3类:

① 传动链:在一般机械中传递运动和动力,应用最广泛。

② 输送链:用于输送工件、物品和材料等。

③ 曳引起重链:主要传递力,起牵引、悬挂物品的作用,兼作缓慢运动。

(2) 与带传动相比,链传动有如下特点:

① 能保证准确的平均传动比;

② 传递的功率大,且张紧力小;

③ 传动的效率高,一般达0.95~0.98;

④ 能在低速重载和高温条件,以及露天等不良环境中工作;

⑤ 链条的铰链磨损后，使链条节距变大，链条易脱落。

一般来说，链传动的传动比 $i \leqslant 6$，两轴中心距 $a \leqslant 6\ \mathrm{m}$，传递的功率 $P \leqslant 100\ \mathrm{kW}$，链条速度可达 40 m/s。链传动适用于两轴平行、中心距较远、传递功率大，且平均传动比要求准确的场合，在轻工机械、石油化工机械、运输起重机械及汽车、摩托车、自行车上广泛应用。

2. 链传动的工作原理和传动比

链传动是由主、从动链轮和链条组成的传递运动和动力的传动机构。它是一种具有中间挠性件(链条)的啮合传动，如图 4－34 所示。

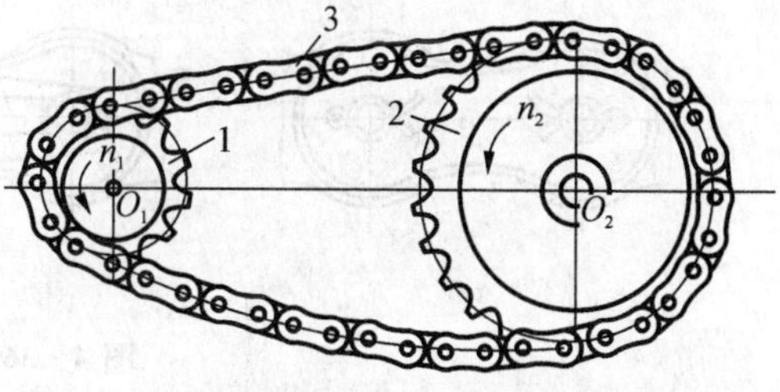

1—主动链轮；2—从动链轮；3—链条

图 4－34　链传动

设主、从动链轮的齿数分别是 z_1，z_2，转速分别是 n_1，n_2。主动轮每转过一个齿，带动链条移动一个链节，从动轮被链条带动转过一个齿。单位时间内主动轮转过的齿数 $z_1 n_1$ 等于从动轮转过的齿数 $z_2 n_2$，即

$$z_1 n_1 = z_2 n_2,\ \frac{n_1}{n_2} = \frac{z_2}{z_1}。$$

链传动的传动比是主动链轮的转速 n_1 与从动轮的转速 n_2 的比值，与两轮齿数成反比，即

$$i_{12} = \frac{n_1}{n_2} = \frac{z_2}{z_1}。$$

3. 滚子链的结构

如图 4－35 所示，滚子链由内链板 1、外链板 2、销轴 3、套筒 4 和滚子 5 组成。销轴与外链板用过盈配合组成外链节，套筒与内链板用过盈配合组成内链节，销轴与套筒之间的转动副使得当链条屈伸时，内、外链节能相对转动。滚子套在套筒上可自由转动，滚子与链轮轮齿相对滚动，摩擦阻力小，减小了磨损。

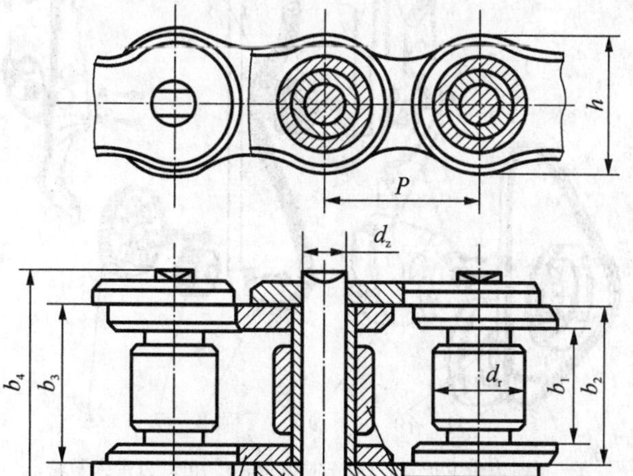

1—内链板；2—外链板；3—销轴；4—套筒；5—滚子

图 4－35　滚子链的结构

节距 P 是相邻两链节转动副理论中心间的距离，是链传动的主要参数之一，节距 P 越大，链的各部分尺寸也越大。

两链条两端均为内链节时，使用外链板和销轴组成可拆卸的联结链节，用开口销或联结锁片联结，如图 4－36(a, b)所示，联结后的链条的节数为偶数。

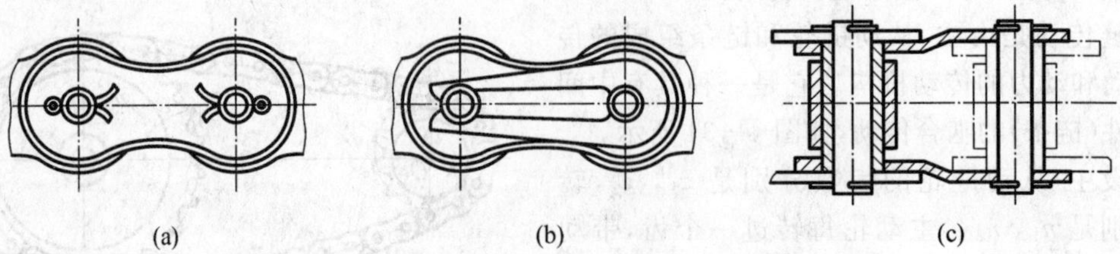

图 4－36 滚子链的联结

当链条的一端是内链节，另一端是外链节时，使用过渡链节联结，如图 4－36(c)所示，联结后链条的节数为奇数。过渡链节的抗拉强度较低，应尽量不采用。

【任务实施】

1. 正时齿带及 V 形带的拆卸

正时齿带及 V 形带的拆卸可参见图 4－37 进行，具体步骤如下。

(1) 旋松发电机支承臂的紧固螺栓，拆下发动机上的水泵 V 形带。

(2) 拆下水泵 V 形带轮，拆下曲轴 V 形带轮。两种带轮的紧固螺栓的拧紧力矩为 20 N·m。

(3) 拆下正时齿带上护罩，再拆下正时齿带下护罩。

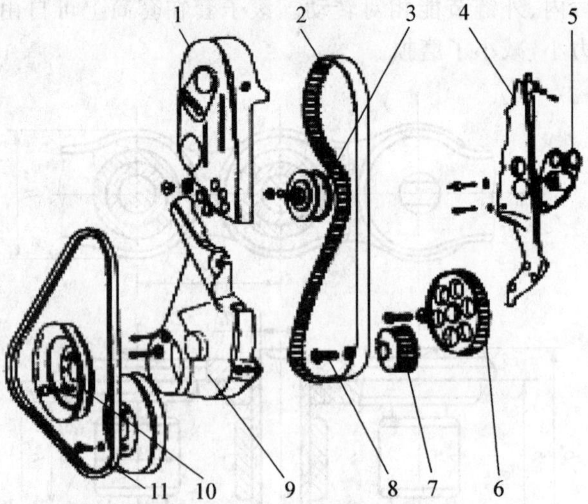

1—正时齿带上护罩；2—正时齿带；3—正时齿带张紧轮；
4—正时齿带后护罩；5—塞盖；6—中间轴正时齿带轮；7—曲轴正时齿带轮；
8—曲轴正时齿带轮紧固螺栓(拧紧力矩 80 N·m)；9—正时齿带下护罩；
10—曲轴 V 形带轮；11—V 形带

图 4－37 正时齿带和 V 形带等零件的分解图

(4) 旋松正时齿带张紧轮紧固螺栓,转动张紧轮的偏心轴,使正时齿带松弛,取下正时齿带。

(5) 拆下曲轴正时齿带轮,拆下中间轴正时齿带轮。

(6) 拆下正时齿带后护罩。

2. 正时齿带及V形带的安装

正时齿带及V形带安装可参见图4-38所示,并按拆卸相反的步骤进行。

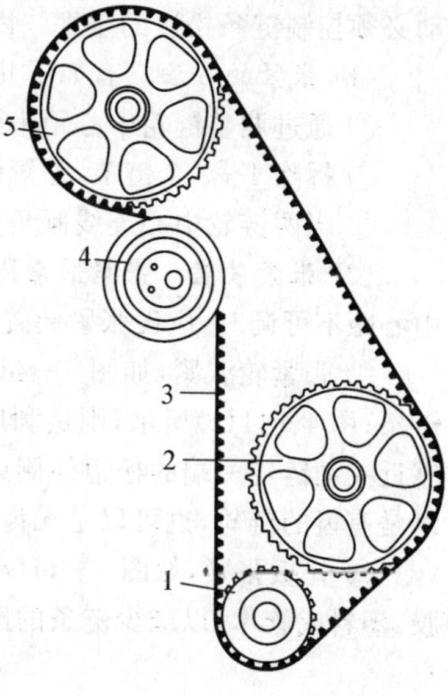

1—曲轴正时齿带轮;2—中间轴正时齿带轮;3—正时齿带;4—张紧轮;5—凸轮轴正时齿带轮

图4-38 正时齿带的安装示意图

【知识拓展】

1. 带传动的张紧装置

由于传动带长期受到拉力的作用,会产生塑性变形而松弛,影响正常工作,因此必须重新张紧。常用的张紧方法有以下两种。

(1) 调整中心距 对于水平安置的传动机构,如图4-39(a)所示,将装有带轮的电机固定在滑座上,旋转调节螺钉,将电机调整到合适的位置,然后固定。对于垂直安置的传动机构,如图4-39(b)所示,将装有带轮的电机安装在摆动的机座上,旋转调节螺母,使机座绕销轴摆动,使带张紧到合适程度。

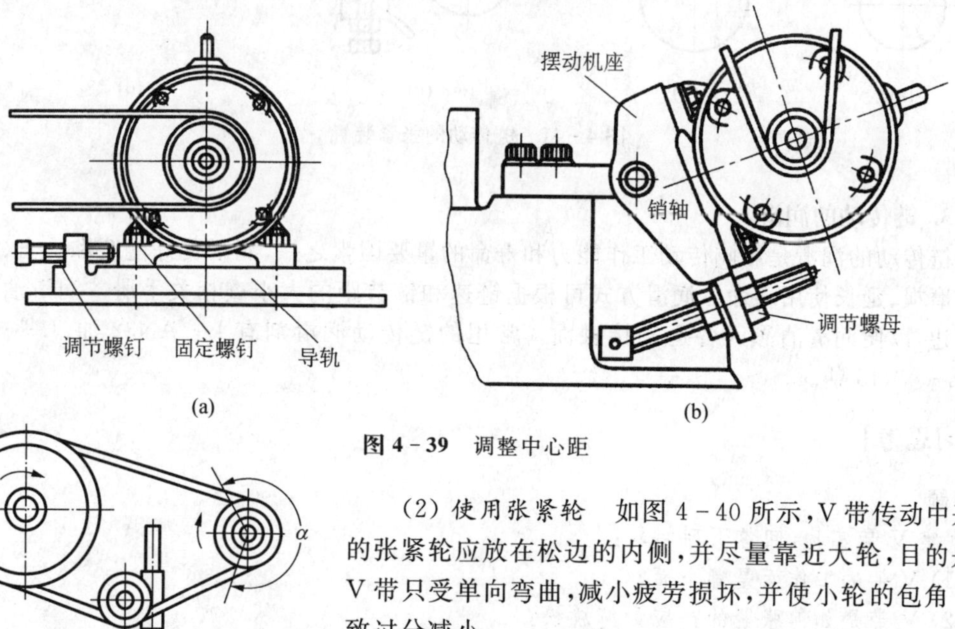

图4-39 调整中心距

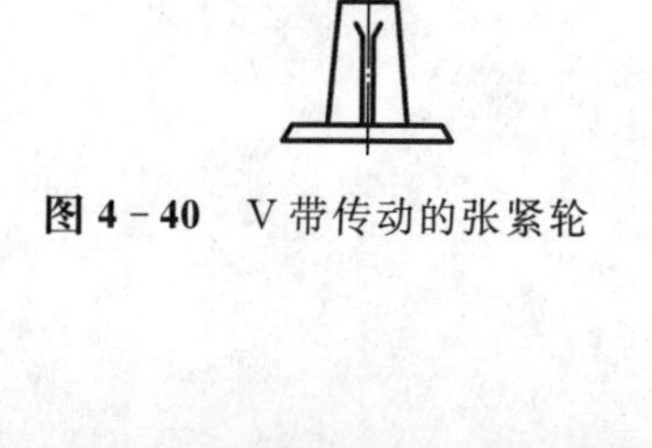

图4-40 V带传动的张紧轮

(2) 使用张紧轮 如图4-40所示,V带传动中采用的张紧轮应放在松边的内侧,并尽量靠近大轮,目的是使V带只受单向弯曲,减小疲劳损坏,并使小轮的包角α不致过分减小。

2. 链传动的张紧

链传动靠链条和链轮的啮合传递运动和转矩,不需要很大的张紧力,为了防止啮合不良和链条的抖动,链传动必须控制链条松边的垂度。因此,链传动张紧与带张紧的目的是不同的。

(1) 张紧的方法　有如下几种:

① 通过调整链轮中心距来张紧链轮。

② 拆除1~2个链节,缩短链长,使链张紧。

③ 当两链轮中心连线倾角大于60°时,应当设置张紧装置。

(2) 张紧装置　张紧最常用的方法是通过移动链轮的位置以增大两轮的中心距,但当中心距不可调时,应设张紧装置张紧。常用的张紧装置如下:

① 张紧轮张紧,如图4-41(a, b)所示,利用弹簧或自重自动调整张紧轮的位置来张紧链条;图4-41(c)所示,则是利用螺栓定期调整张紧轮的位置来张紧链条。一般张紧轮装在靠近主动链轮一端的松边外侧或内铡,张紧轮的直径与小链轮的直径相近为好。张紧轮可以是有齿的链轮,也可以是无齿的滚轮。

② 托板张紧,如图4-41(d)所示,通过调整托板的位置来张紧链条,托板上最好衬以橡胶、塑料或胶木,以减少链条的磨损。这种方式一般用于中心距较大的链传动。

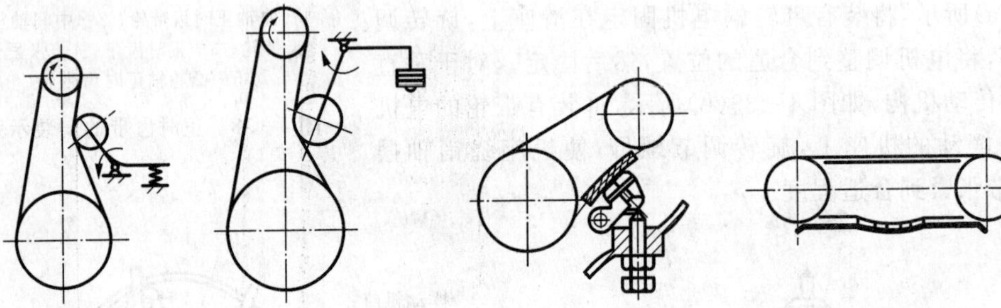
(a)　(b)　(c)　(d)

图4-41　链传动的张紧装置

3. 链传动的润滑

链传动的润滑是影响传动工作能力和寿命的重要因素之一,润滑良好能缓和冲击、减少铰链磨损、延长使用寿命。润滑方式可根据链速和链节距的大小查相关手册。润滑油应加在松边,以便润滑油渗入各运动接触面。常用的链传动润滑剂有L-AN32油、L-AN46油、L-AN48油。

【复习思考】

简答题

1. 观察V带实物,回答下列问题:

(1) V带的工作面是哪个面?

(2) V带是如何张紧的?应如何放松?

(3) V带是由哪几个部分组成?

(4) 如何判别V带张紧程度?

(5) V带带轮的安装位置是怎样的?

(6) 能否区分V带的松边和紧边?

2. 观察同步齿形带实物，回答下列问题：
   (1) 同步齿形带为什么不打滑？
   (2) 同步齿形带是如何张紧的？应如何放松？
   (3) 同步齿形带在发动机上带动哪些零件精确地运动？
   (4) 为什么不能用V带代替同步齿形带？
3. 带传动中，打滑和弹性滑动有何不同？
4. 带传动和链传动的主要类型有哪些？各有何特点？试分析它们的工作原理。
5. 带传动张紧的目的是什么？张紧轮应安放在紧边还是松边上？
6. 链条磨损后，链条节距如何改变？
7. 为什么链条磨损后，链条容易脱落？

任务3　齿轮传动机构

【任务导入】

(1) 某机器中的一对正常齿制的渐开线直齿圆柱齿轮传动(外啮合)，已知其中心距为96 mm，其中小齿轮的齿数 $z_1 = 32$，齿顶圆直径 $d_{a1} = 68$ mm，大齿轮已丢失，求大齿轮的模数及齿数。

(2) 如图4-42所示，已知各轮齿数 $z_1 = 100$，$z_2 = 101$，$z_2' = 100$，$z_3 = 99$。试确定传动比 i_{H1}。

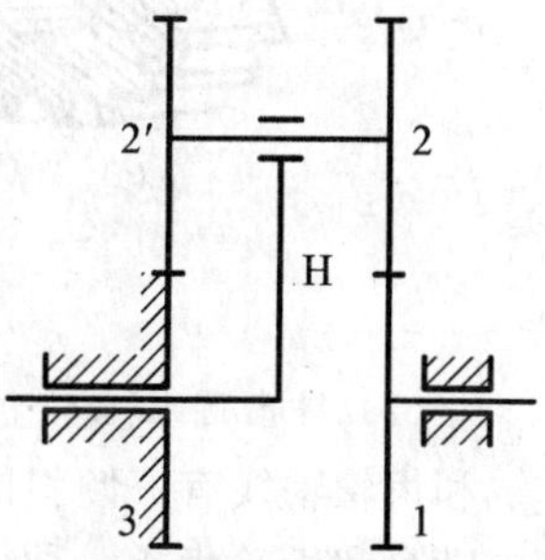

图4-42　周转轮系

【相关知识】

齿轮传动指的是由齿轮副组成的传递运动和动力的一套装置。所谓齿轮副是由两个相啮合的齿轮组成的基本机构。

齿轮传动之所以应用范围广，主要有以下特点：

(1) 传动比稳定，且能保证瞬时传动比恒定，传动比范围较宽。

(2) 平稳性较高，传递运动准确可靠，传递的功率和速度范围较大。

(3) 机构紧凑，工作可靠，传动效率高，使用寿命长。

(4) 齿轮的制造和安装要求较高，且不宜使用在中心距较大的场合。

一、齿轮机构的分类

齿轮机构有多种类型，按其传动比(即两轮瞬时角速度之比)是否恒定，可分为圆形齿轮机构和非圆齿轮机构，按工作时的圆周速度来分，可分为低速(小于3 m/s)、中速(3～15 m/s)高速(大于15 m/s)齿轮机构；按工作条件分，可分为闭式齿轮传动和开式齿轮传动，按啮合方式，可分为内啮合和外啮合齿轮机构；按齿轮齿廓曲线，可分为渐开线齿轮、摆线齿轮和圆弧齿轮等。圆形齿轮机构传动比恒定，非圆齿轮机构传动比周期性变化，因此只在特殊场合应用。圆形齿轮机构又分平面齿轮机构和空间齿轮机构，这两种齿轮机构中涵盖了以上多种传动。

1. 平面齿轮机构

平面齿轮机构是传递两平行轴之间运动的齿轮机构,常见的类型有以下几种。

(1) 直齿圆柱齿轮机构　直齿圆柱齿轮简称为直齿齿轮,其特征是轮齿分布在圆柱表面上,且与轴线平行。直齿圆柱齿轮机构又可分为:

① 外啮合齿轮机构。如图 4-43(a)所示,两齿轮相互啮合后,转动方向相反。

② 内啮合齿轮机构。如图 4-43(b)所示,两齿轮相互啮合后,转动方向相同。

③ 齿轮齿条机构。如图 4-43(c)所示,相当于将一个齿轮的齿数无限增加,这时分度圆变为直线,基圆半径也增加到无限大,齿条即是齿数趋于无穷多的齿轮。

(a)

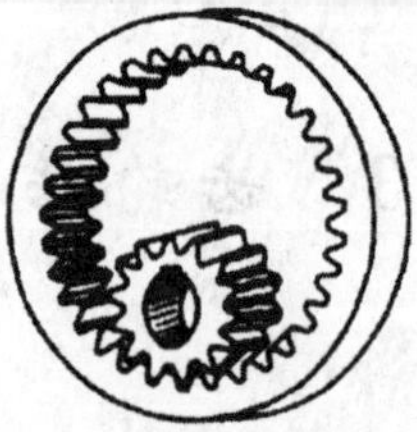
(b)

(c)

图 4-43　直齿圆柱齿轮机构

(2) 斜齿圆柱齿轮机构　斜齿圆柱齿轮简称斜齿轮,如图 4-44 所示。这种齿轮的形成线和齿轮轴线有一倾斜的角度,这个倾斜角称为螺旋角。斜齿圆柱齿轮机构同样分外啮合、内啮合和齿轮齿条 3 种。

(3) 人字齿轮机构　人字齿轮的齿呈人字形,如图 4-45 所示,它是由螺旋角大小相等、旋向相反的两个斜齿轮拼合而成。实际制造中,整体制造或拼成均可。

图 4-44　斜齿圆柱齿轮机构

图 4-45　人字齿轮机构

图 4-46　曲线圆柱齿轮

(4) 曲线圆柱齿轮机构　曲线圆柱齿轮简称曲线齿轮,如图 4-46 所示,其轮齿沿轴向弯曲成一个弧面。

2. 空间齿轮机构

空间齿轮机构用于两相交轴或交错轴(既不平行,又不相交)间的传动,常见类型有以下几种。

(1) 螺旋齿轮机构　螺旋齿轮机构实际上是由两个斜齿圆柱齿轮相啮合组成,如图4-47所示。它传递两轴不平行,且相错成任意角度的运动。

图 4-47　螺旋齿轮传动

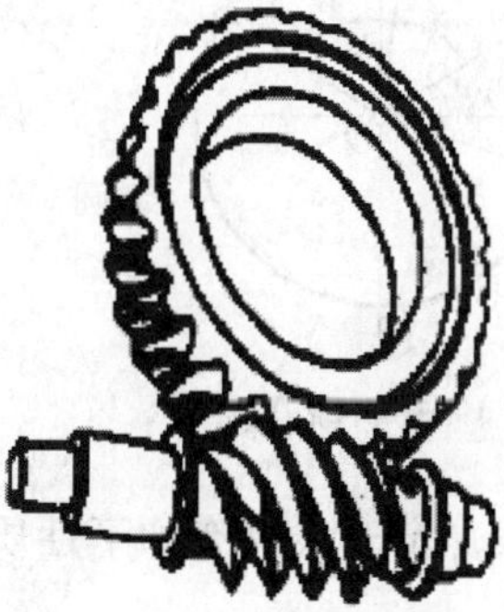

图 4-48　涡轮蜗杆传动

(2) 蜗轮蜗杆机构　蜗轮蜗杆机构传递两轴垂直,且相错的运动,如图 4-48 所示。

(3) 圆锥齿轮机构　圆锥齿轮简称锥齿轮,也有称之为伞齿轮,其轮齿分布在截圆锥体的表面上。圆锥齿轮机构按齿形分为直齿、斜齿和曲线齿 3 种,如图 4-49 所示,用于两相交轴之间的动力传动。

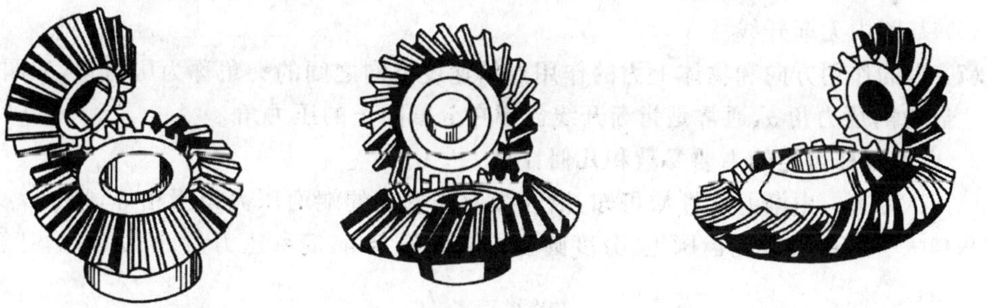

(a)　(b)　(c)

图 4-49　圆锥齿轮传动

空间齿轮机构除上述类型外,还有双曲线回转体齿轮机构等。齿轮机构类型很多,其中直齿圆柱齿轮机构是最基本、最常用的,且直齿轮啮合原理是其他类型的基础。

二、渐开线齿轮的啮合特性

1. 渐开线齿廓及其啮合传动的特点

如图 4-50 所示,当一直线 BK 在一圆周上作纯滚动时,该直线上任一点 K 的轨迹 AK 称为该圆的渐开线。这个圆称为渐开线基圆,其半径用 r_b 表示。而直线 BK 称为渐开线的发生线,角度 θ_K 称为渐开线在 K 点的展角。渐开线齿轮的两侧齿廓,就是同一基圆的两条

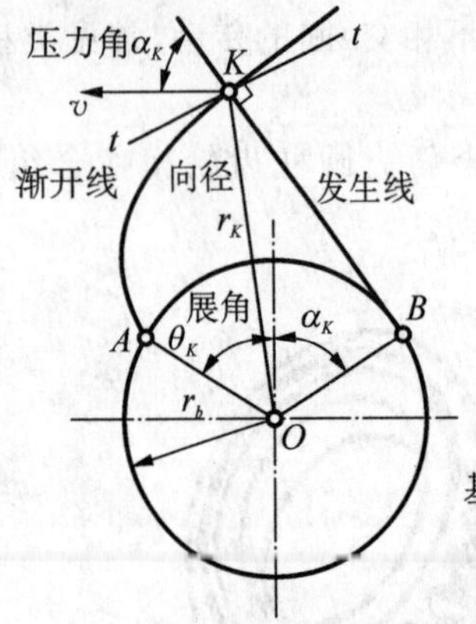

图 4-50　渐开线

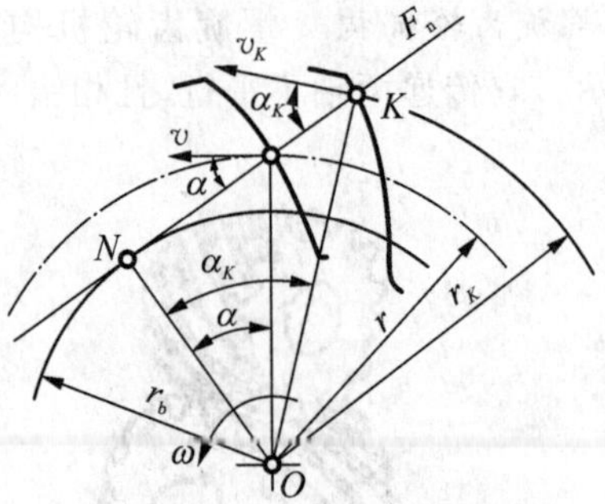

图 4-51　任意点压力角

展向相反的渐开线。渐开线具有如下性质。

(1) 发生线在基圆上滚过的长度，等于基圆上被滚过的弧长，即 $BK = \overset{\frown}{AB}$。

(2) 渐开线上任一点 K 的法线也是该点基圆的切线，即渐开线的法线必与基圆相切。

(3) B 和 BK 分别为渐开线在 K 点的曲率中心和曲率半径。渐开线离基圆越远的部分，其曲率半径愈大。

(4) 渐开线的形状取决于基圆的大小。

(5) 同一基圆形成的任意两条反向渐开线之间的公法线的长度处处相等。

(6) 基圆内无渐开线。

(7) 力的作用方向和物体上力的作用点的速度方向之间的夹角称为压力角，如图 4-51 所示。齿轮的压力角 α，通常是指渐开线齿廓在分度圆上的压力角。

2. 直齿圆柱齿轮的主要参数和几何计算

(1) 压力角　由渐开线性质可知，渐开线上任意点的端面压力角不相等，越远离基圆的压力角越大。在标准齿轮齿廓上，分度圆上的端面压力角，简称压力角，用 α 表示，计算式为

$$\cos\alpha = r_b/r。$$

式中，α 为压力角；r_b 为基圆半径；r 为分度圆半径。

由上式可知，当分度圆的半径确定时，基圆半径是随压力角的改变而改变的。为了计算、制造、检验和互换方便，该压力角已标准化，国标规定，分度圆上压力角 $\alpha = 20°$。此外，在某些场合也采用 14.5°，15°，22.5°及 25°。

压力角的大小对轮齿的形状也有影响，当 $\alpha < 20°$ 时，齿顶变宽，齿根变瘦，齿轮的承载能力降低；当 $\alpha > 20°$ 时，齿顶变尖，齿根变厚，承载能力增大，但转动较费力。因此，有了对压力角值的限定。

(2) 齿数 z　在齿轮整个圆周上，均匀分布的轮齿总数，称为齿数，并用 z 表示。当模数一定时，齿数越多，齿轮的几何尺寸越大，齿轮渐开线的曲率半径也越大，齿廓曲线越趋于平直。

(3) 模数 设分度圆直径为 d(半径为 r),相邻两齿轮同侧渐开线在分度圆上的弧长为 p,则分度圆周长 $\pi d = zp$;由于 π 为一无理数,为了计算和制造上的方便,人为地把 p/π 规定为有理数,即齿距 p 除以圆周率 π 所得的商,称为模数。模数是齿轮几何计算中最基本的一个参数,用 m 表示,即

$$m = \frac{p}{\pi} = \frac{d}{z}。$$

模数直接影响齿轮的大小、齿轮齿形和强度的大小。对于相同的齿轮,模数越大齿轮的几何尺寸越大,轮齿也越大,齿轮强度也愈大,因此承载能力也越大。

我国国家标准对模数值规定了标准模数系列,见表 4-4。

表 4-4 标准模数系列 单位:mm

第一系列	0.1	0.12	0.15	0.2	0.25	0.3	0.4	0.5	0.6	0.8	1
	1.25	1.5	2	2.5	3	4	5	6	8	10	12
	16	20	25	32	40	50					
第二系列	0.35	0.7	0.9	1.75	2.25	2.75(3.25)		3.5(3.75)		4—5	5.5
	(6.5)	7	9	(11)	14	18 22		28		36	45

注:1. 本标准适用于渐开线圆柱齿轮,对于斜齿轮是指法向模数;
2. 选取时,优先采用第一系列,括号内的模数尽可能不用。

(4) 齿顶高系数 齿顶高用模数的倍数表示,标准齿顶高为

$$h_a = h_a^* \cdot m,$$

系数 h_a^* 称为齿顶高系数,已标准化。

(5) 径向间隙系数 一对齿轮啮合时,为避免一轮的齿顶与另一轮的齿槽底相抵触,并能留有一些空隙储存润滑油以便润滑,应使一齿轮齿顶圆与另一齿轮齿根圆之间留有一定的间隙,此间隙沿径向度量,称为径向间隙或顶隙,用 c 表示。径向间隙也用模数的倍数表示,标准径向间隙为

$$c = c^* m,$$

式中 c^* 为径向间隙系数,它已标准化。

正常齿 $h_a^* = 1$, $c^* = 0.25$;短齿 $h_a^* = 0.8$, $c^* = 0.3$。

3. 标准直齿圆柱齿轮各部分名称及计算公式

标准直齿圆柱齿轮各部分名称,如图 4-52 所示。

(1) 齿顶圆、齿根圆 过所有齿顶、齿根的圆周称为齿顶圆、齿根圆,其半径用 r_a, r_f 表示,单位为 mm。计算公式为

齿顶圆直径 $d_a - d + 2h_a = m(z + 2h_a^*)$,

齿根圆直径 $d_f = d - 2h_f = m(z - 2h_a^* - 2c^*)$。

(2) 基圆 即齿廓渐开线的基圆,其半径用 r_b 表示,直径用 d_b 表示,单位为 mm。计算公式为 $d_b = d\cos\alpha$。

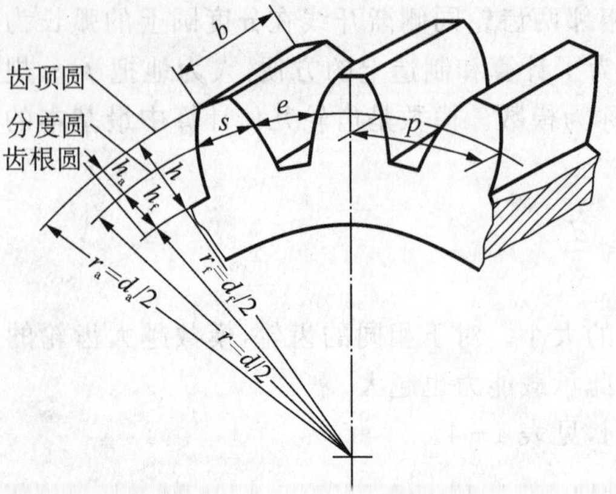

图 4-52　标准直齿圆柱齿轮各部分名称

(3) 分度圆　为度量齿轮的几何尺寸而在齿轮的齿顶圆和齿根圆之间人为选定的一个基准圆称为分度圆，其半径用 r 表示，直径用 d 表示，单位为 mm。计算公式为 $d=mz$。

(4) 齿顶高、齿根高　齿轮轮齿在齿顶圆和分度圆之间、分度圆和齿根圆之间的部分分别称为齿顶、齿根，其径向高度称为齿顶高、齿根高，用 h_a，h_f 表示，单位为 mm。计算公式公为

$$h_a=h_a^*\cdot m,\ h_f=(h_a^*+c^*)m。$$

(5) 齿厚、齿槽宽　在直径为 d_K 的圆周上，齿轮左右齿廓间、相邻两齿齿廓间的弧长称为齿厚、齿槽宽，用 s_K 和 e_K 表示。通常所说齿轮的齿厚、齿槽宽系指分度圆上的齿厚、齿槽宽，用 s 和 e 表示，单位为 mm。计算公式为

$$s=\frac{p}{2}=\frac{\pi m}{2},\quad e=\frac{p}{2}=\frac{\pi m}{2}=s。$$

(6) 齿距　齿厚与齿槽宽之和称为齿距，用 p 表示，显然 $p_K=s_K+e_K$，$p=s+e$。又因 $\pi d_k=p_K z$（z 为齿数），故有 $d_K=\frac{p_K z}{\pi}=\frac{pz}{\pi}$。

以上是外啮合直齿圆柱齿轮的几何尺寸，公式汇总见表 4-5。

表 4-5　标准直齿圆柱齿轮主要参数及几何尺寸计算公式

名称	符号	外齿轮	内齿轮	齿条
模数	m	经计算后取表 6.2 标准值		
压力角	α	$\alpha=20°$		
顶隙	c	$c=c^*m$		
齿顶高	h_a	$h_a=h_a^*m$		
齿根高	h_f	$h_f=(h_a^*+c^*)m$		
全齿高	h	$h=h_a+h_f$		
齿距	p	$p=\pi m$		
基圆齿距	p_b	$p_b=p\cos\alpha=\pi m\cos\alpha$		
齿厚	s	$s=\frac{\pi m}{2}$		
齿槽宽	e	$e=\frac{\pi m}{2}$		

（续表）

名称	符号	外齿轮	内齿轮	齿条
分度圆直径	d	$d=mz$		$d=\infty$
基圆直径	d_b	$d_b=d\cos\alpha$		$d_b=\infty$
齿顶圆直径	d_a	$d_a=d+2h_a$	$d_a=d-2h_a$	$d_a=\infty$
齿根圆直径	d_f	$d_f=d-2h_f$	$d_f=d+2h_f$	$d_f=\infty$

当两轴平行，两轴转向相同时，为使结构紧凑，可采用内齿轮传动。这时，大齿轮为内齿轮，与其啮合的小齿轮是外齿轮。

由于内齿轮的轮齿是分布在空心圆柱体的内表面上，所以，它与外齿轮比较有下列不同：

内齿轮的齿厚相当于外齿轮的齿槽宽，内齿轮的齿槽宽相当于外齿轮的齿厚。内齿轮的齿廓也是渐开线，但内齿的形状和外齿的不相同，外齿轮的齿廓是外凸，内齿轮的齿廓是内凹的。

内齿轮的齿顶圆在分度圆之内，齿根圆在它的分度圆之外。

为了使内齿轮的齿顶两侧的齿廓全部为渐开线，故齿顶圆应大于它的基圆。

4. 齿轮的规定画法

(1) *单个齿轮的规定画法*　在投影为圆的视图中，齿顶圆用粗实线，齿根圆用细实线或省略不画，分度圆用细点画线画出，如图 4-53(a)所示。在投影为非圆的另一视图中，一般画成全剖视图，而轮齿按不剖处理。用粗实线表示齿顶线和齿根线，用细点画线表示分度线，如图 4-53(b)所示。若不画成剖视图，则齿根线可省略不画，如图 4-53(c, d)所示。当轮齿为斜齿、人字齿，需要表示齿线的特征时，可用 3 条与齿线方向一致的细实线表示，如图 4-53(c, d)所示。直齿则不需要表示。

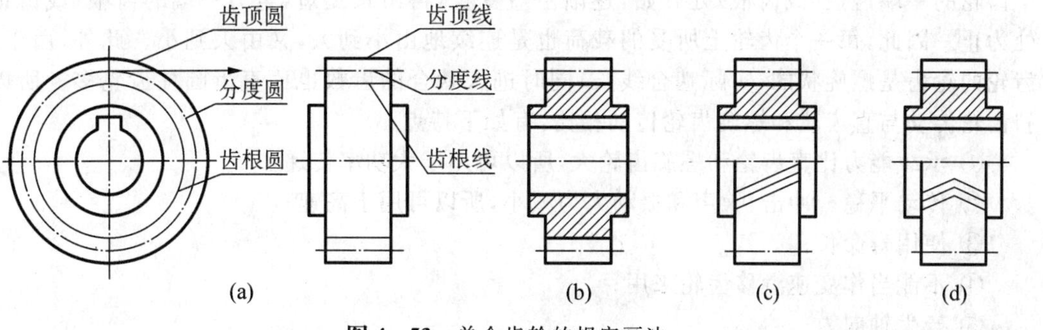

图 4-53　单个齿轮的规定画法

(2) *两齿轮啮合的规定画法*　在投影为圆的视图中，啮合区内的齿顶圆均用粗实线绘制，如图 4-54(a)所示，但也可省略不画，如图 4-54(b)所示；两节圆(分度圆)相切，用细点画线绘制，齿根圆省略不画。

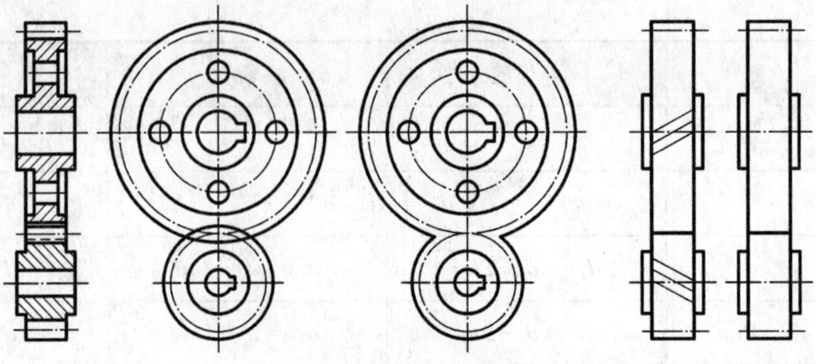

(a) (b) (c)

图 4-54 两齿轮啮合的规定画法

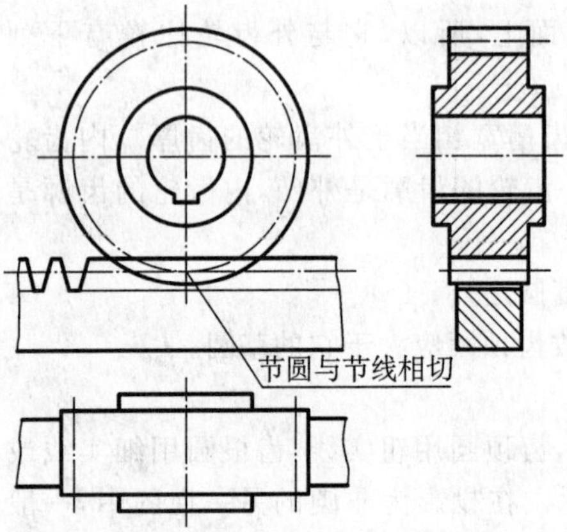

图 4-55 齿轮、齿条啮合的规定画法

图 4-55 所示为齿轮、齿条的啮合画法。齿条的模数与其啮合齿轮的模数相同,画法与两圆柱齿轮的啮合画法是一样的。

4. 标准直齿圆柱齿轮正确啮合的条件

标准直齿圆柱齿轮正确啮合的条件是两齿轮的模数相等、压力角也相等,即

$$m_1 = m_2 = m,\ \alpha_1 = \alpha_2 = \alpha。$$

5. 其他齿轮传动简介

(1) 斜齿圆柱齿轮机构　斜齿圆柱齿轮传动和直齿圆柱齿轮一样,只能传递两平行轴之间的运动。若要传递既不平行,又不相交的两轴之间的动力,可采用一对分度圆上压力角相等,但旋向相反的齿轮来实现。这种用来传递两相错轴之间运动的齿轮传动,称为螺旋齿轮传动。

由于斜齿轮存在着一定的角度,在一对斜齿轮啮合传递动力时,齿面上的接触线是由一个齿轮的一端齿顶(或齿根)处开始,逐渐由短变长,再由长变短,至另一端的齿根(或齿顶)处为止。因此,每一个齿轮上所受的载荷也是连续地由小到大,又由大到小。此外,由于斜齿轮的轮齿是螺旋状的,实际啮合线长,同时进入啮合的齿数也比直齿圆柱齿轮多。所以,斜齿轮传动与直齿轮和螺旋齿轮传动相比,有如下特点:

① 承载能力比直齿轮和螺旋齿轮大,所以可用于大功率传递;

② 传动平稳。冲击、噪声和振动大为减小,所以可用于高速;

③ 使用寿命长;

④ 不能当作变速滑移齿轮来用;

⑤ 产生轴向力。

(2) 斜齿轮的旋向和标准斜齿圆柱齿轮的主要参数及正确啮合条件　斜齿轮的主要参数有螺旋角、模数、压力角(它包括法面压力角和端面压力角),这些是制造斜齿轮的基本参数。

斜齿圆柱齿轮的各圆柱面上存在着螺旋角,且各圆柱上的螺旋角不相等。通常所说的

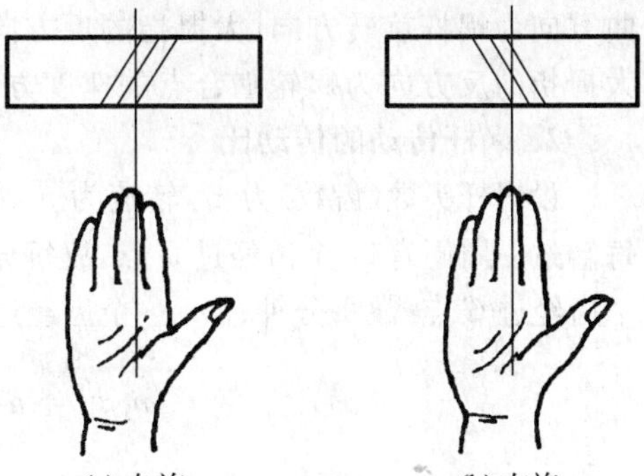

图 4-56　斜齿轮旋向的判定

螺旋角是指分度圆上的螺旋角，并用 β 表示。由于螺旋角的存在，就有了轴向力的产生，且 β 越大，轴向力越大。一般取 $\beta = 8^\circ \sim 15^\circ$。齿轮的螺旋分左旋和右旋。当观察者沿齿轮分度圆柱面的母线的方向看过去，齿轮上远离观察者的任意一个端面齿廓，相对于接近观察者的任意一个端面齿廓，按顺时针方向转了一个角度时，此齿轮就称为右旋齿。其判断方法也可用右手法则，手心对着自己，4 个手指顺着齿轮轴线方向。若齿向和右手拇指方向一致，则该齿轮为右旋齿轮，如图4-56 所示；反之，为左旋齿轮。

标准斜齿轮正确的啮合条件：两齿轮法面模数相等，压力角相等，螺旋角相等，且螺旋方向相反，即

$$m_{n1} = m_{n2} = m,\ \alpha_{n1} = \alpha_{n2} = \alpha,\ \beta_1 = \pm \beta_2.$$

其中"－"为外啮合，"＋"为内啮合。

三、蜗杆传动

1. 蜗杆传动的组成

蜗杆传动由蜗杆和蜗轮组成，如图 4-57 所示，蜗杆 1 和蜗轮 2 的轴线在空间交错成 90°，通常蜗杆是主动件。

常用蜗杆的轴向截面如图 4-57(a)所示，呈直边齿条形(牙形半角为 20°)，在垂直于轴线的剖面上为阿基米德螺旋线蜗杆，它是目前应用最广的一种蜗杆。蜗杆有单线、多线，左旋、右旋之分。

蜗轮的形状略如斜齿轮，它的螺旋角 β 的大小、方向与蜗杆导程角 λ 的大小、方向相同（$\beta = \lambda$）。为了改善齿面接触情况，蜗轮轮齿沿齿宽方向是圆弧形的，如图 4-57(b)所示。蜗轮一般是用与蜗杆形状相同的滚刀切制的。在主平面内，蜗杆的形状呈标准的直边齿条形，故在主平面内的齿形亦为一般的渐开线齿形。

蜗轮旋转方向的判别可采用左、右手法则，如图 4-58 所示。右旋蜗杆，右手握紧，4 指弯

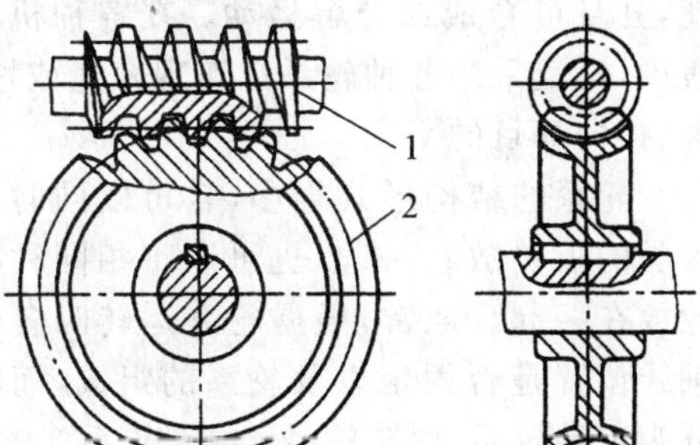

图 4-57　蜗轮蜗杆传动

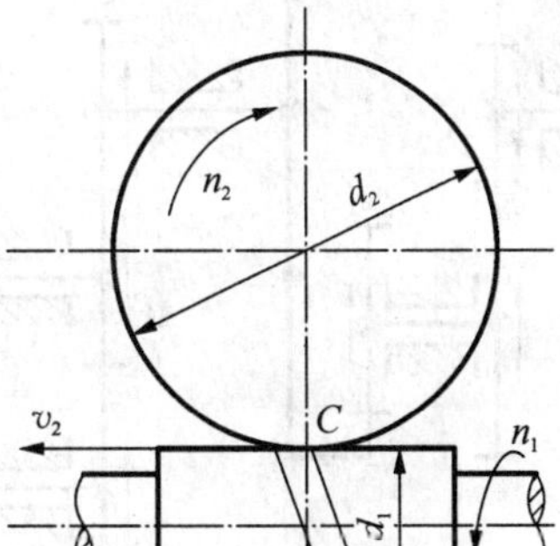

图 4-58　蜗轮旋转方向的确定

曲方向为蜗杆旋转方向，大拇指的反方向为蜗轮啮合点处的速度方向；左旋蜗杆，左手握紧，大拇指的反方向为蜗轮啮合点的速度方向。

2. 蜗杆传动的传动比

设蜗杆头数(齿数)为 z_1，转速为 n_1，蜗轮齿数为 z_2，转速为 n_2，在啮合点 C 处时。因蜗杆每转过一周便有 z_1 个齿经过 C 点，故每分钟将有 $n_1 z_1$ 个齿经过 C 点；同样，蜗轮每转一周有 z_2 个齿经过 C 点，故每分钟有 $n_2 z_2$ 个齿经过 C 点。在啮合过程中，这两个数必然相等，即

$$n_1 z_1 = n_2 z_2, \quad i = \frac{n_1}{n_2} = \frac{z_2}{z_1}。$$

蜗杆的头数一般为 $z_1 = 1 \sim 4$，线数少则传动比大，但此时导程角 λ 又小，效率较低。一般分度机构中，多用 $z_1 = 1$。动力传动中，则常用多头蜗杆，以提高传动效率。

3. 蜗杆传动的特点

与齿轮传动相比，蜗杆传动具有如下特点。

(1) 传动比大　一般动力传动中 $i = 8 \sim 60$，在分度机构中 $i = 600 \sim 1\,000$。

(2) 工作平稳　蜗杆的齿是连续的螺旋形，故工作平稳，噪声小。

(3) 可以自锁　蜗轮与蜗杆齿间的作用力可以实现自锁，即蜗轮不能带动蜗杆(条件为蜗杆导程角 λ 小于当量摩擦角 ρ'，即 $\lambda < \rho'$)。

(4) 效率低　蜗杆传动的效率较低，一般，$\eta = 0.7 \sim 0.9$，自锁时，$\eta < 0.5$，这就限制了它传递的功率(一般不超过 50 kW)，连续工作时，要求有良好的润滑和散热。

(5) 不能任意互换啮合　在直齿圆柱齿轮传动中，由于模数和压力角都已标准化了，切制模数相同而齿数不同的齿轮，只要用一把齿轮滚刀即可，而且，具有相同模数的齿轮可以互换啮合。但在蜗杆传动中，由于蜗轮的轮齿是呈圆弧形而包围着蜗杆的，所以切制蜗轮的蜗轮滚刀，其参数必须与工作蜗杆的参数完全相同(即不仅模数、压力角均相同，滚刀与蜗杆的分度圆直径、螺纹的线数、升角 λ 也都要求相同)，因此涡轮滚刀的专用性强。

四、轮系传动比的计算

轮系是指由一系列彼此啮合的齿轮所组成的齿轮传动系统，它可实现速度、方向的改变，可作较远距离的动力传动，可获得较大的传动比，并且可合成或分解运动。在各种机器和仪表中，广泛采用各种轮系以实现减速或增速、变速、换向等目的。

轮系的结构形式很多，它可以同时把不同种类的齿轮放在一起，也可以将相同种类的齿轮放在一起。通常，根据轮系运转时各轮几何轴线位置是否固定以及轮系的组成，而将轮系分为定轴轮系、周转轮系和复合轮系 3 类。

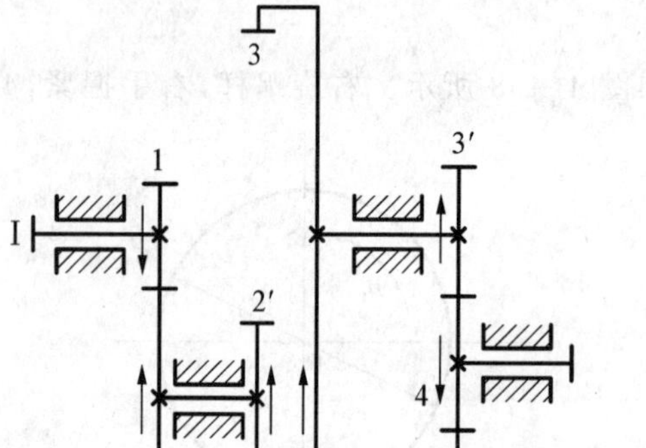

图 4－59　定轴轮系

1. 定轴轮系

定轴轮系是指当轮系运转时，各轮轴线相对于机架位置都是固定不动的，如图 4－59 所

示，其中 I 为输入轴，V 为输出轴。

(1) 定轴轮系传动比的计算　轮系的传动比是指该轮系中，首轮的角速度与末轮的角速度(或转速)之比。设轮 1 为首轮，轮 5 为末轮，则此轮系的传动比 $i_{15}=\frac{\omega_1}{\omega_5}$。

其中，各对齿轮的传动比分别为

$$i_{12}=\omega_1/\omega_2=z_2/z_1,\ i_{2'3}=\omega_{2'}/\omega_3=\omega_2/\omega_3=z_3/z_{2'},$$
$$i_{3'4}=\omega_{3'}/\omega_4=\omega_3/\omega_4=z_4/z_{3'},\ i_{45}=\omega_4/\omega_5=z_5/z_4。$$

将以上各式两边分别连乘，即得

$$i_{15}=\frac{\omega_1}{\omega_5}=\frac{z_2\cdot z_3\cdot z_5}{z_1\cdot z_{2'}\cdot z_{3'}}。$$

式中，i 为传动比；ω 为角速度；z 为齿数。

由式可以看出，定轴轮系的总传动比等于组成该轮系的各对啮合齿轮传动比的连乘，其大小等于各对齿轮中从动轮齿数的连乘与各对齿轮中主动轮齿数的连乘之比，即

$$定轴轮系的传动比=\frac{所有从动齿轮齿数的连乘积}{所有主动齿轮齿数的连乘积}。$$

(2) 首末轮转向关系的确定　求出传动比的大小之后，还要确定定轴轮系首、末两轮的转向关系，可以用标注箭头的方法确定。在图中箭头的指向表示齿轮可见侧的圆周线速度方向。

一对齿轮组成的齿轮机构是最简单的轮系。其首、末两轮转向关系与齿轮类型有关。一对平行轴外啮合齿轮在传动过程中的转向是相反的，用两个指向相反的直线箭头表示，如图 4-60(a)所示；一对平行轴内啮合齿轮的转向相同，用两个指向相同的直线箭头表示，如图 4-60(b)所示；一对相交轴圆锥齿轮传动，其首、末两轮转向可用两个相对成一定角度的直线箭头表示，即表示两者转向的箭头总是同时指向节点或者同时背离节点，如图 4-60(c)所示。定轴轮系一般是根据已知的首轮转向，沿着传动路线，用上述方法按齿轮传动类型，逐对确定各齿轮转向，并在各齿轮旁画上箭头，如图 4-61 所示。

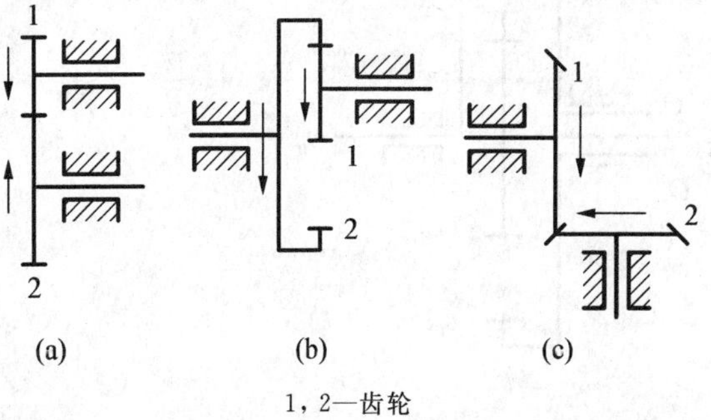

1，2—齿轮

图 4-60　平行轴外啮合齿轮首末轮旋向判断

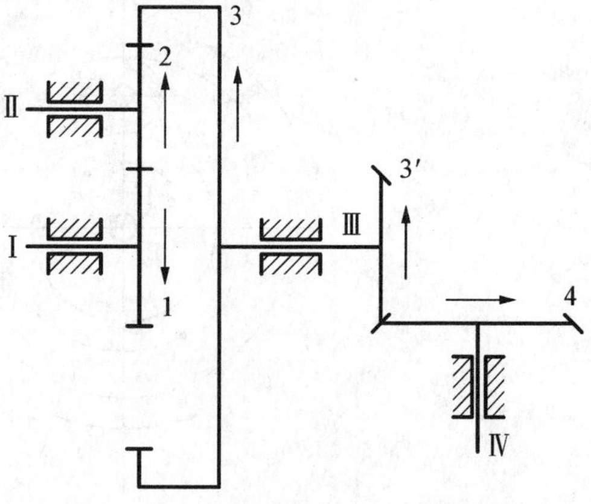

图 4-61　含有圆锥齿轮轮系旋向的判断

在轮系中，若首、末两轮的轴线互相平行，则按标出的箭头确定其转向后，看首末轮之间的转向是否相同。如两者同向，则应在传动比计算公式的齿数比前冠以“+”号，异向冠以“—”号，这样该公式既表示了传动比的数值大小，又表示了首、末两轮的转向关系。如果首、末两轮回转轴线不平行，传动比的符号没有意义，传动比计算公式只表示其大小。

对于完全由平行轴圆柱齿轮组成的定轴轮系，由于轮系中会有内啮合齿轮，也会有外啮合齿轮，内啮合齿轮不影响轮系传动比的符号，而外啮合时两轮的转向相反。故轮系中若有 m 对外啮合齿轮，则从首轮到末轮，其转向要经过 m 次变化，因此对于这种轮系，也可不在齿轮旁画出箭头，而直接在齿数比之前乘以 $(-1)^m$，以表明首、末轮的转向关系。则传动比公式可写为

$$\text{定轴轮系的传动比} = (-1)^m \frac{\text{所有从动齿轮齿数的连乘积}}{\text{所有主动齿轮齿数的连乘积}}。$$

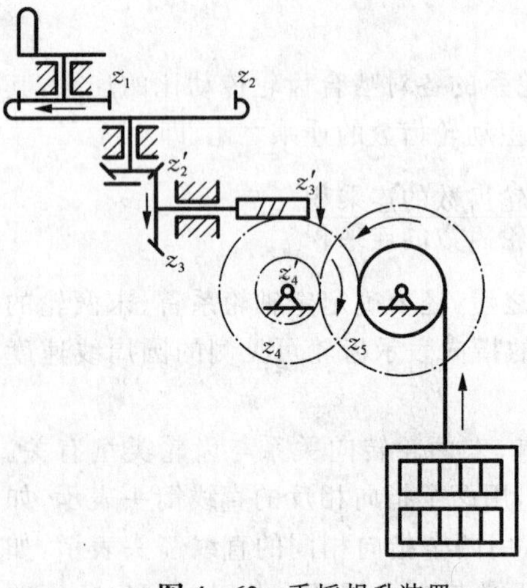

图 4-62 手摇提升装置

在计算传动比时，应注意在轮系当中是否加有惰轮，惰轮只是改变传动的方向，对传动比没有影响。

例 1 一手摇提升装置如图 4-62 所示。其中，$z_1 = 20$，$z_2 = 50$，$z_2' = 16$，$z_3 = 30$，$z_3' = 1$，$z_4 = 40$，$z_4' = 18$，$z_5 = 52$，试求 i_{15}，并指出当提升重物时手柄的转向。

解：因为轮系是空间定轴轮系，计算齿轮系的传动比为

$$i_{15} = \frac{n_1}{n_5} = \frac{z_2 z_3 z_4 z_5}{z_1 z_2' z_3' z_4'} = \frac{50 \times 30 \times 40 \times 52}{20 \times 16 \times 1 \times 18} = 541.67。$$

当提升重物时，手柄的转向用画箭头的方法确定。

2. 周转轮系

当轮系运转时，若其中至少有一个齿轮的几何轴线是绕另一个齿轮的几何轴线转动的，这种轮系就称为周转轮系，如图 4-63 所示。

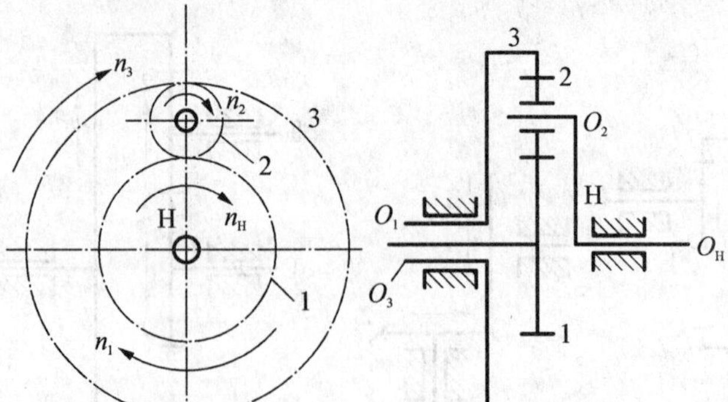

1—太阳轮；2—行星轮；3—行星架；4—机架

图 4-63 周转轮系

周转轮系是由中心轮(亦称太阳轮)、行星轮和行星架这3部分组成的。其中,行星轮的运动是兼有自转和公转的复杂运动,因此求传动比时不能直接运用求定轴轮系传动比的方法,一般用转化机构法来求其传动比。即假设给整个单级行星齿轮系加上一个与行星架H的转速大小相等、方向相反的附加转速,则根据相对运动原理,此时单级行星齿轮系中各构件的相对运动关系不变。但反转后行星架的转速为零,即原来运动的行星架转化为静止,这样原来的单级行星系就转化为一个假想的定轴齿轮系。这个假想的定轴齿轮系,称为原单级行星齿轮系的转化机构。对于转化机构的传动比,则可按定轴轮系传动比的公式进行计算。而原来单级行星齿轮系的传动比,即可通过转化机构的传动比计算公式间接求出。

设首轮为1,末轮为k,则整个周转轮系传动比的计算公式为

$$i_{1k}^{\mathrm{H}}=\frac{\omega_1^{\mathrm{H}}}{\omega_k^{\mathrm{H}}}=\frac{\omega_1-\omega_{\mathrm{H}}}{\omega_k-\omega_{\mathrm{H}}}=\mp\frac{z_2\cdots z_k}{z_1\cdots z_{k-1}}。$$

3. 复合轮系

兼有定轴轮系和周转轮系或者含有多个周转轮系的复杂轮系,称为复合轮系。其中,既含有定轴轮系,又含有周转轮系的称为混合轮系,如图4-64所示;不含定轴轮系,而含多个单一周转轮系的称为复式周转轮系,如图4-65所示。

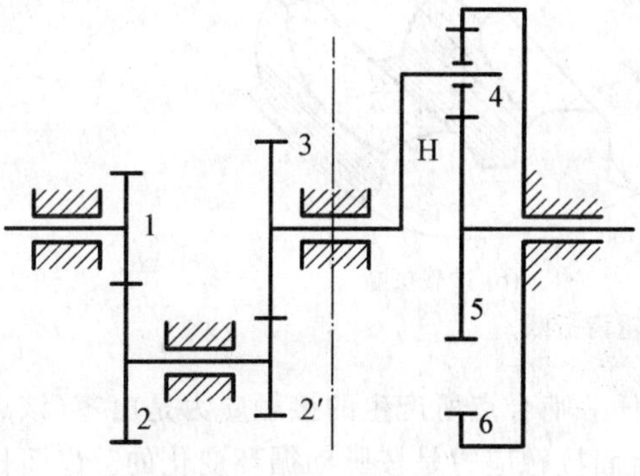

图4　64　混合轮系

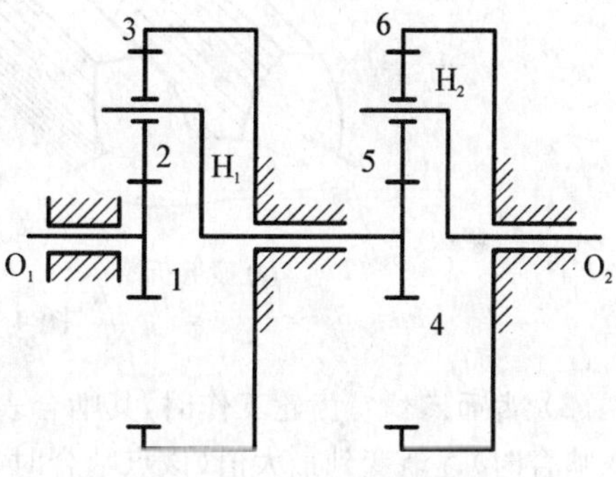

图4-65　复式周转轮系

汽车中的手动变速器是定轴轮系,自动变速器是周转轮系。

【任务实施】

(1) 计算小齿轮的模数。由公式

$$d_{\mathrm{a1}}=d+2h_{\mathrm{a}}=m(z+2h_{\mathrm{a}}^*),$$

把数据代入,得　$m=\dfrac{d_{\mathrm{a1}}}{z+2h_{\mathrm{a}}^*}=\dfrac{68}{32+2}=2$。

由一对圆柱齿轮正确啮合条件知　$m_2=m_1=2$,又$a=m(z_1+z_2)$,得

$$z_2=\frac{a}{m}-z_1=\frac{96}{2}-32=16。$$

故大齿轮的模数为2,齿数为16。

(2) 由周转轮系传动比，得

$$i_{13}^{H}=\frac{n_1-n_H}{n_3-n_H}=\frac{n_1-n_H}{0-n_H}=(-1)^2\frac{z_2z_3}{z_1z_2}=\frac{101\times 99}{100\times 100}=\frac{9\,999}{10\,000}。$$

整理后，得 $i_{1H}=\frac{n_1}{n_H}=1-\frac{9\,999}{10\,000}=\frac{1}{10\,000}$。因此 $i_{H1}=10\,000$。

此例说明，当行星架转 10 000 转时，齿轮只转一转，这种大传动比的轮系，通常只用于高转速的仪表中或用于精密微调机构。

【拓展知识】

1. 齿轮失效

齿轮失效一般都是其轮齿部分失效。主要失效形式有以下几种。

(1) *轮齿折断*　轮齿像一个悬臂梁，受载后齿根部弯曲应力最大，而且有应力集中，使得轮齿容易在根部折断。轮齿折断分为两种情况：一种是当重复受载后，齿根处产生疲劳裂纹，裂纹逐步扩展，致使轮齿折断，如图 4-66(a)所示；另一种是轮齿受到短时过载或冲击载荷，而突然折断，如图 4-66(b)所示。

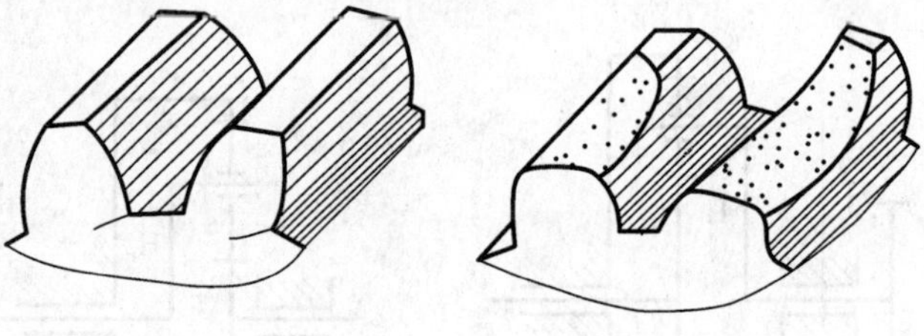

(a) 疲劳折断　　(b) 过载折断

图 4-66　轮齿折断

(2) *齿面点蚀*　齿轮工作时，其啮合表面上任一啮合点所产生的接触应力是由零(该点未进入啮合时)逐渐变到最大值(该点啮合时)，即齿面接触应力是按脉动循环变化的。齿面长时间在这种循环应力作用下，就会发生细微的疲劳裂纹，裂纹的扩展使表层金属微粒剥落下来形成齿面点蚀，如图 4-67 所示。实践表明，齿面点蚀多出现在轮齿节线附近靠齿根的一侧。

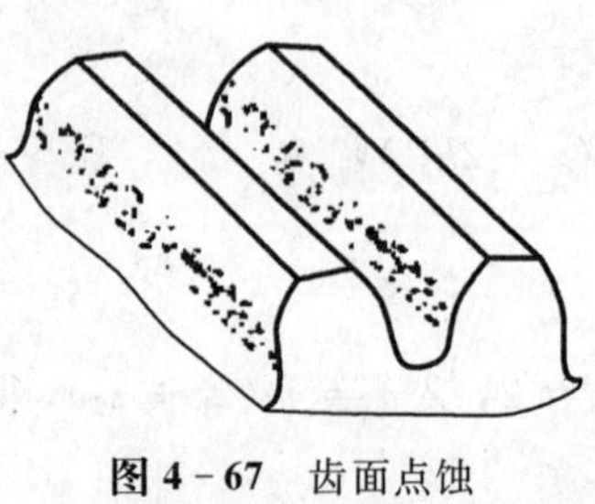

图 4-67　齿面点蚀

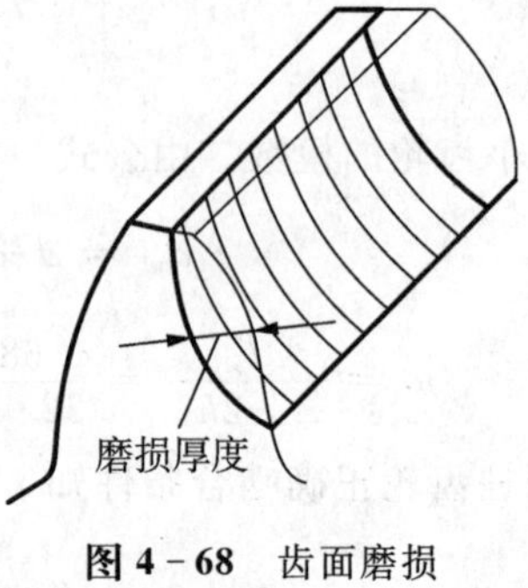

图 4-68　齿面磨损

(3) *齿面磨损*　当灰尘、砂粒、铁屑等落入齿面间时，将引起齿面的磨粒磨损，如图 4-68所示。闭式齿轮传动，只要注意润滑油的更换和清洁，一般不会出现这种齿面磨损。

开式齿轮传动，由于齿轮外露，其主要失效形式为齿面磨损。

(4) 齿面胶合　在高速重载的齿轮传动中，由于齿面间压力很大，造成啮合面间润滑油膜的破裂，使滑动速度较大的、直接接触的金属表面产生瞬时高温而黏连，其中较软齿面上的金属颗粒沿啮合齿面相对滑动速度方向被另一齿面撕下，这种失效形式称为齿面胶合，如图 4－69 所示。在低速重载的齿轮传动中，由于齿面间不易形成油膜，也可能出现胶合现象。为了提高齿轮的抗胶合能力，可以采用抗胶合能力强的润滑油，选择不同齿轮材料组合，提高齿面的硬度和光洁度等。

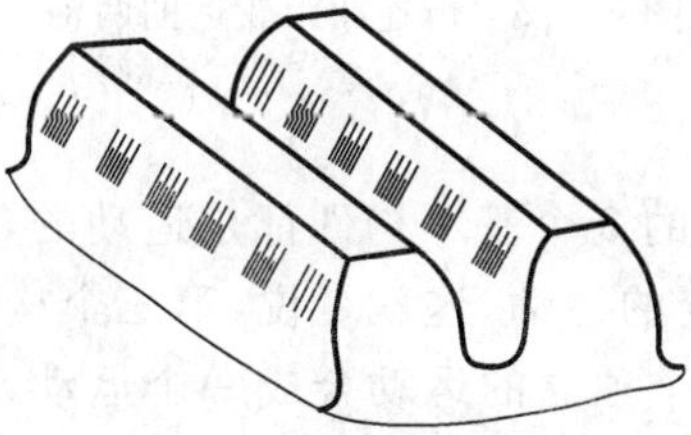

图 4－69　齿面胶合

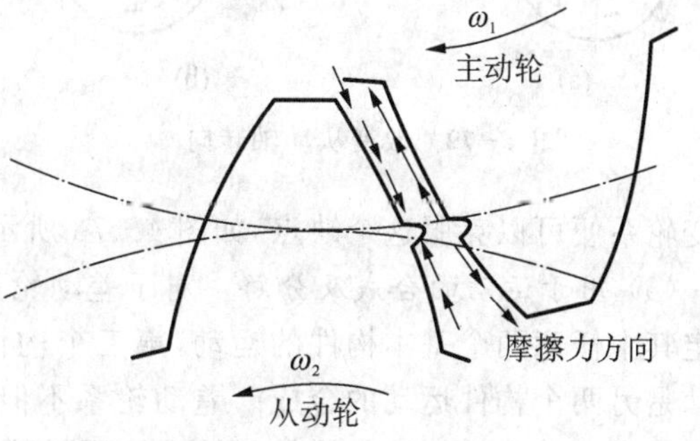

图 4－70　齿面塑性变形

(5) 齿面塑性变形　若轮齿的硬度较低，在啮合过程中，轮齿齿面上会产生局部金属流动现象——塑性变形(见图 4－70)，从而破坏了齿面的渐开线齿形。这种失效形式常在低速、过载和起动频繁的传动中发生。提高齿面硬度，选用黏度较高的润滑油等，都有助于防止或减轻齿面塑性变形。

2. 轮系的作用

(1) 传递运动　利用轮系，可以将主动轴上的运动传递给若干个从动轴，实现分路传动。

图 4－71 所示为滚齿机上滚刀与轮坯之间作展成运动的运动简图。滚齿加工要求滚刀的转速与轮坯的转速必须满足 i 刀坯＝n 刀/n 坯＝z 坯/z 刀的传动比关系。

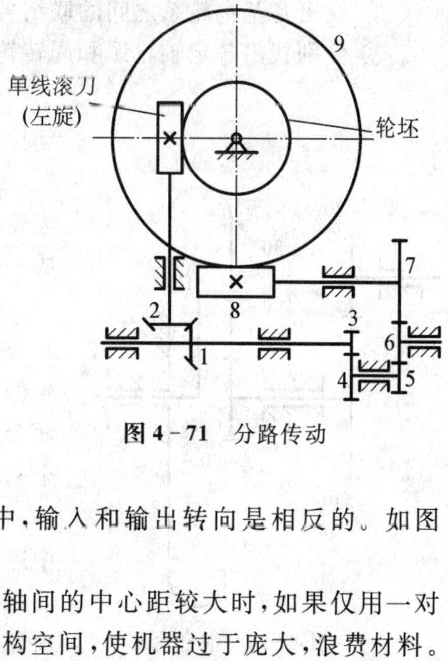

图 4－71　分路传动

(2) 获得大的传动比　一对外啮合圆柱齿轮传动，其传动比一般可为 $i \leqslant 5 \sim 7$。但是行星轮系传动比可达 10 000，而且结构紧凑。

(3) 实现变速传动(多传动比传动)　在汽车等类似的机械中，在主动轴转速不变的条件下，利用轮系可以使从动轴获得若干个不同的转速。

(4) 改变从动轴转向　在单对外啮合齿轮传动中，输入和输出转向是相反的。如图 4－71所示就是实现转向的轮系。

(5) 传递相距较远的两轴间的运动和动力　当两轴间的中心距较大时，如果仅用一对齿轮传动，两个齿轮的尺寸必然很大，将占用较大的结构空间，使机器过于庞大，浪费材料。

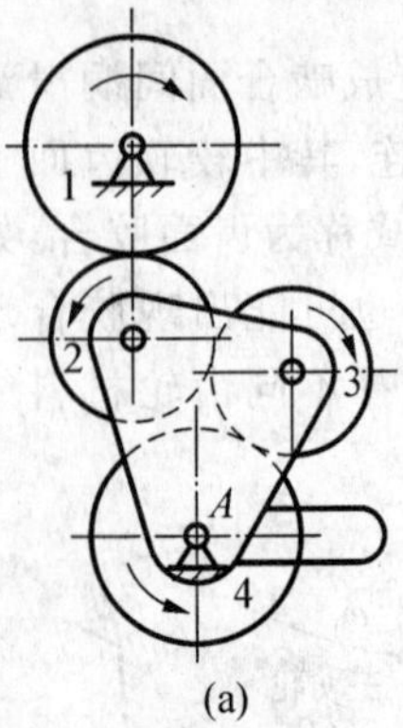

图 4－72　改变从动轴转向

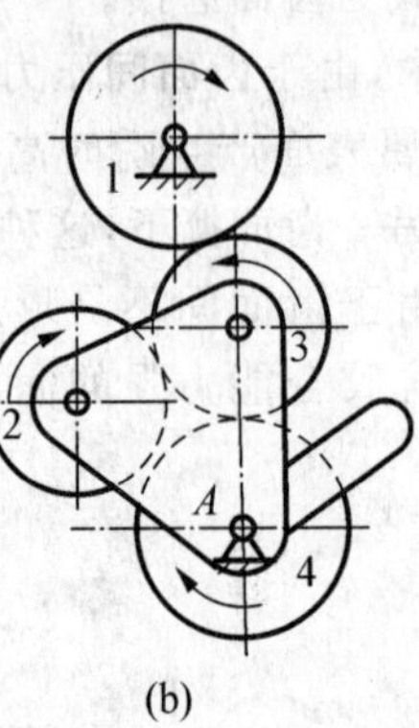

图 4－73　传递相距较远的两轴

改变轮系便可以克服这个缺点，如图 4－73 所示。

(6) 用于运动的合成及分解　对于差动轮系来说，它的 3 个基本构件都是运动的，必须给定其中任意两个基本构件的运动，第三个构件才有确定的运动，这就是说，第三个构件的运动是另两个构件运动的合成。差动轮系不但可以将两个独立的运动合成一个运动，而且还可以将一个主动的基本构件的转动按所需的比例分解为另两个基本构件的转动，如汽车、拖拉机等车辆上常用的差速器装置。

二、混合轮系计算

对复杂的混合轮系，求解其传动比时，既不能单纯地采用定轴轮系传动比的计算方法，也不能单纯地按照基本周转轮系的传动比计算方法来计算。其求解的方法是：

① 将该混合轮系所包含的各个定轴轮系和各个周转轮系一一划分出来；

② 找出各基本轮系之间的联结关系；

③ 分别找出各定轴轮系和周转轮系传动比的计算关系式；

④ 联立求解这些关系式，从而求出该混合轮系的传动比。

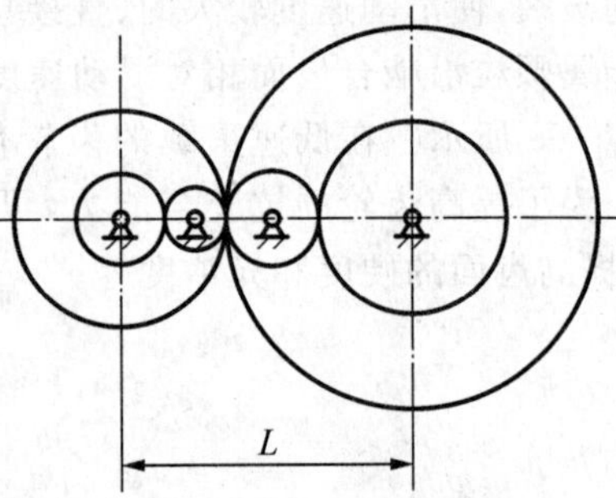

图 4－74　混合轮系

(1) 划分定轴轮系的基本方法　若一系列相互啮合的齿轮的几何轴线都是固定不动的，则这些齿轮和机架便组成一个基本定轴轮系。

(2) 划分周转轮系的方法　首先需要找出既有自转又有公转的行星轮(有时行星轮有多个)；然后找出支持行星轮作公转的构件——行星架；最后找出与行星轮相啮合的两个太阳轮，这些构件便组成一个基本周转轮系，而且每一个基本周转轮系只含有一个行星架。

从理论上说，混合轮系的求解并不困难，但是实际工作中还是需要动点脑筋的。下面举例说明具体的方法和步骤。

在图 4－74 所示的轮系中，若各齿轮的齿数已知，根据前面介绍划分轮系的方法进行分析，此轮系是由齿轮 1，2

构成的定轴轮系及齿轮 2′,3,4 和行星架 H 构成的周转轮系复合而成的复合轮系。

定轴轮系部分的传动比为

$$i_{12}=\frac{\omega_1}{\omega_2}=-\frac{z_2}{z_1}\quad 或\quad \omega_1=-\omega_2\frac{z_2}{z_1}。$$

周转轮系部分是一个行星轮系,其传动比为

$$i_{2'\mathrm{H}}=1-i_{2'4}^{\mathrm{H}}=1+\frac{z_4}{z_{2'}}\quad 或\quad \omega_2=\omega_{\mathrm{H}}\left(1+\frac{z_4}{z_{2'}}\right)。$$

由以上两式可得

$$\omega_1=-\omega_{\mathrm{H}}\left(1+\frac{z_4}{z_{2'}}\right)\times\frac{z_2}{z_1}。$$

于是,最后求得此混合轮系的传动比为

$$i_{1H}=-\left(1+\frac{z_4}{z_{2'}}\right)\times\frac{z_2}{z_1}=-10。$$

【复习思考】

一、简答题

1. 什么是齿轮传动?齿轮传动有哪些特点?

2. 什么是渐开线?渐开线有什么性质?

3. 什么是模数?模数的代号是什么?

4. 齿条传动正确啮合条件是什么?

5. 试比较斜齿轮与直齿圆柱齿轮各有哪些优缺点?

6. 什么是齿轮轮齿失效?常见的失效形式有哪几种?

7. 防止轮齿折断的措施有哪些?

8. 轮系主要有哪些应用特点?

9. 什么是定轴轮系?什么是周转轮系?

10. 轮系传动比的正、负号的含义是什么?

11. 如何区别行星轮系和差动轮系?

12. 在题 12 图所示的轮系中,用画箭头的方法确定蜗轮 6 的转向。

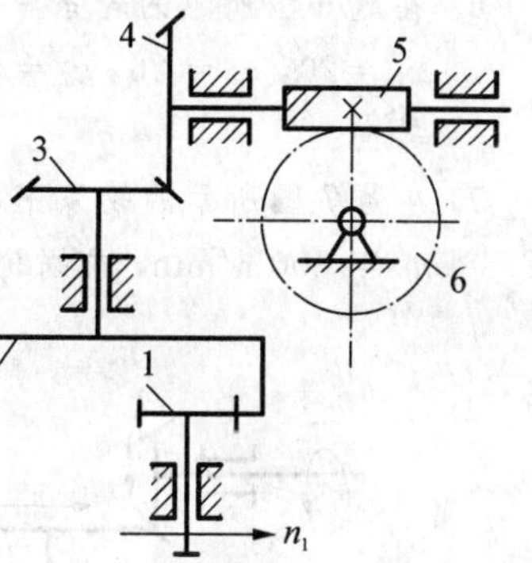

题 12 图

二、计算题

1. 题 1 图所示为周转轮系,已知 $z_1=15$, $z_2=25$, $z_{2'}=20$, $z_3=60$, $n_1=500\ \mathrm{r/min}$, $n_3=50\ \mathrm{r/min}$。试分别计算当 n_1 和 n_3 转向相同和转向相反时,行星架 H 转速的大小和方向。

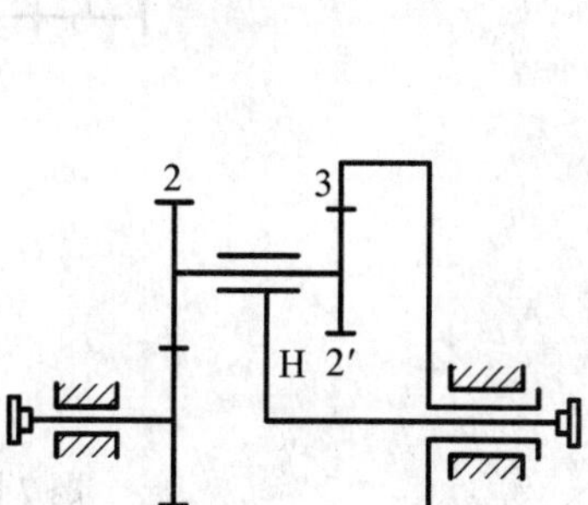

题 1 图

2. 一对啮合的标准直齿圆柱齿轮(压力角 $\alpha=20°$,齿顶高系数 $h_a^*=1$,顶隙系数 $c^*=0.25$),齿数 $z_1=20$, $z_2=40$,模数 $m=10\ \mathrm{mm}$。试计算各齿轮分度圆直径

d，齿顶圆直径 d_a、齿根圆直径 d_f、齿厚 s、基圆直径 d_b 和两齿轮的中心距 a。

3. 已知齿轮 $z_1=20$，$z_2=50$，两轮之间的中心距 $a=210\,\text{mm}$，求两轮分度圆直径 d_1，d_2。

4. 有一对标准直齿圆柱齿轮，$m=2$，$\alpha=20°$，$z_1=25$，$z_2=50$，$n_1=960\ \text{r/min}$。求：(1) n_2；(2)中心距 a；(3)齿距 p。

5. 在题 5 图所示的定轴轮系中，轴Ⅰ为主动轴，轴Ⅲ为输出轴，已知 $z_1=24$，$z_2=70$，$z_3=20$，$z_4=48$，$n_1=1\,400\ \text{r/min}$，求 n_3 为多少？

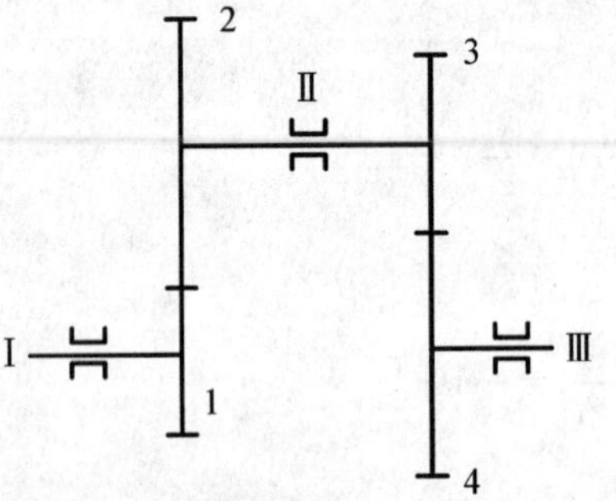

题 5 图

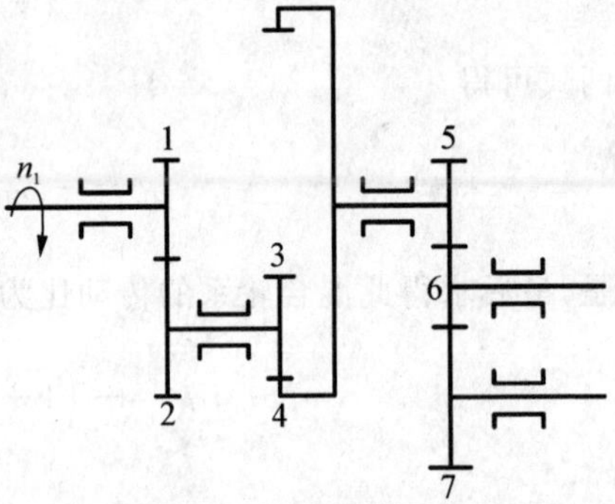

题 6 图

6. 在题 6 图所示的轮系中，已知各轮齿数分别为 $z_1=24$，$z_2=28$，$z_3=20$，$z_4=60$，$z_5=20$，$z_6=20$，$z_7=28$，求传动比 i_{17}。若齿轮 1 的转向已知(如图)，试确定齿轮 7 的转向。

7. 在题 7 图所示的轮系中，已知 $z_1=16$，$z_2=32$，$z_3=20$，$z_4=40$，$z_5=5$，$z_6=40$，若 $n_1=800\ \text{r/min}$，求蜗轮 n_6 及各轮的转向。

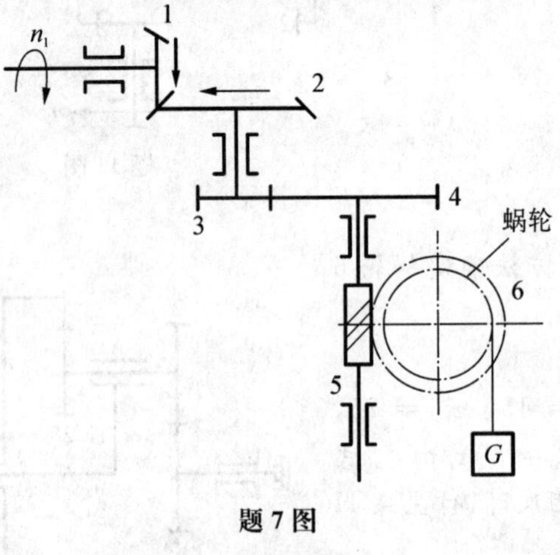

题 7 图

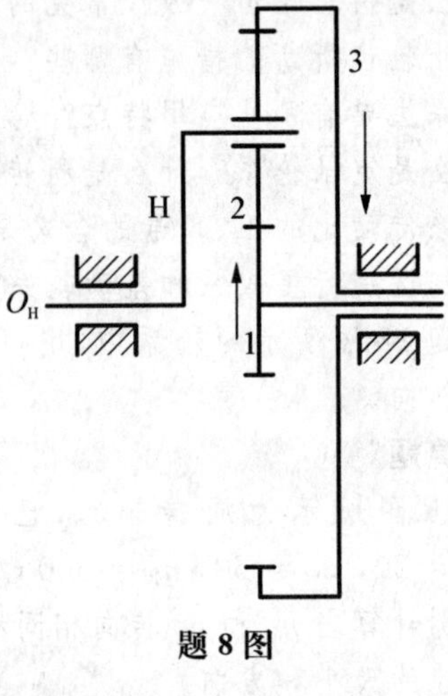

题 8 图

8. 若汽车采用题 8 图所示的周转齿轮机构，设太阳轮 1 的齿数 $z_1=24$，齿圈 3 的齿数 $z_3=56$。当太阳轮被固定，齿圈 3 为主动件，行星架 H 为从动件时，求机构的传动比。

9. 某发动机行星减速器如题 9 图所示，齿圈 3 与曲轴联结，行星架 H 与螺旋桨联结。已知

$z_1 = 20$，$z_2 = 15$，$z_3 = 50$，齿圈 3 固定不动。求轮系传动比 i_{iH} 的大小，并确定 $n_1 =$ 1 400 r/min 时螺旋桨的转速 n_H。

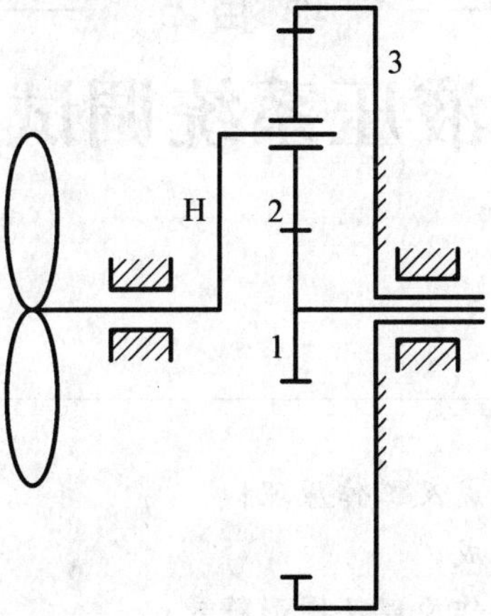

题 9 图

项 目 5

液压系统调试

学习目标

知识目标

1. 掌握液压传动系统的组成及工作原理；
2. 掌握液压元件的结构组成；
3. 掌握主要液压元件的工作原理及图形符号；
4. 了解常用液压基本回路的组成及工作原理；
5. 了解液压传动在汽车中的应用。

能力目标

1. 具有合理选择及正确使用液压元件的能力；
2. 具有识读液压基本回路和系统的能力；
3. 具有液压系统简单维护的能力。

任务1　液压油路图的识读

【任务导入】

(1) 简述液压千斤顶的工作原理。

(2) 图5-1所示为一台用半结构式图形绘制的驱动机床工作台的液压传动系统图，说出该液压系统工作原理，并绘出液压系统油路图。

【任务分析】

液压传动的发展已历经200多年，目前，液压系统广泛地应用在汽车及汽车维修设备上，如汽车液压制动系统、液压助力转向系统、自卸车液压系统等。

【相关知识】

一、液压传动系统的组成及图形符号

1. 液压传动系统的组成

液压传动系统主要由5个部分组成，见表5-1。

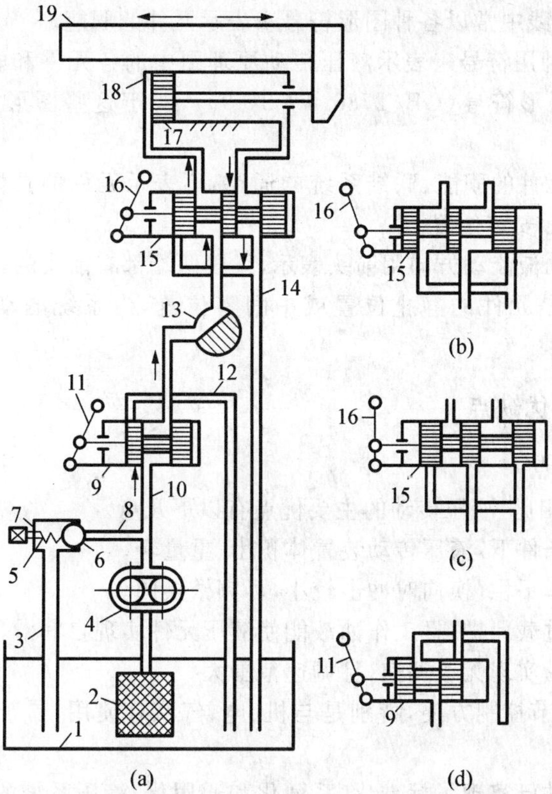

1—油箱；2—过滤器；3，12，14—回油管；4—液压泵；5—弹簧；6—钢球；
7—溢流阀；8—压力支管；9—开停(换向)阀；10—压力管；
11—开停(换向)阀手柄；13—节流阀；15—换向阀；
16—换向阀手柄；17—活塞；18—液压缸；19—工作台

图5-1　液压传动系统工作原理图

表5-1　液压系统组成

序号	组成		作用
1	动力元件	液压泵	把原动机所提供的机械能转换为油液的液压能，输出高压油液
2	执行元件	液压缸 液压马达	把油液的压力能转变成机械能以驱动负载做功，实现往复直线运动、连续转动或摆动
3	控制元件	控制阀	控制从液压泵到执行部分的油液的压力、流量和流动方向，从而控制执行部分的力、速度和方向
4	辅助元件	除以上3种以外的其他装置	存储、输送、净化和密封工作液体，并有散热作用
5	工作介质	液压油	起传递能量和运动的作用，对元件及装置起润滑作用

2. 液压传动系统的图形符号

液压传动系统由许多元件组成，如果用各元件的结构图来表示整个液压系统，则绘制起来非常复杂，因而在实践中常以各种图形符号来表示元件的职能。

我国已制定了一种用符号来表示液压传动原理图中的各元件和联结管路的国家标准，即《常用液压及气动图形符号(GB/T786.1—2009)》，对于这些图形符号有以下几条基本规定。

(1) 符号只表示元件的职能、联结系统的通路，不表示元件的具体结构和参数，也不表示元件在机器中的实际安装位置。

(2) 元件符号内油液流动方向用箭头表示，线段两端都有箭头的，表示流动方向可逆。

(3) 符号表示的是元件的静止位置或中间零位置，当系统的动作另有说明时，可作例外。

二、液压传动的优缺点

1. 液压传动的优点

与其他传动形式相比，液压传动的主要优点有以下几点。

(1) 在相同功率条件下，液压传动装置体积小、重量轻。

(2) 执行元件工作平稳，换向时冲击较小，可频繁换向。

(3) 可方便实现过载保护，且工作油液能使液压元件实现自润滑，使用寿命长。

(4) 液压传动容易实现无级调速，且调速范围大。

(5) 操纵简单、调节控制方便，特别是与机、电、气联合使用，易于实现复杂的自动工作循环。

(6) 由于液压元件已实现了标准化、系列化和通用化，液压系统的设计、制造、维修已大大简化。

2. 液压传动的缺点

(1) 由于泄漏及流体的可压缩性，无法保证严格的传动比，影响运动的平稳性和准确性。

(2) 当油温或载荷变化时，往往不易保持运动速度的稳定。

(3) 液压元件制造精度要求高，使用维护比较严格。

(4) 系统的故障原因有时不易查明，对操作人员的技术水平要求较高。

综上所述，液压传动的优点是主要的，它的缺点会随着科学技术的发展逐步得到解决。

【任务实施】

一、液压千斤顶的工作原理

1. 观察液压千斤顶使用过程

更换汽车轮胎时，一般用液压千斤顶，上下摇动手柄就能轻松顶起车辆，然后把备胎换上。

将千斤顶放置在需顶起的车辆下面比较平整坚硬的地方；旋转千斤顶手柄，关闭放油阀，提压千斤顶手柄，使千斤顶起顶平面缓慢接近被起顶的车辆底部；继续提压千斤顶手柄，车辆达到需要的高度后，立即在车架下面放上安全支架；然后缓慢拧松千斤顶手柄，使车辆平稳地坐落在安全支架上。

注意：千斤顶必须保持直立状态，同时用三角垫木前后塞住车辆，才能做到安全起顶车辆，否则严禁起顶。

2. 液压千斤顶的组成

图5-2所示为汽车维修用液压千斤顶的结构及工作原理图。液压千斤顶的外形、结构因厂家不同稍有差异，但其工作原理都相同。

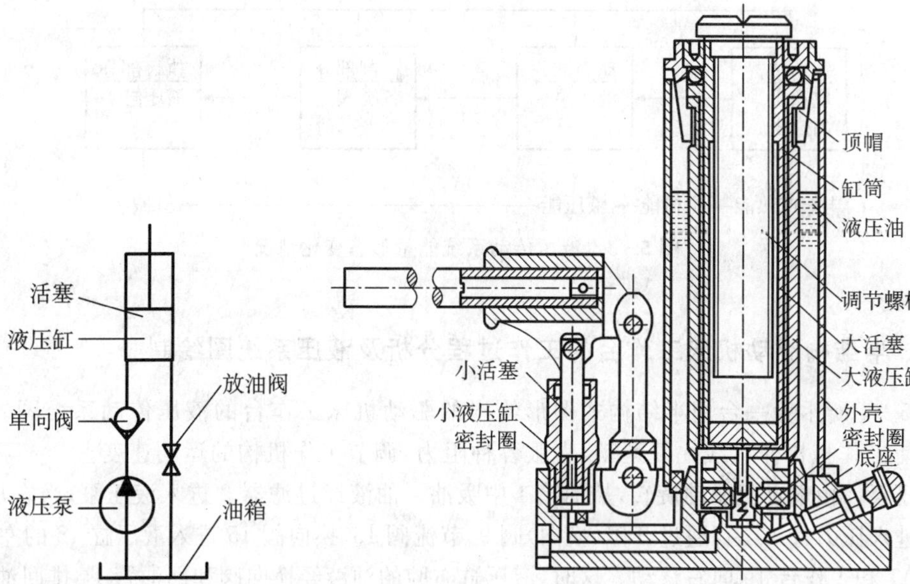

图5-2 液压千斤顶工作原理及结构

液压千斤顶主要由手动活塞液压泵、液压缸两大部分组成。其中，杠杆手柄、小活塞、小液压缸、密封圈和单向阀组成动力部分，称为手动液压泵。它不断地将油液从油箱中吸出，并将油液压入大液压缸，向系统中提供一定的压力油液。大活塞和大液压缸组成执行部分，称为举升液压缸，用于带动负载，使之获得所需的运动和输出动力。放油阀为方向控制阀，它控制执行元件是否向下运动。

3. 液压千斤顶的工作过程

工作时关闭放油阀，当外力为向上的拉力时，液压泵活塞被带动上移，液压泵的油腔容积增大，形成局部真空，将油液吸入液压泵油腔；当外力为向下的压力时，液压泵活塞下移，使液压泵溶剂减小，油液受到外力挤压而产生压力，迫使单向阀关闭，并使左单向阀的钢球受到向下的作用力。外力越大，液体压力越高，作用于左单向阀的钢球向下的力就越大。当这个作用力大于液压缸油腔中油液对钢球的作用力时，钢球被推开，液压泵油腔中的油液压力就传递到液压缸油腔，并把油液压入液压缸油腔，迫使它的密封溶剂变大，结果推动液压缸活塞和重物一起上升。将外力反复上下变动时，就会连续不断地将油液压入液压缸的油腔中，使液压缸活塞和重物不断上升，从而达到起重的目的。

4. 液压传动的工作原理

液压千斤顶是汽车修理时使用的一个简单的液压传动装置，通过分析它的工作过程，可以总结出液压传动的工作原理：以油液为工作介质，利用密封容积的变化来传递运动，依靠油液内部的压力来传递动力。液压传动装置实际就是一种能量转换装置，动力元件将机械能转换为便于输送的压力能，然后执行元件又将压力能转换为机械能，驱动工作机构完成所要求的各种动作。其各部分之间能量形态变化情况，如图 5-3 所示。

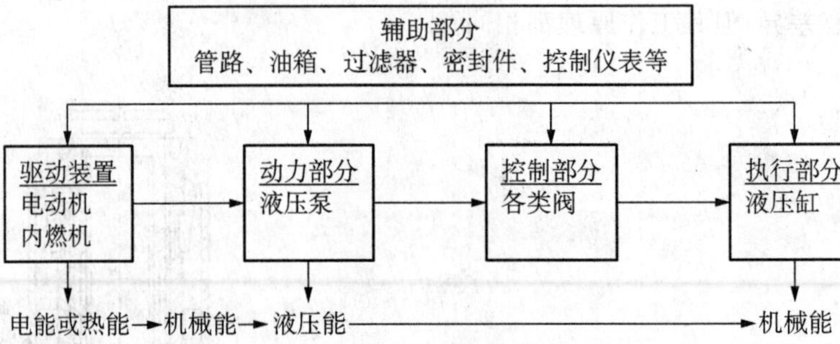

图 5-3 液压传动系统能量形态变化情况

二、半结构驱动机床工作台的工作过程分析及液压系统图绘制

图 5-1 所示为一台用半结构式图形绘出的驱动机床工作台的液压传动系统图。这个系统可使工作机构作直线往复运动，克服各种阻力，调节工作机构的运动速度。

液压泵 4 由电动机驱动旋转，从油箱 1 中吸油。油液经过滤器 2 进入液压泵，当它从液压泵输出进入压力管 10 后，通过开停(换向)阀 9、节流阀 13、换向阀 15 进入液压缸 18 的左腔，推动活塞 17 和工作台 19 向右移动。这时，液压缸右腔的油液经换向阀和回油管 14 排回油箱。

如果将换向阀手柄 16 转换成图 5-1(b)所示的状态，则压力管 10 中的油液将经过开停(换向)阀、节流阀和换向阀进入液压缸的右腔，推动活塞和工作台向左移动，并使液压缸左腔的油液经换向阀和回油管 14 排回油箱。

工作台的移动速度是由节流阀来调节的。当节流阀口开大时，进入液压缸的油液增多，工作台的移动速度增大；当节流阀口关小时，进入液压缸的油液减少，工作台的移动速度减小。

为了克服移动工作台所受到的各种阻力，液压缸必须产生一个足够大的推力，这个推力是由液压缸中的油液压力产生的。要克服的阻力越大，液压缸中的油压越高；反之，压力就越低。液压泵输出的多余油液经溢流阀 7 和回油管 3 排回油箱，这只有在压力支管 8 中的油液压力对溢流阀钢球 6 的作用力等于或略大于溢流阀中弹簧 5 的顶紧力时，油液才能顶开溢流阀中的钢球流回油箱。所以，液压泵出口处的油液压力是由溢流阀决定的，它和液压缸中的压力不一样大。

如果将换向阀手柄 16 转换成图 5-1(c)所示的状态，压力管中的油液将经溢流阀和回油管 3 排回油箱，不输到液压缸中去，这时工作台停止运动，而系统保持溢流阀调定的压力。

如果将开停(换向)阀手柄 11 转换成图 5-1(d)所示的状态，压力管中的油液将经开停(换向)阀和回油管 12 排回油箱，不输到液压缸中去，这时工作台就停止运动，而液压泵输出的油液直接流回油箱，使液压系统卸荷。

在图 5-1 中，组成液压系统的各个元件的图示使用半结构图形式画出来的，称为半结构原理图。这种原理图直观性强、容易理解，但图形比较复杂，较难绘制，系统元件数量多时更是如此。为此，通常采用图形符号来绘制液压系统的原理图，这样可使液压系统简单明了，便于绘制。图5-4给出了用液压传动系统图形符号绘制的图5-1的液压传动系统工作原理图。

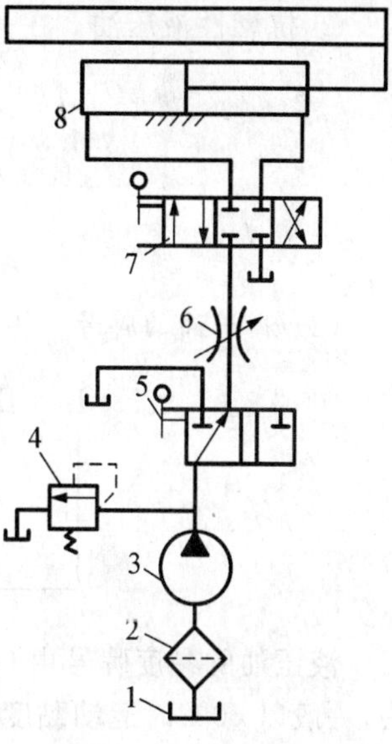

1—油箱；2—过滤器；3—液压泵；4—溢流阀；5—开停(换向)阀；6—节流阀；7—换向阀；8—液压缸

图5-4 液压传动系统图形符号

【拓展知识】

一、液压油的选择和使用

液压油是传递运动和动力的工作介质，在液压系统中起着传递能量、润滑系统、防锈、防腐及冷却等作用。因液压传动系统的压力、温度和流速可在很大范围内变化，故液压油质量优劣直接影响液压系统的工作性能。因此，合理选用液压油是相当重要的。

1. 液压油的分类和牌号

(1) 液压油的分类　液压油按化学成分的不同，可分为以下两大类：

① 可燃性液压油。即各种石油基型液压油，主要包括HH，HL，HM，HG，HV，HS液压油等，详细名称见表5-2。

表5-2　石油基型液压油的分类和适用范围

ISO分类	油名	主要性能	适用范围
HH油	机械油	氧化安定性与抗泡性一般	液压系统一般不宜使用
HL油	通用型机床工业润滑油	具有较好的氧化安定性、防锈性与抗泡性	适用于7 MPa以下的通用型机床
HM油	抗磨液压油	具有良好的抗氧性、防锈性、抗磨性和抗泡性	适用于7 MPa以下的通用型机床
	清净液压油	清净度高，其他功能同上	适用于有电-液伺服阀的闭环系统
	抗银液压油	油中不含对银敏感的硫化物，其他功能同上	适用于含银部件的液压系统
HG油	液压导轨油	具有防爬性，其他性能同抗磨液压油	适用于液压-导轨合用的系统
HV油	低温液压油	凝点低，黏度指数高，剪切安定性好，其他性能同抗磨液压油	适用于－15℃以上寒区的露天机械液压系统
	数控液压油	黏度指数高，黏温性好	适用于电液脉冲马达的开环数控机床
HS油	合成烃低温液压油	凝点比HV油更低，低温性能好，黏度指数高，其他性能同抗磨液压油	适用于－25℃以上寒区的露天机械液压系统

② 抗燃性液压油。在一些高温、易燃、易爆的工作场合使用,包括以下几种。

- 抗燃性液压油
  - 合成型液压油:磷酸酯液压油
  - 含水型液压油
    - 水-乙二醇液压油
    - 乳化液
      - 油包水乳化液
      - 水包油乳化液

(2) 液压油的牌号　液压油的牌号采用统一的命名方式,其一般形式如下。

L　HV　22

- 22——牌号(指黏度等级,GB3141)
- HV——品种(指低温液压油)
- L——类别(指润滑剂及有关产品,GB7631.1)

液压油的黏度牌号由 GB3141 作出了规定,采用 ISO(美国汽车工程师协会)的黏度分类法,一般以 40℃时运动黏度的平均值来划分牌号。

2. 液压油的物理特性

(1) 液体的可压缩性 β　当物体受压力作用后,体积减小的特性称为液体的可压缩性,一般用体积压缩系数 β 表示。由于液压油的压缩率很小,故在通常情况下可认为油是不可压缩的。但当液压油中混入空气时,其可压缩性将显著增加,造成液压系统噪声的增大,并对液压系统产生不良的影响。

(2) 液体的黏性　液体在外力作用下流动时,由于液体分子之间的内聚力,而产生一种阻碍液体分子之间进行相对运动的内摩擦力,液体的这种产生内摩擦力的性质称为液体的黏性。

(3) 黏度　液体黏性的大小称为液体的黏度。黏度是影响流动液体的重要物理性质,是衡量液体黏性的主要指标,常用的黏度有动力黏度、运动黏度、相对黏度 3 种。

3. 对液压油的基本要求

(1) 合适的黏度和良好的黏温特性。

(2) 良好的润滑性能,较强的抗锈性,较小的腐蚀性。

(3) 纯净度好,杂质少。

(4) 对金属及密封件有良好的相容性。

(5) 氧化稳定性好,不变质,使用寿命长。

(6) 抗泡沫性良好,不变质,使用寿命长。

(7) 体积膨胀系数小,闪点和熔点高,流动性和凝固点低。

(8) 对人体无害,对环境污染小,成本低、价格便宜。

4. 液压油的选择

正确合理地选择液压油,是保证液压传动系统正常工作的前提。一般情况下,油液的黏度随着温度的升高而降低,会造成液压系统的泄露,执行元件的工作性能也变差。因此,选择液压油时,一般先确定适用的黏度范围,再选择合适的液压油品种。选择汽车用液压油时,应考虑以下几个方面。

(1) 工作压力　工作压力较高的液压系统,应选择黏度较大的液压油;反之,应选择黏度较小的液压油。

(2) 运动速度　运动部件速度较高时,应选择黏度较小的液压油;反之,应选择黏度较大的液压油。

(3) 环境温度　环境温度较高时,应选择黏度较大的液压油;反之,应选择黏度较小的液压油。

总之,选择汽车液压系统用液压油的黏度,应根据车辆使用地区和季节温度来决定,这样才能保证汽车液压系统高效率正常运转。

二、液压传动的基本参数

1. 压力

液体相对静止时,单位面积上所受的作用力,称为液体的静压力,在物理学中称为压强,在液压传动中称为压力,用 p 表示。油液在密封容器里,当一处受到压力作用,压力将通过液体传递到各个连通的容器内,且压力值处处相等,即

$$p = \frac{F}{A}。$$

式中,p 为油液压力(MPa);F 为作用力(N);A 为有效作用面积(m^2)。

2. 流量

单位时间内流过某一截面的液体体积,称为体积流量,用 q_v 表示,单位 m^3/s。

3. 流速

流体流动时的瞬时速度是不同的,因此常用平均流速表示,即

$$v = \frac{q_v}{A},$$

式中 A 为液压缸或管道截面面积(mm^2)。

4. 液体流动时的压力损失

因黏性液体在流动时存在阻力,为了克服阻力就要消耗一部分能量,这样就有能量损失。在液压传动中,能量损失主要表现为压力损失。液压系统中的压力损失分以下两类。

(1) 油液沿等直径直管流动时所产生的压力损失,称为沿程压力损失。这类压力损失是由液体流动时的内、外摩擦力所引起的。

(2) 油液流经局部障碍(如弯头、接头、管道截面突然扩大或收缩)时,由于液流方向和速度的突然变化,在局部形成漩涡引起油液质点间,以及质点与固体壁面间相互碰撞和剧烈摩擦而产生的压力损失,称为局部压力损失。

压力损失过大,也就是液压系统中功率损耗的增加,将导致油液发热加剧,泄漏量增加、效率下降和液压系统性能变坏。

若以 Δp 表示压力损失,它与液压阻力 F_R 和管道中通过的流量 q 之间具有如下关系,即

$$\Delta p = F_R q^n。$$

式中,F_R 为液阻,它与管道孔的截面形状、大小、管道长度及油液性质有关;n 为指数由管道

的结构形式所决定，通常 $1 \leqslant n \leqslant 2$。

【复习思考】

一、选择题

1. 液压传动中，依靠(　　)来传递运动。
   A. 膨胀力　　B. 静压力　　C. 动压力　　D. 密封容积的变化
2. 液压系统中的执行元件是(　　)。
   A. 液压缸　　B. 液压泵　　C. 溢流阀
3. 能将油液压力转化成工作部分的机械能的液压元件是(　　)。
   A. 液压缸　　B. 液压泵　　C. 油管

二、判断题

1. 过滤器的作用是清除油液中的液压系统机械杂质。(　　)
2. 液压传动具有承载能力大、可实现大范围内无级变速的特点。(　　)
3. 由于液体的压缩性和泄露的原因，液压传动不能保证严格的传动比。(　　)
4. 液压传动装置本质上是一种能量转换装置。(　　)
5. 液压千斤顶不是液压传动装置。(　　)
6. 在一根较长的管道中，流进管道时的液体压力与流出管道的液体压力相等。(　　)
7. 液体流过管道时的压力损失与管道的大小无关。(　　)
8. 液体压力损失与流量无关。(　　)

三、简答题

1. 液压传动系统若能正常工作，必须由哪几部分组成？各组成部分的作用是什么？
2. 液压传动的特点有哪些？
3. 液压油应如何选择？
4. 请说明压力损失与流量的关系是什么？
5. 右图所示为汽车举升机构的液压系统图，回答下面问题：
   (1) 图中1，2，4，6各为哪种常用的液压图形符号？
   (2) 指出液压系统的动力部分、执行部分、控制部分和辅助部分。

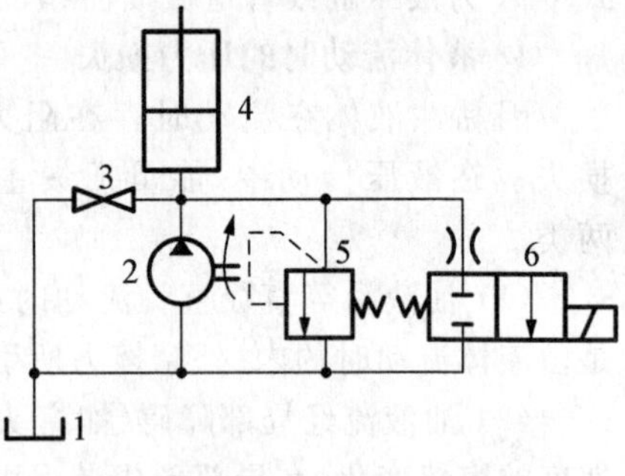

任务2　液压泵和液压缸的选用

【任务导入】

某汽车维修公司承接维修本田雅阁轿车。车主自述，轿车机油压力低，而且工作噪声大，试分析故障原因。

【任务分析】

汽车发动机上采用的液压泵大多为齿轮泵、转子泵，底盘上大多采用内啮合齿轮泵、叶片泵、柱塞泵及摆线转子泵。若要正确分析出液压泵的故障原因，就要了解各类液压泵的用途、结构及工作原理，这样才能尽快查找出故障及部位，进行故障排除。

【相关知识】

一、液压泵的用途及分类

1. 液压泵的用途

液压泵是液压系统的动力元件，其作用是将原动机输入的机械能转换为压力能，向系统提供一定的压力和流量的工作液体。

2. 液压泵的分类

(1) 按结构形式不同，可分为齿轮泵、叶片泵、柱塞泵、螺杆泵等。

(2) 按输油方向能否改变，可分为单向泵、双向泵。

(3) 按排量能否改变，可分为定量泵、变量泵。

(4) 按使用压力不同，可分为低压泵、中压泵、中高压泵、高压泵、超高压泵。

二、液压泵的工作原理

液压泵是靠密封容积的变化来工作的。图 5-5(a)所示为液压泵的工作原理图，图 5-5(b)所示为图形符号。当凸轮 1 由原动机带动旋转时，柱塞 2 便在凸轮和弹簧 4 的作用下在泵体 3 内作往复运动。泵体内孔与柱塞外径之间有良好的配合精度，使柱塞在泵体 3 内作往复运动时基本没有油液泄漏。柱塞右移时，缸体中密封工作腔 a 的容积变大，产生真空，油箱中的油液便在大气压力作用下通过吸油阀 5 吸入泵内，实现吸油；柱塞左移时，缸体中密封工作腔 a 的容积变小，油液受挤压，通过压油阀 6 输出到系统中去，实现压油。如果偏心轮不断地旋转，液压泵就会不断地完成吸油和压油动作。

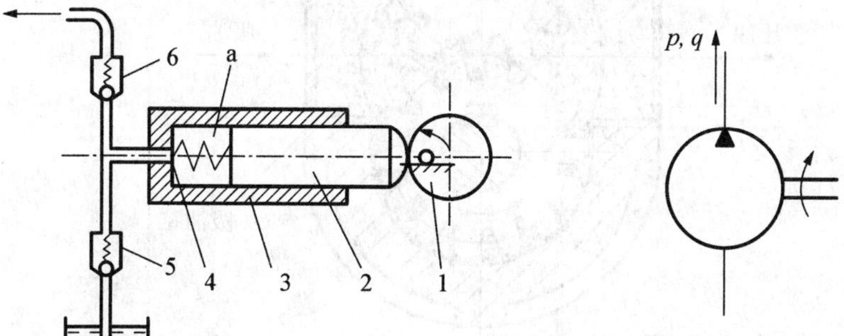

1—凸轮；2—柱塞；3—泵体；4—弹簧；5—吸油(单向)阀；6—压油(双向)阀

图 5-5 容积式液压泵工作原理图

从上述液压泵的工作原理可以看出，其基本的工作条件如下所述。

(1) 必须构成密封容积，并且这个密封容积在不断地变化中能完成吸油和压油过程。凡是利用密封容积变化来工作的泵都称为容积式泵，液压传动中所用的泵是容积式泵。

(2) 在密封容积增大的吸油过程中，油箱必须与大气相通(保持一定的压力)，这样，液压泵在大气压力的作用下将油液吸入泵内，这是液压泵的吸油条件。在密封容积减小的压油过程中，液压泵的压力决定于油液排出时所遇到的阻力，即液压泵的压力由外负载来决定，这是形成压力的条件。

(3) 吸、压油腔要互相分开，并且有良好的密封性。如果没有吸油阀 5，密封容积增大时可以吸油，但减少时又会将吸上的油压回油箱；若没有压油阀 6，压出去的油在吸油时又会倒流回来。吸油阀和压油阀是配油装置，其作用是将吸、压油腔分开，保证吸油时，油腔与油箱相通，而切断压油通道；压油时，油腔与压油管道相通，而与油箱切断。各种泵的配油装置形式各有所异，它们是泵工作必不可少的部分。

1. 齿轮泵

齿轮泵分外啮合齿轮泵和内啮合齿轮泵两种。

图 5-6 所示为外啮合齿轮泵工作原理图。一对相啮合的齿轮装在泵体内，齿轮两端靠端盖密封。两齿轮将泵体内部分为不相通的两部分，即吸油腔与压油腔。当齿轮按箭头方向转动时，右侧轮齿逐渐脱离啮合，使右侧密封腔容积逐渐增大，形成局部真空，油箱中的油液在大气压力作用下，由吸油口进入吸油腔，油液随着齿轮的旋转被带入到左侧压油腔。轮齿在左侧逐渐进入啮合，密封容积不断减少，油液从齿间被挤出输入系统而压油。齿轮不断地旋转，右腔不停地从油箱中吸油，左腔就连续地输出压力油。

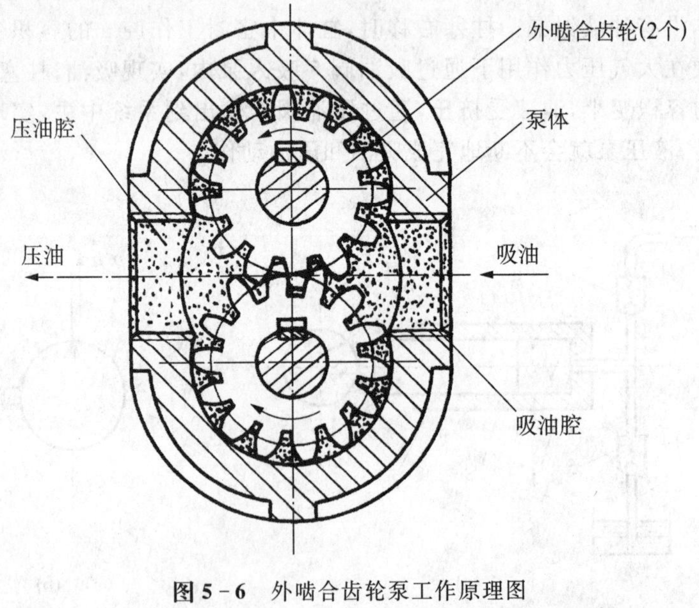

图 5-6　外啮合齿轮泵工作原理图

图 5-7 所示为内啮合齿轮泵工作原理图。内啮合齿轮泵分渐开线齿轮泵和摆线齿轮

泵(转子泵)两种。它们的工作原理和主要特点与外啮合齿轮泵相同。图中小齿轮是主动齿轮。在渐开线齿轮泵中,如图 5-7(a)所示,大、小齿轮间有一块月牙形的隔板将泵的吸油腔和压油腔隔开;在摆线齿轮泵中,如图 5-7(b)所示,由于小齿轮的外圆正好和内齿轮的内圆相切,不需要加隔板。

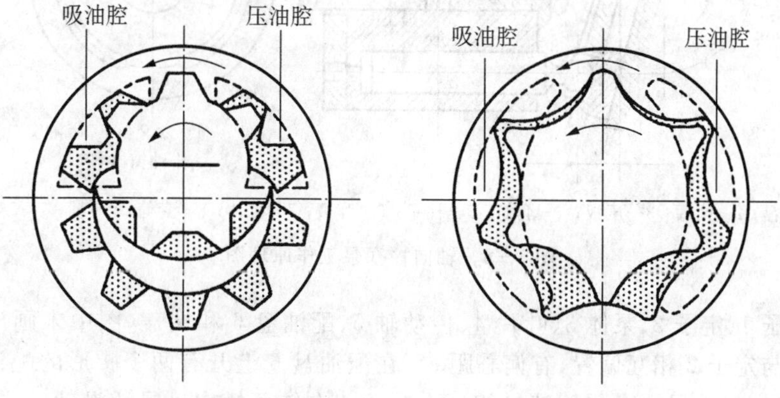

(a) 内啮合渐开线齿轮泵　　(b) 摆线齿轮泵

图 5-7　内啮合齿轮泵工作原理图

齿轮泵的优点是结构紧凑、体积小、质量轻、工作可靠、成本低。缺点是噪声较大、排量不可调。

2. 柱塞泵

柱塞泵是靠柱塞在缸体中作往复运动,使密封容积发生变化来实现吸油与压油的液压泵。柱塞泵在需要高压、大流量、大功率的系统中和流量需要调节的场合,在龙门刨床、拉床、液压机、工程机械、船舶上得到广泛的应用。

按柱塞的排列和运动方向不同,柱塞泵可分为径向柱塞泵和轴向柱塞泵。径向柱塞泵径向尺寸大,结构较复杂,自吸能力差,且配油轴受到不平衡液压力的作用,容易磨损,这些都限制了它的转速和压力的提高,因此目前已应用不多。

轴向柱塞泵的柱塞平行于缸体轴心线,沿缸体圆周均匀分布,其工作原理如图 5-8 所示。缸体 7 上均布了若干个轴向柱塞孔,孔内装有柱塞 5,缸体由轴 9 带动旋转。套筒 4 在弹簧 6 作用下,通过压板 3 而使柱塞头部的滑履 2 紧压在斜盘上。同时,套筒 8 则使缸体 7 和配油盘 10 紧密接触,起密封作用。当缸体按图示方向转动时,由于斜盘和压板的作用,迫使柱塞在缸体内作往复运动,使各柱塞与缸体间的密封容积发生变化,通过配油盘进行吸油和压油。当缸孔自最低位置向前上方转动(前面半周)时,柱塞在转角 $0\sim\pi$ 范围内逐渐向左伸出,柱塞端部的缸孔内密封容积增大,经配油盘吸油窗口吸油;柱塞在转角 $\pi\sim2\pi$(里面半周)范围内,柱塞被斜盘逐步压入缸体,柱塞端部密封容积减小,经配油盘排油窗口而压油。缸体每转一转,柱塞吸、压油各一次。改变斜盘倾角 γ 的大小,就改变了柱塞的行程长度,也就改变了泵的排量。而改变斜盘倾角的方向,就能改变泵的吸压油方向,从而使其成为双向变量轴向柱塞泵。轴向柱塞泵工作压力高,常用于大功率液压传动系统。

3. 叶片泵

叶片泵有单作用式和双作用式两大类。图 5-9(a)所示为单作用叶片泵的工作原理图。

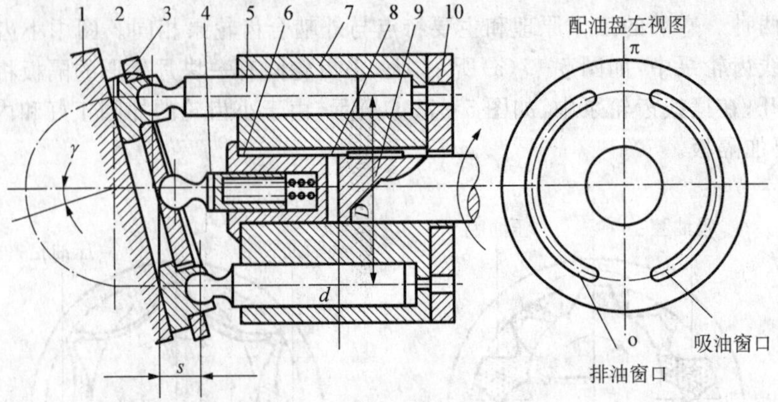

1—斜盘；2—滑履；3—压板；4—套筒；5—柱塞；6—弹簧；7—缸体；8—套筒；9—轴；10—配油盘

图 5-8 轴向柱塞泵工作原理图

液压泵由转子 1、定子 2、泵体 3、叶片 4、传动轴 5、配油盘 6 和端盖（图中未画出）等零件组成。转子 1 与定子 2 相互偏置，有偏心距 e。在配油盘 6 上开有两个腰形的配油窗口，其中一个与吸油口相通，另一个与压油口相通。叶片 4 在转子槽内可灵活滑动。当传动轴 5 带动转子 1 旋转时，叶片 4 在离心力的作用下，随转子 1 旋转同时向外伸出，叶片 4 顶部紧贴定子 2 的内表面，这样在转子 1、定子 2、叶片 4 和配油盘 6 之间形成多个密封容积。当转子 1 按图所示方向转动时，图右边的叶片 4 向外伸出，密封腔逐渐增大而产生真空，通过吸油口吸油，该区为吸油区；而左边的叶片在定子 2 的内表面的作用下，被迫向内缩进，密封腔逐渐减小，通过压油口压油，该区为压油区。在吸、压油区之间，有一段封油区，确保吸、压油区隔开。转子 1 旋转一周，每一叶片在转子槽内往复滑动一次，故称单作用叶片泵。调节偏心量 e 可改变液压泵的流量大小（e 增大时输出流量增大），故单作用叶片泵是变量泵。

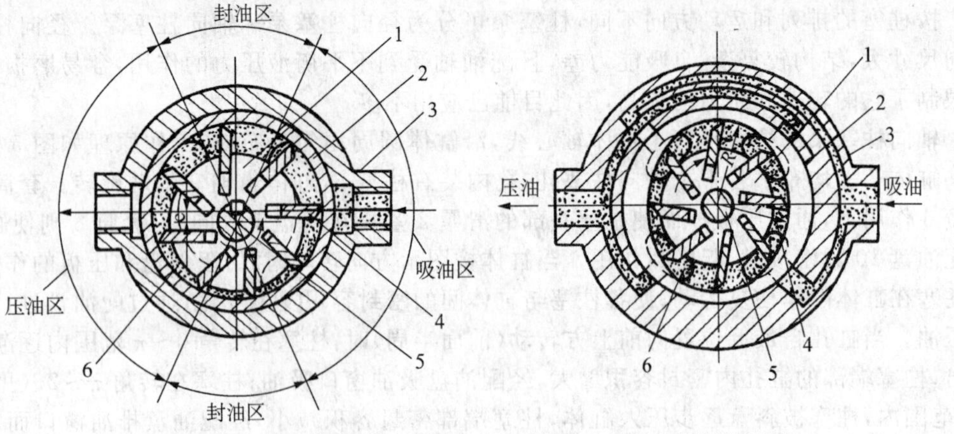

1—转子；2—定子；3—泵体；4—叶片；5—传动轴；6—配油盘

图 5-9 叶片泵工作原理图

图 5-9(b)所示为双作用叶片泵工作原理图。与单作用式泵不同之处是，转子 1 和定子 2

中心重合，定子2形状为非圆形，配油盘6上有两对吸、压油腔。双作用叶片泵属于定量泵。

叶片泵运转平稳、噪声小、流量稳定，但对油液污染较敏感，加工精度高、成本高。

4. 液压缸

液压缸是液压系统常用的一种执行元件，是将液压能转换为机械能的装置，用于实现机构的直线往复运动。液压缸结构简单、工作可靠，作直线往复运动时，可省去减速机构，且没有传动间隙，传动平稳、反应快，因此在液压系统中被广泛应用。

液压缸按结构形式，可分为活塞缸、柱塞缸、摆动缸和伸缩式套筒缸；按作用方式，可分为单作用缸和双作用缸。单作用液压缸的压力油只能从缸的一侧输入，液压缸只能实现一个方向的运动，反向运动则需要借助于弹簧力、重力等外力。双作用液压缸的压力油从缸两侧交替或同时输入，液压缸可实现两个方向的往复运动。

（1）*活塞式液压缸*　图5－10所示为活塞式液压缸工作原理图。它由缸体6、活塞7、活塞杆5等零件组成。活塞杆5和活塞7采用密封圈密封，防止油液泄漏。液压缸两端盖3，9上开有油口，确保进出油，活塞7将缸体分为有杆腔和无杆腔。

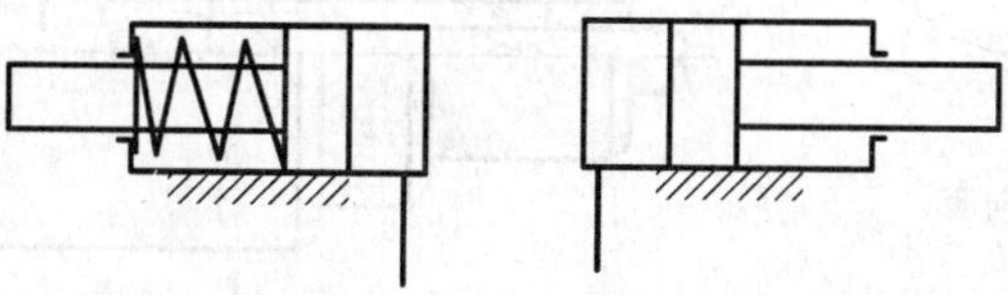

(a) 单杆单作用式

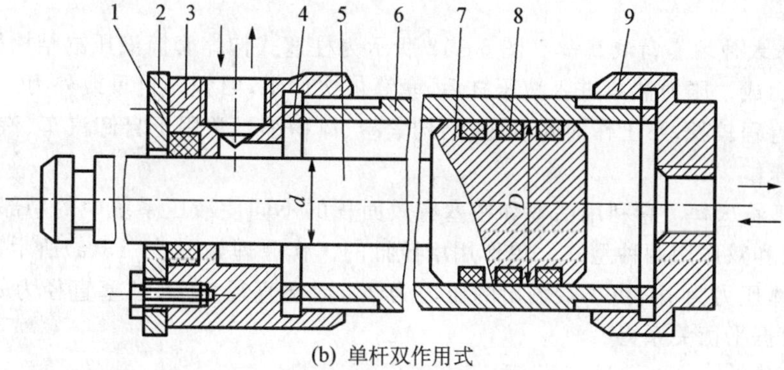

(b) 单杆双作用式

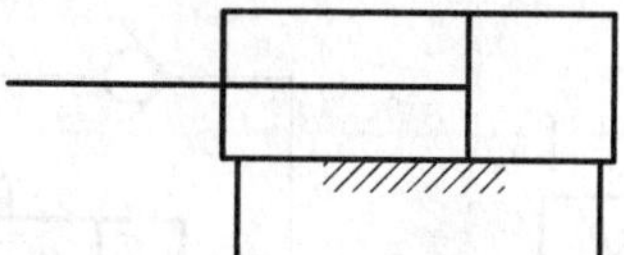

(c) 双作用式职能符号

1，8—密封圈；2—盖板；3，9—端盖；4—垫圈；5—活塞杆；6—缸体；7—活塞

图5－10　活塞式液压缸工作原理图

若压力油进入无杆腔，在油压的作用下活塞左移，有杆腔的油液被排出流回油箱；换向后压力油进入有杆腔，在油压作用下活塞7右移，无杆腔的油液则被排出流回油箱。一般以无杆腔进油时，活塞7移动的方向为工作进给方向，反向为退回。由于液压缸被分隔成两

腔，其中一腔有活塞杆，且两腔均可换向流入、流出液压油，因此也称为单杆双作用活塞式液压缸。图 5-10(c)为单杆双作用活塞式液压缸的职能符号。

(2) 柱塞式液压缸　图 5-11 所示为柱塞式液压缸的结构简图。柱塞式液压缸主要由缸体 1、柱塞 2、导向套 3 和密封装置 4 组成，柱塞 2 在缸体 1 内与缸体内壁不接触，而是靠导向套 3 导向，因此缸体内壁不需要精加工。柱塞缸一般制成单作用式，伸出靠油压作用，缩回靠自重作用。常用于叉车起升液压缸、自卸车等行程较长的场合。

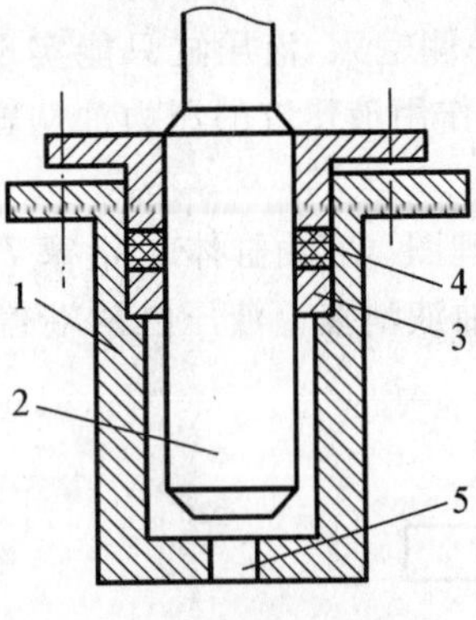

1—缸体；2—柱塞；3—导向套；
4—密封装置；5—通油孔

图5-11　柱塞式液压缸结构简图

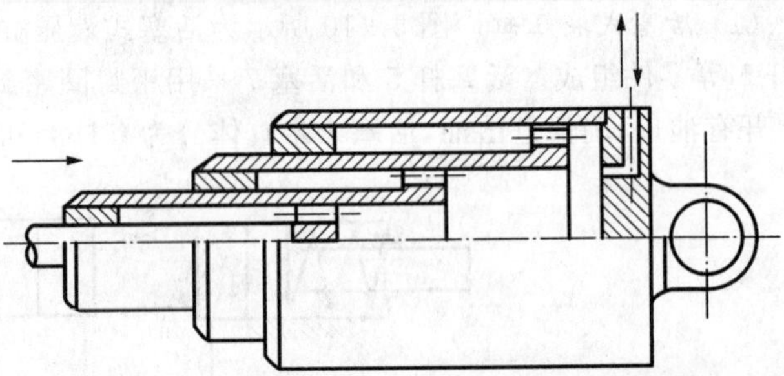

图 5-12　柱塞式伸缩套筒液压缸结构简图

(3) 柱塞式伸缩套筒液压缸　图 5-12 所示为柱塞式伸缩套筒液压缸结构简图，由多个柱塞缸套装而成。压力油液进入液压缸后，套筒依次伸出，回程靠自重或外力。伸缩套筒液压缸工作时行程较长，不工作时长度短、结构紧凑、体积小。常用于自卸汽车、汽车翻斗和起重机悬臂液压缸。

(4) 增压液压缸　它利用活塞和柱塞有效面积的不同使液压系统中的局部区域获得高压，有单作用和双作用两种型式。单作用增压缸的工作原理如图 5-13(a)所示，当输入活塞缸大端的液体压力为 p_1，由小端输出的压力为 p_2，活塞直径为 D，柱塞直径为 d 时，且不计摩擦阻力，根据平衡关系得

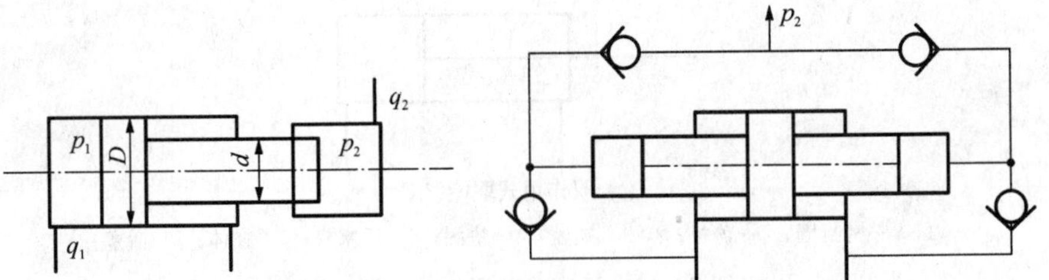

(a) 单作用增压缸　　(b) 双作用增压缸

图 5-13　增压缸

$$p_2 = p_1(D/d)^2 = Kp_1。$$

式中，$K = D^2/d^2$，称为增压比，表示增压程度。

显然，增压能力是在降低有效能量的基础上得到的。也就是说，增压缸仅仅是增大输出的压力，并不能增大输出的能量。

增压缸只能将高压端输出油通入其他液压缸以获取大的推力，其本身不能直接作为执行元件，所以安装时应尽量使它靠近执行元件。

单作用增压缸在柱塞运动到终点时，不能再输出高压液体，需要将活塞退回到左端位置，再向右行时才又输出高压液体。为了克服这一缺点，可采用双作用增压缸，如图5-13(b)所示，由两个高压端连续向系统供油。

【任务实施】

1. 压力过低的原因分析

该车油压低可能是因为以下一些原因。

(1) 机油过少。

(2) 机油黏度是否变小。

(3) 机油润滑油路故障。

2. 故障诊断与排除

按下列步骤诊断，并排除故障。

(1) 通过机油尺检查机油的油面高度是否合适，如过低应及时添加机油。

(2) 检查机油黏度是否变小。用手指捻蘸少许机油，两指间应有2～3 mm的油丝，否则即为机油过稀。检查机油中是否含有汽油或水分，若掺有汽油或水分，则需进一步检查何处渗漏，并排除故障。

(3) 润滑系统油路故障。拆检机油泵，检查机油泵齿轮副的端面间隙、径向间隙和啮合间隙，并进行油压、泵油量等性能检测。

经过拆检机油，发现断面间隙过大，更换零件，装车后进行测试，故障现象消除。

【知识拓展】

一、液压泵的选用

选择液压泵的主要原则是满足系统的工况要求，并以此为据，确定液压泵的输油量、工作压力和机构形式。

1. 液压泵的输油量

液压泵的输油量是根据液压系统中各回路实际所需要的最大流量，以及系统的泄露情况来决定。通常可以按下式近似计算，即

$$q_{泵} = K_{漏} \times q_{回路}。$$

式中，$q_{泵}$ 为液压泵的最大输出流量(m^3/s)；$q_{回路}$ 为液压回路的最大流量(m^3/s)；$K_{漏}$ 为系统的泄露系数，一般取1.1～1.3，系统复杂或管路较长时取大值，反之取小值。

2. 液压泵的工作压力

液压泵的工作压力按液压系统中执行元件的最高工作压力来确定，通常可按下式近似计算，即

$$p_{泵} = K_{压} \times p_{回路},$$

式中，$p_{泵}$ 为液压泵的最大输出压力(Pa)；$p_{回路}$ 为液压回路的最大流量(Pa)；$K_{压}$ 为系统的压力损失系数，一般取 1.3～1.5，系统复杂或管路较长时取大值，反之取小值。

然后参照油管产品样本或手册，选取额定压力稍大的液压泵。有时还需要考虑液压系统中冲击等现象产生的附加压力，增大压力储备。一般按额定压力较计算值高出25%～60%。

3. 液压泵选择

常用的齿轮泵、叶片泵、柱塞泵等液压泵，各有自己的特点和应用范围。具体选择时，应根据使用环境、温度、清洁状况、安放位置、维护保养、经济性能、货源供应等方面进行分析后，确定各类液压泵的相关参数和应用范围。选用液压泵时，可参考表 5-3。

表 5-3 各类常用液压泵的性能参数和应用范围

性能	外啮合齿轮泵	双作用叶片泵	限压式变量叶片泵	径向柱塞泵	轴向柱塞泵
压力范围/Pa	2～21	6.3～21	2.5～6.3	10～20	21～40
排量范围/mL/r	0.3～650	0.5～480	1～320	20～720	0.2～3 600
转速范围/r/min	300～7 000	500～4 000	500～2 000	700～1 800	600～6 000
容积效率/%	70～95	80～94	85～92	80～90	88～93
总效率/%	63～87	65～82	71～85	81～83	81～83
流量脉动/%	1～27	很小	一般	<2	1～5
自吸能力	好	较差	较差	差	差
对油的污染敏感性	不敏感	较敏感	较敏感	很敏感	很敏感
噪声	大	小	很大	较小	较小
价格	便宜	较贵	较贵	贵	贵
应用	一般常用于机床液压系统及低压大流量的一些系统或控制系统中。中等高压齿轮泵常用于工程机械、航空、造船等方面	在各类机床设备中得到广泛应用，在注塑机、运输装卸机械、液压机和工程机械中应用最广	在中、低压液压系统中用得较多，常用于精密机床及一些功率较大的设备上，如高精度平磨、塑料机械等，组合机床液压系统中亦用得较多	多用于10 MPa以上的各类液压系统中。由于体积大、质量大、耐压冲击性好，故常用于固定设备如拉床、压力机或船舶等方面	在各类高压系统中应用非常广泛，如冶金、锻压、矿山、起重机械、工程机械、造船等方面

4. 确定液压泵的转速

当确定了液压泵的类型后，液压泵的转速按照产品样本中所规定的转速选用。

二、液压缸的密封、缓冲和排气

1. 密封装置

液压缸中，常见的密封装置如图 5－14 所示。

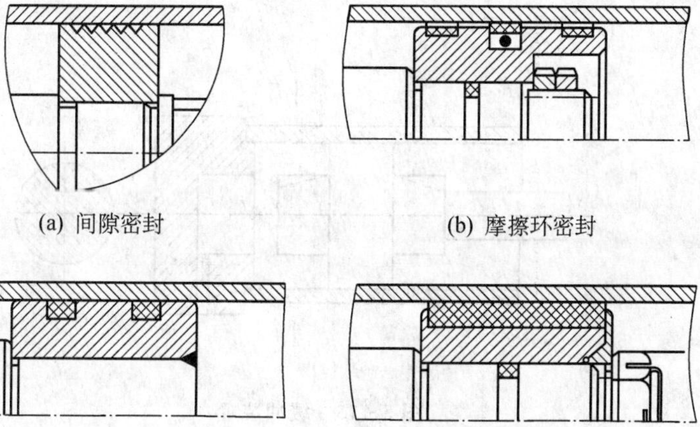

(a) 间隙密封　(b) 摩擦环密封

(c) O形圈密封　(d) V形圈密封

图 5－14　密封装置

（1）间隙密封　如图 5－14(a)所示，依靠运动间的微小间隙来防止泄露。为了提高这种装置的密封能力，常在活塞表面上制出几条细小的环形槽，以增大油液通过间隙时的阻力。间隙密封结构简单、摩擦阻力小，可耐高温，但泄露大、加工要求高，磨损后无法恢复原有能力，只有在尺寸较小、压力较低、相对运动速度较高的缸筒和活塞间使用。

（2）摩擦环密封　如图 5－14(b)所示，依靠套在活塞上的摩擦环(尼龙或其他高分子材料制成)在 O 形密封圈弹力作用下紧贴缸壁而防止泄露。这种材料效果较好，摩擦阻力较小且稳定，可耐高温，磨损后有自动补偿能力，但加工要求高、装拆较复杂，适用于缸筒和活塞之间的密封。

（3）密封圈密封　如图 5－14(c，d)所示，密封圈有 O 形圈、V 形圈两种。它利用橡胶或塑料的弹性，使各种截面的环形圈贴紧在静、动配合面之间来防止泄露。它结构简单、制造方便，磨损后有自动补偿能力，性能可靠，在缸筒和活塞之间、缸盖和活塞杆之间、缸筒和缸盖之间都能使用。

另外，在密封装置中活塞杆外伸部分很容易把异物带入液压缸，使油液受污染，使密封件磨损，因此，常需在活塞杆密封处增加防尘圈，并放在向着活塞杆外伸的一端。

2. 缓冲装置

若运动件的质量较人、运动速度较高、惯性力较人，活塞具有很人的动量，活塞运动到行程终了时与缸盖或缸底发生机械碰撞，引起冲击、振动和噪声，甚至造成液压缸损坏，故必须采取缓冲装置。如图 5－15 所示，活塞移近缸盖(底)时，活塞凸台逐渐进入缸盖凹槽，将凹槽内的油液经凸台与凹槽间的缝隙挤出，形成液压阻力，缝隙越小其阻力越大，从而实现缓冲。

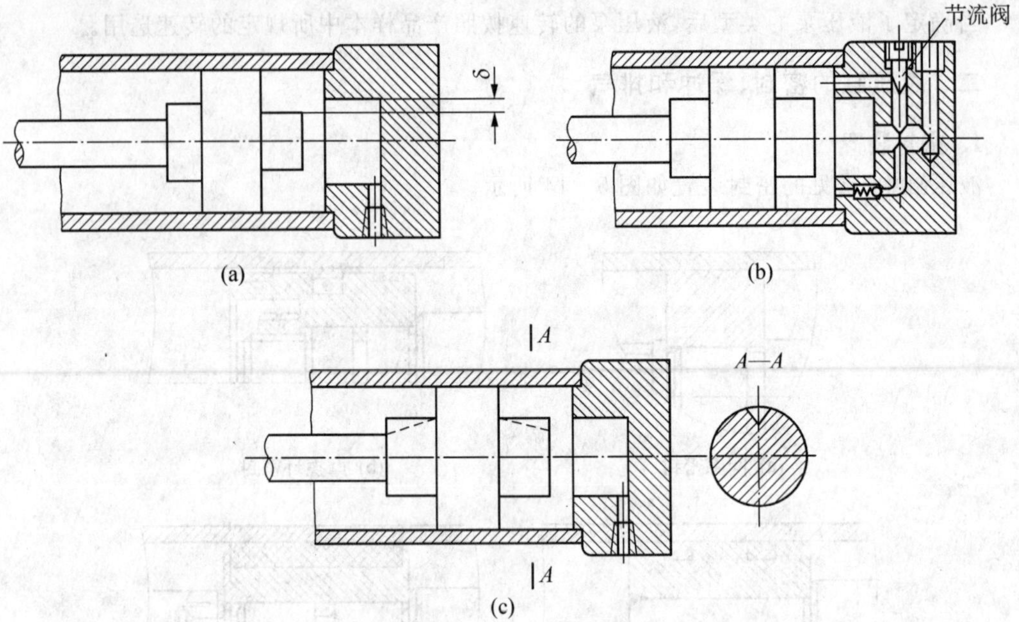

图 5－15　缓冲装置

3. 液压缸排气装置

液压系统在安装过程中或长时间不工作后会渗入空气，油液中也会混有空气。由于气体有很大的可压缩性，使液压缸产生爬行、噪声和发热等一系列不良现象。因此，在设计液压缸时，要保证能及时排除积留在缸内的气体。

一般利用空气较轻的特点，在液压缸的最高处设置进出油口，以便把气体带走，如图5－16(a)所示；如不能在最高处设置油口时，可在最高处设置放气孔或专门的放气阀等放气装置，如图 5－16(b，c)所示。

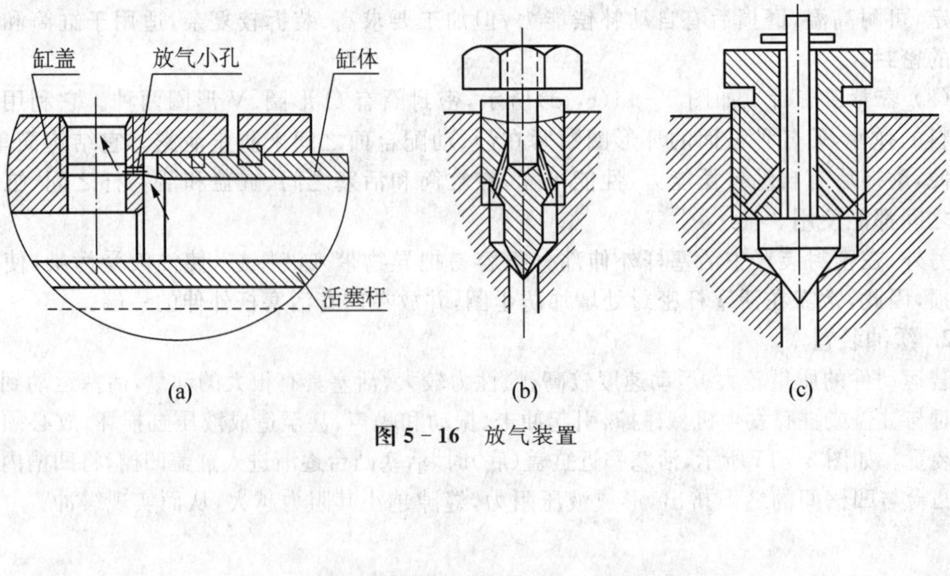

图 5－16　放气装置

三、液压泵与液压缸常见故障及排除方法

工作中，液压泵和液压缸出现的故障原因多种多样，总的来说，主要有两方面。

1. 液压泵、液压缸本身原因造成的故障

对一台新的或使用时间不长的液压泵或液压缸，最好首先不考虑本身原因，因为轻易拆卸反而会带来隐患。

2. 由外界因素引起的故障

这是应该引起的重视的，当所有的外界因素排除后，仍解决不了问题再考虑液压泵或缸本身的原因，但不宜先拆泵，有试验条件的可做试验检查，或换新泵试车。外界因素主要有：

(1) 油液黏度过大或过小；

(2) 环境不清洁，含有铁屑、杂质或灰尘等；

(3) 泵的安装问题；

(4) 油箱有问题。

确定故障时，应加强现场观测、分析研究，注意防止误判造成不必要的损失。表5－4所示为常见的液压泵故障及排除对策，表5－5所示为常见的液压缸故障及排除对策。

表5－4　液压泵的常见故障及排除对策

故障现象	故障分析	排除对策
不出油或输油量不足，压力上不去	电动机转向不对	改变电动机转向
	吸油管或过滤器堵塞	疏通管道，清洗顾虑器，换新油
	轴向间隙或径向间隙过大	检查更换有关零件
	联结处泄露，混入空气	紧固各联结处螺钉，避免泄露，严防空气混入
	油液黏度太高或油液温度太高	正确选用油液，控制油温
噪声严重，压力波动大	吸油管堵寒，顾虑器堵塞或容量太小	清洗过滤器使吸油管通畅，正确选用过滤器
	吸油管密封处漏气或油液中有气泡	在联结部位或密封处加点油，如噪声减小，可拧紧接头处或更换密封圈；回油管口应在油面以下，与吸油管要有一定距离
	泵与联轴器不同轴	调整同轴
	油位低	加油液
	油温低或黏度高	把油液加热到适当的温度
	泵轴承损坏	检查泵轴承部分温升
	供油量波动	更换或修理辅助泵
	油液过脏	冲洗、换油
泵轴颈油封漏油	泄油管道液阻过大，使泵体内压力升高到超过油封允许的耐压值	检查柱塞泵泵体上的泄油口是否用单独油管直接联结油箱。若发现把儿台柱塞泵的泄油口并联在一根同直径的总管后再联结油箱，或者把柱塞泵的泄油管接到总回油管上，则应改正。最好在泵泄油口接一个压力表，以检查泵体内的压力，其值应小于0.08 MPa

表 5-5 液压缸的故障及排除对策

故障现象	故障分析	排除对策
推力不足或工作速度逐渐下降甚至停止	液压缸和活塞配合间隙太大或 O 型密封圈损坏,造成高低压互通	单配活塞和液压缸的配合间隙或更换 O 型密封圈
	由于工作时经常用工作行程的某一段,造成液压缸孔径直线性不良(局部有腰鼓形),致使液压缸两端高低压腔互通	镗磨修复液压缸孔径,单配活塞
	缸端油封压得太紧或活塞杆弯曲,使摩擦或阻力增加	放松油封,以不漏油为限,校正活塞杆
	漏油过多	寻找泄露部位,紧固各结合面
	油温太高,黏度减小,靠间隙密封或密封质量差的液压缸,若液压缸两端高低压腔互通,运行速度逐渐减慢,甚至停止	分析发热原因,设法散热降温,如密封间隙过大则单配活塞或增装密封环
冲击	靠间隙密封的活塞和液压缸配合间隙太大,节流阀失去节流作用	按规定配活塞与液压缸的间隙,减少泄露现象
	端头缓冲的单向阀失灵,缓冲不起作用	修正研配单向阀与阀座
爬行	空气侵入	增设排气装置,如无排气装置,可开动液压系统以最大行程使工作部件快速运动,强迫排除空气
	液压缸端盖密封圈压的太紧或太松	调整密封圈,保证活塞杆来回用手平衡地拉动而无泄露
	活塞杆与活塞不同轴	校正同轴度
	活塞杆全长或局部弯曲	校正活塞杆
	液压缸的安装位置偏移	检查液压缸与导轨的平行性并校正
	液压缸内孔直线性不良	镗磨修复,重配活塞
	缸内腐蚀、拉毛	轻微者修去锈蚀和毛刺,严重者必须镗磨
	双活塞缸两端落幕拧得太紧,使其同轴度不良	落幕不宜拧得太紧,一般用手旋紧即可,以确保活塞杆处于自然状态

四、液压马达

液压马达是把液压能转换为机械能的装置。从原理上讲,液压泵可以作液压马达用,液压马达也可作液压泵用。但事实上,同类型的液压泵和液压马达虽然在结构上相似,由于两者的工作情况不同,使得两者在结构上也有某些差别。

1. 液压马达的特点

液压马达与液压泵相比具有以下特点。

(1) 液压马达一般需要正反转,所以在内部结构上应具有对称性;而液压泵一般是单方向旋转的,没有这一要求。

(2) 为了减小吸油阻力，减小径向力，一般液压泵的吸油口比出油口的尺寸大；而液压马达低压腔的压力稍高于大气压力，所以没有上述要求。

(3) 液压马达要求能在很宽的转速范围内正常工作，因此，应采用液动轴承或静压轴承。因为当马达速度很低时，若采用动压轴承，就不易形成润滑滑膜。

(4) 叶片泵依靠叶片跟转子一起高速旋转而产生的离心力使叶片始终贴紧定子的内表面，起封油作用，形成工作容积。若将其当马达用，必须在液压马达的叶片根部装上弹簧，以保证叶片始终贴紧定子内表面，以便马达能正常起动。

(5) 液压泵在结构上需保证具有自吸能力，而液压马达就没有这一要求。

(6) 液压马达必须具有较大的起动扭矩。所谓起动扭矩，就是马达由静止状态起动时，马达轴上所能输出的扭矩。该扭矩通常大于在同一工作压差时处于运行状态下的扭矩，所以，为了使起动扭矩尽可能接近工作状态下的扭矩，要求马达扭矩的脉动小、内部摩擦小。

2. 液压马达的工作原理

图 5－17 所示为叶片式液压马达的工作原理图。当压力为 p 的油液从进油口进入叶片1和3之间时，叶片2因两面均受液压油的作用而不产生转矩。叶片1，3上，一面作用有压力油，另一面为低压油。由于叶片3伸出的面积大于叶片1伸出的面积，因此作用于叶片3上的总液压大于作用于叶片1上的总液压力，于是压力差使转子产生顺时针的转矩。同样道理，压力油进入叶片5和7之间时，叶片7伸出的面积大于叶片5伸出的面积，也产生顺时针转矩。这样，就把油液的压力能转变成了机械能，这就是叶片式马达的工作原理。当输油方向改变时，液压马达就反转。

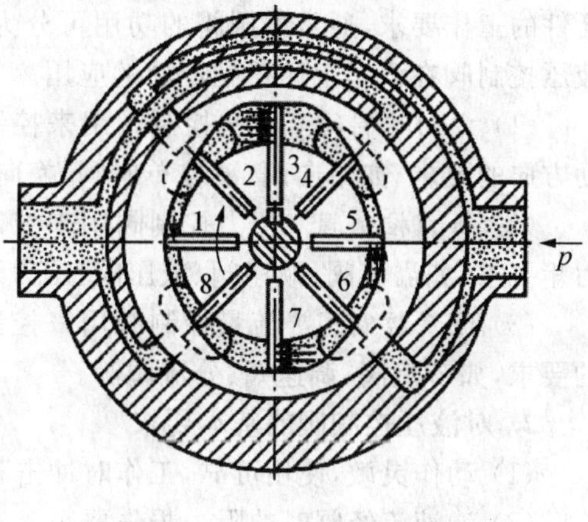

图 5－17　叶片式马达的工作原理图

当定子的长短径差值越大，转子的直径越大，转子的直径越大，以及输入的压力越高时，叶片式马达输出的转矩也越大。

【复习思考】

简答题

1. 齿轮泵主要由哪些零件组成？

2. 简述齿轮泵、柱塞泵和叶片泵的工作原理。

3. 液压缸主要有哪些类型？各有什么特点？

4. 列举汽车上常用的液压系统。

5. 液压控制元件分为哪3类？在系统中主要起什么作用？

任务3　控制阀的选用

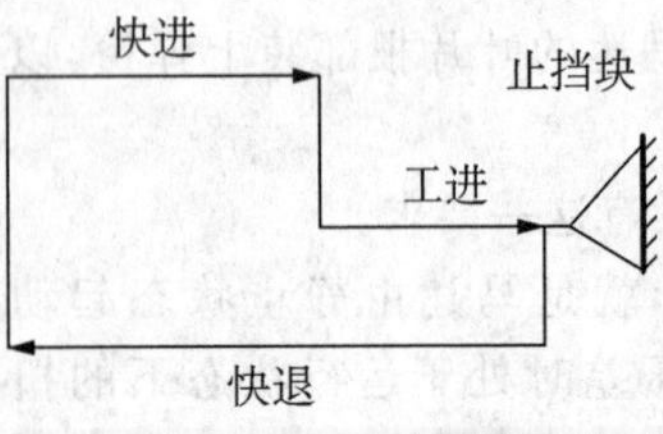

图5-18　快进工进

【任务导入】

选用合适的液压控制阀，实现如图5-18所示功能。

【任务分析】

液压控制阀是液压系统的控制元件，用来控制和调节系统中油液的压力、流量和流动方向，以满足执行元件的启动、停止、运动方向、运动速度、动作顺序和克服负载力等要求。

【相关知识】

1. 液压控制阀的分类

液压控制阀的功用是控制和调节液压系统中液压流动的方向、压力和流量，以满足执行元件的工作要求，通常按照阀的功用可分为方向控制阀、压力控制阀和流量控制阀3大类。液压控制阀在汽车上已得到广泛的应用。

(1) 方向控制阀　方向控制阀用来控制液压系统中的液流的方向，以满足执行元件运动方向的要求，如单向阀、液控单向阀、换向阀等。

(2) 压力控制阀　压力控制阀用来控制液压系统中的压力，以满足执行元件所需力或力矩要求，如溢流阀、顺序阀、减压阀、压力继电器等。

(3) 流量控制阀　流量控制阀用来控制液压系统中油液的流量，以满足执行元件调速的要求，如节流阀、调速阀、分流阀等。

2. 对液压控制阀的基本要求

(1) 动作灵敏，使用可靠，工作时冲击和振动要小。

(2) 油液流经阀时的阻力损失要小。

(3) 密封性能好，泄漏量小。

(4) 结构简单紧凑，安装、调整、使用和维护方便，通用性强，使用寿命长。

3. 方向控制阀

其原理是利用阀芯和阀体间相对位置的改变，实现油路与油路间的接通或断开，以满足系统对液流方向的要求。

(1) 普通单向阀　简称单向阀，其作用是仅允许液流沿一个方向通过，而反向液流则截止，要求其正向液流通过时压力损失小，反向截止时密封性能好，如图5-19所示。单向阀常安装在泵的出口处，既可防止系统的压力冲击影响泵的正常工作，又可防止当泵不工作时油液倒流。单向阀还用来分隔油路以防止干扰等。

(2) 液控单向阀　其结构和职能符号如图5-20所示，与普通单向阀的不同之处在于多了一条控制油路(K为控制口，在职能符号中用虚线表示控制油路，实线代表主油路)。一般情况下，只允许油液自进油口 P_1 流向出油口 P_2，不能反向流动。只有当接通控制油路，压力

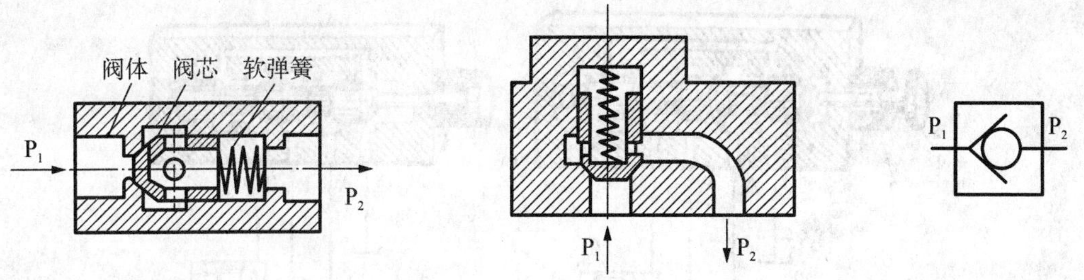

(a) 直通式　(b) 直角式　(c) 职能符号

图5-19　普通单向阀

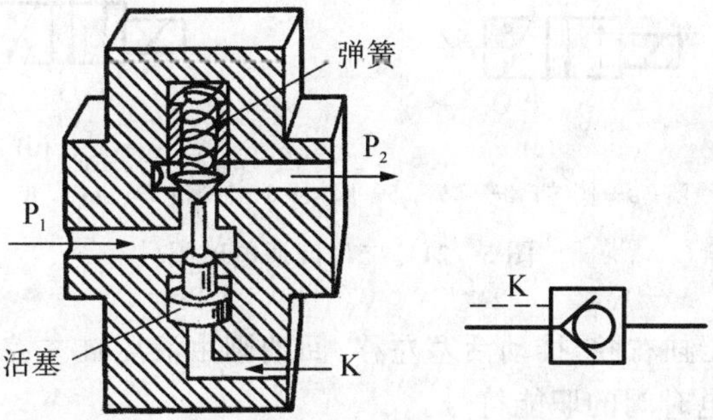

图5-20　液控单向阀

油通入控制口K推动控制活塞，并通过顶杆将单向阀阀芯顶起后，P_1与P_2相通，油液才可以反向流动。注意控制，则压力油与进油口处或出油口处是始终不通的。当控制油路切断后，油液仍只能单向流动。

(3) 换向阀　其作用是通过阀芯的运动，变换阀后油流方向或截断油路来对油流进行方向控制。换向阀按阀芯的运动方式可分为滑阀和转阀。滑阀的阀芯是移动的，转阀的阀芯是摆动的。大部分换向阀都是滑阀型。按操纵方式，换向阀又可分为手动换向阀、行程阀(机动换向阀)、电磁换向阀、液动换向阀和电液动换向阀等。下面以二位四通电磁换向阀为例予以介绍。

二位四通电磁换向阀用电磁铁推动阀芯移动，来实现油路的切换。采用电磁换向阀，可以提高液压系统的自动化程度，在机床及其他液压装置中应用很广。二位四通电磁阀的结构原理和职能符号如图5-21所示。阀芯3有两个工作位置(二位)，阀体上有4个接出的通道(四通)，它的记号为：P为进油口，O(T)为回油口，A，B为通往液压缸7两腔的进出油口。

当电磁铁的线圈2断电时(常态)，由图5-21(a)可见弹簧4将阀芯推向左端位置，压力油从液压泵8到P再到B再到液压缸左腔，推动活塞6右移；回油从液压缸右腔到A再到O再到油箱。图5-21(c)为常态下这种阀的职能符号，图中方格数目即位数，格内箭头表示阀内油液流向，方格上的短线表示外接油路，方格左边的符号表示电磁铁驱动，右边为复位弹簧。当线圈通电时，如图5-21(b)所示，衔铁1被吸合，阀芯移至右端位置，压力油由液压泵

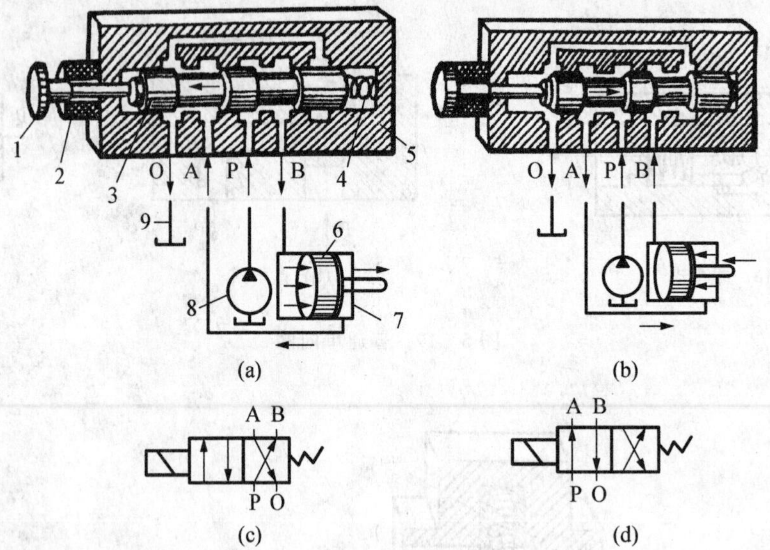

1—衔铁；2—线圈；3—阀芯；4—弹簧；5—阀体；6—活塞；7—缸筒；8—泵；9—回油管

图 5－21　二位四通电磁阀

8 到 P 再到 A 再到液压缸右腔，推动活塞左移；回油则由液压缸左腔到 B 再到 O 再到油箱。图 5－21(d)所示为通电时阀的职能符号。

同理，三位四通电磁阀则有 3 个工作位置，其常态时电磁阀断电，阀芯在其两端弹簧的作用下处于中间位置(中位)，油路不通，比二位四通电磁阀多一个工作位置。

4. 压力控制阀

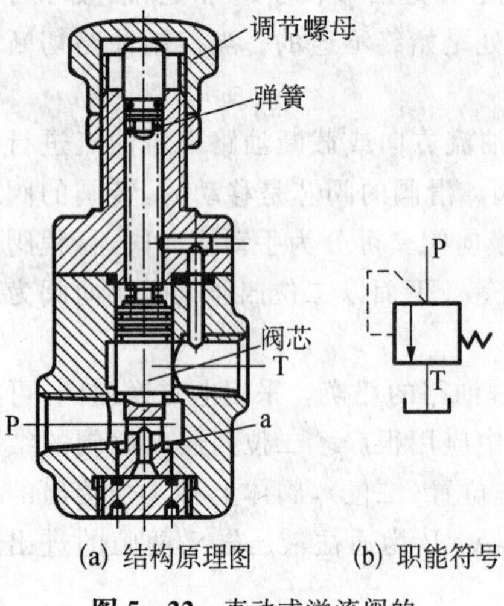

图 5－22　直动式溢流阀的结构与职能符号

(1) 溢流阀　直动式溢流阀是依靠系统中的压力油直接作用在阀芯上与弹簧力等相平衡，以控制阀芯的启闭动作。图 5－22 所示是一种低压直动式溢流阀，P 是进油口，T 是回油口，进口压力油经阀芯中间的阻尼孔，作用在阀芯的底部端面上。当进油压力较小时，阀芯在弹簧的作用下处于下端位置，将 P 和 T 两油口隔开。当进油压力升高，在阀芯下端所产生的作用力超过弹簧的压紧力时，阀芯上升，阀口打开，将多余的油液排回油箱。阀芯上的阻尼孔，用来对阀芯的动作产生阻尼，以提高阀的工作平稳性。调节螺母可以改变弹簧的压紧力，也就调节了溢流阀进口处的油液压力。图 5－22(b)所示为直动式溢流阀的职能符号。直动式溢流阀一般用于低压系统。

大流量系统应采用先导式溢流阀，其常见结构如图 5－23 所示，下部是主阀，上部是先导调压阀。先导阀的结构和工作原理与直动式溢流阀相同，是一个小规格锥阀，先导阀内的弹簧用来调定主阀的溢流压力。主阀控制溢流量，主阀弹簧不起调压作用，仅用于克服摩擦

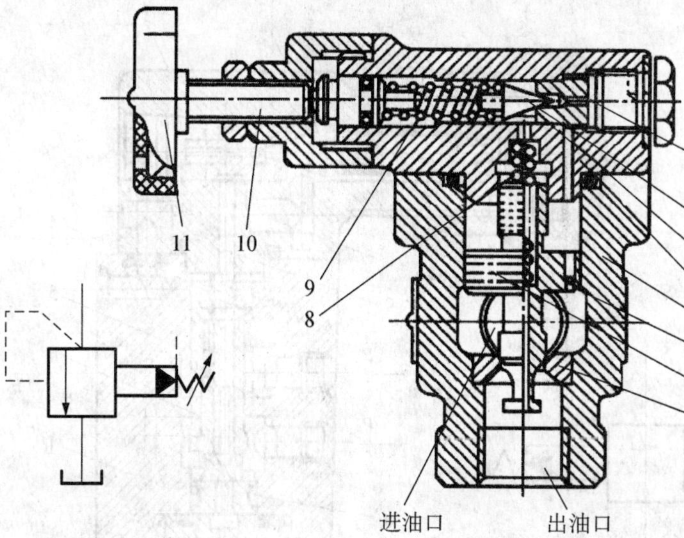

1—先导锥阀；2—先导阀座；3—阀盖；4—阀体；5—阻尼孔；6—主阀芯；7—主阀座；
8—主阀稳压弹簧；9—调压弹簧；10—调节螺钉；11—调压手轮

图5-23 先导式溢流阀的结构与职能符号

力使主阀芯及时复位，该弹簧又称稳压弹簧。

当系统压力油从进油口进入主阀芯下腔时，压力油经主阀芯大直径圆柱上的阻尼孔5进入主阀芯上腔，再经过通道进入先导阀右腔，作用在先导锥阀1右端。由于先导阀关闭，此时主阀芯上腔与下腔间压力相等。

当系统压力低于先导阀的调定压力时，先导阀芯闭合，主阀芯在主阀稳压弹簧8的作用下紧压在主阀座7上将溢流口封闭。当系统压力升高，压力油在先导锥阀1上的作用力大于先导阀的调定压力时，先导阀被打开，主阀上腔的压力油经先导阀开口、主阀芯的中心孔到出油口而流回油箱。这时由于主阀芯上阻尼孔5的作用而产生了压力降，使主阀芯上部的压力 p_1 小于下部的压力 p_0，当此压力差对阀芯所形成的作用力超过弹簧力时，阀芯抬起，进油腔和回油腔相通，实现了溢流。调压手轮11可调节调压弹簧9的压紧力，从而调定了液压系统的压力。

(2) 减压阀 减压阀是用来降低系统中某一支路压力的，主要应用在有多条支路却只采用一个液压泵的系统中。减压阀分为直动式减压阀和先导式减压阀，其中先导式减压阀使用得比较多。

图5-24所示为先导式减压阀，它的基本工作原理和溢流阀相同，区别在于进出油口与溢流阀相反。它是利用油液流过阻尼孔时压力下降的原理，来实现出油口压力低于进油口压力的。它也有压力的调定范围，当入口压力小于弹簧2调定的压力时，进出油口压力是相等的，阀芯在各自弹簧力的作用力下停在原位不动。若入口压力高于弹簧的作用力，先导阀阀芯被油液推动向左移动，少量油经阀口通道e、泄油口L回到油箱。同时阻尼孔中的油液开始流动，由于经过阻尼孔的节流，p_2 小于 p_1，当 Δp 能克服阀芯自重和弹簧力时，会推动阀

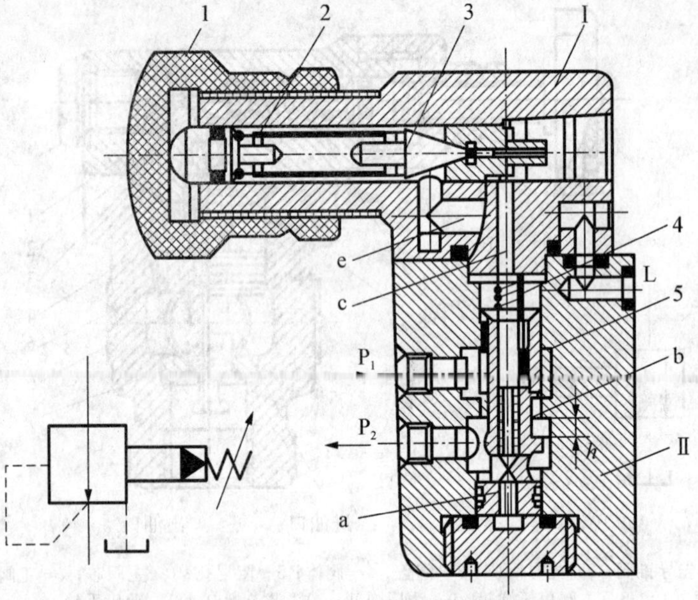

(a) 图形符号　　(b) 结构原理图

1—调节螺母；2—跳崖弹簧；3—锥阀；4—主阀弹簧；5—主阀芯

图 5-24 先导式减压阀结构与符号

芯上行，使 h 减小，直到 $p_2 = p_1$，达到一个新的平衡位置时停止。同样压力可通过改变弹簧 2 弹力来调定。

(3) 顺序阀　顺序阀是利用系统中的压力变化来控制油路的通断，从而实现两个以上执行元件的顺序动作。顺序阀也分为直动式和先导式两种。此外，根据控制油路的不同，顺序阀又可分为内控式和外控式两种。

内控顺序阀简称顺序阀，其结构原理与直动式溢流阀相似，如图 5-25(a)所示(图的下方为职能符号)。压力油由进油口 P_1，经控制油孔 c，作用于阀芯 4 的控制活塞 2 底部。当压力较低时，阀芯处于下端位置，进、出油口互不相通(此位置未在图中画出)。当进口油压增至预调压力后，阀芯上移，进、出油口相通(图中所示位置)。顺序阀的开启压力由调压螺钉 7 调节。

外控顺序阀，也称遥控或液动顺序阀。若把图 5-25(a)所示的内控顺序阀的下盖 1 旋转 180°后再装上，就是外控顺序阀，如图 5-25(b)所示。这时控制油孔 c 至进油口的通道被切断，阀口的开闭只能由外部引来的压力油通过外控口 K 进入控制活塞的底部，控制阀的开闭。

外控顺序阀可作卸荷阀使用，使液压泵卸荷。这时可将图 5-25(b)中所示的上盖 6 旋转 180°使孔 a 和孔 b 相通，并堵住泄油口 L，如图 5-25(c)所示。这样，弹簧腔的泄油就可通过 a、b 孔流往出油口，再流回油箱，因此可省掉一条回油管。

(4) 压力继电器　压力继电器是利用系统中压力的变化力控制电路的通断，从而使液压信号转变为电信号，以实现系统的程序控制或安全控制。

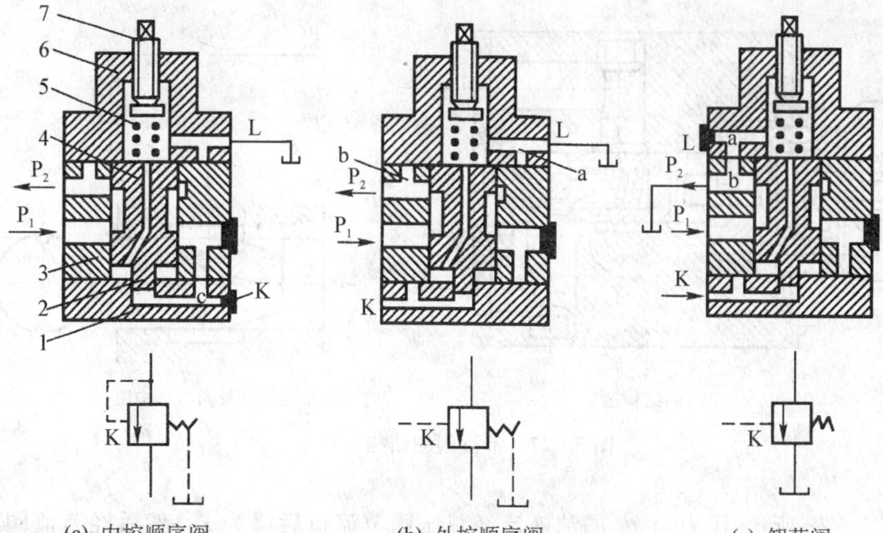

1—下盖；2，4—活塞(控制活塞)；3—阀体；5—弹簧；6—阀盖；7—调压螺钉

图 5-25　顺序阀

图 5-26 所示为压力继电器的结构原理。控制口 K 和液压系统相通。当系统油压升高到使作用于柱塞 3 的液压作用力大于弹簧力时，柱塞上移，其锥面推动钢球 2 向左水平移动，使杆 1 逆时针转动，电触头 A，B 接通，电气(电磁铁、继电器等)动作；反之，若系统油压降低，则电触头 A，C 接通。这样，就可以把系统压力的变化转换成电路的换接。调解螺钉 6 用来调节弹簧 5 弹力的大小，控制发出电信号的压力数值。图 5-26(b)所示是压力继电器的职能符号。

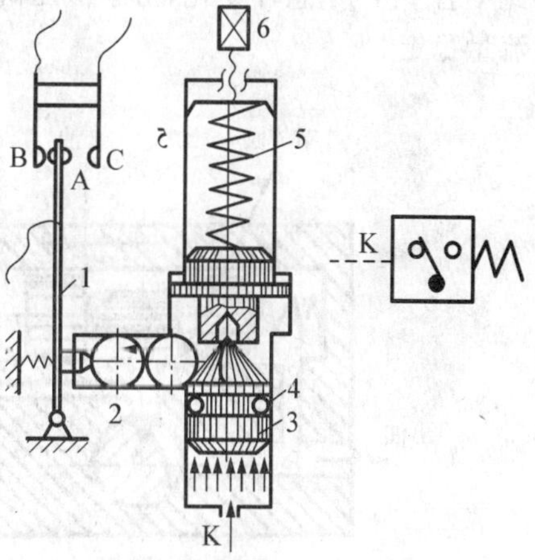

1—杆；2—钢球；3—柱塞；4—密封；
5—调节弹簧；6—调压螺钉

图 5-26　压力继电器

5. 流量控制阀

流量控制阀依靠改变阀口通流面积的大小或改变通道的长短来改变液阻，从而控制通过阀的流量、调节执行元件的运动速度。

(1) 节流阀　图 5-27 所示为一种典型的节流阀结构和职能符号。油液从进油口 P_1 进入，经阀芯上的三角槽节流口，从出油口 P_2 流出。若转动手柄使阀芯作轴向移动，则节流口的通流面积减小，流量减小；反之增大。节流阀结构简单、制造容易、体积小，但流量的稳定性较差，受负载和温度的变化影响较大，因此只适用于负载和温度变化不大，或速度稳定性要求较低的液压系统。

(2) 调速阀　调速阀是由定差减压阀与节流阀串联而成。定差减压阀能使节流阀阀口前、后的压力差自动保持不变，从而使通过节流阀的流量不受负载变化的影响。

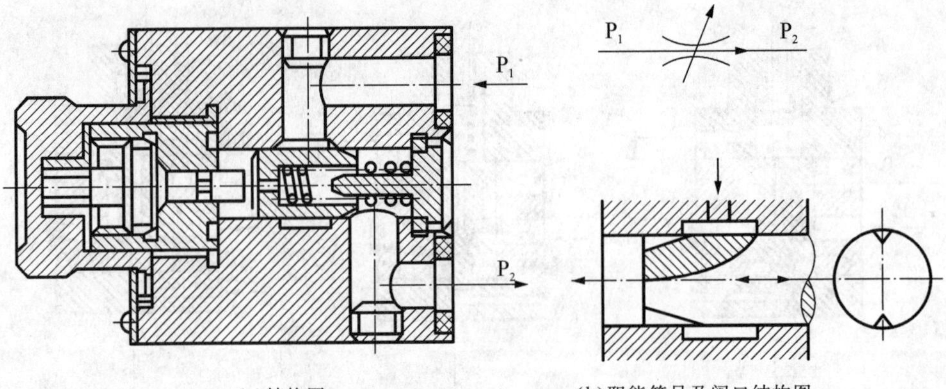

(a)结构图　　　　(b)职能符号及阀口结构图

图 5-27　节流阀的结构与符号

如图 5-28 所示，压力为 p_1 的油液流经减压阀节流口后降为 p_2，然后经节流阀节流口流出，其压力降为 p_3。当出油压力 p_3 由于负载变化而增加时，作用在阀芯左端的力也随之增加，阀芯右移，于是开口 h 增大、液阻减小使 p_2 也增大，直至阀芯在新的位置上得到平衡。反之，p_3 减小。当进油压力 p_1 增加时，开始瞬间阀芯来不及运动，减压阀液阻无变化则 p_2 增大，使阀芯失去平衡而左移，h 减小、液阻增加而使 p_2 减小，故（p_2-p_3）仍保持不变。因此不管 p_1，p_3 怎样变化，由于减压阀可自动调节液流阻力使（p_2-p_3）始终不变，从而保持流量稳定。

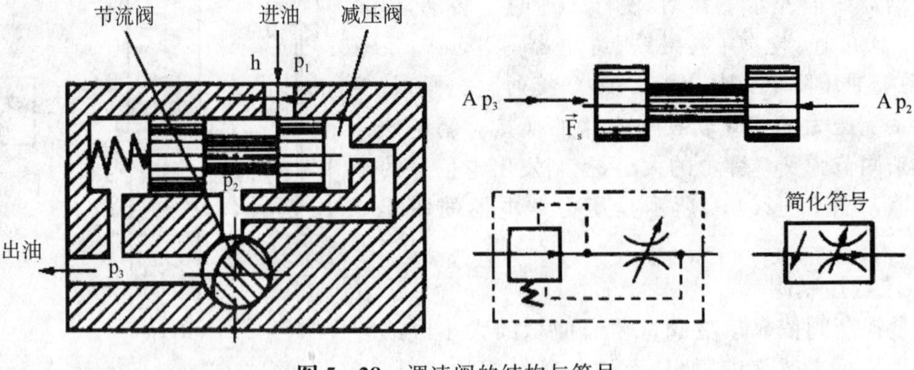

图 5-28　调速阀的结构与符号

【任务实施】

该液压系统要实现换速和换向功能。实现换速功能可以选用调速阀或者节流阀，但是调速阀或者节流阀换速时是逐渐变化的，与任务要求不符。可以通过与换向阀并联实现突然换速的功能。工进后需要复位以便下一个循环，故需要换向阀。经过仔细考虑后，选用压力继电器、二位二通换向阀、三位四通电磁换向阀、溢流阀，液压系统如图5-29所示。

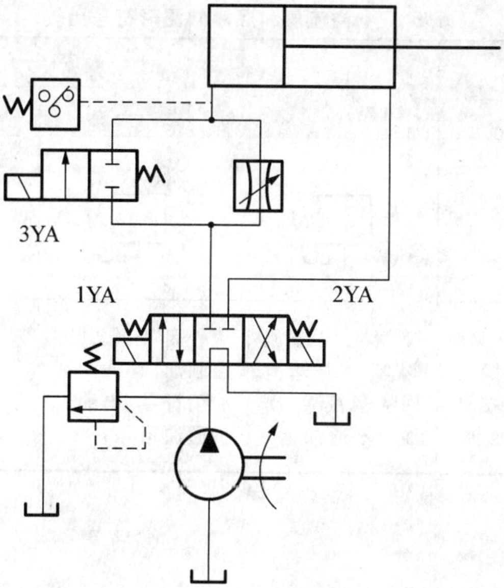

图5-29 快进工进回路

【知识拓展】

溢流阀、减压阀和顺序阀比较

溢流阀、减压阀和顺序阀之间有许多共同之处，为加深理解和记忆，在此作一比较，见表5-6和5-7。

表5-6 溢流阀、减压阀和顺序阀比较

	溢流阀	减压阀	顺序阀
控制压力	从阀的进油端引压力油去实现控制	从阀的出油端引压力油去实现控制	从阀的进油端或从外部油源引压力油构成内控式或外控式
联结方式	联结溢流阀的油路与主油路并联，阀出口直接通油箱	串联在减压油路上，出口油到减压部分去工作	当作为卸荷和平衡作用时，出口通油箱；当顺序控制式，出口到工作系统
泄漏的回油方式	泄漏由内部回油	外泄回油（设置外泄口）	外泄回油，当作卸荷阀用时为内泄回油
阀芯状态	原始状态阀口关闭，工作状态阀口关闭	原始状态阀口开启，工作过程也是微开状态	原始状态阀口关闭，工作过程中阀口常开
作用	安全作用，溢流、稳压作用，背压作用，卸荷作用	减压、稳压作用	顺序控制作用，卸荷作用，平衡（限速）作用，背压作用

表 5-7　溢流阀和顺序阀图形符号比较

	溢流阀	顺序阀			
		内控外泄式	外控外泄式	卸荷式(内泄)	
符号	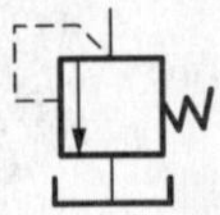	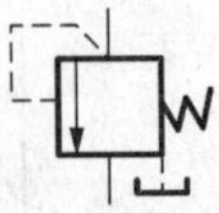	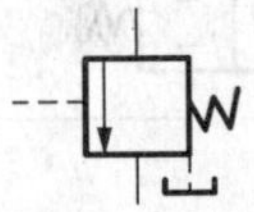	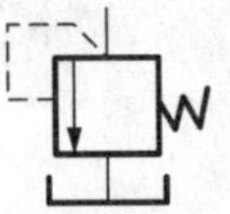	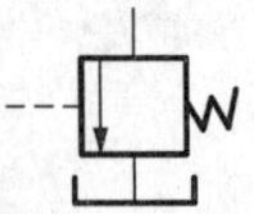
说明	原始状态阀口关闭，进口油压与弹簧力平衡，阀溢流口接油箱，弹簧腔内泄回油	弹簧处比溢流阀多一个外泄回油箱符号，出油口不通油箱	从外部油源引入控制油，有外泄回油箱符号，出油口不通油箱	控制油为内控式，与溢流阀符号一致	控制油为外控式

【复习思考】

一、填空题

1. 根据液压控制阀在液压系统中的作用可分为________阀、________阀和________阀。

2. 溢流阀在液压系统中起________作用，当溢流阀进口压力低于调整压力时，阀口是________的，溢流量为________；当溢流阀进口压力等于调整压力时，溢流阀阀口是________，溢流阀开始________。

二、简答题

1. 换向阀的种类有哪些？其中的“位”和“通”的含义是什么？

2. 减压阀与溢流阀的区别是什么？

3. 先导顺序阀的工作过程是什么？其符号是什么？

4. 简述调速阀的工作过程。

任务 4　液压系统装调

【任务导入】

设计实现用行程阀控制的顺序动作回路，其工作顺序为①→②→③→④，完成一个动作循环，如图 5-30 所示。

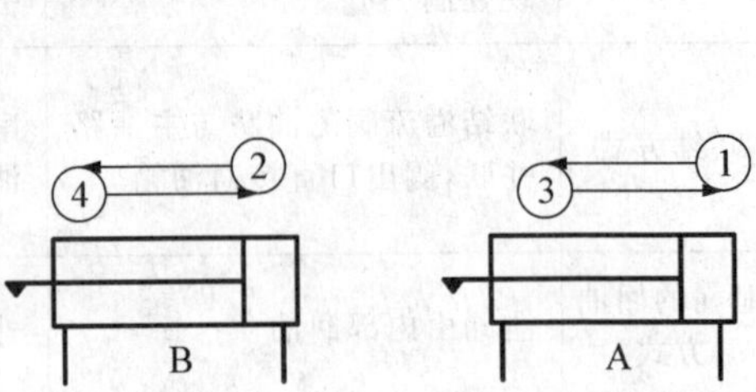

图 5-30　行程阀控制顺序回路

【任务分析】

汽车中，液压系统应用非常广泛。它们都由各种液压的基本回路构成，如换向回路、调压回路，安全回路等。掌握这些基本回路的组成和基本功能就能顺利地分析和调试各种液压系统，并为汽车液压系统的维修打下良好的基础。

【相关知识】

一、液压基本回路

所谓液压基本回路，就是由有关的液压元件组成，用来完成某种特定功能的典型回路。液压基本回路是液压系统的核心，无论多么复杂的液压系统都是由一些液压基本回路构成的。

常用的基本回路按其功能，可分为方向控制回路、压力控制回路和速度控制回路3种。方向控制回路是利用控制进入执行元件液流的通、断及改变流动方向来控制实现工作机构启动、停止或变换运动方向的回路；压力控制回路是利用压力控制阀来控制系统整体或某一部分的压力，以满足液压执行元件对力或转矩要求的回路；速度控制回路是改变执行元件的运动速度的回路。

二、换向回路

1. 换向阀控制的换向回路

如图5－31所示，它是由二位四通阀、直动溢流阀和液压泵等组成的回路。当电磁阀断电时，二位四通阀位于原始位置，液体经阀体进入执行元件的右侧缸中，推动执行元件向左移动。当电磁阀通电时，阀体换到左侧，此时液体进入左侧缸中，液压推动执行元件右移，还可以根据实际的需要换用二位三通或二位五通阀等。其控制方式手动、机动和电动等。

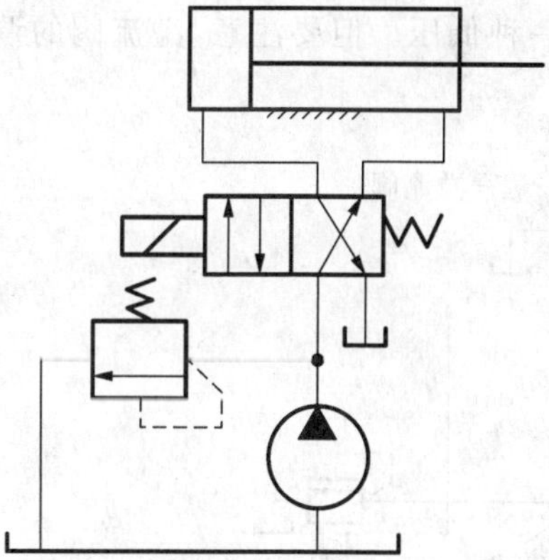

图5－31　换向阀控制的换向回路

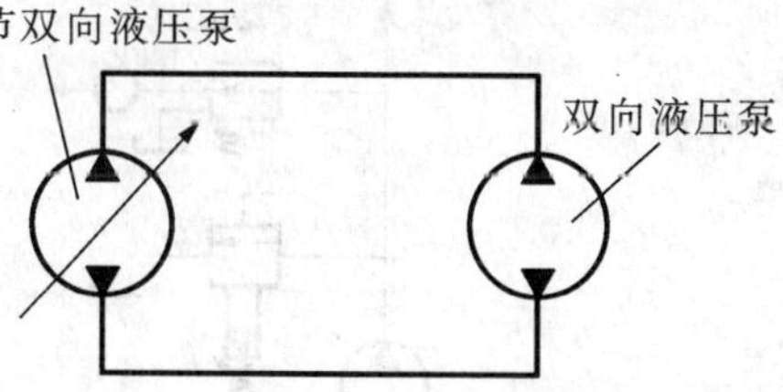

图5－32　用双向变量泵的换向回路

2. 双向变量泵的换向回路

在闭式液压系统中，可利用双向变量泵来操纵执行元件换向，如图2－32所示。这种回路换向精度差、冲击量大，但换向平稳，换向时能量损耗少，特别是对换向制动阶段惯性力所产生液压冲击的能量，可通过双向变量泵实现回收，故适用于运动惯性大，而换向精度要求不高的液压系统中，如起重机和挖掘机的回转机构等。

三、压力控制回路

1. 增压回路

增压回路使执行元件的压力高于主系统的压力。有的利用阀来实现，有的利用系统本

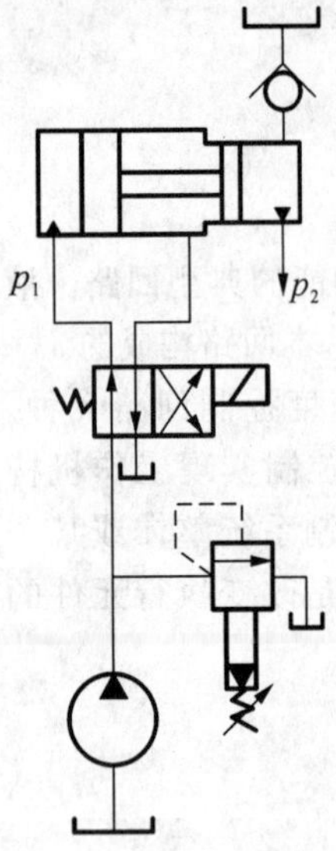

图 5 - 33　增压回路

身的结构实现。图 5 - 33 所示就是利用本身的结构实现的增压回路。工作缸的截面积是不同的,当液压泵将油液泵入左腔中时,油液的压力 p_1 推动执行元件向右行。但在右腔中,后端的截面积变窄,此时的液压力为 p_2,有

$$F_1 = p_1A_1, \quad F_2 = p_2A_2。$$

A_1, A_2 分别为左、右各缸的截面积。由于大小活塞是由一根活塞连杆相连的,所以不考虑摩擦等因素,理论上两边的力是相等的。即 $F_1 = F_2$,则有 $p_1A_1 = p_2A_2$。由于 $A_1 > A_2$,所以 $P_1 < P_2$,油液流过此处压力提升。

2. 减压回路

当液压泵输出压力高于局部或支路要求压力时,或系统要求出口压力小于系统主油道压力时,可以用减压回路保证系统正常工作,如机床液压系统中的定位、夹紧、回路分度以及液压元件的控制油路等。减压回路较为简单,一般是在所需低压的支路上串联减压阀。采用减压回路虽能方便地获得某一支路稳定的压力,但压力油经减压口时要产生压力损失。

最常见的减压回路通过定值减压阀与主油路相连,如图 5 - 34(a)所示。回路中的单向阀在主油路压力降低(低于减压阀调整压力)时防止油液倒流,起短时保压作用。减压回路中也可以采用类似两级或多级调压的方法获得两级或多级减压。图 5 - 34(b)所示为先导式减压阀的远控口,接一远程溢流阀,则可由两阀各调得一种低压。但要注意,溢流阀的调定压力值一定要低于先导减压阀的调定减压值。

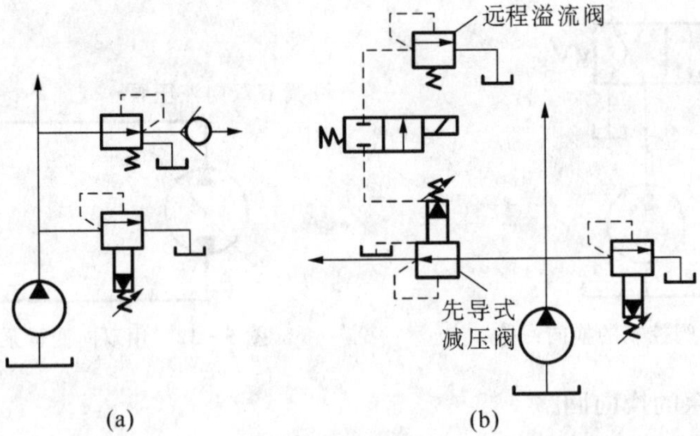

图 5 - 34　减压回路

3. 调压回路

当液压系统工作时,液压泵应向系统提供一定范围的液压油,而有些系统中各个支路所需的压力是不等的,所以应设置调压回路,在满足各支路压力要求的同时,又能节省能源,减少油液发热,提高执行元件运动的平稳性。当液压泵一直工作在系统的调定压力时,就要通过溢流阀调节并稳定液压泵的工作压力。在变量泵系统中或旁路节流调速系统中,用溢流阀(当安全阀用)限制系统的最高安全压力。当系统在不同的工作时间内需要有不同的工作

压力时，可采用二级或多级调压回路。

四、速度控制回路

在液压系统中，往往需要调节液压执行元件的运动速度，以适应主机的工作循环需要。液压系统中的执行元件主要是液压缸和液压马达。对于确定的液压缸来说，通过改变其有效作用面积 A 来调速是不现实的，一般只能用改变输入液压缸流量的方法来调速。对变量马达来说，既可以用改变输入流量的办法来调速，也可通过改变马达排量的方法来调速。目前常用的调速回路主要有以下几种。

(1) 节流调速回路　采用定量泵供油，通过改变回路中流量控制元件通流截面积的大小来控制输入，如图 5-35(a)所示，或流出执行元件的流量，如图 5-35(b)所示，以调节其速度。

(2) 旁通节流调速回路　液压泵输出的压力油分成两路，一路进入液压缸，另一路经节流阀流回油箱，通过调节支路上节流阀的流量大小，即可改变经主油路进入液压缸的流量，从而达到调速目的。在正常工作时溢流阀不开启，只有当系统过载时，溢流阀才打开溢流起安全保护作用，如图 5-35(c)所示。

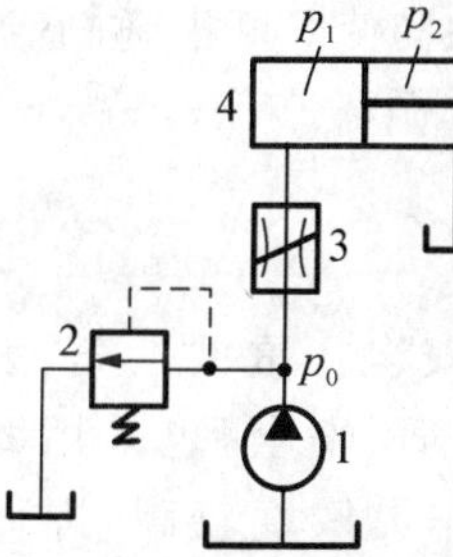

(a) 进油节流调速回路

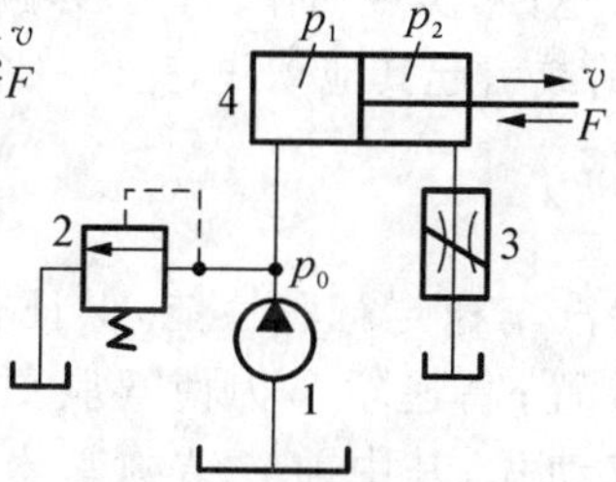

(b) 回油节流调速回路

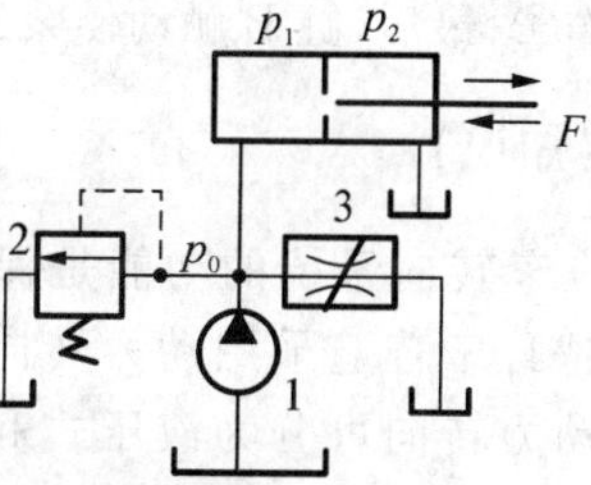

(c) 旁路节流调速回路

1—液压泵；2—溢流阀；3—可调节流阀；4　液压缸

图 5-35　节流调速回路

(3) 容积调速回路　可用变量泵供油，根据需要调节泵的输出流量，或应用变量液压马达如图 5-36 所示，调节其每转排量以进行调速，也可以采用变量泵和变量液压马达联合调速。容积调速回路的主要优点是没有节流调速时通过溢流阀和节流阀的溢流功率损失和节流功率损失。所以发热少，效率高，适用于功率较大，并需要有一定调速范围的液压系统中。

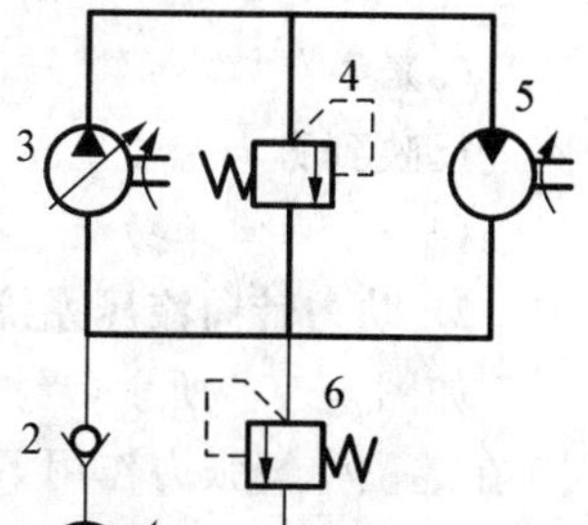

图 5-36　变量泵—定量马达容积调速回路

【任务实施】

该液压回路是行程阀控制顺序回路，能实现工作循环，故选用行程阀和换向阀，要实现两个液压缸工作循环，故需两个行程阀和两个换向阀。液压图如图 5-37 所示。

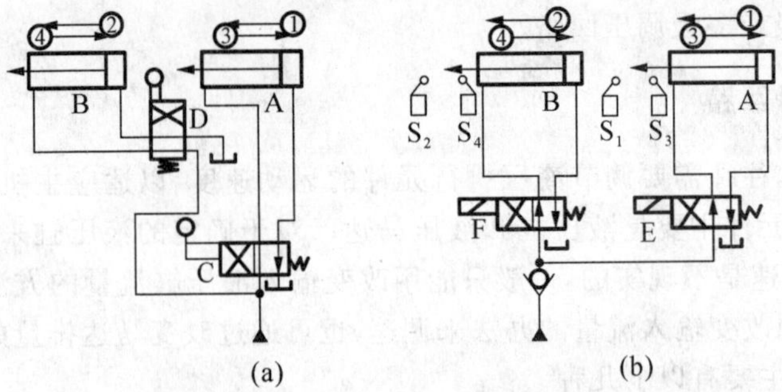

图 5-37　行程阀控制顺序回路

图(a)所示为用行程阀控制的顺序动作回路，在图示状态下，A，B 两缸的活塞均在右端。推动手柄，使阀 C 左位工作，缸 A 右行，完成动作①；挡块压下行程阀 D 后，缸 B 左行，完成动作②；手动换向阀 C 复位后，缸 A 先复位，实现动作③；随着挡块后移，阀 D 复位，缸 B 退回实现动作④。完成一个动作循环。

图(b)所示为用行程开关控制的顺序动作回路。当阀 E 通电换向时，缸 A 左行完成动作①；其后，缸 A 触动行程开关使阀 F 通电换向，控制缸 B 左行完成动作②；当缸 B 左行至触动行程开关使阀 E 断电时，缸 A 返回，实现动作③；其后，缸 A 触动使 F 断电，缸 B 返回完成动作④；最后，缸 B 触动使泵卸荷或引起其他动作，完成一个动作循环。

【拓展知识】

汽车转向系统的功能是保持汽车稳定行驶性能，保证行车安全。重型汽车、大型客车和越野车普遍采用动力转向装置；高速轿车为使驾驶更加舒适、安全，也采用助力转向。动力转向可分为液压式和气动式，其中前者结构紧凑，工作灵敏度较高，因而应用广泛。

1. 对动力转向要求

(1) 安全可靠　为保证汽车在行驶或原地转向时灵活自如，助力系统应有足够的助力作用。例如，转向泵失效，应能够用机械系统手动操纵汽车转向。

(2) 转向灵敏　转向系统应响应及时，转向滞后时间要短。

(3) 要有“路感”　转向时，随着车速和路面上的阻力应给驾驶员适当的手感，并能成比例地反映到方向盘上。

(4) 自动回正功能　转向后易于自动回正，以保证汽车直线行驶的稳定性。

2. 助力转向液压系统

如图 5-38 所示，当汽车直线行驶或等半径转向行驶时，方向盘 6 不动。转向控制滑阀 15 在定位弹簧张力作用下保持中位，液压缸 7 的两腔均与回油路相通，液压缸活塞处于平衡状态，对转向节臂不施加作用力，不起助力作用。

左转方向盘 6，螺杆 8 随之向左转动，因转向螺母经过转向节臂、直拉杆等与车轮相连，开始时由于车轮偏转阻力较大，螺母 9 暂不动。因此，螺母对螺杆产生一个向左的轴向反作用力，迫使滑阀 15 相对阀体 14 向左移动，改变油路通道。这时从泵来的压力油只经转向控制阀进入液压缸 7 的右腔，推动活塞向左移动。通过转向摇臂 10、直拉杆 18、转向节臂 19、

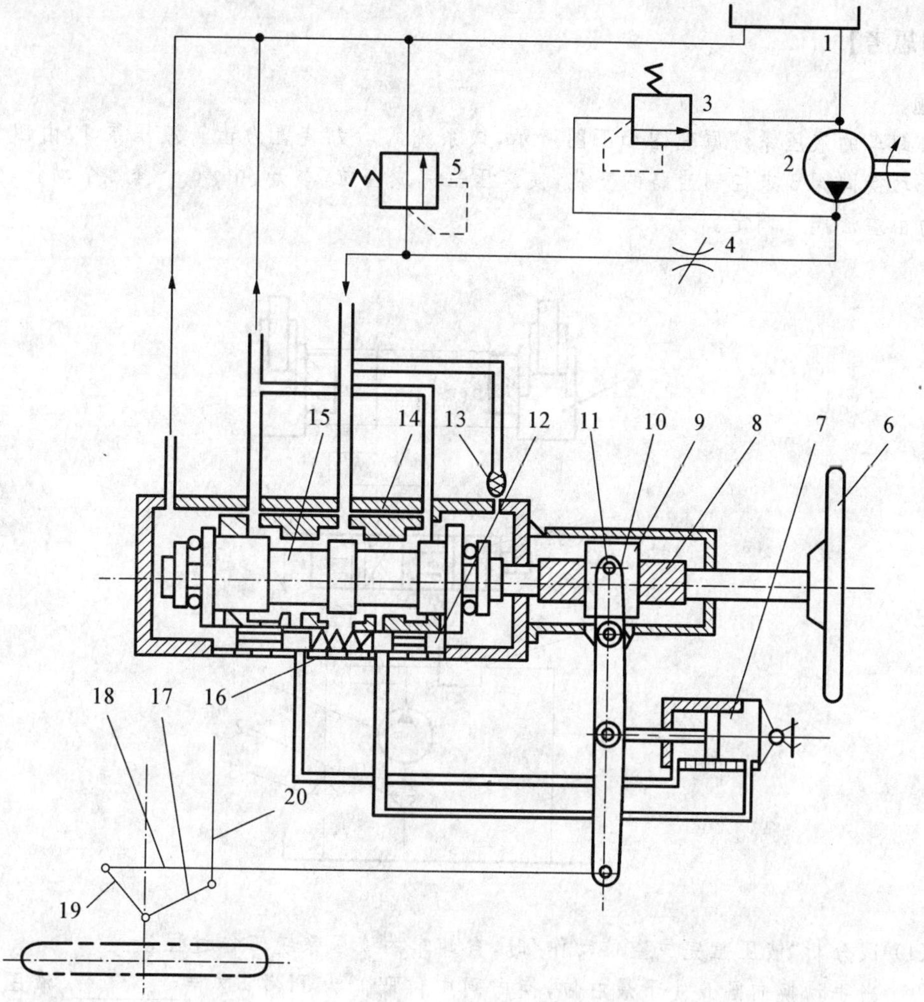

1—油箱；2—液压泵；3—溢流阀；4—节流阀；5—安全阀；6—方向盘；7—液压缸；8—螺杆
9—螺母；10—摇臂；11—摇臂轴；12—饭作用柱塞；13—单向阀；14—阀体；15—滑阀
16—回位弹簧；17—梯形臂；18—直拉杆；19—转向节臂；20—横拉杆

图5-38　动力转向液压系统示意图

梯形臂17、横拉杆20使车轮左转，实现助力转向。同理，当向右打方向盘时，滑阀15右移，从泵来的压力油经控制阀进入液压缸7的左腔，活塞右移，通过机械装置作用使车轮右转。放松方向盘，滑阀在中位弹簧的作用下恢复到中间位置，助力作用消失。

泵由发动机带动，若泵转数增高时，流过节流阀4的阻力增加，节流阀4上游压力增加，可使溢流阀3打开，泵出口的油可经溢流阀3回油箱。若因负载加大，节流阀4下游压力增加，安全阀5打开限制了系统压力的进一步升高。

当转向液压泵出故障而不能向系统供油时，进油道压力低、回油道压力高，压力差使单向阀13打开，并使进油道、回油道相通，以此减少液压油的阻力，从而实现手动机械转向。

【复习思考】

填空题

1. 自卸车的液压系统原理图如下图所示，该系统的动力装置为齿轮液压泵 1，由四位四通手动换向阀 6 来控制油路的变化，使液压缸完成空位、举升、中停、下降 4 个动作，系统压力由溢流阀 5 调定。

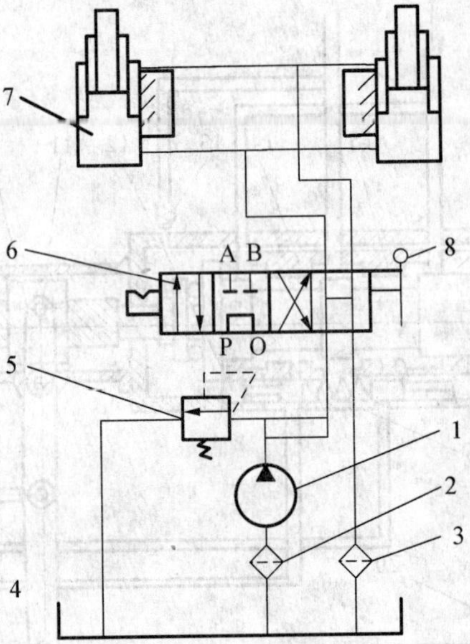

(1) 试分析"液压缸完成空位动作"时，自卸车的液压系统工作过程。

当手动换向阀 6 处于最右位，换向阀中位职能为 H 型，这样________、液压缸 7 处于卸载状态，车厢处于未举升的状态(一般为运输水平状态)。

(2) 试分析"液压缸完成举升动作"时，自卸车的液压系统工作过程。

此时换向阀处于最左位置，伸缩式液压缸下腔进油，车厢处于举升状态。

进油路：粗过滤器 2→________→手动换向阀 6 最左位→________的下腔。

回油路：液压缸 7 上腔→手动换向阀 6 最左位→________→油箱 4。

(3) 试分析"液压缸完成中停动作"时，自卸车的液压系统工作过程。

此时滑阀处于左二位，手动换向阀中位职能为 M 型，液压泵处于________状态，A，B 均截止，液压缸两腔油液被封住，液压缸被锁紧在________位置。

(4) 试分析"液压缸完成下降动作"时，自卸车的液压系统工作过程。

此时滑阀处于左三位，液压缸下腔回油，车厢处于下降状态。

进油路：粗过滤器 2→________→手动换向阀 6 左三位→液压缸 7 上腔。

回油路：液压缸 7 下腔→手动换向阀 6 左三位→粗过滤器 2→________。

此时，液压缸 7 下降。当车厢降至原位时，将滑阀移至最右位。

2. 下图所示为汽车液压动力转向系统工作图，回答下列问题：

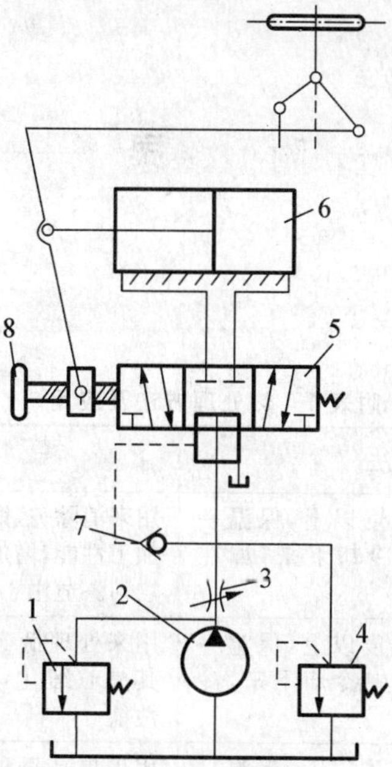

(1) 常用液压图形符号 1，3，4，5，7 分别表示______元件。

(2) 液压系统中，当汽车直线行驶时，其进油路为：油箱→________→节流阀→________→油箱。

(3) 液压系统中，当汽车左转行驶时，其进油路为：油箱→液压泵→________→换向阀的左位→________的左腔，活塞向右移动；回油路为：________的右腔→________的左位→油箱。

(4) 液压系统中，当汽车右转行驶时，其进油路为：油箱→液压泵→________换向阀的右位→________的右腔，活塞向左移动；回油路为：________的左腔→________的右位→油箱。

附　录

附表 1　热处理方法及应用

名称	处理方法	应　　用
退火	将钢件加热到临界温度以上，保温一段时间，然后缓慢地冷却下来（如在炉中冷却）	用来消除铸、锻、焊零件的内应力，降低硬度，改善加工性能，增加塑性和韧性，细化金属晶粒，使组织均匀。适用于 w_c 在 0.83%以下的铸、锻、焊零件
正火	将钢件加热到临界温度以上，保温一段时间，然后在空气中冷却下来，冷却速度比退火快	用来处理低碳和中碳结构钢件及渗碳零件，使其晶粒细化，增加强度与韧性，改善切削加工性能
淬火	将钢件加热到临界温度以上，保温一段时间，然后在水、盐水或油中急速冷却下来，使其增加硬度、耐磨性	用来提高钢的硬度、强度和耐磨性。但淬火后会引起内应力及脆性，因此淬火后的钢件必须回火
回火	将淬火后的钢件，加热到临界温度以下的某一温度，保温一段时间，然后在空气或油中冷却下来	用来消除淬火时产生的脆性和内应力，以提高钢件的韧性和强度
调质	淬火后进行高温回火（4 500～60℃）	可以完全消除内应力，并获得较高的综合机械性能。一些重要零件淬火后都要经过调质处理
表面淬火	用火焰或高频电流将零件表面迅速加热至临界温度以上，急速冷却	使零件表层有较高的硬度和耐磨性，而内部保持一定的韧性，使零件既耐磨又能承受冲击，如重要的齿轮、曲抽、活塞销等
渗碳	将低、中碳（w_c<0.4%）钢件，在渗碳剂中加热到 900～950℃，停留一段时间，使零件表面增碳 0.4～0.6 mm，然后淬火	增加零件表面硬度、耐磨性、抗拉强度及疲劳极限。适用于低碳、中碳结构钢的中小型零件及大型重负荷、受冲击、耐磨的零件
液体碳氮共渗	使零件表面增加碳与氮，其扩散层深度较浅（0.2～0.5 mm）。在 02～0.4 mm层具有高硬度 66～70HRC	增加结构钢、工具钢零件的表面硬度、耐磨性及疲劳极限，提高刀具切削性能和使用寿命。适用于要求硬度高、耐磨的中、小型及薄片的零件和刀具
渗氮	使零件表面增加氮，氮化层为 0.025～0.8 mm。氮化层硬度极高（达 1 200HV）	增加零件的表面硬度、耐磨性、疲劳极限及抗蚀能力。适用于含铝、铬、钼、锰等合金钢，如要求耐磨的主轴、量规、样板、水泵轴、排气门等零件
冰冷处理	将淬火钢件继续冷却至室温以下	进一步提高零件的硬度、耐磨性，使零件尺寸趋于稳定，如用于滚动轴承的钢球
发蓝发黑	用加热办法使零件工作表面形成一层氧化铁组成的保护性挎膜	防腐蚀、美观，用于一般紧固件
时效处理	天然时效：在空气中存放半年到一年以上；人工时效：加热到 200℃左右，保温 10～20 h 或更长时间	使铸件或淬火后的钢件慢慢消除其内应力，而达到稳定其形状和尺寸

附表 2　常用金属材料与非金属材料

名称		牌号	说明	应用举例
钢铁材料	灰口铸铁 GB/T9439—1988	HT100	HT 为灰铸铁代号 100 为抗拉强度/MPa	属低强度铸铁。用于盖、手把、手轮等不重要零件
		HT150		属中等强度铸铁。用于一般铸件,如机床座、端盖、带轮、工作台等
		HT200		属高强度铸铁。用于较重要铸件,如气缸、齿轮、凸轮、机座、床身、飞轮、带轮、齿轮箱、阀壳、联轴器、衬筒、轴承座等
	球墨铸铁 GB/T1348—1988	QT450 - 10	QT 为"球铁"代号 450 为抗拉强度/MPa 10 为伸长率(%)	具有较高的强度和塑性。广泛用于机械制造业中受磨损和受冲击的零件,如曲轴、气缸套、活塞环、摩擦片、中低压阀门、千斤顶座等
		QT500 - 7		
		QT600 - 3		
	铸钢	ZG200 - 400	ZG 为铸钢代号 200 为屈服强度/MPa 400 为抗拉强度/MPa	用于各种形状的零件,如机座,变速器壳等
		ZG270 - 500		用于各种形状的零件,如飞轮、机架、水压机工作缸、横梁等
		ZG310 - 570		用于各种形状的零件,如联轴器、气缸、齿轮及重负荷的机架等
	碳素结构钢 GB/T700—1988	Q215 - A	Q 为屈服点代号 215 为屈服点数值/MPa A 为质量等级	塑性大、抗拉强度低、易焊接。用于炉撑、铆钉、垫圈、开口销等
		Q235 - A		有较高的强度和硬度,伸长率也相当大,可以焊接,用途很广,是一般机械上的主要材料。用于低速轻载齿轮、键、拉杆、钩子、螺栓、套圈等
		Q275		
	优质碳素结构钢 GB/T699—1999	15, 15F	15 为平均含碳量(质量分数×万分之几) F 为沸腾钢	塑性、韧性、焊接性能和冷冲性能均极好,但强度低。用于螺钉、螺母、法兰盘、渗碳零件等
		35		不经热处理可用于中等载荷的零件,如拉杆、轴、套筒、钩子等;经调质处理后,适用于强度及韧性要求较高的零件,如传动轴等
		45		用于强度要求较高的零件,如齿轮、机床主轴、花键轴等
		15Mn	15 为平均含碳量(质量分数×万分之几) Mn 为含锰量较高	其性能与 15 钢相似,渗碳后淬透性、强度比 15 钢高
		45Mn		用于受磨损的零件,如转轴、心轴、齿轮、花键轴等

（续表）

名称		牌号	说明	应用举例
非铁金属	普通黄铜 GB/T5231—2001	H59	H 为黄铜的代号 96 为基体元素铜的含量（质量分数）	用于热轧、热压零件，如套管、螺母等
		H68		用于复杂的冷冲零件和深拉伸零件，如弹壳、垫座等
		H96		用于散热器和冷凝器管子等
	铸造锡青铜 GB/T1176—1987	ZCuSn5Pb5Zn5	Z 为铸造代号 Cu 为基体金属铜元素符号 Sn10 为锡元素符号及含义含量（质量分数×%）	用于轴瓦、衬套、缸套、油塞、离合器、蜗轮等中等滑动速度下工作的耐磨、耐腐蚀零件
		ZCuSn0Zn2		用于中等及较高负荷和小滑动速度下工作的重要管配件，以及阀、旋塞、泵体、齿轮、叶轮、蜗轮等
		ZCuAl 9Fe4Ni4Mn2		用于船舶螺旋桨、耐磨和 160℃ 以下工作的零件，如轴承、齿轮、蜗轮、螺母、阀体、法兰等
		ZCuAl10Fe3		用于强度高、耐磨、耐蚀的零件，如蜗轮、轴承、衬套、耐热管配件等
	铸造铝合金 GB/T1173—1995	ZAlSi5Cu1Mg	Z 为铸造代号 Al 为基体元素铝元素符号 Si5 为硅元素符号及名义含量（质量分数×%）	用于风冷发动机的气缸盖、机闸、油泵体等 225℃以下工作的零件
		ZAlCu4		用于中等载荷、形状较简单的 20.0℃以下工作的小零件
非金属	尼龙	尼龙 6	6，66 为顺序号，66 比 6 的力学性能和线膨胀系数高	力学性能高、韧性好，耐磨、耐水、耐油。用于一般机械零件、传动件及减摩耐磨件，如齿轮、蜗轮、轴承、丝杠、螺母、凸轮、风扇叶轮、螺钉、垫圈等。其特点是运转时噪声小
		尼龙 66		
	耐油橡胶板 GB/T5574—1994	3707	37，38 为顺序号 07 为扯断强度/kPa	用于在一定温度的机油、变压器油、汽油等介质中工作的零件，冲制各种形状的垫圈
		3807		
		3709		
		3809		
	软钢纸板 QB365—1981		规格： 920×650　650×490 650×400　400×300	用于密封联结处垫片
	工业用平面毛毡 FJ314—1981	T112－32～44	T112 为细毛 TI22 为半粗毛 T132 为粗毛 后两位数是密度（g/cm³）值乘 100（如 T112－32～44 是指密度为 0.32～0.44 g/cm³）	用于密封、防振缓冲衬垫
		T122－30～38		
		T132－32～36		

附表 3　标准公差数值(摘自 GB / T1800.1—2009)

基本尺寸/mm		标准公差等级																	
		IT1	IT2	IT3	IT4	IT5	IT6	IT7	IT8	IT9	IT10	IT11	IT12	IT13	IT14	IT15	IT16	IT17	IT18
大于	至	μm											mm						
—	3	0.8	1.2	2	3	4	6	10	14	25	40	60	0.1	0.14	0.25	0.4	0.6	1	1.4
3	6	1	1.5	2.5	4	5	8	12	18	30	48	75	0.12	0.18	0.3	0.48	0.75	1.2	1.8
6	10	1	1.5	2.5	4	6	9	15	22	36	58	90	0.15	0.22	0.36	0.58	0.9	1.5	2.2
10	18	1.2	2	3	5	8	11	18	27	43	70	110	0.18	0.27	0.43	0.7	1.1	1.8	2.7
18	30	1.5	2.5	4	6	9	13	21	33	52	84	130	0.21	0.33	0.52	0.84	1.3	2.1	3.3
30	50	1.5	2.5	4	7	11	16	25	39	62	100	160	0.25	0.39	0.62	1	1.6	2.5	3.9
50	80	2	3	5	8	13	19	30	46	74	120	190	0.3	0.46	0.74	1.2	1.9	3	4.6
80	120	2.5	4	6	10	15	22	35	54	87	140	220	0.35	0.54	0.87	1.4	2.2	3.5	5.4
120	180	3.5	5	8	12	18	25	40	63	100	160	250	0.4	0.63	1	1.6	2.5	4	6.3
180	250	4.5	7	10	14	20	29	46	72	115	185	290	0.46	0.72	1.15	1.85	2.9	4.6	7.2
250	315	6	8	12	16	23	32	52	81	130	210	320	0.52	0.81	1.3	2.1	3.2	5.2	8.1
315	400	7	9	13	18	25	36	57	89	140	230	360	0.57	0.89	1.4	2.3	3.6	5.7	8.9
400	500	8	10	15	20	27	40	63	97	155	250	400	0.63	0.97	1.55	2.5	4	6.3	9.7
500	630	9	11	16	22	32	44	70	110	175	280	440	0.7	1.1	1.75	2.8	4.4	7	11
630	800	10	13	18	25	36	50	80	125	200	320	500	0.8	1.25	2	3.2	5	8	12.5
800	1 000	11	15	21	28	40	56	90	140	230	360	560	0.9	1.4	2.3	3.6	5.6	9	14
1 000	1 250	13	18	24	33	47	66	105	165	260	420	660	1.05	1.65	2.6	4.2	6.6	10.5	16.5
1 250	1 600	15	21	29	39	55	78	125	195	310	500	780	1.25	1.95	3.1	5	7.8	12.5	19.5
1 600	2 000	18	25	35	46	65	92	150	230	370	600	920	1.5	2.3	3.7	6	9.2	15	23
2 000	2 500	22	30	41	55	78	110	175	280	440	700	1 100	1.75	2.8	4.4	7	11	17.5	28
2 500	3 150	26	36	50	68	96	135	210	330	540	860	1 350	2.1	3.3	5.4	8.6	13.5	21	33

注:1. 基本尺寸大于 500 mm 的 IT1 至 IT5 的标准公差数值为试行的。

2. 基本尺寸≤1 mm 时,无 IT14 至 IT18。

附表 4　轴的基本偏差数值(摘自 GB / T1800.1—2009)

基本尺寸/mm		上偏差 es																
		所有标准公差等级												IT5和IT6	IT7	IT8	IT4至IT7	≤IT3 >IT7
大于	至	a	b	c	cd	d	e	ef	f	fg	g	h	js	j			k	
—	3	−270	−140	−60	−34	−20	−14	−10	−6	−4	−2	0	偏差 $=\pm\frac{IT_n}{2}$ 式中 IT_n 是IT值数	−2	−4	−6	0	0
3	6	−270	−140	−70	−46	−30	−20	−14	−10	−6	−4	0		−2	−4		+1	0
6	10	−280	−150	−80	−56	−40	−25	−18	−13	−8	−5	0		−2	−5		+1	0
10	14	−290	−150	−95		−50	−32		−16		−6	0		−3	−6		+1	0
14	18																	
18	24	−300	−160	−110		−65	−40		−20		−7	0		−4	−8		+2	0
24	30																	
30	40	−310	−170	−120		−80	−50		−25		−9	0		−5	−10		+2	0
40	50	−320	−180	−130														
50	65	−340	−190	−140		−100	−60		−30		−10	0		−7	−12		+2	0
65	80	−360	−200	−150														
80	100	−380	−220	−170		−120	−72		−36		−12	0		−9	−15		+3	0
100	120	−410	−240	−180														
120	140	−460	−260	−200		−145	−85		−43		−14	0		−11	−18		+3	0
140	160	−520	−280	−210														
160	180	−580	−310	−230														
180	200	−660	−340	−240		−170	−100		−50		−15	0		−13	−21		+4	0
200	225	−740	−380	−260														
225	250	−820	−420	−280														
250	280	−920	−480	−300		−190	−110		−56		−17	0		−16	−26		+4	0
280	315	−1 050	−540	−330														
315	355	−1 200	−600	−360		−210	−125		−62		−18	0		−18	−28		+4	0
355	400	−1 350	−680	−400														
400	450	−1 500	−760	−440		−230	−135		−68		−20	0		−20	−32		+5	0
450	500	−1 650	−840	−480														

注：1. 基本尺寸小于或等于 1 mm 时，基本偏差 a 和 b 均不采用。

2. 对公差带 js7 至 js11，若 IT_n 值是奇数，则取偏差 $=\pm\frac{IT_n-1}{2}$。

（续表）

基本尺寸/mm		下偏差 *ei*													
		所有标准公差等级													
大于	至	m	n	p	r	s	t	u	v	x	y	z	za	zb	zc
—	3	+2	+4	+6	+10	+14		+18		+20		+26	+32	+40	+60
3	6	+4	+8	+12	+15	+19		+23		+28		+35	+42	+50	+80
6	10	+6	+10	+15	+19	+23		+28		+34		+42	+52	+67	+97
10	14	+7	+12	+18	+23	+28		+33		+40		+50	+64	+90	+130
14	18								+39	+45		+60	+77	+108	+150
18	24	+8	+15	+22	+28	+35		+41	+47	+54	+63	+73	+98	+136	+188
24	30						+41	+48	+55	+64	+75	+88	+118	+160	+218
30	40	+9	+17	+26	+34	+43	+48	+60	+68	+80	+94	+112	+148	+200	+274
40	50						+54	+70	+81	+97	+114	+136	+180	+242	+325
50	65	+11	+20	+32	+41	+53	+66	+87	+102	+122	+144	+172	+226	+300	+405
65	80				+43	+59	+75	+102	+120	+146	+174	+210	+274	+360	+480
80	100	+13	+23	+37	+51	+71	+91	+124	+146	+178	+214	+258	+335	+445	+585
100	120				+54	+79	+104	+144	+172	+210	+254	+310	+400	+525	+690
120	140	+15	+27	+43	+63	+92	+122	+170	+202	+248	+300	+365	+470	+620	+800
140	160				+65	+100	+134	+190	+228	+280	+340	+415	+535	+700	+900
160	180				+68	+108	+146	+210	+252	+310	+380	+465	+600	+780	+1 000
180	200	+17	+31	+50	+77	+122	+166	+236	+284	+350	+425	+520	+670	+880	+1 150
200	225				+80	+130	+180	+258	+310	+385	+470	+575	+740	+960	+1 250
225	250				+84	+140	+196	+284	+340	+425	+520	+640	+820	+1 050	+1 350
250	280	+20	+34	+56	+94	+158	+218	+315	+385	+475	+580	+710	+920	+1 200	+1 550
280	315				+98	+170	+240	+350	+425	+525	+650	+790	+1 000	+1 300	+1 700
315	355	+21	+37	+62	+108	+190	+268	+390	+475	+590	+730	+900	+1 150	+1 500	+1 900
355	400				+114	+208	+294	+435	+530	+660	+820	+1 000	+1 300	+1 650	+2 100
400	450	+23	+40	+68	+126	+230	+330	+490	+595	+740	+920	+1 100	+1 450	+1 850	+2 400
450	500				+132	+252	+360	+540	+660	+820	+1 000	+1 250	+1 600	+2 100	+2 600

附表 5　孔的基本偏差数值(摘自 GB / T1800.1—2009)

基本尺寸/mm		下偏差 EI																				
		所有标准公差等级												IT6	IT7	IT8	≤IT8	>IT8	≤IT8	>IT8	≤IT8	>IT8
大于	至	A	B	C	CD	D	E	EF	F	FG	G	H	JS	J			K		M		N	
—	3	+270	+140	+60	+34	+20	+14	+10	+6	+4	+2	0		+2	+4	+6	0	0	−2	−2	−4	−4
3	6	+270	+140	+70	+46	+30	+20	+14	+10	+6	+4	0		+5	+6	+10	−1+Δ		−4+Δ	−4	−8+Δ	0
6	10	+280	+150	+80	+56	+40	+25	+18	+13	+8	+5	0		+5	+8	+12	−1+Δ		−6+Δ	−6	−10+Δ	0
10	14	+290	+150	+95		+50	+32		+16		+6	0		+6	+10	+15	−1+Δ		−7+Δ	−7	−12+Δ	0
14	18																					
18	24	+300	+160	+110		+65	+40		+20		+7	0	偏差＝$\pm\frac{IT_n}{2}$ 式中 IT_n 是IT值数	+8	+12	+20	−2+Δ		−8+Δ	−8	−15+Δ	0
24	30																					
30	40	+310	+170	+120		+80	+50		+25		+9	0		+10	+14	+24	−2+Δ		−9+Δ	−9	−17+Δ	0
40	50	+320	+180	+130																		
50	65	+340	+190	+140		+100	+60		+30		+10	0		+13	+18	+28	−2+Δ		−11+Δ	−11	−20+Δ	0
65	80	+360	+200	+150																		
80	100	+380	+220	+170		+120	+72		+36		+12	0		+16	+22	+34	−3+Δ		−13+Δ	−13	−23+Δ	0
100	120	+410	+240	+180																		

（续表）

基本尺寸/mm		下偏差 *EI*																			
		所有标准公差等级												IT6	IT7	IT8	≤IT8	>IT8	≤IT8	>IT8	≤IT8	>IT8
大于	至	A	B	C	CD	D	E	EF	F	FG	G	H	JS	J			K		M		N	
120	140	+460	+260	+200																		
140	160	+520	+280	+210		+145	+85		+43		+14	0		+18	+26	+41	−3+Δ		−15+Δ	−15	−27+Δ	0
160	180	+580	+310	+230																		
180	200	+660	+340	+240																		
200	225	+740	+380	+260		+170	+100		+50		+15	0		+22	+30	+47	−4+Δ		−17+Δ	+17	−31+Δ	0
225	250	+820	+420	+280																		
250	280	+920	+480	+300		+190	+110		+56		+17	0		+25	+36	+55	−4+Δ		−20+Δ	−20	−34+Δ	0
280	315	+1 050	+540	+330																		
315	355	+1 200	+600	+360		+210	+125		+62		+18	0		+29	+39	+60	−4+Δ		−21+Δ	−21	−37+Δ	0
355	400	+1 350	+680	+400																		
400	450	+1 500	+760	+440		+230	+135		+68		+20	0		+33	+43	+65	−5+Δ		−23+Δ	−23	−40+Δ	0
450	500	+1 650	+840	+480																		

（续表）

基本尺寸 /mm		上偏差 *ES*													Δ值					
		≤IT7	标准公差等级大于 IT7												标准公差等级					
大于	至	P 到 ZC	P	R	S	T	U	V	X	Y	Z	ZA	AB	ZC	IT3	IT4	IT5	IT6	IT7	IT8
—	3	在大于 IT7 的相应数值上增加一个Δ值	−6	−10	−14		−18		−20		−26	−32	−40	−60	0	0	0	0	0	0
3	6		−12	−15	−19		−23		−28		−35	−42	−50	−80	1	1.5	1	3	4	6
6	10		−15	−19	−23		−28		−34		−42	−52	−67	−97	1	1.5	2	3	6	7
10	14		−18	−23	−28		−33		−40		−50	−64	−90	−130	1	2	3	3	7	9
14	18							−39	−45		−60	−77	−108	−150						
18	24		−22	−28	−35		−41	−47	−54	−63	−73	−98	−136	−188	1.5	2	3	4	8	12
24	30					−41	−48	−56	−64	−75	−88	−118	−160	−218						
30	40		−26	−34	−43	−48	−60	−68	−80	−94	−112	−148	−200	−274	1.5	3	4	5	9	14
40	50					−54	−70	−81	−97	−114	−136	−180	−242	−325						
50	65		−32	−41	−53	−66	−87	−102	−122	−144	−172	−226	−300	−405	2	3	5	6	11	16
65	80			−43	−59	−75	−102	−120	−146	−174	−210	−274	−360	−480						
80	100		−37	−51	−71	−91	−124	−146	−178	−214	−258	−335	−445	−585	2	4	5	7	13	19
100	120			−54	−79	−104	−144	−172	−210	−254	−310	−400	−525	−690						

(续表)

基本尺寸/mm		上偏差 ES														Δ值					
		≤IT7	标准公差等级大于 IT7												标准公差等级					
大于	至	P 到 ZC	P	R	S	T	U	V	X	Y	Z	ZA	AB	ZC	IT3	IT4	IT5	IT6	IT7	IT8
120	140			−63	−92	−122	−170	−202	−248	−300	−365	−470	−620	−800						
140	160		−43	−65	−100	−134	−190	−228	−280	−340	−415	−535	−700	−900	3	4	6	7	15	23
160	180			−68	−108	−146	−210	−252	−310	−380	−465	−600	−780	−1 000						
180	200			−77	−122	−166	−236	−284	−350	−425	−520	−670	−880	−1 150						
200	225		−50	−80	−130	−180	−258	−310	−385	−470	−575	−740	−960	−1 250	3	4	6	9	17	26
225	250			−84	−140	−196	−284	−340	−425	−520	−640	−820	−1 050	−1 350						
250	280		−56	−94	−158	−218	−315	−385	−475	−580	−710	−920	−1 200	−1 550	4	4	7	9	20	29
280	315			−98	−170	−240	−350	−425	−525	−650	−790	−1 000	−1 300	−1 700						
315	355		−62	−108	−190	−268	−390	−475	−590	−730	−900	−1 150	−1 500	−1 900	4	5	7	11	21	32
355	400			−114	−208	−294	−435	−530	−660	−820	−1 000	−1 300	−1 650	−2 100						
400	450		−68	−126	−232	−330	−490	−595	−740	−920	−1 100	−1 450	−1 850	−2 400	5	5	7	13	23	34
450	500			−132	−252	−360	−540	−660	−820	−1 000	−1 250	−1 600	−2 100	−2 600						

注:1. 基本尺寸小于或等于 1 mm 时,基本偏差 A 和 B 及大于 IT8 的 N 均不采用。

2. 对公差带 JS7 至 JS11,若 IT_n 值是奇数,则取偏差 $=\pm\frac{IT_n-1}{2}$。

3. 对小于或等于 IT8 的 K, M, N 和小于或等于 INT7 的 P 至 ZC,所需 Δ 值从表内右侧选取。例如,18～30 mm 段的 K7,Δ=8 μm,所以 $ES=-2+8=+6$ μm;18～30 mm 段的 S6,Δ=4 μm,所以 $ES=-35+4=-31$ μm。

4. 特殊情况:250～315 mm 段的 M6,$ES=-9$ μm(代替−11 μm)。

参考文献

[1] 卢晓春.汽车机械基础[M].北京:机械工业出版社,2010.
[2] 朱秀琳.汽车机械基础[M].北京:电子工业出版社,2009.
[3] 王芳.汽车机械基础[M].北京:机械工业出版社,2010.
[4] 金加龙.汽车底盘构造与维修[M].北京:电子工业出版社,2009.
[5] 凤勇.汽车机械基础[M].北京:人民交通出版社,2005.
[6] 张秉荣.工程力学[M].北京:机械工业出版社,2009.
[7] 王新兰.液压与气动[M].北京:电子工业出版社,2002.
[8] 吴文彩.汽车机械基础[M].大连:大连理工大学出版社,2006.
[9] 陈文华.汽车发动机构造与维修[M].北京:北京航空航天大学出版社,2007.
[10] 徐亮.机械制图[M].北京:北京航空航天大学出版社,2007.
[11] 蔡兴旺,付晓光.汽车构造与原理实训[M].北京:机械工业出版社,2009.
[12] 吕瑛波,刘哲.机械制图及测量技术应用[M].北京:化学工业出版社,2008.
[13] 胡如夫.汽车机械基础[M].杭州:浙江大学出版社,2006.
[14] 王强.汽车机械基础[M].北京:电子工业出版社,2011.5.
[15] 霍振生.汽车机械基础[M].北京:机械工业出版社,2005.8.
[16] 冯学敦.汽车机械基础[M].武汉:华中科技大学出版社,2008.9.
[17] 方剑锋.汽车机械制图[M].北京:电子工业出版社,2011.8.
[18] 安军.汽车机械基础[M].北京:北京理工大学出版社,2010.7.
[19] 吴笑伟.汽车机械基础教程(第2版).北京:北京大学出版社,2012.1.
[20] 韩翠英.汽车机械基础.北京:化学工业出版社,2010.2.

图书在版编目(CIP)数据

汽车机械基础/谢颂京、黄象珊主编. —上海:复旦大学出版社,2012.8
(复旦卓越·普通高等教育21世纪规划教材·汽车类)
ISBN 978-7-309-09140-3

Ⅰ.汽… Ⅱ.①谢…②黄… Ⅲ.汽车-机械学-高等职业教育-教材 Ⅳ.U463

中国版本图书馆CIP数据核字(2012)第180500号

汽车机械基础
谢颂京 黄象珊 主编
责任编辑/张志军

复旦大学出版社有限公司出版发行
上海市国权路579号 邮编:200433
网址:fupnet@fudanpress.com http://www.fudanpress.com
门市零售:86-21-65642857 团体订购:86-21-65118853
外埠邮购:86-21-65109143
上海华教印务有限公司

开本787×1092 1/16 印张17.5 字数405千
2012年8月第1版第1次印刷

ISBN 978-7-309-09140-3/U·12
定价:35.00元